国家社科基金重大委托项目
中国社会科学院创新工程学术出版资助项目

中国民族地区
经济社会调查报告

总顾问　陈奎元
总主编　王伟光

凤凰县卷

本卷主编　刘小珉

中国社会科学出版社

图书在版编目(CIP)数据

中国民族地区经济社会调查报告·凤凰县卷 / 刘小珉主编 . —北京：中国社会科学出版社，2018.12

ISBN 978-7-5203-2679-7

Ⅰ. ①中… Ⅱ. ①刘… Ⅲ. ①民族地区经济-经济发展-调查报告-凤凰县 ②民族地区-社会发展-调查报告-凤凰县 Ⅳ. ①F127.8

中国版本图书馆 CIP 数据核字(2018)第 132135 号

出 版 人	赵剑英
责任编辑	宫京蕾
责任校对	李　剑
责任印制	李寡寡

出　　版	中国社会科学出版社
社　　址	北京鼓楼西大街甲 158 号
邮　　编	100720
网　　址	http：//www.csspw.cn
发 行 部	010-84083685
门 市 部	010-84029450
经　　销	新华书店及其他书店

印刷装订	北京君升印刷有限公司
版　　次	2018 年 12 月第 1 版
印　　次	2018 年 12 月第 1 次印刷

开　　本	710×1000　1/16
印　　张	26.5
插　　页	2
字　　数	445 千字
定　　价	120.00 元

凡购买中国社会科学出版社图书，如有质量问题请与本社营销中心联系调换
电话：010-84083683

《21 世纪初中国少数民族地区经济
社会发展综合调查》
项目委员会

顾问委员会

总 顾 问　陈奎元

学术指导委员会

主　　任　王伟光

委　　员（按姓氏笔画为序）

丹珠昂奔　李　扬　李培林　李　捷　陈改户　武　寅

郝时远　　赵胜轩　高　翔　黄浩涛　斯　塔

专家委员会

首席专家　王延中

委　　员（按姓氏笔画为序）

丁　宏　丁　赛　丁卫东　　马　援　王　平　王　锋

王希恩　开　哇　扎　洛　　车明怀　方　勇　方素梅

尹虎彬　石玉钢　田卫疆　　龙远蔚　包智明　卢献匾

吐尔干·皮达　朱　伦　　色　音　刘　泓　刘正寅

刘世哲　江　荻　赤列多吉　李云兵　李红杰　李克强

吴　军　吴大华　何星亮　　张若璞　张昌东　张继焦

陈建樾　青　觉　郑　堆　　赵立雄　赵明鸣　赵宗福

赵剑英　段小燕　姜培茂　　聂鸿音　晋保平　特古斯

俸代瑜　徐　平　徐畅江　　高建龙　黄　行　曹宏举

曾少聪　 管彦波 　毅　松

项目工作组

组　　长　扎　洛　孙　懿

成　　员（按姓氏笔画为序）

丁　赛　孔　敬　刘　真　刘文远　李凤荣　李益志

宋　军　陈　杰　周学文　程阿美　 管彦波

总　序

　　实践的观点是马克思主义哲学最基本的观点，实事求是是马克思主义活的灵魂。坚持一切从实际出发、理论联系实际、实事求是的思想路线，是中国共产党把马克思主义基本原理与中国实际相结合，领导中国人民进行社会主义革命和社会主义建设不断取得胜利的基本经验。改革开放以来，在实事求是、与时俱进思想路线指导下，中国特色社会主义伟大事业取得了举世瞩目的伟大成就，中国道路、中国经验在世界上赢得了广泛赞誉。丰富多彩的成功实践推进了中国化马克思主义的理论创新，也为哲学社会科学各学科的繁荣发展提供了坚实沃土。时代呼唤理论创新，实践需要哲学社会科学为中国特色社会主义理论体系的创新发展做出更大的贡献。在中国这样一个统一的多民族的社会主义国家，中国特色的民族理论、民族政策、民族工作，构成了中国特色社会主义的重要组成部分。经济快速发展和剧烈社会转型，民族地区全面建成小康社会，进而实现中华民族的伟大复兴，迫切需要中国特色民族理论和民族工作的创新，而扎扎实实地开展调查研究则是推进民族研究事业适应时代要求、实现理论创新、服务发展需要的基本途径。

　　早在20世纪50年代，应民族地区的民主改革和民族识别之需，我国进行了全国规模的少数民族社会历史与语言调查，今称"民族大调查"。这次大调查搜集获取了大量有关民族地区社会历史的丰富资料，形成300多个调查报告。在此次调查的基础上，整理出版了400余种6000多万字的民族社会历史建设的巨大系统工程——《民族问题五种丛书》，为党和政府制定民族政策和民族工作方针，在民族地区开展民主改革和推动少数民族经济社会的全面发展提供了重要的依据，也为新中国民族研究事业的发展奠定了坚实的基础。

半个多世纪过去了，如今我国边疆民族地区发生了巨大而深刻的变化，各民族逐渐摆脱了贫困落后的生产生活状态，正在向文明富裕的现代化社会迈进。但同时我们也要看到，由于历史和现实的原因，各民族之间以及不同民族地区之间经济社会的发展依然存在很大的差距，民族地区经济发展不平衡问题以及各种社会问题、民族问题、宗教问题、生态问题，日益成为推动民族地区经济社会发展必须着力解决的紧迫问题。深入民族地区开展长期、广泛而深入的调查研究，全面了解各民族地区经济社会发展面临的新情况、新问题，科学把握各民族地区经济社会发展趋势，是时代赋予民族学工作者的使命。

半个多世纪以来，中国社会科学院民族学与人类学研究所一直把调查研究作为立所之本。1956 年成立的少数民族语言研究所和 1958 年成立的民族研究所（1962 年两所合并），从某种意义上讲，就是第一次民族大调查催生的结果。作为我国多学科、综合性、国家级的民族问题专业研究机构，民族所非常重视田野调查，几代学人已在中国各民族地区近 1000 个地点进行过田野调研。20 世纪 90 年代，民族所进行了第二次民族地区典型调查，积数年之功完成了 20 余部调研专著。进入新的历史时期，为了更好地贯彻党中央对我院"三个定位"的要求，进一步明确今后一个时期的发展目标和主攻方向，民族所集思广益，经过反复酝酿、周密论证，组织实施了"21 世纪初中国少数民族地区经济社会发展综合调查"。这是我国民族学研究事业发展的迫切需要，也是做好新时期民族工作的前提和基础。

在充分利用自 20 世纪 50 年代以来开展的少数民族社会历史与语言调查相关研究成果的基础上，本次民族大调查将选择 60—70 个民族区域自治地方（包括城市、县旗或民族乡）作为调查点，围绕民族地区政治、经济、社会、文化、生态五大文明建设而展开，计划用 4—5 年的时间，形成 60—70 个田野调查报告，出版 50 部左右的田野民族志专著。民族调查是一种专业性、学科性的调查，但在学科分化与整合均非常明显的当代学术背景下，要通过调查研究获得开拓性的成果，除了运用民族学、人类学的田野调查方法外，还需结合社会学问卷调查方式和国情调研、社会调查方式，把静态与动态、微观与宏观、定量分析与定性分析、典型与一般有机结合起来，突出调查研究的时代性、民族性和区域性。这是新时期开展民族大调查的新要求。

　　立足当代、立足中国的"民族国情"，妥善处理民族问题，促进各民族平等团结，促进各民族地区繁荣发展，是中国特色社会主义的重要任务。"21世纪初中国少数民族地区经济社会发展综合调查"作为国家社科基金特别委托项目和中国社会科学院创新工程重大项目，希望立足改革开放以来少数民族地区的发展变化，围绕少数民族地区经济社会发展，有针对性地开展如下调查研究：①民族地区经济发展现状与存在的问题调查研究；②民族地区社会转型、进步与发展调查研究；③西部大开发战略与民族问题调查研究；④坚持和完善民族区域自治制度调查研究；⑤民族地区宗教问题调查研究；⑥民族地区教育与科技调查研究；⑦少数民族传统文化与现代化调查研究。

　　调查研究是加强学科建设、队伍建设和切实发挥智库作用的重要保障。基础研究与应用对策研究是现代社会科学不可分割的有机统一的整体。通过全面、深入、系统的调查研究，我们冀望努力达成以下几个目标。一是全面考察中国特色民族理论、民族政策的探索和实践过程，凝练和总结中国解决民族地区发展问题、确立和谐民族关系、促进各民族共同繁荣发展的经验，把握民族工作的一般规律，为未来的民族工作提供坚实的理论支撑，为丰富和发展中国特色社会主义理论体系做出贡献。二是全面展示改革开放特别是进入21世纪以来民族地区经济社会发展的辉煌成就，展示以"平等、团结、互助、和谐"为核心内容的新型民族关系在当代的发展状况，反映各族人民社会生活的深刻变化，增强各民族的自豪感、自信心，建设中华民族共同体，增强中华民族凝聚力。三是深入调查探寻边疆民族地区经济社会发展中存在的问题，准确把握未来发展面临的困难与挑战，为党和国家全面了解各民族发展现状、把握发展趋势、制定未来发展规划提供可靠依据。四是通过深入民族地区进行扎实、系统的调研，搜集丰富翔实的第一手资料，构筑我国民族地区社会发展的基础信息平台，夯实民族研究的基础，训练培养一支新时期民族问题研究骨干队伍，为民族学研究和民族地区未来发展奠定坚实的人才基础。

　　我们深信，参与调查研究的每一位专家和项目组成员，秉承民族学、人类学界前辈学人脚踏实地、不怕吃苦、勤于田野、精于思考的学风，真正深入民族地区、深入田野，广泛汇集干部群众的意见、倾听干部群众的呼声，运用多种方式方法取得丰富的数据资料，通过科学严谨的数据分析和系统深入的理论研究，一定会取得丰硕的成果。这不仅会成为21世纪我国民族学与人类学学科建设的一个重要里程碑，也一定会为党和政府提供重要决策参考，为促进我国民族理论和民族工作的新发展，为在民族地区全面建成小康社会，为实现中华民族的伟大复兴做出应有的贡献。

王伟光

目　　录

导　言

一

凤凰，是中国古代传说中的百鸟之王，是吉祥和谐的象征。凤凰县，是一个充满诗情画意的秀美地方，是湖南西部边陲的一个少数民族聚居的山区县，是湘西土家族苗族自治州所辖八县市之一。历史上属于古苗疆之腹地，一直是湘西的政治、军事和文化中心。

凤凰县的地形地貌具有中南山区县的典型特征。全县总面积为1759.1平方公里，约占湖南省面积的 0.84%，占湘西州面积的 8.12%，是一个"八山一水一分田"的较小山区县。县域内地形复杂，东部及东南角的河谷丘陵地带为第一级台阶，以低山、高丘为主，兼有岗地及部分河谷平地，地表切割破碎，谷狭坡陡。一般海拔在 500 米以下，气候较温暖。从东北到西南的中间地带为第二级台阶，海拔 500—800 米，以中低山和中低山原为主，地势较平缓开阔，谷少坡缓、垄田较多，石灰岩广布，天坑溶洞甚多，气候适中。西北部中山地带为第三级台阶，海拔在800 米以上，气候较寒冷。凤凰县是传统的山区农业县。

凤凰县社会具有民族典型性。凤凰县是多民族聚居县，主要由苗族、土家族、汉族、回族等 28 个民族组成。2013 年全县总人口 42.3 万人，其中苗族人口 24.46 万人，占全县总人口的 57.8%，因此凤凰县是一个以苗族为主的少数民族聚居县。苗族为凤凰县土著民族，也是凤凰县最古老的民族。苗族的挑花、刺绣、织锦、蜡染、剪纸、首饰制作等工艺美术瑰丽多彩，驰名中外。其中，苗族的蜡染工艺已有千年历史。苗族服饰多达130 多种。苗族是个能歌善舞的民族，尤以情歌、酒歌享有盛名。基于楚文化与凤凰土著文化的结合，苗文化与汉文化的交融，凤凰县形成了独具一格的地域文化，并助推凤凰县经济、社会转型及跨越式发展。

凤凰县历史悠久，是国家历史文化名城。《凤凰厅志》记载，夏、商、周以前，这里即为"武山苗蛮"之地。凤凰古城内明清建筑保留完好，有县级以上文物保护单位85处，其中国家级2处、省级8处；全县共有古遗址116处，特色民居120多栋，珍贵馆藏文物和各类珍稀化石1万多件，是西南地区现存文物古迹最多的县市之一。楚文化与凤凰土著文化的结合，苗文化与汉文化的交融，形成了独具一格的地域文化。凤凰秀丽的自然风光和悠久的地域文化，哺育了不少优秀人才。中国著名的文学家沈从文、画家黄永玉，就是从这里走出去的。曾担任过国民政府第一任内阁总理的熊希龄，也出生在这里。可以说，凤凰历史悠久、文化灿烂、人杰地灵。2001年成为"国家历史文化名城"，2006年列入"中国世界文化遗产预备名录"，2007年被评为"中国旅游强县"，2012年晋升国家级风景名胜区，"凤凰区域军事防御体系"入选新一轮"中国世界文化遗产预备名录"，被誉为"中国最美丽的小城"。从某种角度说，凤凰县是文化旅游产业带动经济发展的示范县。

历史上，凤凰县经济社会欠发达，是湖南省最贫困的县之一。20世纪80年代初，在改革开放的大背景下，凤凰探索出以种植和加工烟叶为主导产业来发展经济的道路。1982—1997年，凭借种植和加工烟叶，主要是凤凰烟厂的发展，凤凰实现了经济起飞，经济社会快速发展，一定程度缓解了贫困。从1983年起到1996年止，结束了财政依靠国家补贴的历史，开始上缴财政。由于财政上的自给，凤凰县先后拿出一部分财力扶持部分贫困地区。然而，随着国家在烟叶行业方面的政策调整，凤凰烟厂不得不停止生产，随之凤凰县经济急剧衰退，贫困现象也更加严峻。在经济形势极其艰难的情况下，凤凰县政府依据当地丰富的历史文化资源和自然资源，选择了以旅游产业为主导产业来促进经济的发展。在这一思路的指导下，凤凰县政府于1999年向国家申报世界文化名城并获批准，2001年凤凰古城成功申报国家历史文化名城，从此，凤凰县的经济社会实现了跨越式发展。在凤凰县经济社会发展的同时，在中央及湖南省、湘西州的大力支持下，凤凰县实施了一系列扶贫开发工程，减贫成效明显，贫困状况有所缓解。但由于各种原因，相比其他地区，凤凰县仍是深度贫困地区。2017年6月23日，习近平总书记在山西召开的深度贫困地区脱贫攻坚座谈会上指出，攻克深度贫困堡垒，是打赢脱贫攻坚战必须完成的任务。湖南省将包括凤凰县在内的 10 个少数民族县确定为深度贫困县，是当前湖南脱贫攻坚的难点与重点。

二

　　苗族是一个历史悠久的民族，散布在世界各地，主要分布于中国的黔、湘、鄂、川、滇、桂、琼等省区。苗族研究（苗学）历史悠久、成果丰富。早期代表性研究有：凌纯声、芮逸夫的《湘西苗族调查报告》①，石启贵的《湘西苗族实地调查报告》②，费孝通的《兄弟民族在贵州》③，梁聚五的《苗夷民族发展史》④，《苗族简史》编写组编写的《苗族简史》⑤。1989 年贵州省苗学研究会出版《苗学研究》⑥，标志着苗学作为一门学科名称被提出。从此，苗族研究已形成了相对稳定的学术队伍，形成了以苗族历史医药学、服饰、哲学、宗教等为主要内容的研究热点，出现了一大批学术成果。有代表性的专著有：李廷贵、张山、周光大主编的《苗族历史与文化》⑦，徐晓光、吴大华、韦宗林、李廷贵合著的《苗族习惯法》⑧，石茂明著《跨国苗族研究——民族与国家的边界》⑨，沈红著《石门坎文化百年兴衰——中国西南一个山村的现代性经历》⑩，吴荣臻总主编《苗族通史》⑪。尤其是 2009 年《中国少数民族社会历史调查资料丛刊》修订编辑委员会编辑出版的《苗族社会历史调查一》至《苗族社会历史调查三》⑫，更是全面系统地对全国苗族的社会、历史进行了详尽的

　　① 凌纯声、芮逸夫：《湘西苗族调查报告》，民族出版社 2003 年版。
　　② 石启贵：《湘西苗族实地调查报告》，湖南人民出版社 1986 年版。
　　③ 费孝通：《兄弟民族在贵州》，生活·读书·新知三联书店 1951 年版。
　　④ 梁聚五：《苗夷民族发展史》，贵州省民族研究所 1982 年版。
　　⑤ 《苗族简史》编写组：《苗族简史》，贵州民族出版社 1985 年版。
　　⑥ 贵州省苗学研究会编：《苗学研究》，贵州民族出版社 1989 年版。
　　⑦ 李廷贵、张山、周光大主编：《苗族历史与文化》，中央民族大学出版社 1996 年版。
　　⑧ 徐晓光、吴大华、韦宗林、李廷贵：《苗族习惯法》，贵州人民出版社 2000 年版。
　　⑨ 石茂明：《跨国苗族研究——民族与国家的边界》，民族出版社 2004 年版。
　　⑩ 沈红：《石门坎文化百年兴衰——中国西南一个山村的现代性经历》，辽宁出版集团万卷出版社 2006 年版。
　　⑪ 吴荣臻总主编：《苗族通史》，民族出版社 2008 年版。
　　⑫ 《中国少数民族社会历史调查资料丛刊》修订编辑委员会编辑：《苗族社会历史调查一》至《苗族社会历史调查三》，民族出版社 2009 年版。

调查、研究。有代表性的论文也很多，如罗康隆的《论苗族族群文化的同一性与相异性》①，李廷贵的《再论苗族的迁徙》②，罗云丹的《苗族研究概况与特征之数据分析：以 2000—2006 年刊载的学术论文为例》③，谭必友的《19 世纪湘西"苗疆"屯政与乡村社区新阶层的兴起》④，等等。

学界有关凤凰县的研究，主要集中在经济、文化、教育、社会方面。比较有代表性的成果有吴曦云的《边城凤凰的历史文化》《湘西边墙的历史作用》《苗族与凤凰的文化底蕴》⑤，秦中应的《当代湘西苗族传统文化的教育传承研究——以湘西州凤凰县苗族为例》⑥，张协堂、郑亦巧的《凤凰县经济发展模式研究》⑦，贺福凌的《湖南省凤凰县汉语方言与苗语的调查和比较》⑧，胡邦栋的《对湘西扶贫开发工作的调查与思考》⑨。近年来，围绕凤凰县文化旅游的研究非常多，如王旭、朱广德《文旅融合创新——凤凰古城经验》⑩，杨文华、谢晓曼《对凤凰古城旅游发展现状及发展对策的思考》⑪，等等。

三

我们负责的"湘西土家族苗族自治州凤凰县经济社会发展综合调查"项目，是国家社会科学基金特别委托项目、中国社会科学院创新工程重大

---

① 罗康隆：《论苗族族群文化的同一性与相异性》，《贵州民族研究》1999 年第 3 期。

② 李廷贵：《再论苗族的迁徙》，《贵州民族学院学报》（哲学社会科学版）2000 年第 4 期。

③ 罗云丹：《苗族研究概况与特征之数据分析：以 2000—2006 年刊载的学术论文为例》，《西南民族大学学报》2008 年第 9 期。

④ 谭必友：《19 世纪湘西"苗疆"屯政与乡村社区新阶层的兴起》，《民族研究》2007 年第 4 期。

⑤ 吴曦云：《边城凤凰的历史文化》，《民族论坛》1994 年第 3 期；《湘西边墙的历史作用》，《团结报》2003 年 8 月 1 日；《苗族与凤凰的文化底蕴》，《团结报》2003 年 8 月 24 日。

⑥ 秦中应：《当代湘西苗族传统文化的教育传承研究——以湘西州凤凰县苗族为例》，博士学位论文，中央民族大学，2010 年。

⑦ 张协堂、郑亦巧：《凤凰县经济发展模式研究》，湖南人民出版社 1989 年版。

⑧ 贺福凌：《湖南省凤凰县汉语方言与苗语的调查和比较》，湖南师范大学出版社 2009 年版。

⑨ 胡邦栋：《对湘西扶贫开发工作的调查与思考》，《当代农村财经》2015 年第 8 期。

⑩ 王旭、朱广德：《文旅融合创新——凤凰古城经验》，《城市旅游规划》2014 年 1 月下半月刊。

⑪ 杨文华、谢晓曼：《对凤凰古城旅游发展现状及发展对策的思考》，《城市旅游规划》2015 年 1 月下半月刊。

专项《21 世纪初中国少数民族地区经济社会发展综合调查》的一个子项目。根据大调查项目总体要求，本子项目的目的是探讨 21 世纪以来湘西凤凰县经济社会发展的基本脉络、发展现状、发展特点、存在的问题及发展前景，为政府相关部门决策提供参考。因此，本子项目将在前人研究的基础上，运用民族学与人类学的田野调研方法，围绕凤凰县政治、经济、社会、文化、生态五大文明建设，通过实地调研，客观反映凤凰县各民族在政治、经济、文化、教育、科技等方面取得的成就及经济社会发展中存在的问题，以期对民族地区社会变迁中出现的新情况有所了解，为各级政府把握各民族及各民族地区发展情况及制定政策提供依据。

　　基于上述要求和目的，我们在凤凰县城乡开展了较为全面系统的调研。我们的调研活动分两个阶段进行。第一阶段（2016 年 6 月 13 日至 7 月 5 日），调研组全体人员参加，全面了解凤凰县自 21 世纪以来政治、经济、社会、文化、生态五大文明建设方面的情况；第二阶段（2017 年 8 月 8—20 日），作为补充调查，调研组大部分人员参加，两次历时一个多月。本次调研得到了湖南省办公厅、民委以及凤凰县县委、县政府的大力支持与配合。2016 年 6 月 14 日，凤凰县副县长高湘文亲自主持座谈会，要求凤凰县各相关部门积极配合好课题组的调研工作，政府办、人大办、宣传部、民宗局、政府研究室、司法局、公安局、财政局、经信局、教育局、旅游文化局、林业局、环保局、畜牧局、农业局、扶贫办等各主要部门负责人多角度地为课题组全面介绍了凤凰县的概况，为课题组后续的调研工作提供了思路与线索。此后，我们在凤凰进行了两个层次的调研。

　　第一，在凤凰县县委、县政府相关部门进行了五个专题调研：政治文明建设专题座谈调研、经济发展问题专题座谈调研、社会发展问题专题座谈调研、文化建设与发展专题座谈调研、生态保护与建设专题座谈调研。这五个专题调研，得到了凤凰县委宣传部、政协、人大、法院、发展与改革委员会、规划局、扶贫办、财政局、教育局、文化局、环保局、旅游局、人力资源和社会保障局、民宗局、统计局等部门的支持。这些部门的领导和工作同志，都对我们的调研工作给予了热情的接待和大力的支持，为我们提供相关资料。

　　第二，深度个案调研。包括两个方面，一是针对重要和典型问题到相关单位和部门作深度调研，主体涉及文化旅游产业、特色农业、精准扶贫、医疗卫生、教育、社会保障、社会组织等；二是基于经济发展水平、产业结构和地理区位选择有代表性的乡镇（村寨）、企业等作个案典型调研，沱江镇、三江镇、禾库镇、廖家桥镇及该镇菖蒲塘村、新场镇及该镇大坡村、腊尔山镇及该镇的追高来村、追高鲁村等镇、村是我们深入调查的重点，在这些镇、村对典型企业、合作组织、学校以及不同家境的农户等进行深度访谈调研，其中包括五个旅游相关龙头企业，五个旅游相关合作组织，以及六七个乡村致富带头人和三十多个农村贫困户。

四

基于扎实的实地调研，我们合作撰写了本报告。报告共由 13 章组成。

第一章为"从土司制度、改土归流到当代民族区域自治实践"，主要对凤凰苗寨自古沿袭的自我治理制度进行论述，对明清及民国时期凤凰的土司制度和改土归流及其流弊进行剖析，并重点对中华人民共和国成立以来民族区域自治实践及其特色进行总结。凤凰自古以来就是一个苗民聚居、多族群分散杂居的地方。凤凰的苗寨区域，自秦代到清代，基本保留了部落联盟和农村原始公社制的遗风，形成以"小款会"或"大款会"为表现形式的农村公社，实行一种具有民间自我治理性质的"合款"制度。凤凰的封建治理主要包括元代的土司治理、明代的土司治理（"边墙"治理）、清代的改土归流（屯田治理）、民国时期的治理改革（改屯租为田赋）。苗民一直深受沉重的封建剥削和压迫。中华人民共和国成立后，民族区域自治制度的建立，为凤凰经济社会发展提供了历史契机；半个多世纪的民族区域自治实践，见证了凤凰经济社会的全面快速发展。民族区域自治制度的实施和运行，尊重凤凰的历史传统与现实，在确认民族身份、保证民族关系政治平等与团结的基础上，在党的统一领导下，通过培养选用民族干部，依托具体的民族事务工作，贯彻落实党的民族政策，贯彻落实与民族区域自治相关的法律法规，赋予了当地各族人民群众当家做主的权力，为凤凰经济社会实现新的跨越式发展提供了制度保障。

第二章为"旅游产业主导下的凤凰县经济跨越式发展"，首先重点对 21 世纪以来凤凰县经济发展态势进行了分析。从 2000 年开始，凤凰县确定以旅游业为主导产业，并提出"一业带三化"的发展思路①，此后，旅游业对经济发展起到带动效应。2000—2017 年，凤凰县生产总值、人均生产总值按可比价计算，分别年均增长 11.21%和 13.2%，均比同期湘西自治州和全国的年均增速高，经济逐渐好转并实现了跨越式发展。同时，居民生活水平稳步提高，财政收入不断提高，民生事业明显发展。接着，分析了凤凰县旅游业发展成功的条件及凤凰县经济发展面临的问题，并在此基础之上提出凤凰经济实现新跨越的途径是应当从文化保护、传承和融合、激励相容制度的建立、游客旅游选择的拓宽、旅游环境的整洁、基础设施的完善以及劳动者素质的提高等的方面来着手等。

第三章为"凤凰县农业产业化发展"，主要介绍和分析了进入 21 世纪后，在我国经济结构大调整的时代背景下，凤凰县借助新的发展理念，凭借"国家历史文化名城""北平遥，南凤凰"的美誉，在"一业带三化"的发展战略指导下实现了成功转型。在旅游业的关联带动下，农业与旅游业结合形成较多新兴业态形式，观光农业、休闲农业、生态农业在凤凰县兴起，餐饮、住宿、运输、农产品种植销售、文化演艺等产业蓬勃发展。在确保粮食生产的基础上，特色农业产业发展壮大，初步形成了蔬、畜、果、药、烟五大特色产业区域化布局、规模化生产和产业化经营的格局，产业发展特色鲜明，凤凰县农业初步实现了由传统农业向现代农业的转型发展。产业融合发展是现代产业发展的趋势，也是自 2016 年以来我国政策和产业布局的重点，是农业产业发展的必然选择。产业融合为农业可持续发展提供了重要思路和实践基础，凤凰县提出的"一业带三化"发展战略可以说是产业融合理论的一个成功实践案例。

第四章为"凤凰县新型城镇化发展模式"，主要研究凤凰县城镇化的发展模式。在介绍凤凰县的城镇化总体发展状况的基础上，对其发展模式、特点及问题进行了分析。本章指出，凤凰县在以旅游业为经济发展的主要动力之后，其城镇化进程在经济结构、人口结构、社会保障水平和基础设施等方面均经历了由传统农业为主的社会向新型城镇化的重大转变，并取得了较为可观的成果。同时，基于以旅游业为主的经济发展模式，凤凰县在推进城镇化进展上也呈现出较有特色的一些方面。结合现有理论及

---

① 即立足凤凰特色生态文化资源优势，紧紧抓住和依靠文化旅游主导产业，在做大做强生态文化旅游产业的基础上，大力实施"旅游+"战略，通过旅游产业带动农业产业化、新型工业化、新型城镇化，并进一步带动第三产业发展，以及各领域信息化、绿色化。

实际情况，凤凰县的城镇化发展模式实质上是通过先打造古城区域的旅游产业链来作为"增长极"，带动县城区域的城镇化发展，而后再以此为基础带动周边乡镇区域的城镇化发展，从而实现城乡协同发展。但这一发展模式同样存在发展不均衡等问题。因此，实现全县范围的城镇化将是一个较为漫长的过程，对此应有充分认识和准备。

第五章为"凤凰县资源环境与生态文明建设"，首先介绍了凤凰县资源环境现状，即环境质量整体为良，部分环境指标呈现日趋优化趋势，但是仍旧存有一些困难与问题。针对这些问题，凤凰县近些年开展了一系列生态建设项目与工程，建设效果逐渐显现，2013 年被授予"全国生态文明先进县"称号。然后，特别强调，凤凰县旅游业作为支柱产业，在"一业带三化"的特色经济形势下，其旅游业健康发展的原动力就在于环境质量的提高和生态资源的保护，否则就是无源之水、无本之木。最后提出凤凰县今后还应加强生态工程基础设施建设，实现城乡均衡发展、运用多种渠道，加大生态工程的资金扶持力度以及调整产业结构，延伸生态产业链建设等建议。

第六章为"凤凰县农村贫困与精准扶贫"，首先介绍了凤凰县农村贫困现状，即凤凰县农村不仅贫困面较大，贫困程度较高，且贫困人口的空间分布存在明显的差异。凤凰县贫困特征主要表现在人力资本贫困明显，贫困人口主要经营传统农业和外出务工，增收渠道较窄，贫困地区"橄榄形"贫困问题突出，贫困地区"贫困的代际传递""贫困的代际逆传递"现象凸显，贫困地区"特殊贫困群体"较多等。然后分析了凤凰县精准扶贫工作情况，包括凤凰县实施的"十项扶贫工程"，进而总结了凤凰县精准扶贫、精准脱贫主要成绩和问题，最后，对 2014 年以来凤凰县实施精准扶贫方略工作进行总结、讨论，并给出了一些针对性建议。

第七章为"社会结构转型背景下的凤凰县教育事业"，试图通过社会结构转型这样一个大的背景，分析社会结构转型背景下凤凰县教育事业取得的成绩及存在的问题。文章中，首先描述了凤凰县社会结构转型的特点，接下来分析凤凰县教育事业发展过程中取得的成绩：各级各类教育稳步发展、职业教育驶向快速发展的"高速路"、开展关爱保护农村留守儿童工程、教育脱贫工作成效显著、民办教育不断发展，办学形式不断完善、信息化教育逐步推进，接着分析了社会结构转型期凤凰县教育发展中存在的问题，最后针对凤凰县教育发展中存在的问题提出具有针对性的对策和建议。

　　第八章为"凤凰县医疗模式的发展变迁"，总结 20 世纪以来凤凰县医疗卫生发展取得的成就，分析了凤凰县在经济社会转型过程中，巫术、苗医、现代医疗三种医疗模式的变化，探讨多元医疗模式当前在凤凰县的发展情况，揭示其背后存在的历史和现实因素。当前凤凰县旅游经济迅速发展，其现代化的进程不断加快，现代医疗观念和医疗技术都对当地居民产生了深刻的影响，并逐渐在三种医疗模式中占据主导地位，尤其是进入 21 世纪以来，凤凰县委、县政府不断加大对现代医疗的投入力度，现代医疗卫生事业迅速发展，地处凤凰县不同经济发展水平、自然地理环境的各个地区几乎都可以看到现代医疗的影子。近年来，通过不断深化医疗卫生体制改革，凤凰县医疗卫生综合服务能力明显增强，医疗卫生服务体系逐步完善、医疗卫生服务水平不断提高、人才队伍不断充实、基本药物制度惠及民生、公立医院改革有序推进、医疗扶贫成效显著，较好地满足了人民群众的医疗卫生保健需求。但在现代医疗迅速发展的同时，巫术和苗医并未消亡，它们与现代医疗模式互相补充，当地民众基于实用的原则和自己的需要，在不同情况下会选择不同的医疗模式，形成了多元医疗模式互动共生的局面。

　　第九章为"凤凰县社会救助制度与实践"，主要介绍和分析了凤凰县包括城乡最低生活保障制度和五保供养制度在内的社会救助制度的发展状况及存在问题。21 世纪，凤凰县基本建立起了包括"三大类、九小项"的社会救助体系，形成了较为合理的社会救助框架和布局，与社会救助相关的各项制度也在逐步完善。就具体内容来看，凤凰县的城乡低保标准逐步提高，城乡低保的补助水平逐步上升，一定意义上体现了凤凰县社会救助水平的逐步提升。同时，在资金分配方面，凤凰县制定了较为规范的救助资金分配程序，提高了救助资金的发放效率。在具体操作层面，凤凰县制定了有效的收入核算办法，提高了核算的精确度。在取得可喜成果的同时，还应看到，在凤凰县社会救助工作中仍存在未能适时调整城乡低保标准；五保集中供养率逐渐下降；凤凰县的养老机制不健全，养老服务供应不足等问题，这些均是制约凤凰县社会救助制度体系进一步完善的阻力。针对这些问题，本文最后给出了相应的政策建议。

　　第十章为"凤凰县人口流动与苗族婚姻家庭变迁"。关于工业化、城市化所引发的人口流动对婚姻家庭变迁的影响，在西方和中国学术界已有诸多的讨论。凤凰苗族同处中国社会变革的统一背景，同时又遭遇凤凰自身改革发展中带来的各种机遇和阵痛。该章主要探究凤凰特殊发展所带来的人口流动对苗族婚姻家庭产生的影响及其背后的逻辑。研究发现：一方面，受经济转型和制度等中国宏观结构的影响，与全国总体情况相比，凤凰苗族婚姻家庭变迁呈现出一些共性的东西；另一方面，受凤凰特殊发展和民族文化等因素的影响，凤凰苗族的婚姻家庭变迁又具有自己的一些特色。尽管经济理性占据苗族人行动与策略的很大一部分，他们依然在现代化的冲击下极力传承自己的民族文化，不过这种传统的"回归"更像是苗族人面对现代化冲击的一种策略与回应。

第十一章为"凤凰县社会组织发展：产业、文化与社会资本"，在介绍当前凤凰县社会组织发展基本状况的基础上，为了进一步展现凤凰县民间组织的特点，分别在凤凰县的产业、文化、社会资本三个领域发掘最具凤凰特色的组织作为代表来详细介绍，通过对相关个案的描述来探讨凤凰县内不同类别社会组织的发展现状与发展水平问题。自1999年凤凰县政府确立了以发展旅游业为主体产业，经过十余年的发展，旅游产业成为凤凰县的支柱产业，在旅游开发的背景下，凤凰县内有近2/3的社会团体与旅游和文化有关，凤凰县的社会组织也进入了加速发展阶段。各类组织加快转型步伐，积极参与社会建设，从纯粹官办社团到目前明显带有的官民二重性特征的社会组织，凤凰县社会组织的发展基本完成了质的飞跃。凤凰县各类社会组织发展既存在共性，也面临着各自的发展困境，产业类的社会组织相较于文化、社会资本类的社会组织，因借助政府对旅游业的政策支持，相对拥有更多的机遇。但是凤凰县丰厚的文化底蕴，在旅游业的带动下，必然为文化类社会组织的发展带来新的生机。社会资本类的社会组织起步相对较晚，如何借助旅游业为其发展增添力量，是其面临的一大挑战。从整体来看，凤凰县的社会组织已经开始进入社会组织的中期发展阶段，尽管发展缓慢，却是一个良好的开端。

第十二章为"凤凰县旅游产业发展与社会结构变迁"，主要介绍和分析了凤凰县人口结构、就业和职业结构、社会阶层结构、收入分配结构和消费结构。指出21世纪以来，凤凰县正经历着显著的社会结构变迁。凤凰县旅游产业发展不仅对经济增长做出重要贡献，它也推动了凤凰县经济和所有制趋向多元化，带动产业结构转型、就业结构调整和职业结构层次的提升，这为个体和群体的社会流动提供了广阔的空间，城乡之间、不同阶层、群体和地域间的社会流动加快，城镇化率逐渐提高，城镇综合承载能力不断提升。与此相应，农业劳动者阶层人口规模有所减少，属于社会中间层的商业服务从业人员阶层、个体工商户阶层和属于中上层或上层的私营企业主阶层规模不断壮大，城乡居民收入水平稳步增长，城乡收入差距呈缩小趋势，城乡居民消费水平提高，城镇居民服务性消费增长较快。

第十三章为"旅游开发背景下的凤凰文化"，主要是在旅游开发的背景下讨论凤凰的文化，首先介绍凤凰厚重多元的历史文化，以及独具浓郁苗族风情的民族文化。之后，在旅游开发的背景下探讨凤凰的文化遗产保护与传统村落保护，指出整体性保护原则是凤凰文化遗产保护与传统村落保护要持守的首要原则，尤其是"文化空间"概念适用于凤凰的文化遗产保护与传统村落保护，这也是国际上文化遗产保护的思路与方向。最后探讨在全球化时代以及旅游开发过程中，地方文化的全球化以及全球文化的地方化问题，指出旅游对于地方文化是一把双刃剑。

以上全书的完成，使本课题的设想基本得以实现。在此，我们展示了凤凰县政治、经济、生态、社会和文化等方面取得的成就，客观反映了凤凰县经济社会发展中存在的问题和面临的困境，并对凤凰县经济社会发展与变迁中出现的新情况、新问题，进行深入的分析和研究，探寻解决这些问题的路径，为国家制定未来政策提供可靠的依据。

第一章

从土司制度、改土归流到当代
民族区域自治实践

凤凰地处偏远的湘西南部山区，但历史上属于古苗疆之腹地，一直是湘西的政治、军事和文化中心。

凤凰自古以来就是一个苗民聚居、多族群分散杂居的地方。凤凰的苗寨区域，自秦代到清代，基本保留了部落联盟和农村原始公社制的遗风，形成以"小款会"或"大款会"为表现形式的农村公社，实行一种具有民间自我治理性质的"合款"制度。

明袭元制，设五寨长官司和竿子坪长官司，继续实施土司统治。为了加强对所谓"苗疆"的统治，明万历年间于湘黔川边区修筑"边墙"，将边墙以北划为"化外之民"的"生界"，开始实施以"苗汉分治"为目的的所谓"边墙"治理。清康熙年间，设凤凰厅，废除凤凰的土司制度，改土归流，各项事务全部由满汉流官管理。在平定乾嘉苗民起义后，清朝统治者开始推行所谓的"屯田"治理，修复明代防苗"边墙"，扩建整修防苗营汛哨卡，"屯田养勇、设卡防苗"，"均田屯丁、以苗养兵"。民国时期改屯租为田赋，缴纳品种繁多的苛捐杂税，苗民依然深受沉重的封建剥削和压迫。

虽然历代统治者的具体治理方式在不断变化，但以民族剥削和压迫为中心的封建治理根基和性质从未改变。民族隔阂、民族分离、民族偏见，以及苗民不断武力反抗与官府不断招抚和弹压成为凤凰历史的常态表现。这种治理，依靠高额的经济成本和社会成本来运行，消耗了大量人力、物力和财力；另外，加剧了民族关系的不平等，强化了民族剥削，严重阻碍了当地经济社会的发展。此与统治者"绥边保境"之初衷也是背道而驰的。

　　"合款"制度，作为苗寨社会运行的自我治理制度，具有强大的生命力。在某种意义上讲，由于自古沿袭，苗寨社会的自我治理已经成为一种历史传统。无论是土司治理，还是"改土归流"，无论是明代的"边墙"治理，还是清代的"屯田"治理，抑或民国时期的治理改革，都未能对"合款"制度造成根本冲击，凤凰的封建治理与苗寨社会的自我治理一直是并存并行的。

　　历代的封建治理，之所以流弊丛生，究其社会历史根源，在于封建统治阶级一直对苗民加以"污名化""妖魔化"，从未将其当作自己的兄弟民族来看待，始终遵循的是一种"非我族类，其心必异"的治理逻辑。由此，造成了严重的民族隔阂和民族剥削，形成了民族地方社会与国家彼此对立对抗的局面。

　　中华人民共和国成立后，民族区域自治制度的建立，为凤凰经济社会发展提供了重要的历史契机；半个多世纪的民族区域自治实践，见证了凤凰经济社会的全面快速发展。

　　作为苗民聚居，苗族、汉族、土家族等多民族分散杂居之地的凤凰，具有苗民社会自我治理的历史传统。民族区域自治制度的实施和运行，尊重凤凰的历史传统与现实状况，在确认民族身份、保证民族关系政治平等与团结的基础上，在党的统一领导下，通过培养选用民族干部，通过贯彻落实与民族区域自治相关的法律法规及对贯彻落实情况进行执法检查，依托具体的民族事务工作贯彻落实党的民族政策，赋予了当地各族人民群众当家做主的权利，自然消解了国家与民族地方社会之间历史上一直存在的对立和对抗，使二者和谐整合在民族区域自治制度构架之中，由此实现了国家与民族地方社会的同构，为凤凰经济社会快速发展提供了现实可能。

　　本章对凤凰苗寨自古沿袭的自我治理制度进行论述，对明清及民国时期凤凰的封建治理及其流弊进行揭示，并重点对中华人民共和国成立以来民族区域自治实践及其特色进行总结，通过历史对比展示了包括凤凰在内的湘西土家族苗族地区实施民族区域自治制度的时代先进性与历史必然性。

　　进入 21 世纪以来，包括凤凰在内的很多少数民族聚居地区面临着人口流动日渐频繁、民族交融日益加深的社会发展新形势。少数民族聚居地区如何在新的社会发展形势下坚持和完善民族区域自治制度，以更好地发挥民族区域自治制度的自身优势，更好地促进当地经济社会发展，需要进一步的实践探索以及相应的制度跟进研究。

一　凤凰苗寨的自我治理

中国历史上的苗民，系一泛称，涵盖了中国南方的所有非汉族群，与当今我国民族识别后的苗族有所不同。湘西苗民的体质和脸形体现了马来人种的特点，据此推测湘西苗民可能是中国南部的土著族群。[①]

清代《凤凰厅志》记载，"凤凰之名因山受"。在今凤凰县城以西五十里有一名山，处于群峰之中，形状若鸟，昂首展尾，称为凤凰山。[②] 明隆庆三年（1569），统治者在凤凰山脚下设置了一个镇压苗民反抗的兵营，因其在凤凰山脚下，故称凤凰营。后来凤凰营演变为县级特殊行政区凤凰厅（凤凰厅设在今凤凰县城西面 27 公里的黄丝桥），到民国二年（1913）才演变为凤凰县。[③] 总之，"凤凰"，作为地名，源自凤凰山。从长远的历史长河来看，当地各族人民群众共同创造了凤凰这个美丽吉祥的地方，在历史实践中深刻诠释了以"凤凰"为地名的美好寓意。

据《凤凰厅志·序》，"凤凰厅僻处楚边，峒苗错居"，"厅地旧属苗疆"。[④] 虽然凤凰地处偏远的湘西南部山区，但历史上属于古苗疆之腹地，一直是湘西的政治、军事和文化中心。

自古以来，凤凰就是一个苗民聚居、多族群分散杂居的地方。凤凰的苗寨区域，自秦到清，基本保留部落联盟和农村原始公社制的遗风，形成以"小款会"（一个或几个毗邻村寨）或"大款会"（一般以大寨为中心，集若干"小款会"为一个"大款会"，可以包括数十乃至百寨）为表现形式的农村公社，实行一种具有民间自我治理性质的"合款"制度。长期以来，"合款"制度对维护苗寨社会内部稳定及促进当地生产发展有着不可替代的重要作用。[⑤]

传统苗民社会盛行一种叫作"椎牛合鼓"的耗资巨大的祭祀活动。这种活动，单独家庭无力承担，多由同姓族人共同集资、合村公祭。为了

---

① 参见《中南湘西苗族访问团综合报告》（1951 年 2 月 22 日），吴彦承主编《凤凰县民族志》（附录二　历史文献），中国城市出版社 1997 年版，第 336 页。

② 参见吴彦承主编《凤凰县民族志》，中国城市出版社 1997 年版，第 1 页。

③ 同上书，第 375 页。

④ 同上书，第 14 页。

⑤ 同上书，第 6 页。

完成事务庞杂的祭祀活动，参加公祭者一般会推举一位年纪大、辈分高的老者为掌祭人。掌祭人除负责"椎牛合鼓"的财务收支、事务安排、组织跳鼓活动外，还负有宣讲宗法礼教的职责，由此自然而然成为该村或同姓人的中心人物、自然领袖。掌祭人的职责逐渐超越了祭祀活动范围，扮演着处理内部事务，调解民事诉讼，维护社会治安，协调外来关系的社会领导者角色。以祭奠祖宗为纽带的同姓人群逐渐结合成为带有浓厚政治色彩的款会，掌祭人成为款会的款首，俗称款头。款会组织后来逐渐突破血缘界限，由一个自然村寨，或几个自然村寨，甚至几十、上百个自然村寨组成一个款会。①

款首由款会成员公推，由德高望重、通晓古今、办事公道的长者担任，不能世袭，不称职或亡故或其他原因不能继任的，款会另推他人。款首和款会一般成员一样受款规约束，不得有违。款会有常设的办事机构，没有固定经费，款首没有固定的报酬，办事多是尽义务，有当事人的则由当事人承担适当报酬。②

款会有款规，用以规范成员的行为。这些自古沿袭下来的具有自我管理性质的习惯法规，主要包括饮血讼、求神息讼、理师调解、草标封山、合款护秋收等，当然也包括投坑、沉潭等一些古老的惩治手段。③ 款规由款会集会公议制定，内容广泛，社会治安、民事纠纷、公共卫生、婚姻家庭、保证内部成员生命财产安全等方面都有具体规定。普通民事纠纷由款首调解，调解无效交群众公议，分清是非曲直，然后强行解决，或对神发誓，借助"神力"息事宁人。偷盗、破坏他人夫妻关系、打架斗殴、制造事端、搬弄是非造成损失者，则要严肃处理。如盗窃他人财物，被检举查实后，要被处以罚金，还要备办酒席向有关人员谢罪，当众认错，对屡教不改的就要从款会中清除出去；对重大盗窃，给他人造成重大损失的要查收盗窃者的家产；对公众认为不杀不能平愤的则处以投坑、沉潭等酷刑。款会中如有人被外人或官府欺侮或打杀，由款会做主，组织武力予以反抗或报仇；对因维护款会利益而伤亡的人，给予治疗或安葬，其亲属子女则由款会筹资扶养；在护款斗争中消极观望或贪生怕死者，要受到大家

---

① 参见吴彦承主编《凤凰县民族志》，中国城市出版社1997年版，第42—43页。
② 同上书，第43—44页。
③ 同上书，第47—52页。

的惩罚。①

由于苗民历来居住在所谓的"边荒"之地，历代封建统治者将其视为不通声教的化外之民，多任其自然。清初"改土归流"后，流官治理依然难以深入广大苗寨地区，封建的"里""约""保""甲"等制度仍无法取代"合款"制度，出现了"合款"制度与当时的封建治理制度并存的局面。清末，统治者对苗寨的治理进一步加强，封建程度日益加深，对抗官府的款会被取缔，但维护秋收生产秩序的由十几户、二十户人家组成的临时性小款依然存在。民国时期，特别是 20 世纪 40 年代初，由于政局动荡，匪风日炽，为维护苗区安定，县上层人物顺应民意发起与"合款"形异神似的"合团"，组织民间力量对抗土匪掳掠，维护苗区稳定。"合团"突破乡、保行政区划界线，以自愿互利为组织原则，不受政府干预。②

二　凤凰的封建治理

自黄帝、炎帝、蚩尤三始祖至夏、商、周朝以前，凤凰属"武山苗蛮"之地。春秋战国时期为"五溪苗蛮之地"，属楚国疆域。秦汉晋隋时期先后属黔中郡、武陵郡、沅陵郡。③ 东汉至隋以军事掠夺为主，迫使苗民退处深山。④ 唐宋时期先后属麻阳县、渭阳县、麻阳县。元朝置五寨司，这是土司统治时期，司治在今凤凰县城，属思州安抚司。五寨苗民"向化"以后，以"里"代"硐"，正式编户入籍，清田亩，纳赋税。⑤

（一）明代的"边墙"治理

明袭元制，设五寨长官司和竿子坪长官司，属保靖宣慰司管辖，⑥ 继续实施土司治理制度。明朝统治的 270 余年间，湘西和黔东北苗民爆发过数十次反抗斗争，明嘉靖年间的苗民起义是其中规模大、持续时间长、波

---

① 参见吴彦承主编《凤凰县民族志》，中国城市出版社 1997 年版，第 44—45 页。

② 同上书，第 43 页。

③ 同上书，第 1—2 页。

④ 参见《中南湘西苗族访问团综合报告》（1951 年 2 月 22 日），吴彦承主编《凤凰县民族志》（附录二　历史文献），中国城市出版社 1997 年版，第 336 页。

⑤ 参见吴彦承主编《凤凰县民族志》，中国城市出版社 1997 年版，第 2—3 页。

⑥ 同上书，第 3 页。

及范围广的一次。① 这次起义被武力镇压后，为加强对当时所谓"苗疆"的统治，统治者在湘黔川边区修筑 380 多里的防苗"边墙"，再利用酉水、沅水之阴，将这块苗疆隔离封锁，屯兵防范。② 这道边墙，从凤凰县西与贵州铜仁交界的亭子关、阿拉营、拉豪关、镇竿城、得胜营、竿子坪到乾州的喜鹊营（即南起亭子关，北至喜鹊营），跨山越水 380 多里，号称"千里城"。边墙以北被划为"化外之民"的"生界"，苗疆东西、南北被隔离开来，"墙内齐民（汉人和熟苗），墙外生苗"，规定"苗不出境，汉不入峒"。这样，以边墙为界，凤凰东部、南部及西南部开始成为"齐民"（含熟苗）麇集之地，西北部和北部尽为苗寨。③

苗疆边墙始建于明万历四十三年（1615），花费时间前后 8 年多，耗银四万多两，用工 20 万个。在边墙经过的地方，强拉民夫，破田砍山。繁重的劳役和沉重的苛捐杂税，百姓苦不堪言。明朝统治者不顾百姓疾苦，兴师动众，百里苗疆良田荒芜，哀鸿遍野。④

苗疆边墙的修筑，造成苗汉隔阂，加剧了汉族地区经济和生苗地区经济发展的两极分化，加深了两地之间的文化和情感疏离的鸿沟。虽然对维护当时的封建统治起过短暂的稳定作用，但对于边墙内外苗汉人民的生活、经济发展而言有百害而无一利。

苗疆边墙历经明清两代，前后延续 400 多年。至今，从凤凰县黄合乡的亭子关起，边墙经过之地，残垣断壁、破楼遗堡，⑤ 成为以"苗汉分治"为目的的"边墙"治理之失败的历史见证。

（二）清代的"屯田"治理

清初实施借用土司力量管理苗疆的"怀柔"政策。康熙、雍正年间，为了强化封建君主专制，采纳云贵总督鄂尔泰提出的"改土归流"措施，即废除"反叛无常"的 800 年土司制度，朝廷直接任免官吏（流官），统一政权建制，州、厅、县以下设连坐保甲。流官政权实施的是军政合一的军事管理制度。⑥

---

① 参见吴彦承主编《凤凰县民族志》，中国城市出版社 1997 年版，第 193 页。
② 同上书，第 164、197 页。
③ 同上书，第 6—7、33、164 页。
④ 同上书，第 33—34 页。
⑤ 同上书，第 34 页。
⑥ 同上书，第 197 页。

　　康熙三十九年（1700），正式在凤凰设立了县一级行政区划即"凤凰厅"，委派满汉流官治理。修补了明末建筑的"边墙"，强制迁徙齐民（含熟苗），驱赶生苗，齐民熟苗聚居更为集中。当时，"墙内齐民"，"墙外生苗"。① 清代建厅后，凤凰全境以"边墙"为界，划分民村和苗寨。民村均在东南部，包括 5 里 4 哨 267 寨；苗寨在西北部，314 寨。② 民村在行政上分上下两乡，划为 5 里 11 约。约以下编为若干甲。③ 康熙四十三年（1704），苗民"向化"，裁去土司，在凤凰山的原凤凰营地设置通判，④ 在凤凰厅镇竿城设置辰沅永靖兵备道，文武兼管，军政合一，统辖辰州、沅州、永顺三府，靖州一州，凤凰、乾城、永绥、晃州、古丈坪五厅以及 14 个县，兼握七县屯政。在镇竿城设道台、镇台、府台三个官府衙门。⑤ 康熙四十六年（1707），朝廷实行"改土归流"，废除凤凰的土司制度，各项事务全部由满汉流官管理。⑥ 嘉庆元年（1796），凤凰厅升为直隶厅，同时改通判为同知属湖南布政使司。⑦ 嘉庆十一年（1806），实行屯田制度，用野蛮的方式直接掠夺苗民土地（凤凰县是均七留三）。⑧

　　残酷的封建统治，满汉官吏、地主、奸商的巧取豪夺，苗民欲诉无门，不断以武力相抗争。乾嘉苗民起义是历时最长、规模最大的一次武力抗争。⑨ 为彻底镇压苗民起义，当时总理苗疆边务的凤凰厅同知傅鼐在湘西实施"屯政"，修复明代防苗"边墙"，扩建整修防苗营汛哨卡，"屯田养勇、设卡防苗"，"均田屯丁、以苗养兵"。

　　其一，就地选征练勇、屯丁，专司防守，弹压苗民。设置屯苗官弁，以屯官制约苗官，以苗官管束苗民。练勇则管束屯丁，屯丁监督苗兵。为了解决练勇、屯丁的供养，傅鼐在湘西泸溪、麻阳、凤凰、永绥（花垣）、保靖、乾州、古丈等有苗民的厅县行寓兵于农的屯田制度，这是对

---

① 参见吴彦承主编《凤凰县民族志》，中国城市出版社 1997 年版，第 164 页。
② 同上书，第 7 页。
③ 同上。
④ 同上书，第 3 页。
⑤ 同上书，第 164 页。
⑥ 同上。
⑦ 同上书，第 3 页。
⑧ 参见《中南湘西苗族访问团综合报告》（1951 年 2 月 22 日），吴彦承主编《凤凰县民族志》（附录二　历史文献），中国城市出版社 1997 年版，第 336—337 页。
⑨ 参见吴彦承主编《凤凰县民族志》，中国城市出版社 1997 年版，第 197—220 页。

苗民实行残酷的政治压迫和经济剥削而建立的特殊的土地制度和政治制度。①

屯田制度实行后，凤凰民田59647亩收归官有，其中均田12080.6亩，归公田13539亩，官赎田5587.3亩，苗缴叛产田土13634.5亩，苗弁已业田1595.7亩，苗呈争占田土2545.2亩。这些田土大部分分给屯丁耕种作为粮饷，其他部分则返租给农民耕种，对半交租。缴纳屯租时，屯官还别出心裁从中盘剥，额外附加所谓"马口谷"（用力车出的二口谷），"地皮谷"（流出斛外落地谷），"斛面谷"（斗尖谷），此外还要勒索催交屯租的"草鞋钱"。交完屯租之后，苗民一年所收仅剩十之二三，苦不堪言。当时苗区设有屯仓63处，租额二万五千四百五十一石三斗九升六合八勺（折2799653.8公斤），苗民膏血吮吸殆尽。② 正如一首《屯租歌》所唱："朝耕土，夕耕土，年年月月屯租；男耕田，女耕田，子子孙孙欠粮钱。一年四季替人锄，苗家没有一块土；一年四季替人耕，苗家没有地安身。"③

其二，为稳定屯田制度，在要冲之地，设营汛碉卡、哨台、炮台、关门、关厢，监视苗民行止。凤凰为苗疆腹地，东控乾泸，西扼黔省，战略位置十分重要，且为辰沅永靖道治所，清政府防范更为严密，拥有碉卡营汛、炮台关厢等军事防御设施及刀矛机械占凤、乾、保、永、古五县的80%。④

庞大的军政机构和近万军队驻扎于凤凰，使镇竿城成为扼制湘黔川边区及广西的军事重镇，人口激增，消费随之增大，军队的给养亦成问题。为此，从外省外地招移大批汉民，安顿于"边墙"以内，屯垦良田，为军队提供给养。被移招汉民中有些善于经商，他们针对凤凰商业薄弱而商品需求量很大的情况，在城镇从事经商贸易。从乾隆年间到清末，自发到凤凰安家创业的行商坐贾、工匠艺人络绎不绝，凤凰汉族人口不断增多。汉人的大量迁入，带来了当时较为先进的物质生产技术和汉族文化，对"苗疆"的社会经济发展起了一定的促进作用。⑤

---

① 参见吴彦承主编《凤凰县民族志》，中国城市出版社1997年版，第45、46页。
② 同上书，第45页。
③ 同上书，第221页。
④ 同上书，第46页。
⑤ 同上书，第164—165页。

（三）民国时期的治理改革

辛亥革命，推翻清王朝。民国二年（1913）废凤凰厅，改建为凤凰县，初属沅陵专区。[①] 民国初期废除清政府的里、约，设都团。民国二十四年（1935）全县划分5个区，总人口102134人，其中苗民58734人。第一区苗汉杂处：一、二乡，30174人，其中苗民10055人；第二区苗汉杂处：三乡，25537人，苗民12769人；第三区苗汉杂处：四、五乡，21027人，苗民10514人；第四区为纯苗区：六、七乡，15539人；第五区苗区：八、九乡，9857人。民国二十五年（1936）废区设乡，改为保甲制，全县设17个乡（镇）201保。其中沱江镇15保，尚义乡11保，勤奋乡11保，熙和乡9保，乐群乡10保，务本乡15保，笃信乡15保，毓才乡13保，维新乡8保，敦仁乡12保，崇礼乡10保，善邻乡12保，蔚文乡14保，图强乡12保，明道乡13保，兴德乡9保，新民乡12保。[②]

国民党统治时期，继续实行封建的民族压迫与剥削政策。乡保甲长，布满苗区，乡长以上多为汉人或汉化的苗民上层。国民党军队和政府通过控制乡保甲长和苗民地主，形成湘西特殊的社会状态，既加深了苗人内部的阶级压迫，同时也加重了苗民对汉人的仇恨。[③]

民国时期，不仅全盘承袭清代在湘西苗疆实行的"屯租"剥削和各种陈规陋习，而且日益糜烂。1921—1931年，湘西军阀陈渠珍兼任"屯务处长"期间，广大苗民所受的屯租剥削更是有增无减。苗民抗交"屯租"，夺回"屯田"的斗争此起彼伏。[④] 由于当时军阀混战，地方不靖，抽丁派款，屯田或荒芜，或变卖易主，出现有田不纳租，纳粮无田耕的情况。事实上，当地苗民很难完纳屯租，屯租改制的呼声日益高涨。[⑤]

1935年苗民（成分均为贫苦农民）聚众起义，反抗屯田，给"革

---

① 参见吴彦承主编《凤凰县民族志》，中国城市出版社1997年版，第3页。

② 同上书，第7—8页。

③ 参见《中南湘西苗族访问团综合报告》（1951年2月22日），吴彦承主编《凤凰县民族志》（附录二 历史文献），中国城市出版社1997年版，第337页。

④ 参见吴彦承主编《凤凰县民族志》，中国城市出版社1997年版，第221页。

⑤ 同上书，第47页。

屯"运动撒下种子。① 民国二十六年（1937），湖南省政府派财政厅长来有屯各县实地调查，据实将屯租弊端禀报省府。省府决定豁免民国二十四年（1935）以前的欠租和民国二十五年（1936）屯租的一成，撤销屯务处，改编屯务军，实行田赋制，根据土地陈报实际丈量的土地按亩计征。但是，省政府的田赋制仅是一纸空文，无法落实，② 引发了凤凰苗民与有屯各县苗民发动大规模"革屯"运动。

湘西苗民地区，特别是"屯田""官田"最多的永绥、凤凰，较好田土基本上充公归屯，因此地主和富苗所占有的土地亦多是兼并来的"屯田""官田"，照样负有缴纳"屯租"的"义务"，这种"屯田"地主一般都赞同废除"屯田制"，取消"屯租"，在一定程度上参加了"革屯"运动。由于他们平时的地位和影响，有的甚至成为领导运动的头面人物。1937 年 9 月，湘黔川边区各路义军掀起的"革屯"运动达到高潮。③

1938 年 2 月末，湖南省府会议正式通过决定，废除"屯租"，撤销"屯租"征收局。至此，延续了 140 年的湘西苗区"屯田养勇"制度宣告结束。④ 1945 年正式改"屯租"为田赋，按亩交粮，缴纳品种繁多的苛捐杂税。⑤

在凤凰苗民有力斗争的直接推动下，民国时期被迫做出的撤销"屯田养勇"制度等治理改革，有利于革除时弊，但由于未触及民族剥削和压迫的封建治理基础，加上积重难返的历史重负，收效甚微。

虽然历代统治者的具体治理方式在不断变化，但以民族剥削和压迫为中心的封建治理根基和性质从未改变。民族隔阂、民族分离、民族偏见，以及苗民不断武力反抗与官府不断招抚和弹压成为凤凰历史的常态表现。这种治理，依靠高额的经济成本和社会成本来运行，消耗了大量人力、物力和财力；另外，加剧了民族关系的不平等，强化了民族剥削，严重阻碍了当地经济社会的发展。此与统治者"绥边保境"之初衷也是背道而驰的。

---

① 参见《中南湘西苗族访问团综合报告》（1951 年 2 月 22 日），吴彦承主编《凤凰县民族志》（附录二　历史文献），中国城市出版社 1997 年版，第 337 页。

② 参见吴彦承主编《凤凰县民族志》，中国城市出版社 1997 年版，第 47 页。

③ 同上书，第 221—224 页。

④ 同上书，第 225 页。

⑤ 参见《中南湘西苗族访问团综合报告》（1951 年 2 月 22 日），吴彦承主编《凤凰县民族志》（附录二　历史文献），中国城市出版社 1997 年版，第 337 页。

"合款"制度，作为苗寨社会运行的自我治理制度，具有强大的生命力。在某种意义上讲，由于自古沿袭，苗寨社会的自我治理已经成为一种历史传统。无论是土司治理，还是"改土归流"，无论是明代的"边墙"治理，还是清代的"屯田"治理，抑或民国时期的治理改革，都未能对"合款"制度造成根本冲击，凤凰的封建治理与苗寨社会的自我治理一直是并存并行的。

历代的封建治理，之所以流弊丛生，究其社会历史根源，在于封建统治阶级一直对苗民加以"污名化""妖魔化"，从未将其当作自己的兄弟民族来看待，始终遵循的是一种"非我族类，其心必异"的治理逻辑。由此，造成了严重的民族隔阂和民族剥削，形成了民族地方社会与国家彼此对立对抗的局面。

三　中华人民共和国成立之初湘西及凤凰的经济社会状况与民族事务工作

（一）湘西经济社会状况

据《中南湘西苗族访问团综合报告》（1951年2月22日）中的有关记述，中华人民共和国成立之初湘西经济社会状况具有如下特点：

其一，湘西苗民95%以农业为生。苗区山多地少，土地分散。苗区若干地方，农村劳动力有剩余，农村副业（茶油、养猪、木柴等）收入几乎占农民收入的一半。苗区一般以中农、贫农为主，地主和雇农占少数。地主一般只参加附带劳动，耕种多靠长工或短工，大量出租土地者较少。凤凰的农村土地出租大体始于1945年，原因是抽丁、孤寡、避匪患造成劳动力缺乏，或者是土地分散，耕种困难。地主出租土地无押金，一般上等佃对半分，中等佃六主四，下等佃七主三，多以土产物计算，杂粮归佃户。借贷以实物为单位，利息普通的一万每年五斗至七斗，以盟誓为证，不订契约。

此外，汉人住在城镇经商，苗人住乡下务农。历来汉商互相拉拢，操纵市场，山货土产与外来之日用必需品，都是极不合理的差价，汉商与苗民交易大秤进、小秤出，不找零数，居奇垄断，欺骗盘剥。苗民赶场以物易物，以桐油与五倍子等换取粮米与日用品。征兵派款多出于苗民身上，汉人占场（占据市场）夺田（侵占土地）。学校多在汉区，用汉人教员。苗民称苗人统治者为"苗把总"（指为汉人干活者），说他们忘本。流行着"铜不沾铁，苗不沾客"的说法。苗民深受汉苗统治者的压迫和汉商的欺骗剥削，警惕性和顾虑当时普遍存在。当时的民族关系是汉人歧视苗民，苗民不相信汉人，民族隔阂严重，民族关系紧张。

其二，湘西苗民宗教信仰很强，迷信神鬼，崇拜傩公、傩母、暨天王等，在举行宗教仪式上消费很大。中华基督教会曾做了七年的湘西苗族宗教考察，未得发展。安息日会20年只发展20个苗民，平均每年一个多，他们说："苗族迷信太深了。"苗族没有文字，读书念汉字，语言结构与汉语不同，苗语方言各乡亦稍差异。苗民子弟入学者甚少。婚姻多由父母主持，多早婚（十三四岁），但在深山纯苗区仍允许存有自由婚姻之要求，婴儿死亡率很高。苗民强悍勇敢，勤劳俭朴，重情守信，爱土地，但由于历史上大汉族主义的压迫，养成忧愁沉默自卑的习性和怀疑报复戒备心理，民族性很强。[1]

另据有关统计，1952年底，湘西凤凰、乾城（今吉首）、永绥（今花垣）、保靖、古丈、泸溪六县总人口76.1815万人，其中苗族27.7205万人，占六县总人口的36.39%。[2] 长期以来，湘西地区各民族处于大杂居、小聚居的状态。土家族（1957年1月被正式确定为一个单一民族）主要集中在北半部及中部的永顺、龙山、保靖、古丈和吉首，苗族主要集中在南半部及中部的花垣、凤凰、吉首、泸溪、保靖、古丈。[3]

（二）凤凰经济社会状况

由于历史上长期受到统治阶级的经济剥削，加上兵匪祸害、地处偏远、生产条件恶劣、自然灾害频繁，中华人民共和国成立之初的凤凰经济发展十分落后，包括苗族在内的凤凰各族人民群众的生活十分贫困。据有关统计，1949年，全县粮食总产量只有2125万公斤，工农业总产值1354万元，财政收入仅26.7万元。[4] 另外，自然降雨主宰着凤凰的农业，工

---

① 参见《中南湘西苗族访问团综合报告》（1951年2月22日），吴彦承主编《凤凰县民族志》（附录二　历史文献），中国城市出版社1997年版，第338—342页。

② 参见《湘西土家族苗族自治州概况》编写组、《湘西土家族苗族自治州概况》修订本编写组编《湘西土家族苗族自治州概况》，民族出版社2007年版，第87页。

③ 同上书，第15—16页。

④ 参见吴彦承主编《凤凰县民族志》，中国城市出版社1997年版，第299页。

业基本上只有手工业，交通仅有人行古道，商业不发达。① 为了发展生产，交换商品，苗汉"茶马互市"起到重要作用。汉族商人把食盐、布匹、商品、铁器运到苗区，用于交换当地出产的粮食、桐油和药材。

由于历代统治者推行民族压迫和民族歧视政策，封建王朝不断对苗区进行"征剿""讨伐"，多次激起苗民反抗。苗民经常被骂成"蠢苗子"，长期受到侮辱。由此，也造成并加深了苗汉矛盾。由于历代统治者明令禁止苗汉通婚，违者必加惩治，因此苗汉通婚极为罕见。村寨之间、姓氏之间、民族之间经常发生械斗。②

据民国二十四年（1935）调查统计，全县人口102134人，其中苗族58791人，占全县总人口58%。中华人民共和国成立之初的1949年，全县总人口156300人，其中苗族81400人，占总人口52.08%。③ 中华人民共和国成立后，凤凰全县人口开始增长。凤凰县民族构成主要是苗族、汉族、土家族、回族及分配到这里工作和因其他一些原因来凤凰居住的民族。④ 据《中南湘西苗族访问团综合报告》（1951年2月22日），凤凰三五区为纯苗族，余为杂居区，苗民约10.5万人，占总人数66.8%。⑤ 另据《湖南省湘西土家族访问团访问工作总结报告》（1957年8月5日）统计，当时全县总人口193947人，其中苗族94647人，占总人口48.8%；汉族88040人，占总人口45.4%；土家族11200人，占总人口5.8%；回族60人，占总人口0.03%。⑥

中华人民共和国成立之初，凤凰县苗族分布呈现出大集中、小分散的局面。苗族聚居地区，一般都在高山深谷、山峦重叠、交通闭塞的地方，与汉族相比，经济、文化等各个方面存在很大差距。土家族在分布上一般是与汉族杂居。回族也是杂居在汉族地区，而其他少数民族的居住则更为

---

① 参见吴彦承主编《凤凰县民族志》，中国城市出版社1997年版，第257页。

② 参见《湘西土家族苗族自治州概况》编写组、《湘西土家族苗族自治州概况》修订本编写组编《湘西土家族苗族自治州概况》，民族出版社2007年版，第240、243—245页。

③ 参见吴彦承主编《凤凰县民族志》，中国城市出版社1997年版，第14页。

④ 同上书，第13页。

⑤ 参见《中南湘西苗族访问团综合报告》（1951年2月22日），吴彦承主编《凤凰县民族志》（附录二　历史文献），中国城市出版社1997年版，第342页。

⑥ 参见《湖南省湘西土家族访问团访问工作总结报告》（1957年8月5日），吴彦承主编《凤凰县民族志》（附录二　历史文献），中国城市出版社1997年版，第361页。

分散。① 凤凰县的汉族，不是世居的土著民族，自宋代始陆续迁入此地。②
据 20 世纪 50 年代的民族识别，1957 年 1 月土家族被正式确定为一个单一
民族。在历史上，土家族与汉族接触较早，居住在凤凰县的土家族普遍通
用汉语。在长期的历史发展过程中，土家族形成了以自身传统文化为基础
的独具特色的传统社会结构和社会组织。③

在党和政府的领导下，中华人民共和国成立初期凤凰各项事业发展很
快，但由于历史、地理、自然等多种因素的制约，全县经济社会发展总体
处于落后的局面。

（三）湘西民族事务工作

1. 核心原则

承认民族隔阂，重视民族问题的存在，重视民族特点，重视党的民族
政策的落实，旗帜鲜明地反对当时民族事务工作中的一些"左"倾表现。
这是中华人民共和国成立之初湘西民族事务工作的核心原则。

这些"左"倾表现主要包括：苗族业已汉化，民族间的差别仅仅是
一个语言问题，其余均与汉族无异，因此工作上苗汉不分；认为国民党的
"同化"政策不错，继续推行苗族"汉化"；认为苗族落后、愚昧、野蛮、
危险，对苗区工作存在着厌恶和害怕心理；过高估计了社会改革（如土
地改革）的条件，思想上过急，策略步骤上不加严格区别。④

2. 主要形式

为消除历史上遗留下来的民族不平等和不团结问题，党和人民政府组
织少数民族访问团以访问慰问的形式，了解当地各族人民群众生产生活实
际，宣传贯彻落实党的民族政策，消除各族人民之间的隔阂，促进各族人
民的团结。这是中华人民共和国成立之初湘西民族事务工作的主要形式。

1950 年冬和 1951 年初，中南军政委员会组织少数民族访问团。苗族
干部代表龙再宇等五人赴沅陵行署专程迎接中南少数民族访问团。以潘琪
为团长的访问团于 1951 年 2 月到达凤凰县城，后深入苗族聚居集中的山

---

① 参见吴彦承主编《凤凰县民族志》，中国城市出版社 1997 年版，第 14—15 页。
② 同上书，第 162—163 页。
③ 同上书，第 147—151 页。
④ 参见《中南湘西苗族访问团综合报告》（1951 年 2 月 22 日），吴彦承主编《凤凰县民族
志》（附录二　历史文献），中国城市出版社 1997 年版，第 342—347 页。

江和腊尔山两地区召开座谈会、报告会，同时走访了苗族农户，宣传共产党的民族政策，散发《告湘西兄弟民族同胞书》。随访团来的电影队、文工团、医疗队，深入苗区为各族人民演出节目、放映电影、治疗疾病，还为苗族人民送来了布匹、粮食和当时奇缺的食盐、药品等慰问品。慰问团所到之处，受到苗族人民热烈欢迎。①

　　1957年1月，土家族被正式确定为一个单一民族。为了表达党和政府对土家族人民的深切关怀，深入宣传党的民族政策，广泛听取土家族人民对区域自治形式的意见，了解土家族的民族特点、意见和要求，根据湖南省人民委员会、政协湖南省委员会的决定，组织了"湖南省湘西土家族访问团"，赴湘西土家族居住的地方进行普遍访问。湖南省湘西土家族访问团由省级有关机关、各民主党派、各人民团体和湘西苗族自治州选派代表194人，另有3个文工团、14个电影队、20个医疗队和随团访问的记者，共389人，各县又抽调干部287人参加访问。访问团的代表有苗、土家、汉、回、侗、满等各个民族。访问团在张孟旭团长率领下，于1957年5月21日到达湘西苗族自治州首府——吉首，在吉首向各界作了为时3天的访问以后，即于5月25日分赴自治州所属10个县。在历时50天的访问工作中，共访问156个乡镇、384所学校、702个机关、26个工厂，召开了2342次群众大会和座谈会，到会325131人。每次群众本会和座谈会都宣传了民族政策。个别访问了8837人。电影队放映214场，观众约294151人（次）。文工团演出129场，观众239100人（次）。医疗队治疗34440人（次）。赠送毛主席像2万张。全部访问工作于7月11日结束。这次访问工作规模之大，范围之广，是湖南省前所未有的。这次访问工作具有重大政治意义和历史意义。访问团到处受到当地各族人民特别是土家族人民热烈的欢迎。访问团所经过的地方，不论是城镇或乡村，不论是土家族、苗族、回族、瑶族或汉族人民，都像迎接自己盼望已久的亲人一样。访问团收到了土家族人民和苗族人民赠送的花被面、花布、服装、平金花、腰荷包、花裙、花带子、银饰和少先队员心爱的红领巾等珍贵礼品103件，锦旗15面。总之，对访问团迎送的盛况是空前的。访问团全体代表和工作人员在群众的热情鼓舞下，不畏艰难，不辞辛苦，走遍了几乎所有土家族聚居地区，与当地群众建立了深厚的感情，了解到当地

---

① 参见吴彦承主编《凤凰县民族志》，中国城市出版社1997年版，第241—242页。

群众的实际情况。①

通过访问、慰问和宣传，苗族人民，包括苗族上层人物，对党和政府的政策有了一定的认识，促进了苗族内部的团结，增强了对共产党的信赖，为苗区未来各项事业的发展奠定了基础。

3. 作为系统工程的民族事务工作

这一时期，民族事务工作通过与其他相关工作有机结合来推进，由此使民族事务工作成为一种系统工程。

其一，根据苗区多数人民的要求，首先安定秩序，稳定生活，逐步实现民族平等。据此，初步集中力量，深入清匪反霸，从中吸收与发动广大苗族各革命阶层人民，巩固与稳定社会秩序，得到更广大苗族人民的拥护，扩大党的影响。其他减租反霸清算适当推迟进行，视条件而定，如此可稳定内部的阶级关系，稳定各阶层情绪。

其二，大力宣传谁种谁收、发展生产、奖励开荒及公粮优待的政策，稳定各阶层生产情绪，密切注意口粮、种子、肥料及耕牛不足等实际困难，给予必要的贷粮贷种，准备生产救灾。以切实帮助当地群众来进一步扩大政治影响，消除民族隔阂，适当解决苗民生产困难。

其三，普遍深入宣传民族政策，加强对苗族各个阶层，以及苗汉杂居区的汉人，特别是汉族商人的教育，促进民族团结。干部尤须认真研究民族政策，纠正大民族主义思想。县以上领导机关对苗族历史经济构成、阶级关系、民族特点等进行典型调查，并据此考虑与决定苗区工作方针、步骤策略、工作方法，纠正沿用汉区经验的狭隘经验主义偏向。

其四，培养苗族干部，向知识分子开门。在培养苗族干部中，贫雇农不懂汉话不能培养，知识分子多地富出身不敢吸收的思想应当纠正。懂汉话的苗族农民固然要吸收，但目前尤须向知识分子开门，加以训练并在实际工作中帮助其提高。注意汉族干部与苗族干部必须要团结，要耐心帮助大胆使用，纠正任何歧视或只起翻译通讯员作用的现象，凡汉族干部与苗族干部发生不团结现象者，也应当首先或主要由汉族干部负责。在苗族干部中发展团的组织，条件不宜过苛。

其五，贯彻民族政策的各个具体工作，例如负担政策，贸易政策，苗

---

① 参见《湖南省湘西土家族访问团访问工作总结报告》（1957 年 8 月 5 日），吴彦承主编《凤凰县民族志》（附录二　历史文献），中国城市出版社 1997 年版，第 350—353 页。

民土产品之桐油山货尽力收购推销，苗区学校尽可能吸收苗族知识分子参加。对苗族风俗习惯必须遵照民族政策之精神，予以尊重，停止过早过急的改革，尤其是强迫改革。由此，具体规定苗区工作干部的工作纪律与守则。

其六，各级党委政府重视苗区工作，专门讨论苗区工作问题。政府系统不单靠民族科，要加强整个党委、政府对民族工作的重视，并根据中央关于民族民主联合政策的指示，从速在政府委员会及人代会中大量吸收苗族积极分子参加政府工作。由区党委行署召开民族工作会议及民族代表会议，制定必要的工作方针贯彻执行。纠正与防止少数民族地区工作的混乱现象，重申中央关于慎重处理少数民族问题的决定，严格请示报告批准制度。[①]

从中华人民共和国成立初期到 50 年代中期，湘西民族事务工作取得明显成效，为逐渐改变当时严重的民族隔阂（尤其是苗汉隔阂）现状及经济社会发展总体落后的局面做出重要贡献，由此也为民族区域自治地方的建立及民族区域自治制度的运行提供了前提条件。

四　民族区域自治地方的建立

大杂居与小聚居的民族分布状况，是湘西土家族苗族地区建立民族区域自治地方的客观依据。

中华人民共和国成立后，鉴于当时严重的民族隔阂（尤其是苗汉隔阂）现状，湘西地区开展了艰巨的民族关系疏通工作，先后通过确认民族身份，团结民族上层，培养、选拔和任用大批民族干部，发展民族经济，扩大民族文化交流等诸多途径，逐步建立起民族平等、团结、互助、和谐的新型社会主义兄弟民族关系，由此为湘西土家族苗族地区民族区域自治地方的建立提供了必要的社会基础。

湘西是较早实行民族区域自治的地区之一。1952 年 8 月，建立湘西苗族自治区，1954 年 4 月改称湘西苗族自治州，1957 年 9 月成立湘西土

---

① 参见《中南湘西苗族访问团综合报告》（1951 年 2 月 22 日），吴彦承主编《凤凰县民族志》（附录二　历史文献），中国城市出版社 1997 年版，第 347—349 页。

家族苗族自治州。① 1989 年 1 月至今，自治州下辖吉首市、泸溪县、凤凰县、古丈县、花垣县、保靖县、永顺县、龙山县等 1 市 7 县。自治州人民政府所在地为吉首市。②

　　包括凤凰县在内的湘西民族区域自治地方的建立，经历了湘西苗族自治区（自治州）到湘西土家族苗族自治州的转变过程（即经历了苗族"单独自治"到土家族苗族"联合自治"的转变过程），充分展示了湘西地区土家族、苗族等各族人民群众当家做主的权利和地位，是党中央、地方、当地各族人民群众群策群力、共同协商的智慧结晶。

（一）　湘西苗族自治区（自治州）的建立

　　湘西民族区域自治问题，早就引起党中央和毛泽东主席的关注。1950年 9 月 16 日，毛主席在关于区域自治问题的批语中指出："区域自治问题，牵涉很广，有西藏、青海、宁夏、新疆、甘肃、西康、云南、广西、贵州、海南、湘西等处，有的须成立内蒙古那样的大区域政府，有的须成立包括几个县的小区域政府，有的是一个县或一个区的政府，疆域划分，人员配备，政策指导，问题甚多，须加统筹。"在这段批示中，毛主席特别提到了"湘西"。③

　　中国人民解放军解放湘西时，十分注意对苗族群众的工作。中华人民共和国成立后，中共湖南省委、省人民政府认真贯彻执行党的民族政策，积极争取苗族上层人士，大力选拔培养苗族干部。1952 年初，湖南省人民政府根据中国共产党的民族政策和《中华人民共和国民族区域自治实施纲要（草案）》，与各民族代表和各界人士反复协商，于 4 月 21 日第56 次行政会议决定建立湘西苗族自治区，规划以沅陵专区的永绥（今花垣）、凤凰、乾城（今吉首）、泸溪和永顺专区的古丈、保靖 6 县为苗族自治区区域，委派中共湖南省委统战部部长、省民族事务委员会主任谢华前来湘西筹备建立湘西苗族自治区。5 月 5 日，湘西苗族自治区筹备委员会成立。15 日，中共湖南省委向中南局并中共中央上报了《关于筹建湘西苗族自治区的工作报告》，很快得到批复。筹委会派工作组到上述 6 县

---

　　① 参见《湘西土家族苗族自治州概况》编写组、《湘西土家族苗族自治州概况》修订本编写组编《湘西土家族苗族自治州概况》，民族出版社 2007 年版，第 87 页。

　　② 同上书，第 42—47 页。

　　③ 同上书，第 87—88 页。

宣传党的民族政策。6 县相继召开各界人民代表会议，严肃认真地选举出席自治区首届各界人民代表会议代表。[①]

8 月 1—6 日，湘西苗族自治区首届各界人民代表会议在所里（今吉首）隆重举行，到会代表 512 人，其中苗族代表 312 人。中央人民政府民族事务委员会委员奎璧，中南军政委员会秘书长、中南民族事务委员会主任张执一，湖南省人民政府副主席袁任远等 30 名特邀代表应邀出席会议。会议由谢华致开幕词，奎璧、张执一等领导在大会上讲话。湘西行署副主任王含馥代表晏福生主任在会上做报告，中共湘西区党委书记周小舟致闭幕词。在充分酝酿讨论的基础上，通过了《湘西苗族自治区人民政府组织条例》等 3 个条例，选举苗族人民的优秀儿子、老红军、永绥（今花垣）人石邦智为湘西苗族自治区人民政府主席。6 日下午，举行湘西苗族自治区人民政府成立庆祝大会，各族群众 2 万余人聚会欢庆。石邦智从张执一手中接过"湘西苗族自治区人民政府"铜印，第一次在公告上用印，实现了苗族人民千百年来"掌握印把子"的愿望。[②]

1952 年 8 月 6 日，湘西苗族自治区宣告建立，实现了民族区域自治。8 月 15 日，中南区与湖南省人民政府命令，撤销原湘西一级党政领导机构，成立湘西苗族自治区人民政府与芷江专署。湘西苗族自治区辖永绥（今花垣）、凤凰、乾城（今吉首）、古丈、保靖、泸溪 6 县，代管永顺、龙山、大庸、桑植 4 县。这 4 县与自治区毗连，经济、文化等情况基本相同且民族关系密切，同年 12 月正式划为湘西苗族自治区管辖。至此全区辖 10 县，总面积 2.1646 万平方公里，总人口 156.03 万人。1952 年 10 月，毛泽东主席即为刚刚设立的中共湘西苗族自治区地方委员会党报题写了报名——"团结报"。1954 年 2 月，湖南省第一届人民代表大会第二次会议做出《关于改湘西苗族自治区为湘西苗族自治州的决议》，并报国务院予以批准。4 月，湘西苗族自治区第一届人民代表大会第二次会议决定将湘西苗族自治区人民政府更名为湘西苗族自治州人民委员会。[③]

湘西苗族自治区的建立，是在党的统一领导下按照有关程序稳步进行的，是党中央和毛泽东主席亲切关怀、党的民族政策光辉照耀的结果，在

---

① 参见《湘西土家族苗族自治州概况》编写组、《湘西土家族苗族自治州概况》修订本编写组编《湘西土家族苗族自治州概况》，民族出版社 2007 年版，第 88 页。

② 同上书，第 88—89 页。

③ 同上书，第 89—90 页。

保证民族关系政治平等与团结的基础上，实现了苗族及其他少数民族当家做主的历史夙愿，极大调动了湘西各族人民建设社会主义的积极性。

（二）湘西土家族苗族自治州的成立

1. 土家族民族成分的确认

历史上，"土家"或被概称"蛮"类，与其他少数民族混称；或以"土人"专指，从"蛮"中分立出来，以区别于相邻而居的他族；民间则以"土蛮子"连"土"带"蛮"贬称，同当地汉人、苗人严格划分，但都未将其作为单一民族而形成统一的特有称谓。尽管如此，他们的民族文化、民族意识仍然世世代代顽强地保存下来。中华人民共和国成立后，这种民族情感首先在湘西激发出来，土家的识别工作，也首先从这一地区展开。[①]

1949年12月，永顺县青年女教师田心桃首先向47军141师政治部主任李侃介绍了土家人的一些情况，又向湘西行署、湖南省人民政府、中南局汇报了湘西土家人的语言、风俗习惯和聚居情况。1950年9月，田心桃以"苗族代表"身份入选"中南区少数民族国庆观礼团"，向中央人民政府秘书长林伯渠提出了"土家人有自己的语言和风俗习惯，应该是一个单一民族"的请求，引起了党和国家领导人的重视。[②]

为识别确认土家民族成分，中央和湖南先后多次派行政领导和专家学者开展深入细致的调查研究。1950年10月，杨成志、罗常培在北京专访田心桃，对土家语作了初步认定；1952年7月，严学窘在龙山县土坡村调查，写出《湖南龙山土家族初步调查报告》；1953年9月，汪明瑀等6人对龙山、保靖、永顺的24个村进行调查，写成《湘西"土家"概况》；1953—1955年，潘光旦、王静如查阅大量资料，潜心研究，分别著文《湘西北的"土家"与古代的巴人》《关于湘西土家语言的初步意见》；1956年5—6月，潘光旦在龙山、永顺、保靖、古丈考察，写成《访问湘西北"土家"报告》；与此同时，谢鹤畴、谢华率中央、省、州联合调查组在龙山、永顺调查，认为前几年专家学者调查研究的结论是实事求是的；1956年11月至1957年1月，潘光旦、向达视察湘西北、鄂西南、

---

① 参见《湘西土家族苗族自治州概况》编写组、《湘西土家族苗族自治州概况》修订本编写组《湘西土家族苗族自治州概况》，民族出版社2007年版，第110页。

② 同上书，第110页。

川东南，1957 年 3 月联名发表《湘西北、鄂西南、川东南的一个兄弟民族——土家》的文章。①《湘西"土家"概况》《湘西北的"土家"与古代的巴人》《访问湘西北"土家"报告》《湘西北、鄂西南、川东南的一个兄弟民族——土家》等论文后来汇集成书，即《土家族社会历史调查》。②

对土家的识别问题，中央、省、州、县各级党政部门，进行反复调查与研究，得到了各有关方面协助（包括苏联民族语言专家）和广大土家族人民的大力支持。③

历次调查认为，湘西北土家总人口在三四十万人以上，他们有共同的自称——毕兹卡，保留着本民族的语言；有固定的生活地域——湘西北、鄂西南、川东南，乃至黔东北；有共同的经济生活方式——农耕；有共同的文化——梯玛文化和摆手舞及风俗习惯，有共同的民族认同感。因此，完全可以作为一个单一民族加以认定。④

1957 年 1 月 3 日，中共中央统战部代表中共中央发出"关于确定'土家族'民族成分问题"的加急电报，书面通知湖南、湖北、四川、贵州，确定"土家"为单一少数民族。被湮没了千百年的土家族，在中国共产党的民族政策催发下获得新生。据 1957 年 8 月统计，湘西自治州自报并确认的土家族有 38.93 万人，占全州总人口的 22.25%。尽管后来"反右派"斗争扩大化接着而来，在永顺、龙山、保靖、古丈、凤凰、吉首、泸溪、花垣仍有不少土家人重新登记为土家族。⑤

当时，在桑植、大庸，部分群众要求恢复为土家族的行为未得到认可。党的十一届三中全会后，民族工作恢复正常，民族成分的恢复提上议事日程。1982 年，中共湘西自治州州委、州人民政府及桑植、大庸两县根据部分群众的要求，按照上级有关规定，严肃认真地做好土家族成分的申报登记和审批工作。年底，桑植县有 20.4805 万人恢复了土家族民族成

---

①　参见《湘西土家族苗族自治州概况》编写组、《湘西土家族苗族自治州概况》修订本编写组编《湘西土家族苗族自治州概况》，民族出版社 2007 年版，第 110—111 页。

②　参见《中国少数民族社会历史调查资料丛刊》修订编辑委员会编《土家族社会历史调查》，民族出版社 2009 年版，第 1 页（目录）。

③　参见《湖南省湘西土家族访问团访问工作总结报告》（1957 年 8 月 5 日），吴彦承主编《凤凰县民族志》（附录二　历史文献），中国城市出版社 1997 年版，第 350 页。

④　参见《湘西土家族苗族自治州概况》编写组、《湘西土家族苗族自治州概况》修订本编写组编《湘西土家族苗族自治州概况》，民族出版社 2007 年版，第 111 页。

⑤　同上。

分；到 1987 年止，大庸县恢复土家族成分的有 23.2099 万人。①

国家民委办公厅（1984 年 6 月 16 日）明确指出，申请恢复土家族成分者须有一定的土家族语言、民族特点。鉴定土家族成分要适当注意其固有文化特征和风俗习惯。恢复部分群众的土家族成分，家谱、族谱不能作为主要依据。清雍正年间改土归流时被废除的土司，其后裔若一直生活在土家族地区，仍保留有民族特点，他们的民族成分可以得到确认；其后裔若已迁往汉族地区，民族特点甚至民族意识均已丧失的，不应恢复其民族成分。历代封建王朝派往少数民族地区的汉族，世袭土司、土官的后裔，因长期生活在少数民族地区，早已融合进少数民族中，现仍保有土家族民族特点的，如本人要求，可认定为少数民族。恢复部分群众的土家族成分是一项政策性很强的工作，通过深入细致的调查研究，对于那些确有民族特点的，应恢复其民族成分；对于那些没有民族特点，仅以族谱、姓氏为依据而提出要求的，要坚持原则，不予变更民族成分。至于有些人借恢复部分群众民族成分之机搞联宗续谱活动的人，或者在早已确定为少数民族成分的群众中借口族谱和民族个别风俗相同，而动员这些群众改变民族成分的人，都应进行严肃的批评教育，坚决制止其活动。②

土家族民族成分的确认，使土家族成为我国统一多民族大家庭中的一个平等成员，为保障土家族享有政治上的各种平等权利打下了必要的政治基础。

2. 关于土家族区域自治形式问题的讨论

土家族识别既经肯定，则需要帮助他们迅速实行区域自治，以体现各民族政治上的平等，并根据土家族地区特点进一步发展其经济和文化。

关于土家族的区域自治形式问题，曾经提出在湘西自治州 10 县原有基础之上与苗族实行"联合自治"，以及把北部几县从自治州划分出来实行土家族"单独自治"两个方案。关于两个方案的选择，是广大土家族人民和自治州境内各族人民所共同关心的问题。对于这两个方案，省委、省人民委员会、省政协曾做过周密研究与反复比较，并与土家族代表人物进行多次协商。一致认为两个方案，都是为了实行民族区域自治，都是为

---

① 参见《湘西土家族苗族自治州概况》编写组、《湘西土家族苗族自治州概况》修订本编写组编《湘西土家族苗族自治州概况》，民族出版社 2007 年版，第 111—112 页。

② 参见国家民委办公厅《（84）政字第 164 号通知》（1984 年 6 月 16 日），吴彦承主编《凤凰县民族志》（附录二　历史文献），中国城市出版社 1997 年版，第 362—364 页。

了实现当家做主，不论采用哪一个方案，都能达到区域自治的目的，两者中间没有根本矛盾。但根据湘西地区的民族关系（主要是土家族与苗族）、经济发展条件、历史情况及几年来的民族工作情况来考察，初步认为土家族与苗族建立联合自治州更加切合湘西地区的实际情况。但是，这个问题，还必须取得土家族广大人民的同意。

土家族人民和各族人民对这个问题展开了热烈讨论。在讨论过程中，主张单独自治和主张联合自治的人都提出了各自的看法与理由。主张单独自治的理由，可归纳为：其一，土家族既然肯定是一个少数民族，就必须建立自己的自治州；其二，单独自治能够实现当家做主；其三，单独自治能够按照本民族的特点办事。此外，有的人虽然不反对联合自治，但对联合自治还有一些怀疑与顾虑，怕"联合"自治不能当家做主，不能一视同仁，不能按照本民族特点办事等。

主张联合自治的理由，可归纳为如下几点。其一，根据当时湘西苗族自治州土家族和苗族的分布情况（从人口来看，多数是聚居，相当一部分是杂居；从居住地区来看，大部分地区是杂居，少部分地区是聚居）来看，土家族多数人聚居在龙山、永顺两县和保靖、古丈的部分地区，其余相当一部分人杂居在其他各县；苗族多数人聚居在吉首、凤凰、花垣等县和古丈、保靖的部分地区，其余一部分杂居在其他各县。如把龙山、永顺、桑植、大庸划成土家族自治州，不仅地区太小，而且把相当一部分土家族留在南六县，这部分土家族不会满意；如把保靖全部及古丈一部分划入土家族自治州，则龙山、永顺、保靖的相当一部分土家族被划出州外，这部分土家族也不会满意。如不顾上述情况，硬性划开，则南部土家族成为苗族自治州的少数民族，北部的苗族成为土家族自治州的少数民族，不仅有碍本民族内部的民族情感，而且两个自治州都必须做出关于境内少数民族的政策措施；即使两个自治州尽量注意到对同一民族的上述各种办法的一致性，但在实际工作中难免不发生差别和分歧，这样就会引起州内民族之间的矛盾，实际上是湘西10县土家族与苗族之间的矛盾。其二，从土家族与苗族两个民族的关系来看，在现有基础上如何进一步加强两个民族之间的友好关系，采取更有利于团结的方针，是选择自治形式的重要前提。而联合自治更有利于两个民族的团结。其三，从当地经济社会建设来看，自治州10个县，地方并不大，人口也不多，如果再划成两个州，势必分散财力、物力、人力，不利于今后的经济社会建设。经过几年来的民族工作，自治州 10 县在政治、经济等方面已经形成一个完好的有机整体，这正是今后通力合作，开展各项建设的基本条件。

总之，联合自治既然是党的民族政策规定的基本形式之一，无疑是能实现当家做主的权利的。具体来说，当家做主的关键在于自治机关民族化。按照宪法规定，作为国家权力机关的人民代表大会代表的名额，是按照各民族的人口比例选出的。成立联合自治州以后，土家族当然会有相当比例的县、州的以至省的人民代表，有各级政协委员，有适当数量的代表参加州、县的行政领导机关，还要逐步制定适应于苗族和土家族的单行法规，一切重大问题也要按民主集中制和集体领导的原则共同商量、民主决定。这些都是实现当家做主的根本保证。另外，还有党和上级政府的领导与监督，联合自治是能够一视同仁的。事实证明，在土家族成分确定后，党和政府就已经开始按照民族政策办事。如拨款帮助修筑永龙公路，派代表参观，送土家族干部到民族干部学校学习，修建医院，土家学生享受少数民族助学金；增发少数民族特殊用布证等。总之，凡是少数民族人民所享有的权利，土家族人民也一定能逐步享受得到。

经过群众的慎重比较，一致认为单独自治所能实现的当家做主，联合自治也能实现，而单独自治所必然遇到的区域划分困难和建设力量分散等缺点，在联合自治中则不会发生。当地群众以朴实的语言对两个方面的比较作了简要而明确的结论，他们说："我们的迫切要求就是能当家做主，有饭吃（发展经济），子女有书读。这些事情联合自治都能办得到，又何必分呢？"

从各次座谈会和 2 万多封来信看，主张"单独自治"的仅 79 人，其余全部的人都主张"联合自治"。土家族代表人彭祖贵、田荆贵、龙长庚等同志也在报上发表了他们的主张。他们的意见代表了 38 万多土家族人民的共同意愿。

广大的苗族群众也同样关心土家族的区域自治问题。州县机关苗族干部、学生、农民都热烈欢迎与土家族实行联合自治。湘西苗族自治州州长石邦智同志也在报上发表了题为《在中国共产党的民族政策的光辉照耀下，愿与土家兄弟联合自治，共同前进》的文章，表达了 34 万多苗族人民的心意。

土家族的区域自治问题是一个严肃的政治问题。妥善处理这一问题，有利于苗、土家两族人民的团结，更有利于两族人民的经济、文化事业的发展，从而更有利于我国的社会主义建设事业。永顺、龙山、保靖、古丈四县人民委员会扩大会议（吸收部分土家族代表人物参加）根据广大人民的意愿，分别做出了"建议成立土家族苗族自治州"的决议。这个取得一致的意见，为迅速建立新的自治州及实现土家族人民当家做主权利打下了坚实的基础。①

3. 湘西土家族苗族自治州成立过程

1956年12月7日，中共湘西苗族自治州地委做出《关于实现土家区域民族自治的初步方案》，并在政协湘西苗族自治州委员会第一届第三次全体委员扩大会议上初步讨论，为区域自治做前期宣传发动工作。1957年1月，湖南省副省长张孟旭、省政协副主席谢华率领40多人的工作组，访问土家族聚居区龙山、永顺、保靖的代表人物，初步协商区域自治问题。3月1日，中共湘西苗族自治州地委向中共湖南省委报告，筹备成立苗族土家族自治州初步方案。5月19日至7月11日，湖南省人民委员会、政协湖南省委员会组织"湖南省湘西土家族访问团"，重点访问龙山、永顺、保靖，涉及湘西10县，宣传党的民族政策，与干部群众协商民族区域自治的形式。7月19日，中共中央统战部在长沙召开湘西土家族区域自治问题座谈会。7月，湖南省人民委员会上报了《关于成立湘西苗族土家族自治州向国务院的请示报告》，汇报省、州、县为实现土家族区域自治所做的工作，分析"联合"与"单独"自治的利弊，认为从湘西各族的杂居情况、民族关系、经济发展条件及苗族土家族人民的要求出发，联合自治更适合湘西实际情况，更有利于民族团结，更有利于今后建设，请示成立湘西苗族土家族联合自治州。8月6日，湖南省人民委员会召开扩大会议，召集湘西苗族自治州的部分党政领导和土家族、苗族干部、知识分子30多人列席会议。会议批准省访问团《关于访问土家族工作》的报告，通过《建立湘西土家族苗族自治州的决议》，成立湘西土家族苗族自治州筹备委员会。②

8月21日—9月4日，湘西苗族自治州10县先后召开人民代表大会，选举出席州人民代表大会代表。9月6日，国务院全体会议第57次会议

---

① 参见《湖南省湘西土家族访问团访问工作总结报告》（1957年8月5日），吴彦承主编《凤凰县民族志》（附录二　历史文献），中国城市出版社1997年版，第353—358页。

② 参见《湘西土家族苗族自治州概况》编写组、《湘西土家族苗族自治州概况》修订本编写组编《湘西土家族苗族自治州概况》，民族出版社2007年版，第90—91页。

通过《关于设置湖南省湘西土家族苗族自治州撤销湘西苗族自治州的决定》。9 月 15 日，湘西土家族苗族自治州第一届人民代表大会第一次会议在吉首隆重开幕，历时 6 天，于 20 日闭幕。应到代表 451 名，实到代表 412 名。代表中土家族 142 人，苗族 127 人，回族、瑶族各 1 人，汉族 180 人。列席人员 67 人。国家民族事务委员会副主任刘春、中共湖南省委副书记谭余保、副省长张孟旭、省军区政治委员晏福生、省政协副主席谢华、全国人大民族委员会委员田富达莅会指导。各地来宾 90 余人到会祝贺。大会通过了《湘西土家族苗族自治州人民代表大会和人民委员会组织条例》。在民主协商、充分酝酿的基础上，按法律规定的程序和无记名投票的方式进行选举，原湘西苗族自治州州长石邦智当选为新成立的湘西土家族苗族自治州州长。谭余保将国务院颁发的“湘西土家族苗族自治州人民委员会”铜印授予州长石邦智，正式宣告湘西土家族苗族自治州成立。9 月 21 日各族群众 3 万余人汇聚吉首，载歌载舞，欢庆自治州成立。1957 年 9 月 20 日，被确定为湘西土家族苗族自治州成立纪念日。湘西土家族苗族自治州成立后，仍辖原 10 县（凤凰县即是其中之一）。据统计，1957 年 8 月，全州总人口 174.99 万人，少数民族人口 73.77 万人，占总人口的 42.16%。在少数民族中，土家族 38.93 万人，占总人口的 22.25%；苗族 34.82 万人，占总人口的 19.90%。土家族与苗族及其他各族人民，共同实现了当家做主的历史夙愿。[①]

凤凰，如前所述，自古以来是一个以苗民聚居和多民族分散杂居的地方。自中华人民共和国成立至今，凤凰县苗族分布逐渐形成大集中、小分散局面，一般是苗族聚居，土家族与汉族杂居，其他少数民族居住更为分散。凤凰，作为湘西土家族苗族自治州所辖的一个县，其民族区域自治实践之肇始及其运行，即建立在上述湘西土家族苗族自治州大环境、凤凰县自身小环境相互依存的这样一种民族区域政治生态之上。

五　民族区域自治制度的运行

民族区域自治制度在凤凰县的运行，具有一定的自身特色，为凤凰县经济社会发展提供了根本性制度保障。自此，凤凰县卸下了封建制度长期

[①] 参见《湘西土家族苗族自治州概况》编写组、《湘西土家族苗族自治州概况》修订本编写组编《湘西土家族苗族自治州概况》，民族出版社 2007 年版，第 91 页。

统治遗留下来的经济停滞不前、民族关系隔阂对立、社会动荡不安的历史重负，从"苗汉分治"的历史阴影中走了出来，经济社会面貌焕然一新，成为经济快速发展、社会和谐稳定、民族平等团结、民族自然交融的重要示范地区。

（一）培养和选用民族干部

培养忠实执行党的路线、方针、政策，密切联系各族人民群众，有现代科学文化知识和各种业务能力的年富力强的民族干部队伍，是民族自治地方实现各族人民当家做主的关键。由党培养出来的各级民族干部，成为包括凤凰在内的湘西土家族苗族自治州民族区域自治平稳运行的重要组织基础。

中华人民共和国成立以后，凤凰县党委和人民政府采用多种形式，通过各种渠道，选拔任用少数民族干部。当时干部主要来源有以下七个方面。①上级派遣。1950年，全县干部有150多人，其中南下干部42人，湖南省革命大学学员32人，湘西军政干校、沅陵地委干校、湘西公安干校共42人，留用旧职人员30余人。这是凤凰县干部队伍的骨干力量。②招收苗族知识青年。1950年，党和政府根据中央颁布的《培养少数民族干部的方案》，面对凤凰实际，相继举办了两期苗族知识青年训练班，参加学习的共140多人。县干部训练班培训32人，其中苗族11人。后来又根据工作需要，陆续招收一部分在农村经过锻炼，表现比较突出的有文化青年为干部或教师。这批人是凤凰县解放之初开展民主建政工作最主要的依靠力量。③选拔优秀基层干部。在剿匪反霸、土地改革、合作化运动中涌现出的一批工作积极、立场坚定、有一定工作能力的基层干部，由当地党委推荐，组织人事部门考核审查后，提拔为国家干部。④毕业分配。随着教育事业发展，每年都有一批各民族大中专毕业生分配来县工作，充实壮大了干部队伍。40年来，分配来县工作的大中专毕业生就有1400人。⑤安置军队转业干部。按政策选拔一部分政治文化素质好的复员退伍军人。⑥选聘。根据省委、省人民政府〔1984〕54号文件精神，从1984年起实行乡镇干部选聘对象合同制。到1989年底，全县31个乡（镇）聘任干部189人。选聘对象是村干部，或不脱产的业务、技术骨干，高中毕业生参加两年生产以上的回乡知识青年和复员退伍军人。由于选聘干部都来自农村，既有一定的文化科学知识，又有一定的实践经验。他们坚持四项基本原则，拥护党的路线、方针、政策，工作热情，是乡（镇）干部队伍中一支重要的力量。⑦重新启用老干部。十一届三中全会后，拨乱反正，落实干部政策，收回了"整风反右""整风整社""四清""文化大革命"等历次政治运动被错误处理的干部职工643人，恢复了84人的党籍，给他们重新安排工作。其中恢复领导职务的有23人。

县委、县人民政府执行党的民族政策，非常重视培养少数民族干部，少数民族干部队伍迅速增长。1956年底全县只有少数民族干部271人，1965年增加到406人，1976年底增加到919人，1988年增加到2315人，1993年增加到2844人，占全县干部总数4889人的58.17%，其中汉族干部2051人，占干部总数的41.95%；苗族干部1917人，占干部总数的38.21%；土家族干部891人，占干部总数的18.22%。1995年全县干部4723人，其中苗族干部1859人，占干部总数的39.3%；土家族干部1106人，占干部总数的23.4%；回族干部43人，其他民族干部14人。县团级干部43人，其中苗族19人、土家族12人。乡镇干部606人，其中苗族干部398人，占65.6%，土家族干部111人，占18.3%，回族干部3人。县人民政府，除建立初期和"文化大革命"期间等特殊历史时期外，其余历届县长都由苗族干部担任。县人大、县政协自建立以来，主任和主席也都是由土家族或苗族干部担任。少数民族聚居的区、乡（镇）的行政、企事业单位的干部，大多数是少数民族。同时，还输送了一批少数民族干部到州、省乃至中央的各条战线上工作，不少人还担任着领导职务。另外，在党的民族政策指引下，少数民族科技干部队伍从无到有，从小到大。1984年全县少数民族有职称的科技干部836人，其中苗族620人，土家族205人，其他民族11人；1995年发展到2291人，其中苗族1444人，土家族805人，其他民族42人。被视为愚昧、落后代名词的少数民族有了自己的农艺师、工程师、高级教师、主治医生。他们在农业、工业、交通邮电、教育科技、文化卫生等不同战线为改变凤凰面貌发挥了自己的聪明才智。①

（二）贯彻落实与民族区域自治相关的法律法规及对贯彻落实情况进行执法检查

制定自治条例和单行条例，是宪法和民族区域自治法赋予民族自治地

① 参见吴彦承主编《凤凰县民族志》，中国城市出版社1997年版，第247—250页。

方的特殊权利。湘西是较早实行民族区域自治的地方之一，同时也是较早制定类似于后来所说的单行条例即单行法规的地方之一。如 1952 年 8 月湘西苗族自治区成立时通过的《湘西苗族自治区人民政府组织条例》；又如 1955 年 4 月制定的《湖南省湘西苗族自治州人民代表大会组织条例》，于 1956 年 5 月经全国人大常委会批准，更趋于单行条例的性质。[①]

　　1978 年 3 月《中华人民共和国宪法》公布，赋予民族自治地方的自治机关可以依照当地民族的政治、经济和文化的特点，制定自治条例和单行条例。1980 年 9 月，第五届全国人民代表大会民族委员会第二次会议着重讨论和布置民族立法工作。10 月，湘西自治州即着手制定自治条例并于 1986 年公布施行。20 世纪 90 年代后，湘西土家族苗族自治州积极开展民族立法工作，至 2006 年 6 月，先后制定与变动的自治条例和单行条例共 14 件：《湘西土家族苗族自治州自治条例》（1986 年制定，2002 年修正）；《国土资源开发保护条例》（1991 年制定）；《各级人民代表大会常务委员会监督本级人民法院、人民检察院工作条例》（1992 年制定）；《矿产资源管理条例》（1995 年制定，1999 年修订）；《个体工商户和私营企业生产经营权益保护条例》（1996 年制定）；《电信管理条例》（1996 年制定，2006 年废止）；《环境保护若干规定》（1996 年制定，2005 年废止）；《乡村公路条例》（2000 年制定）；《吉首市城区饮用水水源保护条例》（2000 年制定）；《河道管理条例》（2001 年制定）；《凤凰历史文化名城保护条例》（2004 年制定）；《里耶历史文化名镇保护条例》（2005 年制定）；《环境保护条例》（2005 年制定）；《民族民间文化遗产保护条例》（2006 年制定）。[②]

　　据 2001 年 2 月 28 日最新修订的《中华人民共和国民族区域自治法》第 19 条规定，即"民族自治地方的人民代表大会有权依照当地民族的政治、经济和文化的特点，制定自治条例和单行条例"[③]，湘西土家族苗族自治州作为一个州一级的民族自治地方，其人民代表大会有权制定自治条例和单行条例。凤凰县属于湘西土家族苗族自治州所辖的一个县，即属于

[①]　参见《湘西土家族苗族自治州概况》编写组、《湘西土家族苗族自治州概况》修订本编写组编《湘西土家族苗族自治州概况》，民族出版社 2007 年版，第 100 页。

[②]　同上书，第 100—101 页。

[③]　参见王戈柳主编、陈建樾副主编《民族区域自治制度的发展》，民族出版社 2001 年版，第 294 页。

州一级民族自治地方中的一个县，凤凰县人民代表大会因此无权制定自治条例和单行条例，其职权范围主要在于贯彻落实与民族区域自治相关的法律法规及对贯彻落实情况进行执法检查。

比如，2016 年 5 月 13 日凤凰县人大常委会召开会议，部署关于贯彻落实《中华人民共和国民族区域自治法》《国务院实施〈中华人民共和国民族区域自治法〉若干规定》《湖南省实施〈中华人民共和国民族区域自治法〉若干规定》《湘西土家族苗族自治州自治条例》即"一法两规定一条例"的执法检查。县人大常委会副主任王太进主持会议，县人大民侨外事工委、县政府办、县教体局、县民宗局、县发改局等 20 多个县直单位负责人出席会议。会上，县人大民侨外事工委负责人向与会人员传达州人大常委会关于对全州贯彻落实民族区域自治"一法两规定一条例"情况进行检查的会议精神，并认真解读了《凤凰县人大常委会民族自治"一法两规定一条例"执法检查方案》。此次执法检查的具体内容和指导思想主要在于：围绕州委"542"发展思路，突出以精准扶贫为统揽，加快建设国际旅游目的地、高寒山区精准脱贫试点县、知名生态文化公园为主线，抓住重大问题，依法实施监督，督促县人民政府及其有关部门，切实履行法定职责，有效解决"一法两规定一条例"贯彻实施中存在的突出问题，推动全县经济社会又好又快发展。会议要求，县直各单位要切实把思想认识统一到此次执法检查部署上来，要严格按照执法检查方案精神要求，强化领导，统一思想认识，聚焦执法检查主题，依法履行法定职责，认真开展自查自纠或调研，为配合省州人大常委会开展民族区域自治"一法两规定一条例"执法检查打下良好基础。①

（三）开展民族事务工作，贯彻党的民族政策

1951 年，中央人民政府政务院发布了《关于处理带有歧视和侮辱少数民族性质的称谓、地名、碑碣、匾联的指示》，凤凰县人民政府根据这一指示精神，将带有歧视苗族人民的"得胜营"改为"吉信"（苗语音译），"总兵营"改为"叭固"（后改为山江），"阿拉营"改为"和平镇"。凤凰县城沱江镇冠以苗名"吉斋"。② 此类民族事务工作，在 1986

---

① 参见欧介中《凤凰县人大部署民族区域自治"一法两规定一条例"执法检查工作》，湘西土家族苗族自治州人大网站，2016 年 5 月 16 日。

② 参见吴彦承主编《凤凰县民族志》，中国城市出版社 1997 年版，第 242 页。

年以前曾经先后由民政局、县委宣传部、县委统战部、政府办这些单位负责。随着民族工作发展和需要，根据州人民政府文件精神，1984 年 2 月，凤凰县人民政府决定在政府办公室内设置民族事务组，对外又称为民族事务委员。1985 年 4 月 30 日，凤凰人民政府凤政发文通知，正式成立凤凰县民族事务委员会，为县人民政府工作机构。

自 20 世纪 50 年代民族区域自治制度实施以来，凤凰县民族事务工作主要在于：其一，加速全县经济建设，将民族工作与扶贫工作结合起来，由此推进民族团结和进步；其二，注意发掘和利用民族传统文化资源，运用民族节日和先进典型事例，开展丰富多彩的文化活动，对全县各族人民进行民族团结教育，以广播讲座、电视录像、印发资料等多种宣传形式将民族团结教育工作落到实处。① 借助这些具体的民族事务工作，党的民族政策得到贯彻，民族团结和进步的局面得到进一步巩固和加强，民族区域自治制度相应得到进一步推行和落实。民族事务工作成为凤凰县民族区域自治制度运行的重要现实抓手之一。

无论是培养选用民族干部，还是贯彻落实与民族区域自治相关的法律法规及对贯彻落实情况进行执法检查，还是依托具体的民族事务工作贯彻落实党的民族政策，都是在党的统一领导下进行的，由此确保了民族区域自治制度运行的正确方向。民族区域自治制度的建立，为凤凰经济社会发展提供了重要的历史契机；半个多世纪的民族区域自治实践，见证了凤凰经济社会的全面快速发展。

据《湖南省湘西土家族访问团访问工作总结报告》统计，1957 年全县总人口 193947 人，其中苗族 94647 人，占总人口 48.8%；汉族 88040 人，占总人口的 45.4%；土家族 11200 人，占总人口的 5.8%；回族 60 人，占总人口的 0.03%。② 据 1990 年第四次人口普查，全县总人口 325427 人，其中苗族 168784 人，占总人口的 51.9%；汉族 121112 人，占总人口的 37.2%；土家族 34330 人，占总人口的 10.5%；回族 733 人，占总人口的 0.2%；另外，还有少量的满、侗、壮、白、布依、朝鲜、仡佬、黎、瑶、彝等民族。③ 据《凤凰统计年鉴（2000—2015）》的有关统

---

① 参见吴彦承主编《凤凰县民族志》，中国城市出版社 1997 年版，第 251—256 页。
② 参见《湖南省湘西土家族访问团访问工作总结报告》（1957 年 8 月 5 日），吴彦承主编《凤凰县民族志》（附录二　历史文献），中国城市出版社 1997 年版，第 361 页。
③ 参见吴彦承主编《凤凰县民族志》，中国城市出版社 1997 年版，第 13—14 页。

计，到2015年末，凤凰县总人口数为428294人，苗族251185人，占总人口的58.6%；汉族92158人，占总人口的21.5%；土家族81273人，占总人口的19.0%；其他少数民族3678人，占总人口的0.9%。[①] 总之，半个多世纪以来，凤凰各民族人口都在不断增长，苗族人口所占比例基本保持在50%上下，汉族人口居第二，土家族人口居第三，其他少数民族人口所占比重基本上在1%以下。

目前，凤凰依然保持了苗族聚居、多民族分散杂居的分布格局，凤凰县苗族分布仍然是大集中、小分散。苗族在境内聚居的有山江区下辖五个乡，即山江、千工坪、木里、板畔、麻冲；腊尔区下辖的五个乡即腊尔山、两林、禾库、柳薄、米良。其次吉信区的大田乡、火炉坪乡、三拱桥乡、两头羊乡，阿拉区的落朝井乡和城郊区的都里乡都是苗族集中聚居区。此外，沱江镇、吉信镇、竿子坪、廖家桥、阿拉镇、黄合乡均有苗族聚居村。[②]

在凤凰，民族间通婚日渐普遍。其中，沱江镇、阿拉营镇、廖家桥镇各民族通婚情况最为突出。廖家桥目前流行的顺口溜"廖家桥，新事多，客家老公娶苗婆"就是这种婚姻现象的真实写照。[③]

另外，汉族与少数民族混合户越来越多。1990年凤凰人口普查资料显示，全县总户数70344户，汉族与少数民族混合户则有13262户，占总户数的18.8%。其中沱江镇、阿拉营镇、廖家桥镇为最多，沱江镇共有8203户，混合户3087户，占总户数的37.6%；阿拉营镇共有3078户，混合户1117户，占36%；廖家桥镇总户数为3594，混合户1212户，占总户数的33.6%。[④]

亥冲、白岩是坐落在沱江中游的两个村寨。亥冲村在江北岸，纯苗地；白岩村在江南岸，为汉族居住地。中华人民共和国成立前，虽鸡犬之声相闻，但平时素无往来，互不通婚；中华人民共和国成立后，两岸苗汉群众来往不断，团结互助，苗汉通婚的就有47户。两岸苗汉人民，在1987年共同修建了一座跨越沱江的"连心桥"，把两岸苗汉人民的友谊连

---

① 参见《凤凰统计年鉴（2000—2015）》。
② 参见吴彦承主编《凤凰县民族志》，中国城市出版社1997年版，第14—15页。
③ 参见《湘西土家族苗族自治州概况》编写组、《湘西土家族苗族自治州概况》修订本编写组编《湘西土家族苗族自治州概况》，民族出版社2007年版，第245页。
④ 同上书，第245页。

接在一起。①

　　凤凰县汉族干部和少数民族干部相互支持，互相帮助，团结战斗，搞好工作，涌现了许多民族团结进步的先进集体和先进个人。②

　　与民族区域自治制度实行初期相比，凤凰农业生产大有改变，民族工业从无到有，公路交通四通八达，商业形成以县城为中心连接各大墟场的贸易网络，③ 凤凰县财政收入、生产总值、人均 GDP 都有了质的飞跃。进入 21 世纪以来，凤凰县经济发展的动力由以农业为主导的第一产业逐步转变为以旅游业为主导的第三产业。基于悠久的历史文化资源，利用民族区域自治的制度优势，凤凰旅游产业日新月异、蒸蒸日上，人民生活水平不断提高，经济社会实现了新的跨越式发展。④

六　顺应历史发展潮流的民族区域自治

　　通过历史上的封建治理与当代民族区域自治实践进行历史对比，不难看出，民族区域自治制度在凤凰的实施和运行，顺应历史发展潮流，彻底改变了历史上民族隔离、民族剥削、民族压迫的封建治理思维和方式，逐步消除了历代封建统治遗留下来的不利影响，促进了民族交融、民族平等、民族团结，为凤凰经济社会快速发展提供了基本的制度保障。

　　作为苗民聚居，苗族、汉族、土家族等多民族分散杂居之地的凤凰，具有苗民社会自我治理的历史传统。民族区域自治制度的实施和运行，尊重凤凰的历史传统与现实状况，在确认民族身份、保证民族关系政治平等与团结的基础上，在党的统一领导下，通过培养选用民族干部，通过贯彻落实与民族区域自治相关的法律法规及对贯彻落实情况进行执法检查，依托具体的民族事务工作贯彻落实党的民族政策，赋予了当地各族人民群众当家做主的权利，自然消解了国家与民族地方社会之间历史上一直存在的对立和对抗，使二者和谐整合在民族区域自治制度构架之中，由此实现了国家与民族地方社会的同构，为凤凰经济社会快速发展提供了现实可能。

---

　　① 参见《湘西土家族苗族自治州概况》编写组、《湘西土家族苗族自治州概况》修订本编写组编《湘西土家族苗族自治州概况》，民族出版社 2007 年版，第 245—246 页。

　　② 同上书，第 246 页。

　　③ 参见吴彦承主编《凤凰县民族志》，中国城市出版社 1997 年版，第 257 页。

　　④ 具体内容详见本书"旅游产业主导下的凤凰县经济跨越式发展"一章。

　　国家与民族地方社会并非一对天然不可调和的矛盾体。借助合理的治理制度，可以自然化解二者之间的对立、对抗乃至直接的冲突。民族区域自治制度的实施和运行，自然化解了国家与民族地方社会之间的矛盾症结，逐步消解了民族间有形的物理空间界限和无形的心理精神界限，契合了民族交往、交流与交融的自然历史过程，由此开创了民族聚居杂居地区民族融合、民族平等、经济发展、社会和谐的崭新局面。民族区域自治制度展示出自身具有的巨大的时代先进性和历史必然性。

　　据本次调查的有关统计和分析，2004 年以来，凤凰县常住人口大体稳定在 35000 人左右。如前所述，2015 年末，凤凰县总人口数为 428294 人。因此，凤凰县常住人口仅占全县总人口的 8.2%。面对人口流动快速频繁、民族交融日益加深的社会发展新形势，如何认识少数民族聚居地区？立基于"在各少数民族聚居的地方实行区域自治"[①]、作为"国家的一项基本政治制度"[②] 的民族区域自治制度如何更好地顺应历史发展潮流，更好地发挥自身的制度优势，更好地促进当地经济社会发展，即在新的社会发展形势下如何坚持和完善民族区域自治制度，需要进一步的实践探索以及相应的制度跟进研究。

---

　　① 2001 年 2 月 28 日最新修订的《中华人民共和国民族区域自治法》（序言）。参见王戈柳主编、陈建樾副主编《民族区域自治制度的发展》，民族出版社 2001 年版，第 286 页。

　　② 同上。

第二章

旅游产业主导下的凤凰县经济跨越式发展

凤凰县是湘西土家族苗族自治州所辖八县市之一，截至2015年末，凤凰县总人口数为428294人，在总人口中，少数民族人口336136人，占总人口的78.5%，其中，土家族81273人，苗族251185人。凤凰县地处湖南省西部边陲，云贵高原余脉东侧，属武陵山区，从地理位置上来看，凤凰县东与泸溪县交界，南与麻阳县相连，西同贵州省铜仁市、松桃苗族自治县接壤，北和吉首市、花垣县毗邻，史称"西托云贵，东控辰沅，北制川鄂，南扼桂边"，正是这样特殊的地理位置，凤凰县城历来是兵家的必争之地，为苗文化与汉文化、楚文化与凤凰土著文化的结合提供了土壤，由此也形成了丰富多彩而又独具一格的湘西土家族苗族文化。

20世纪80年代以来，在改革开放的大背景下，经过艰辛的探索，凤凰县走上了以种植和加工烟叶为主导产业来发展经济的道路。从1982年到1997年，主要凭借凤凰烟厂这个中型企业，凤凰逐渐摆脱贫困，走向富裕。然而，随着国家在烟叶行业方面的政策调整，凤凰烟厂不得不停止生产，在这样的情况下，凤凰县经济开始衰退。在经济形势极其艰难的情况下，凤凰县政府依据当地丰富的历史文化资源和自然资源，正确地选择了以旅游产业为主导产业来促进经济发展的发展模式。在这一思路的指导下，凤凰县政府于1999年3月向国家申报世界文化名城，当年9月即获批准，2001年凤凰古城成功申报国家历史文化名城，从此，凤凰县的经济社会实现了跨越式发展。

因此，本章拟通过对21世纪以来凤凰经济总量变化的实证描述与分析，来探讨凤凰县经济实现跨越式发展的路径、旅游业对经济发展的带动效应、居民生活水平的变化以及财政自给率的变化，然后分析凤凰县旅游业发展成功的条件及凤凰县经济发展面临的问题，并在此基础之上思考凤凰经济实现新跨越的途径。

一　凤凰县经济发展态势分析

面对外在环境的变化，凤凰县经济从 2000 年转变其发展方式，从原来的以农业为主导产业发展经济的方式转变为以旅游产业为主导产业发展经济的方式，在这个转变过程中，凤凰县提出并不断丰富"一业带三化"的发展思路。"一业带三化"① 的含义是指：立足凤凰特色生态文化资源优势，紧紧抓住和依靠文化旅游主导产业，在做大做强生态文化旅游产业的基础上，大力实施"旅游+"战略，通过旅游产业带动农业产业化、新型工业化、新型城镇化，并进一步带动第三产业发展，以及各领域信息化、绿色化。"一业带三化"② 实现的具体机制可以分为三个方面。一是旅游促进农业产业化发展：围绕"特色农业、旅游农业、生态农业、效益农业"发展总体定位，重点发展与旅游相承接的休闲观光农业、特色果蔬花卉产业、特色农产品加工业，促进乡村旅游和休闲农业相互融合，实现旅游带动农业转型升级、农业促进旅游深度发展的良性发展格局，并积极培育新型农业经营主体和农民专业合作社，增强龙头带动作用。二是旅游促进新型工业化发展：发展特色旅游产品加工、特色文化创意集聚区、民俗文化体验区，一方面，以旅游商品加工和农副产品加工为主，提供柑橘、猕猴桃、黄姜等特色农副产品，发展具有苗族文化特色的姜糖、蜡染、扎染、银饰等旅游商品加工业；另一方面，围绕民俗休闲、产品自制、生态观光开发体验性旅游产品，通过实施特色产业开发，扶持贫困户发展产业，加快推进工业向绿色工业、旅游工业、扶贫工业的新型工业化转型。三是旅游促进新型城镇化发展：以旅游产业发展为契机，全面提质、升级与扩容城镇。一方面，对凤凰古城进行保护、对旧城实施重大改造、对新城大力建设，实现城市面貌的全面升级，完善古城和老城功能，提高古城和老城品位；另一方面，结合旅游景区、文化公园、休闲度假村、风情小镇等项目建设，科学布局城镇功能项目，在城市现状建成区的基础上分别向西、南、东南三个方向拓展县城发展空间，促进文化旅游与

---

① 参见凤凰县人民政府《凤凰县"十三五"规划》，2016 年。
② 同上。

城镇化建设同步发展。

正是在这一发展思路下,"十二五"期间,凤凰累计接待国内外游客4173.79 万人次,实现旅游收入 337.31 亿元,分别是"十一五"期间(接待国内外游客 2222.41 万人次,实现旅游收入 104.42 亿元)的 1.87倍、3.23 倍,同比分别增长 87.8%、223.03%。① 在过去的十年里,旅游每年的平均收入约为 44 亿元,旅游收入和游客更是在过去的五年中实现井喷式增长。下面分别从凤凰县经济总量变化、三次产业增加值变化及其对 GDP 的贡献率、旅游业对经济发展的带动效应、居民生活水平的变化以及财政自给率的变化来分析凤凰县经济的跨越式发展。

(一) 从波动到平稳:凤凰县经济发展呈良好态势

21 世纪以来,随着凤凰县申报国家历史文化名城的成功,凤凰县经济在旅游产业的带动下取得了长足的发展,经济发展逐渐摆脱了困境。

2000—2017 年,凤凰县生产总值从 76233 万元增长到 810458 万元(见图 2-1),按可比价计算,年均增长 11.21%,比同期湘西自治州和全国的年均增速分别高出 1.89 个百分点和 2.02 个百分点。随着政府一系列招商引资、对外宣传凤凰的历史文化等举措,在 2006 年和 2007 年,凤凰县 GDP 增长率高达 20%以上,从而提高了这一时期的年均增长率;从2008 年开始,凤凰县的 GDP 以 10%的增长率稳步增长。

2000—2017 年,凤凰县人均 GDP 从 2000 年的 2073 元增长到 2017 年的 24656 元(见图 2-2),按可比价计算,人均 GDP 年均增长 13.2%,比这一时期全国和湘西自治州的人均 GDP 年均增长速度分别要高 4.33 个百分点和 4.63 个百分点,并且凤凰县人均 GDP 每年的增长速度与其 GDP每年的增长速度保持一致的趋势,人均 GDP 增速的波动幅度比 GDP 增速的波动幅度更为平缓。因此,从人均 GDP 的增长速度来看,凤凰县经济发展较为平稳②。显然,不论是从 GDP 总量还是从人均 GDP 来看,凤凰县经济发展速度在这一时期都要高于湘西自治州和全国的水平,说明这一时期凤凰县经济发展速度在旅游产业的带动下处于全国经济发展的前列,

---

① 参见凤凰县旅游和文广新局《凤凰县"十二五"旅游工作总结》,2015 年。
② 按照《凤凰县统计年鉴(2010)》,2010 年的可比价 GDP 为 274929 万元,而按照《凤凰县统计年鉴(2011)》,2010 年的可比价 GDP 为 343614 万元。本章计算中取用的数据是《凤凰县统计年鉴(2011)》中的可比价 GDP。因此才出现了图 2-2 中 2011 年人均 GDP 增长率大幅增长的现象。

经济逐渐好转并实现了跨越式发展。

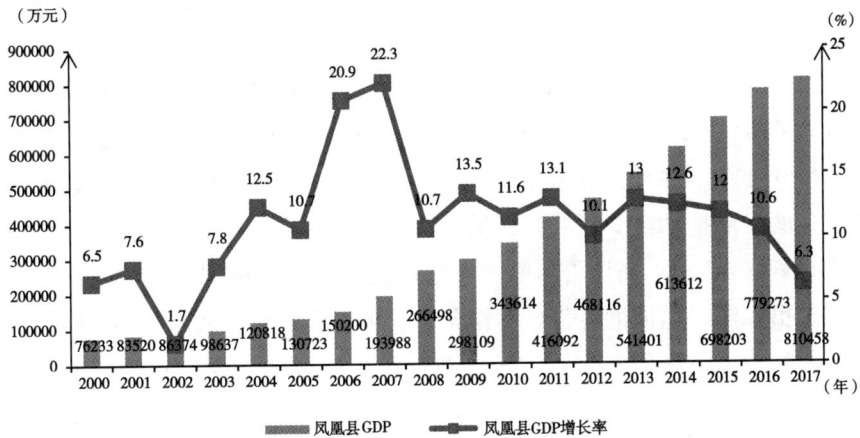

图 2-1 2000—2017 年凤凰县 GDP 及 GDP 增速变化

资料来源：《凤凰统计年鉴（2000—2016）》，《凤凰县 2017 年国民经济和社会发展统计公报》。

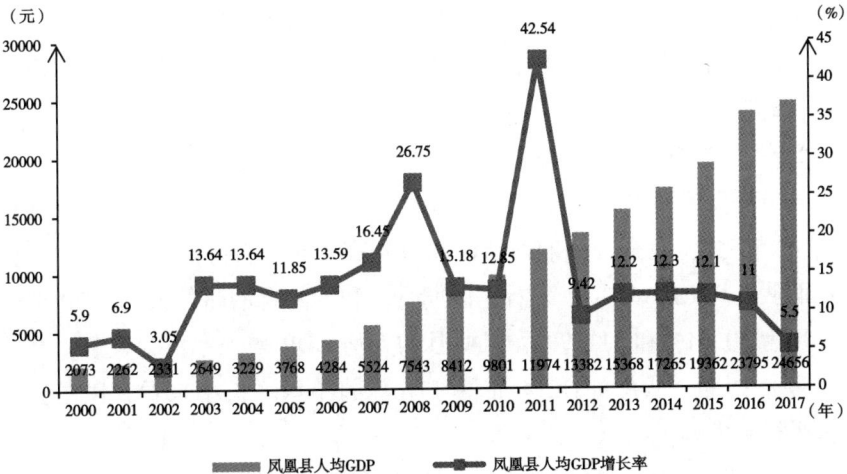

图 2-2 2000—2017 年凤凰县人均 GDP 及其增速变化

说明：2007—2013 年凤凰县人均 GDP 可比价指数是计算得来，计算方法是分别找到 2006—2013 年可比价的 GDP 和当年的常住人口，然后计算得出每年的可比价的人均 GDP，在此基础上计算得到人均 GDP 可比价指数。

资料来源：《凤凰统计年鉴（2000—2016）》，《凤凰县 2017 年国民经济和社会发展统计公报》。

　　从不同的时期来看，"十五"时期，凤凰县 GDP 年均增长速度为 8%，略低于全国平均水平和湘西自治州平均水平，这说明凤凰县的经济增长要慢于湘西自治州和全国的水平；然而在同一时期，凤凰县人均 GDP 年均增长速度却分别高于湘西自治州和全国的水平，这说明凤凰县的人均 GDP 的改善要好于全国平均水平。这一时期，凤凰县人均 GDP 增长速度从 2001 年的 7.6% 迅速锐减到 2002 年的 1.7% 之后，为了更好地使旅游业的发展推动经济发展，凤凰县在 2003 年举办了首届"南方长城中韩围棋巅峰对决"、邀请著名歌唱家宋祖英到凤凰奇梁洞、古城沱江河等景区拍摄歌曲，邀请世界著名的作曲家、指挥家谭盾和美国帕那萨斯公司及上海交响乐团演出制作了在沱江河畔举行的《地图：寻找消失中的根籁-湘西音乐日记篇》大型景观音乐会①，很快凤凰县的经济增长率到达了 2004 年的 12.5%；另外，凤凰县人均 GDP 占全国的比重基本保持在 25% 左右，占湘西自治州的比重则在 70% 左右小幅波动，说明这一时期凤凰县的人均 GDP 与全国和湘西自治州的绝对差距并没有拉大。通过对"十五"时期凤凰县总量和人均 GDP 增长速度的分析和对比，可以得出的初步结论是凤凰县经济在旅游产业的带动下发展较快，其经济与全国和湘西自治州的差距并没有拉大。因此，在这一时期，凤凰县经济呈现出稳步增长的态势。

　　"十一五"时期，通过对公路、航班、古城夜景等基础设施的完善，凤凰县经济发展迎来了快速发展的五年。该时期，凤凰县 GDP 年均增长率高达 15.7%，比全国和湘西自治州分别高 4.5 个百分点和 3.31 个百分点；而从人均 GDP 增长率来看，同期全国和湘西自治州的人均 GDP 增长率分别为 10.64% 和 11.69%，凤凰县的人均 GDP 增长率更为显著，高达 16.45%。因此，从总量 GDP 和人均 GDP 的年均增长率来看，凤凰县经济水平得到大幅提高。

　　"十二五"时期，凤凰县进一步完善了道路、停车场等与旅游业发展所需要的基础设施，并着力打造"烟雨凤凰""苗寨故事"等文化产业，逐步提升了凤凰县旅游的知名度和旅游景区档次。在充分发挥政府引导旅游业发展的基础上，凤凰县政府积极引进社会资金、旅游投资和管理企业，充分发挥各自的优势，凤凰县在旅游业的带动下，经济实现了快速增

---

① 参见《凤凰县旅游大事记（2001—2016）》，第 2 页。

长。然而，在这一时期，由于世界经济危机的冲击以及中国经济本身的结构性调整，中国经济进入新常态，经济增长速度逐渐放缓。在这一时期，凤凰县 GDP 年均增长率为 12.15%，实现了高速增长；凤凰县人均 GDP 增长率在这一时期高达 17.11%，分别高于全国和湘西自治州的人均 GDP 年均增长率 9.91 个百分点和 9.75 个百分点，这不仅说明了凤凰县经济得到快速增长，而且说明了在以旅游业为主导产业的经济高速增长的可持续性，还提供了政府与市场的角色定位对促进经济发展的范例。

总体来说，凤凰在 21 世纪初提出的"第二次创业"的发展路径取得了很大的成功，在以旅游产业为主导产业的带动下，凤凰县经济摆脱了因烟厂关闭带来的负面冲击并实现了经济的快速稳步增长，更为重要的是，在中国经济进入新常态的背景下，凤凰县经济发展却依然延续了高速增长的趋势，实现了经济的跨越式发展。

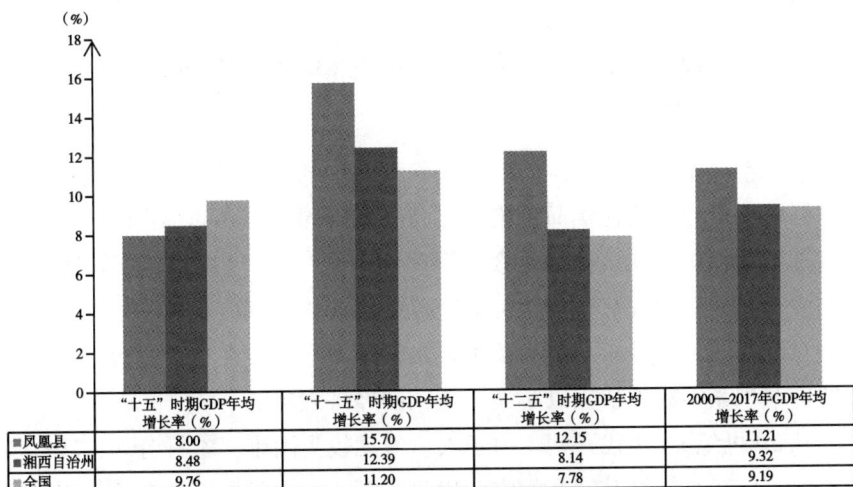

	"十五"时期GDP年均增长率（%）	"十一五"时期GDP年均增长率（%）	"十二五"时期GDP年均增长率（%）	2000—2017年GDP年均增长率（%）
凤凰县	8.00	15.70	12.15	11.21
湘西自治州	8.48	12.39	8.14	9.32
全国	9.76	11.20	7.78	9.19

图 2-3　不同时期凤凰、湘西及全国 GDP 年均增长速度

资料来源：根据《凤凰统计年鉴（2000—2016）》《凤凰县 2017 年国民经济和社会发展统计公报》《2013 年湘西土家族苗族自治州统计年鉴》《湘西土家族苗族自治州国民经济和社会发展统计公报（2014—2017）》《中国统计年鉴（2014）》和《中华人民共和国国民经济和社会发展统计公报（2015—2017）》的数据计算得来。

（二）21 世纪以来凤凰县产业结构变化

要素禀赋论认为，一国要素禀赋中某种要素供给所占比例大于别国同种要素的供给比例而价格相对低于别国同种要素的价格时，则该国的这种

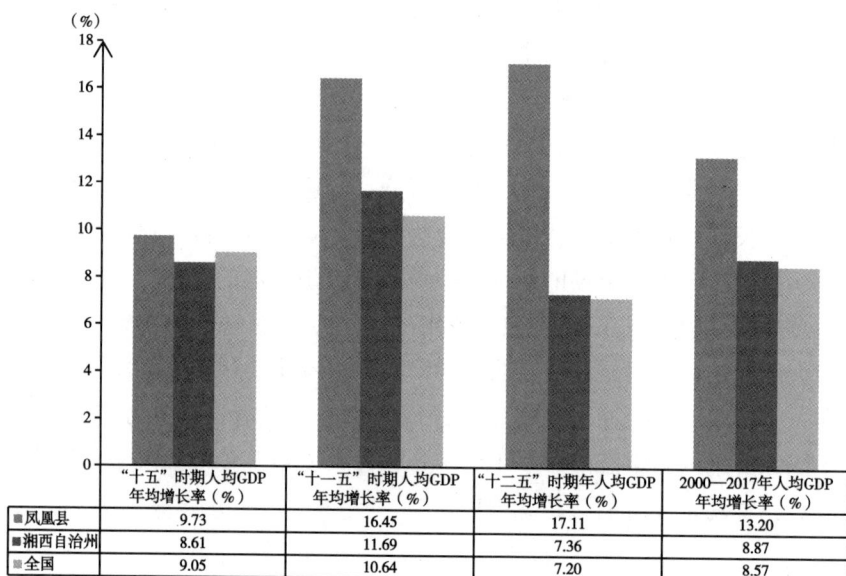

图 2-4　不同时期凤凰、湘西及全国 GDP 年均增长速度

资料来源：同图 2-3。

要素相对丰裕；反之，一国的生产要素禀赋中某种要素供给所占比例小于别国同种要素的供给比例而价格相对高于别国同种要素的价格时，则该国的这种要素相对稀缺。依据要素禀赋理论，某一地区①应该依据该地区丰裕的生产要素来发展有竞争优势的产业结构。该地区应充分利用其所拥有的相对充裕的生产要素，生产此种要素密集型产品，在这个过程中，该地区的资本积累不断加快，以实现该地区的经济发展。

　　从 20 世纪 80 年代开始，由于人口流动较为困难，农村劳动力转移就业不畅，凤凰县依据其特有的农业优势资源，大力发展烟叶产业，以烟叶的种植、加工、生产和销售为主体，在带动经济发展的同时逐步改善了人民生活。然而，由于国家政策的转变和时代发展的要求，传统的烟叶产业退出市场。在这种情况下，凤凰县政府依据本地丰富的历史文化资源，大力发展旅游产业，以"一业带三化"为发展思路，在发展旅游产业的同时，不断推进农业产业化、新型城镇化和新型工业化。一方面，在 2003年以前，如图 2-5 所示，凤凰县三次产业增加值在 GDP 中的比率较为平

---

　　①　要素禀赋论论述的对象是国家，这里将论述主体换位地区，将地区视为对外开放的经济体，要素禀赋论也同样适用。

衡，三次产业结构稳定在 30∶27∶43 左右，第三产业在经济发展中的带动作用还不那么强。从 2004 年开始，第三产业快速发展，尤其在 2008 年，三次产业结构为 20∶18∶62，第三产业的份额远远高于 2003 年以前。这一趋势在 2008 年以后进一步得到加强，"十二五"时期以来，三次产业结构从 2011 年的 16∶18∶66 改变为 2017 年的 11∶16∶73。另一方面，如图 2-6 所示，从三次产业对 GDP 的贡献率来看，从 2000 年到 2017 年，第三产业一直都是凤凰县经济发展的主导产业。比如，在 2002 年，尽管第一产业和第二产业对 GDP 的贡献率为负值，但第三产业对 GDP 的贡献率高达 182.45%，为 GDP 保持增长的态势发挥了重要的作用。"十一五"以后，凤凰县经济结构不断优化，三次产业保持平稳增长，第三产业对 GDP 的贡献率始终保持在 50% 以上。2017 年，第三产业对 GDP 的贡献率稳步增长到 80.54%。因而，在这一时期，凤凰县第三产业始终都是其经济发展的重要产业。在凤凰县的第三产业中，旅游产业是其主导产业，通过分析旅游产业对经济发展的作用，我们能够更好地理解凤凰经济实现跨越式发展的途径。

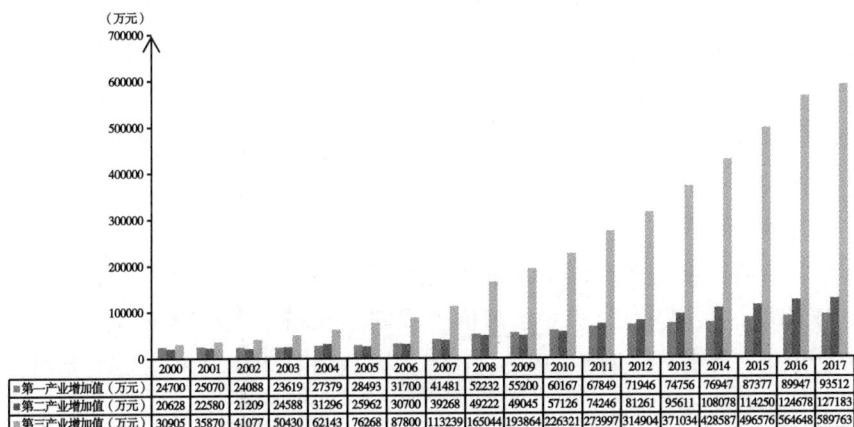

	2000	2001	2002	2003	2004	2005	2006	2007	2008	2009	2010	2011	2012	2013	2014	2015	2016	2017
第一产业增加值（万元）	24700	25070	24088	23619	27379	28493	31700	41481	52232	55200	60167	67849	71946	74756	76947	87377	89947	93512
第二产业增加值（万元）	20628	22580	21209	24588	31296	25962	30700	39268	49222	49045	57126	74246	81261	95611	108078	114250	124678	127183
第三产业增加值（万元）	30905	35870	41077	50430	62143	76268	87800	113239	165044	193864	226321	273997	314904	371034	428587	496576	564648	589763

图 2-5　凤凰县 2000—2017 年三次产业增加值

资料来源：《凤凰统计年鉴（2000—2016）》《凤凰县 2017 年国民经济和社会发展统计公报》。

（三）旅游产业对经济发展的带动效应

如前所述，凤凰县经济在 2000 年以来实现了跨越式发展，这与"一业带三化"的发展理念息息相关。为了更好地把握旅游产业对经济发展

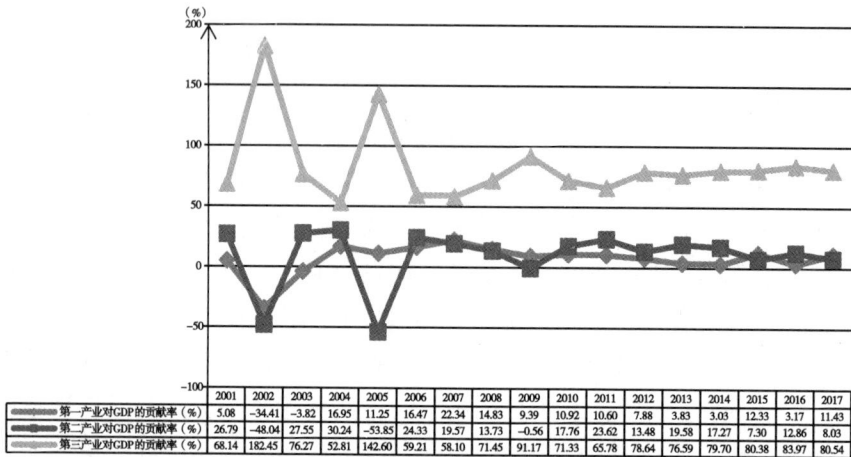

	2001	2002	2003	2004	2005	2006	2007	2008	2009	2010	2011	2012	2013	2014	2015	2016	2017
第一产业对GDP的贡献率（%）	5.08	-34.41	-3.82	16.95	11.25	16.47	22.34	14.83	9.39	10.92	10.60	7.88	3.83	3.03	12.33	3.17	11.43
第二产业对GDP的贡献率（%）	26.79	-48.04	27.55	30.24	-53.85	24.33	19.57	13.73	-0.56	17.76	23.62	13.48	19.58	17.27	7.30	12.86	8.03
第三产业对GDP的贡献率（%）	68.14	182.45	76.27	52.81	142.60	59.21	58.10	71.45	91.17	71.33	65.78	78.64	76.59	79.70	80.38	83.97	80.54

图 2-6　凤凰县 2000—2017 年三次产业对 GDP 的贡献率

资料来源：同图 2-5。

的带动效应，有必要对相关概念、计算方法和资料来源一一做出说明。

　　本章所说的旅游产业是指为旅游者提供服务的相关行业，包括旅游六要素的方方面面，即"吃、住、行、娱、购、游"。从《凤凰统计年鉴》的统计科目来看，这六大类包括交通运输、仓储和邮电业，住宿和餐饮业，自有房地产经营活动①，租赁和商务服务②，文化、体育和娱乐业③，公共管理和社会组织。为了更加全面地反映旅游产业的发展及其对经济的促进作用，本文将分别计算旅游产业增加值、旅游产业增加值占 GDP 的比重、旅游产业对 GDP 的贡献率以及旅游产业对 GDP 的拉动四个指标。其中，旅游产业增加值占 GDP 的比重代表旅游产业的发展水平，旅游产业对 GDP 的贡献率④从实际增加值上反映了旅游产业发展对经济发展的带动作用，旅游产业对 GDP 的拉动作用⑤从增长率上反映了旅游产业对经济发展的带动作用。

---

　　① 根据笔者 2016 年 6 月在凤凰的调研，之所以将自有房地产经营活动纳入旅游产业之中，是因为当地部分居民将其房屋当作旅店来接待游客。

　　② 租赁和商务服务业包括租赁业和商务服务业，租赁业与旅游产业相关性很小，商务服务业中的旅行社等与旅游产业相关性很大，因此，租赁和商务服务业在一定程度上高估了旅游产业的增加值，从而高估了旅游产业对经济发展的促进作用。

　　③ 由于体育业与旅游产业的相关性也较小，因此，文化、体育和娱乐业在一定程度上高估了旅游产业的增加值，从而高估了旅游产业对经济发展的促进作用。

　　④ 旅游产业对 GDP 的贡献率＝旅游产业增加值增量占 GDP 增量的比率。

　　⑤ 旅游产业对 GDP 的拉动作用＝GDP 增长率×旅游产业对 GDP 的贡献率。

出于对统计口径一致的考虑，本章将 2004 年作为旅游产业带动经济发展的初始年。上述六大类的数据均来源于《凤凰统计年鉴》，并都是按照可比价进行统计。

表 2-1　　　　　　　　　　旅游产业六大类的增加值　　　　　　单位：万元

年份	交通运输、仓储和邮电业	住宿和餐饮业	自有房地产经营活动	租赁和商务服务业	文化、体育和娱乐业	公共管理和社会组织
2004	9359	3201	2886	385	499	11596
2005	10291	3856	3047	447	579	11596
2006	13565	5291	3790	632	845	16000
2007	15383	5921	3911	884	1125	19882
2008	16464	20682	4601	4824	2661	36736
2009	18966	26080	4923	5210	3060	42446
2010	20275	32086	5169	5922	3005	48583
2011	32216	50060	6446	7380	4037	68682
2012	36068	52685	6769	9601	4929	71043
2013	39550	53993	7107	12201	6251	91400
2014	40571	55774	7463	16752	8639	108577
2015	42016	59291	7836	22615	9310	131985
2016	44222	83092	7772	29836	12158	142415

注：公共管理和社会组织这一统计口径在 2015 年改为公共管理、社会保障和社会组织。

资料来源：《凤凰统计年鉴（2004—2016）》。

根据表 2-1 数据，将凤凰县交通运输、仓储和邮电业，住宿和餐饮业，自有房地产经营活动，租赁和商务服务业，文化、体育和娱乐业以及公共管理和社会组织六大类的按可比价统计的增加值相加，可以近似得到旅游产业增加值。如图 2-7 所示，2004—2007 年，其旅游产业增加值稳步上升，到 2007 年，旅游产业增加值增加到 47106 万元。在前期旅游基础设施、对外宣传的基础上，2008 年，凤凰古城公司租赁万寿宫、崇德堂、古城博物馆三个景点，并将其纳入古城参观景点范围，共计门票价格 148 元对游客出售。在这一新的制度安排下，2008 年凤凰县旅游产业迎来了新的历史起点，其旅游产业增加值高达 85968 万元，增长率高达 82.5%。2009—2010 年，其旅游产业增加值的增长率也维持在 14% 以上。2011 年，凤凰县旅游经济实现了飞速发展，其旅游产业增加值从 2010 年的 143129 万元快速增长到 2011 年的 168821 万元，旅游产业增加值的增长率高达 42.75%，这与凤凰县旅游经济发展更加规范化、专业化以及知名度的不断提升有着重要的关联性。在整个"十二五"期间，凤凰县延续了 2011 年快速增长的势头。2016 年，凤凰县的旅游产业增加值增加到 319495 万元。然而，仅仅从旅游产业增加值的角度对旅游产业发展状况进行阐述无法全面反映旅游产业的发展情况，而旅游产业增加值占 GDP 的比重代表着旅游产业的发展水平。

　　曾国军、蔡建东①以 3%、5%、6% 和 9% 为界将我国大陆的 31 个省级单位划分为 5 个类别，而凤凰县 2004—2015 年旅游产业增加值占 GDP 比重的均值远远超过 9% 以上，按照上述标准，凤凰县旅游发展程度很高。从图 2-7 可以看出，与旅游产业增加值增长趋势类似，旅游产业增加值占 GDP 比重在 2005—2007 年稳定在 26% 左右，而 2008 年，这一比重快速增长到 39.63%，GDP 的构成中大约 40% 来源于旅游产业。从 2009 年开始，这一比重稳步提升，基本稳定在 43% 左右。

　　虽然旅游增加值占 GDP 的比重能够在一定程度上反映旅游产业发展水平，但是这一比重反映的仅是当年旅游产业增加值占 GDP 的比重，这一比重无法动态地反映旅游产业的发展水平，因此，需要用产业贡献率这一指标进行补充。贡献率的基本含义是有效或有用的成果数量与资源消耗及占用量之比，即产出量与投入量之比，特别的，产业贡献率即为产业当年增量与国内生产总值当年增量之比，用于分析经济增长中各因素作用大小的程度。基于此，旅游产业对 GDP 的贡献率等于旅游产业增加值的增量与 GDP 增量之比。从图 2-8 可以看出，2005 年，凤凰县旅游产业对 GDP 的贡献率仅仅只有 17.14%，而 2008 年，这一数字达到了 83.05% 的峰值。从 2009 年开始，这一贡献率基本稳定在 45% 以上，并稳步增长到 2016 年的 65.35%。同样地，从图 2-9 可以看出，2007 年以前，凤凰县旅游产业对 GDP 的拉动作用并不明显。2008 年，凤凰县 GDP 增长率为 10.7%，而旅游产业对 GDP 的拉动作用高达 8.89%，可以断定的是这一年的经济发展基本是由旅游产业带动的。2008 年以后，旅游产业对 GDP 的拉动作用基本在一半以上。

　　从对旅游增加值、旅游产业增加值占 GDP 的比重、旅游产业对 GDP 的贡献率以及旅游产业对 GDP 的拉动四个指标的计算与分析来看，21 世

---

　　① 曾国军、蔡建东：《中国旅游产业对国民经济的贡献研究》，《旅游学刊》2012 年第 5 期。

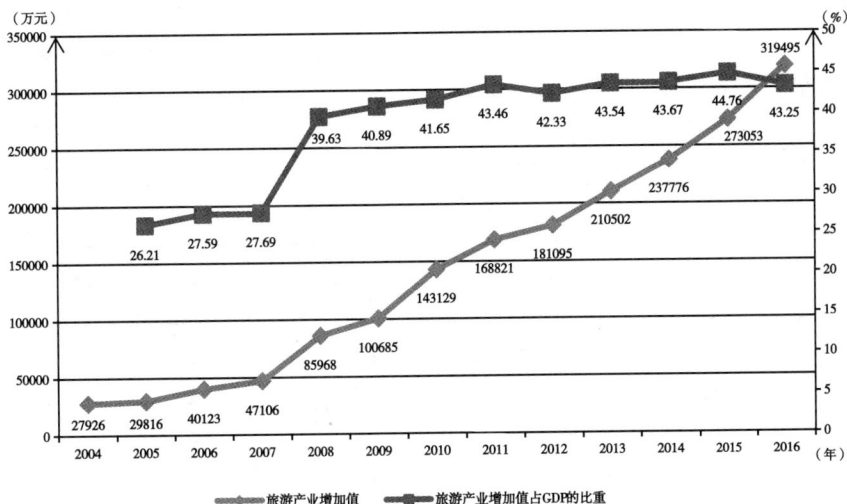

图 2-7　凤凰县 2004—2016 年旅游产业增加值及凤凰县

旅游产业增加值占 GDP 的比重

注：2010 年可比价 GDP 来源于《凤凰统计年鉴（2011）》，数值为 343614 万元。而在《凤凰统计年鉴（2010）》中，2010 年凤凰县可比价 GDP 为 274929 万元。由于 2010 年凤凰县可比价 GDP 前后统计上的不一致，本书将其视为异常值。因此，2010 年旅游产业增加值占 GDP 的比重也视为异常值。

资料来源：《凤凰统计年鉴（2004—2016）》。

纪以来，凤凰县旅游产业对经济发展的作用十分明显，可以将其分为四个阶段。第一阶段是旅游产业发展准备期（2001—2003），这一时期，基本是政府对旅游基础设施的建设以及打造凤凰旅游品牌阶段，旅游产业对经济发展的作用还不很明显；第二阶段是旅游产业发展初期（2004—2007），这一时期，虽然旅游产业对经济发展的带动作用不断增强，从整体上来看，它对经济发展的贡献、拉动作用并不十分明显，以 2007 年为例，2007 年的经济增长率为 22.3%，旅游产业对 GDP 的贡献率不到 30%，它对经济增长的拉动作用只有 6.31%；第三阶段是旅游发展的繁荣时期（2008—2012），这一时期，在前两个阶段基础设施、制度安排、对外宣传、知名度、管理经验不断提高的基础上，凤凰县旅游实现了跨越式发展，对经济发展的贡献和拉动作用明显增强，这是前期投入的必然成果；第四阶段是旅游发展的专业化时期（2013 年以后），在经历了跨越式发展后，旅游产业对经济发展的作用在一定程度上依然延续了繁荣时期的路径，其 2016 年旅游产业对 GDP 的贡献率为 63.35%，旅游产业对 GDP

的拉动作用为 6.93%。可以说，凤凰县经济发展的一半功劳得益于旅游产业的发展。因此，凤凰县旅游产业的发展是 21 世纪以来凤凰经济跨越式发展的主导产业。

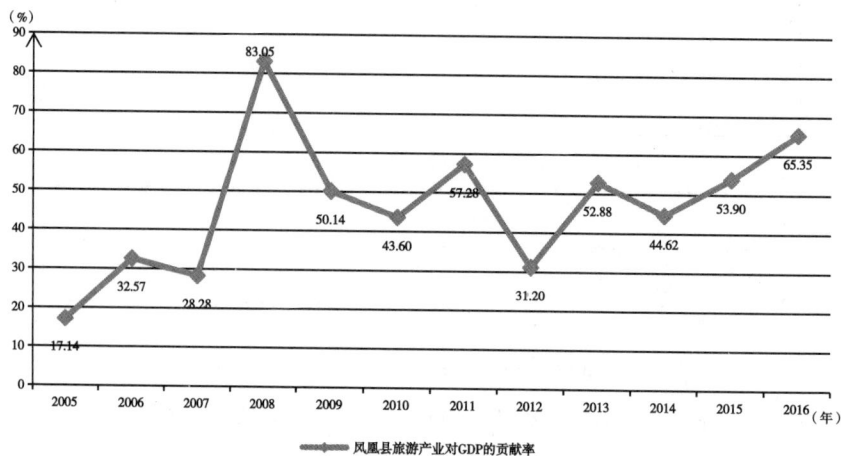

图 2-8　凤凰县旅游产业对 GDP 的贡献率

资料来源：《凤凰统计年鉴（2004—2016）》。

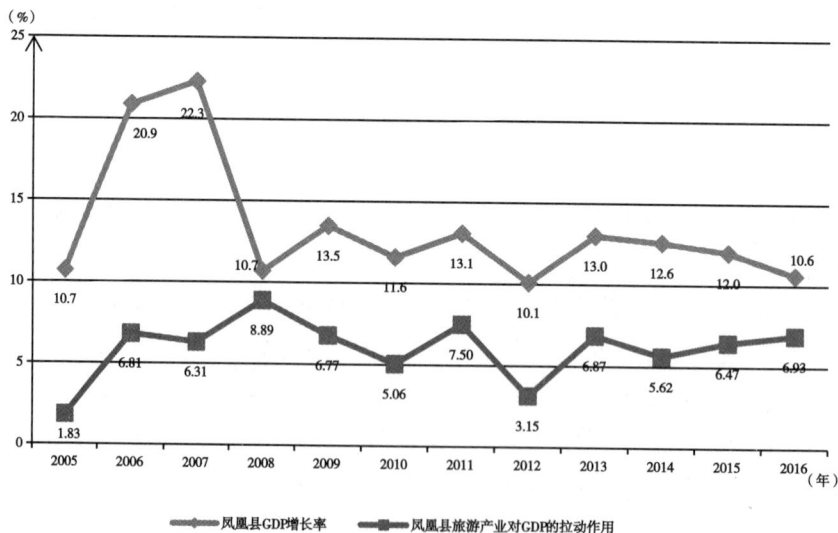

图 2-9　凤凰县旅游产业对 GDP 的拉动作用

资料来源：《凤凰统计年鉴（2004—2016）》。

（四）人民生活水平的变化

21 世纪以来，凤凰县以旅游产业为核心，围绕"一业带三化"的发展思路，大力发展旅游经济，在这一过程中，凤凰居民生活水平稳步提高，政府收入不断提高也为民生事业的发展提供了坚实的保障。

1. 以旅游产业的发展带动居民致富

从图 2-10 可以看出，2000—2017 年，凤凰县城镇居民人均可支配收入与湘西自治州城镇居民人均可支配收入的差距较小，除了 2000 年和 2001 年收入差距在 1000 元以上，这一时期的其他年份收入差距基本稳定在 700 元左右。而与全国水平相比，凤凰县城镇居民人均可支配收入在 2004 年以后逐渐拉大，其差值在 2009 年后呈扩大趋势。比如，2010 年，全国城镇居民人均可支配收入为 19109 元，凤凰县城镇居民人均可支配收入为 11124 元，比全国要低 7985.4 元。2017 年，全国城镇居民可支配收入为 36396 元，而凤凰县只有 22698 元，这一差距扩大为 13698 元。

从图 2-11 可以看出，2000—2007 年，凤凰县农村居民人均纯收入从 2000 年的 1218 元平稳增长到 2007 年的 2300.6 元，这一时期湘西自治州农村居民人均纯收入与凤凰县农村居民人均纯收入基本保持一致。然而，从 2008 年开始，凤凰县农村居民人均纯收入增长速度要快于湘西自治州农村居民人均可支配收入的增长速度。2008 年，就农村居民人均纯收入这一指标，凤凰县比湘西自治州要高 218 元，而 2015 年，这一差距扩大为 640 元。而与全国水平相比，凤凰县农村居民人均可支配收入与全国的差距及其趋势都在扩大，比如，2010 年，全国农村居民纯收入为 5919 元，凤凰县农村居民纯收入为 3459 元，比全国要低 2460 元。2017 年，全国农村居民可支配收入为 13432 元，而凤凰县只有 9142 元，这一差距扩大为 4290 元。

与湘西自治州相比，凤凰县城镇居民和农村居民的收入增长更快，这与凤凰县近年来以文化旅游为主导产业带动经济发展的思路息息相关，目前文化旅游产业已成为凤凰县的主导产业，不仅带动了基础设施建设、交通运输的发展和完善，还带动了餐饮住宿、文化演艺、土特产加工、旅游服务等行业，形成了以文化旅游主导产业带动新型城镇化、农业产业化、新型工业化"一业带三化"特色县域经济发展局面。2017 年，以文化旅游产业为主的第三产业占全县 GDP 的 73%、就业人数的 70%。文化旅游产业直接提供就业岗位 2 万多个，间接提供就业岗位 8 万多个。文化旅游产业的发展为居民提供了就业和致富的广阔途径。

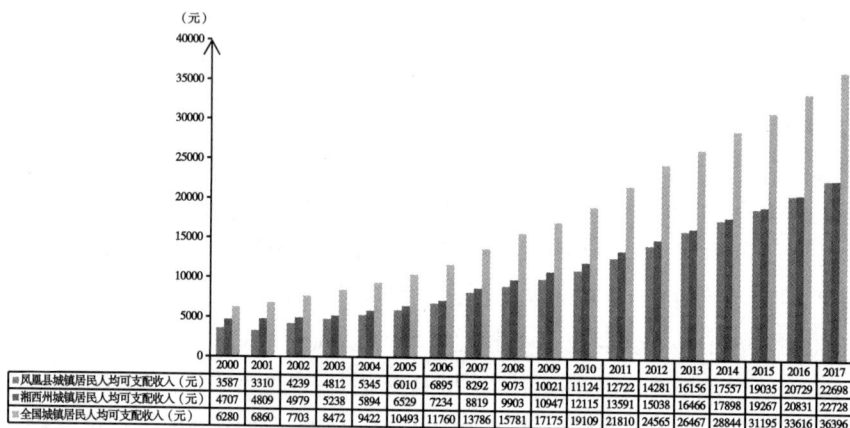

（元）	2000	2001	2002	2003	2004	2005	2006	2007	2008	2009	2010	2011	2012	2013	2014	2015	2016	2017
凤凰县城镇居民人均可支配收入（元）	3587	3310	4239	4812	5345	6010	6895	8292	9073	10021	11124	12722	14281	16156	17557	19035	20729	22698
湘西州城镇居民人均可支配收入（元）	4707	4809	4979	5238	5894	6529	7234	8819	9903	10947	12115	13591	15038	16466	17898	19267	20831	22728
全国城镇居民人均可支配收入（元）	6280	6860	7703	8472	9422	10493	11760	13786	15781	17175	19109	21810	24565	26467	28844	31195	33616	36396

图 2-10　2000—2017 年凤凰县、湘西自治州城镇居民人均可支配收入和全国城镇居民人均可支配收入

资料来源：《凤凰统计年鉴（2000—2016）》《凤凰县 2017 年国民经济和社会发展统计公报》《2013 年湘西土家族苗族自治州统计年鉴》《湘西土家族苗族自治州国民经济和社会发展统计公报（2014—2017）》。

2. 社会保障水平不断提高

21 世纪以来，凤凰县强力推进社会保障全覆盖工程，城乡居民社会保障水平不断提高。"十二五"时期，凤凰县不断加大民生事业投入，加快脱贫攻坚步伐，这一时期民生投入累计 72.39 亿元，其中，2015 年民生支出 21.13 亿元，比 2011 年增加 12.86 亿元，实现贫困人口由 2011 年 10 多万人减少到 6.6 万人。"十二五时期"，凤凰县政府累计筹集新农合资金 5.25 亿元，新农合年均参保率 93.7%；五保户集中和分散年供养标准分别提高到 6360 元、2900 元；发放城乡居民最低生活保障资金 2.6 亿元；统筹实施水、电、路、房、电视、通讯等农村基本公共服务工程，累计完成农村安全饮水工程 115 处，解决饮水不安全人口 16.2 万人；完成 338 个农村电网改造，分别完成农村危房、城镇棚户区改造 9375 户、7190 户，完成廉租房、公租房建设 1800 套、4500 套；实现了通乡公路硬化率 100%；腊尔山地区脱贫攻坚试点取得突破，累计完成农村危房改造 3016 栋，修通村组公路 79 条 237 公里，新建机耕道 91 条 294 公里，建成农村人畜集中供水工程 38 处，完成农网改造 63 个村，腊尔山片区 6.5 万

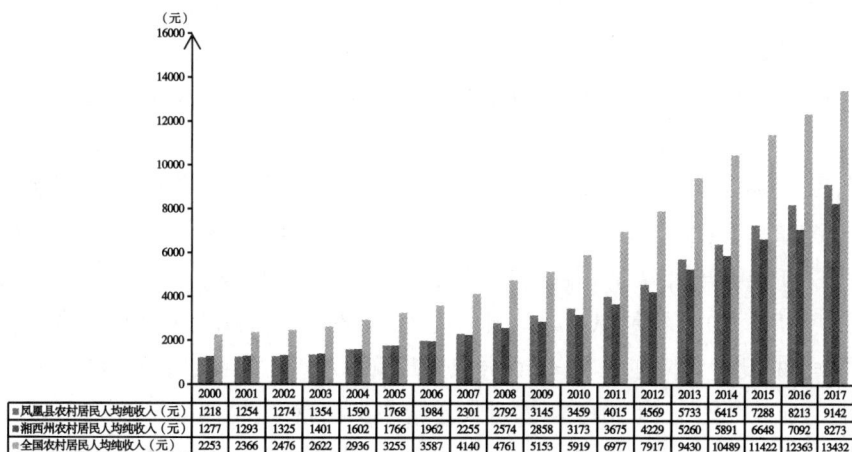

(元)	2000	2001	2002	2003	2004	2005	2006	2007	2008	2009	2010	2011	2012	2013	2014	2015	2016	2017
凤凰县农村居民人均纯收入（元）	1218	1254	1274	1354	1590	1768	1984	2301	2792	3145	3459	4015	4569	5733	6415	7288	8213	9142
湘西州农村居民人均纯收入（元）	1277	1293	1325	1401	1602	1766	1962	2255	2574	2858	3173	3675	4229	5260	5891	6648	7092	8273
全国农村居民人均纯收入（元）	2253	2366	2476	2622	2936	3255	3587	4140	4761	5153	5919	6977	7917	9430	10489	11422	12363	13432

图 2-11　2000—2017 年凤凰县、湘西自治州农村居民
人均纯收入和全国农村居民人均纯收入

注：2000—2012 年为农村居民人均纯收入（元），2013 年及之后为农村居民人均可支配收入（元）。

资料来源：《凤凰统计年鉴（2000—2016）》《2013 年湘西土家族苗族自治州统计年鉴》《湘西土家族苗族自治州国民经济和社会发展统计公报（2014—2017）》。

群众基本告别了土坯茅房、肩挑背驮、天旱断饮的历史，农民人均纯收入提高到 3182 元，比 2011 年翻了一番。①

（五）财政收入稳步增长，财政自给率有所提高

财政自给率是地方财政一般预算内收入与地方财政一般预算内支出的比值，财政自给率是判断一个城市发展健康与否的一个重要指标，其系数越大表示地方财政自我发展能力越强。由表 2-2 可知，2000 年，凤凰县财政收支差额为 13658 万元。2001—2015 年，凤凰县地方财政一般预算收入从 2838 万元增加到 66359 万元，年均增长 28.98%；同期，凤凰县地方财政一般预算支出从 17967 万元增加到 304462 万元，年均增长 22.16%。这一时期，凤凰县以旅游产业带动经济发展，其地方财政一般预算收入的增长率要比一般财政预算支出的增长率高 6.82 个百分点。分阶段看，"十五"时期，凤凰县财政自给率从 2001 年的 15.8% 稳步增长到 2005 年的 17.25%，但财政收支差额的缺口并没有缩小，这与凤凰县旅

---

① 参见凤凰县政府《凤凰县 2016 年政府工作报告》，2016 年。

游产业刚刚起步有着必然的联系。"十一五"时期，财政自给率从 2006 年的 16.82%稳步增长到 2010 年的 18.54%，其财政收支差额的缺口进一步扩大，出现这种现象是因为旅游产业前期投入很大，包括基础设施投入、景区保护和建设等。"十二五"时期，凤凰县财政自给率从 2011 年的 20.75%逐步增长到 2013 年的 23.72%，这是因为凤凰旅游产业带动经济发展的效应逐步显现，是政府财政收入的重要来源。但是，其财政自给率在 2014 年开始有所下滑，然后从 2015 年开始小幅波动上升。从表 2-2 可以看出，2015 年凤凰县财政自给率为 21.8%，与 2013 年财政自给率的最大值相比，下降了 1.92 个百分点。尽管 2016 年凤凰县财政自给率小幅增长到 24.29%，但 2017 年的财政自给率又回落至 22.54%。通过上述分析可以看出，2000—2017 年，凤凰县地方财政收入、财政支出均稳步增长，且由于独具特色的旅游产业的高速发展，凤凰县自我发展能力有所提高，财政自给率从 9.65%波动上升到 22.54%。

表 2-2　　　　　　　　凤凰县 2000—2017 年财政收支情况　　　　　单位：万元

年份	一般预算收入	公共财政预算支出	财政收支差额	财政自给率（%）
2000	1459	15117	-13658	9.65
2001	2838	17967	-15129	15.80
2002	1929	19357	-17428	9.97
2003	3273	25154	-21881	13.01
2004	4537	27424	-22887	16.54
2005	5382	31204	-25822	17.25
2006	6807	40466	-33659	16.82
2007	9475	48763	-39288	19.43
2008	11499	60440	-48941	19.03
2009	14772	82036	-67264	18.01
2010	18666	100659	-81993	18.54
2011	26019	125388	-99369	20.75
2012	40651	176363	-135712	23.05
2013	51192	215824	-164632	23.72
2014	54808	249339	-194531	21.98
2015	66359	304462	-238103	21.80
2016	77359	318420	-240881	24.29

年份	一般预算收入	公共财政预算支出	财政收支差额	财政自给率（%）
2017	80696	358049	−277353	22.54

资料来源：《凤凰统计年鉴（2000—2016）》《凤凰县2017年国民经济和社会发展统计公报》。

综上所述，21世纪以来，凤凰县在充分运用独具特色的历史文化资源的基础上，加快基础设施建设，充分挖掘湘西苗族土家族文化内涵，推行所有权归政府、管理权归职能部门、经营权归企业的"三权分离"经营机制，其经济发展速度加快，经济增长引擎顺利以从以烟叶为主的工农业转化为以文化旅游产业为主的第三产业，使得政府财政收入、财政自给率有所上升，人民生活水平、各项民生事业逐渐改善，经济发展的可持续性不断增强，经济发展抗击外部冲击的能力不断稳固，新型城镇化、农业产业化和新型工业化不断提升。凤凰县以文化旅游产业带动经济发展的模式取得了较大的成功，但这一模式之中也存在着某些隐患制约其进一步的经济发展。

二　凤凰县经济发展的影响因素分析

（一）农业发展的影响因素分析

凤凰县农业发展总体上依赖物质资本与人力资本、产业化程度和市场发育程度等因素。下文就以这三个方面来分析凤凰县农业发展的影响因素。

一是物质资本和人力资本水平较低。首先，凤凰县的物质资本的数量和质量较低，这主要体现在现有的大部分农业设施年久失修，功能老化，保障功能大大下降。比如，农田灌溉、机耕道等配套设施不完善，主渠老化、渗漏严重，特别是灌溉渠道不配套，"最后一公里"多为土渠，达不到设计灌溉面积，成为严重制约农业发展的一个重要因素。其次，凤凰县农民的人力资本较低。这主要是受文化、习俗等因素的影响，凤凰县农民很难拥有较高的种植技术和市场风险意识，当这种较低的人力资本与市场的农产品价格持续低迷交织时，农民的生产积极性会大大降低，他们只求不荒田土，简单耕种了事，无法实行精耕细作和科学管理。当青壮年劳动力大量外出务工时，这种状况就更加突出。

二是农业产业化发展程度低制约农民增收。除了农业基础设施等外部条件有待提高外，农业合作社经营效率偏低是农业产业化程度低的重要原因。虽然凤凰县政府给予相关的优惠政策和补贴来鼓励农民建立农业合作社，但是大部分的农业合作社在获得政府的补贴后，并没有真正的动力通过经营农业合作社实现规模效应，从而实现组织内的农民增收。在这种情况下，即使乡村旅游在未来几年逐步发展、完善，并且游客在很大程度上有体验多元文化的欲望，农民如若无法通过合作社的方式来提供大量、规范卫生的农产品和相关的优质服务，发展后的乡村游对于农民增收的作用也是较为微弱的。与此同时，重点产业的规模化、产业化、标准化生产水平低，蔬菜、药材、猕猴桃等特色产品缺乏竞争力，有"优势"而无"规模"，有"名气"而无"品牌"，都将制约农民持续增收。

三是市场发育程度低，服务体系不健全。市场发育程度低主要表现在市场与农户之间的信息交换不畅通，农民的生产供给与市场需求时常出现脱节现象，包括农产品的品种与市场需求不匹配，农产品的积压与滞销情况比较严重。此外，农产品的加工储藏条件不足，大量农产品在不影响农产品质量的条件下很难得到有效存储，这一现状在水果方面尤为突出，此外，蔬菜生产主要靠市场鲜销，利润微薄，附加值不高。

（二）第二产业发展的影响因素

近些年来，特别是 2008 年以后，凤凰县是以旅游产业为主导产业带动经济发展，第二产业总产值占全县 GDP 的比例呈下降趋势，并稳定在17% 左右，这主要是受凤凰县自然资源和特殊地理环境制约的结果，在这种情况下，凤凰县招商引资也较为困难。

首先，凤凰县工业总体上仍然是一种高投入、高消耗、高排放的传统工业模式，增长方式没有从根本上发生转变。由于创新需要互补性和竞争性，凤凰县工业企业科技创新动力不足，加之创新的风险和成本很高，企业每年科技创新的投入十分有限，企业基础研究和新产品开发仍然是工业发展的薄弱环节，这种创新能力不足与整个凤凰县乃至全国创新不足不无关联。[1]

其次，招商引资难。一是土地征收难度大。廖家桥镇省级工业园区

---

[1]　参见凤凰县经济和信息化局《凤凰县"十三五"工业发展规划》，2015 年。

因土地征收进程缓慢，企业入园未能按期实施，项目进展缓慢，如凤凰县镇竿阿牛食品有限责任公司、湘西自治州菁凤工艺有限责任公司、凤凰县玛汝民族服饰有限责任公司等企业均未能按期入园。二是招商引资难，无商可引。由于国内外经济因素复杂多变，再加上受环境、条件等因素制约，许多企业不敢冒风险投资，项目上不去，经济运行缺乏新的增长点。

最后，企业融资难度偏大。全县工业企业大多以中小微型企业为主，多数企业处于起步或成长阶段，规模较小、周转资金紧缺，特别是受当下经济下行压力因素影响，县域内的中小微企业融资、贷款难的矛盾十分突出，在一定程度上影响了企业的再发展。

（三）第三产业发展的影响因素

根据柯布道格拉斯生产函数，总产出取决于技术、资本存量和劳动参与程度。2004 年以来，因为凤凰县常住人口稳定在 35000 人左右，所以劳动的增加对于凤凰县经济增长的影响不大，但是如若劳动参与程度减小，这对经济增长就有负面效应。广义技术进步这一过程需要较长的时间才能实现。因此，从中短期来讲，资本积累及其存量是影响凤凰县经济增长的核心要素，在资本积累的过程中，也为技术进步提供了相应的基础。具体地，凤凰县是以历史文化为基础来发展文化旅游产业从而带动整个经济增长，这一发展模式的核心要素就在于文化资本存量及其积累，也就是说，在完善硬件基础设施的条件下，充分、合理地挖掘历史文化资源并采取积极的措施予以保护和发展，才能实现其经济的可持续发展。根据笔者的实地调研，经营主体对历史文化过度商业化，他们对当地历史文化的理解也并不深入，这种不足在短期内很难体现在经济增长乏力之上，但从中长期来看，对文化资本理解的偏差会使得文化资本变得模糊甚至消失，从而造成资本存量的减少。而当常住人口保持不变而技术进步缓慢时，文化资本存量减少会使得资本积累难以为继，最终资本存量的减少和资本积累的困难会导致经济增长乏力。其次，在构建以旅游产业为主导产业来发展经济时，如果忽视当地居民的利益，不仅会极大地降低当地居民的参与度，而且造成当地居民阻碍政府或者公司进入当地运用当地的文化资本，这两方面的负面影响十分不利于经济增长。最后，如果无法建立一个公平规范的市场环境，对于文化旅游产业的发展也是极为不利的。下面就具体谈谈凤凰县经济发展中这几方面存在的问题。

1. 企业对凤凰县文化的理解和认识不深入，忽视居民在旅游产业发展中的利益

"政府搭台、企业唱戏"很好地诠释了凤凰县政府和企业在经济发展中的互补性。凤凰县的文化是以苗族文化为母体，以多彩的外来文化为客体，通过强势的兵战文化来催化而融合成的一种湘西的特色文化底蕴，然而凤凰县经营旅游的一些企业对凤凰县文化的理解不够深、不够准确，可能存在偏差，那么在经济发展的过程中，有可能造成经济越发展，文化越扭曲，最终导致以旅游产业带动经济发展的后劲不足。以苗疆边墙南长城为例，苗疆边墙是当年朝廷镇压苗族的军事防线，镇压结束以后，这条军事防线就变成了维护治安的治安防线，因为治安防线需要不断巡视，所以政府就在周边不断修路，使得治安防线逐渐演变为交通干线，继而在周边赶集、办学校，最终就形成了经济文化发展的风光线。如果只强调南长城，那么就强调了当年镇压苗族的历史，而忽视了苗族保家卫国及其文化发展的一面，从而无法真正深入理解由多元文化融合形成的凤凰特色文化。在这样的认知基础上，文化旅游产品的供给可能在短期内很难识别其中的问题，但从长期来讲，对于文化理解的偏差可能会激发当地居民间的某种矛盾并打击当地居民参与到文化旅游的产业中，进而影响旅游产业的可持续发展。

在调研的过程中，笔者发现当地居民对旅游产业带动经济发展这一模式表示认可的同时，也有许多责难。这一责难主要就是居民收入的增长无法跟上 CPI 增长的步伐，产生这一现象的原因固然有外来游客的需求促使 CPI 快速增长，但另外是居民收入在旅游产业发展中所获得份额的增长较为缓慢。从"政府主导、企业经营、市场运作、社会参与"的旅游发展思路来看，这一思路中"社会参与"应该包括当地居民的参与，但我们在调研中发现，当地居民参与不够。特别是在文化旅游产品供给中，当地居民缺乏表决权。另外，这里的社会参与，在笔者看来，本身就包含在市场运作的过程中，从资本的角度来看，社会参与的途径就是通过市场化的形式将凤凰县及以外的货币资本引入凤凰县的旅游市场，从劳动力的角度来看，如若以聘用外来劳动力为主而本地居民为辅，那么势必会引发当地居民的排斥情绪，大量聘用外来劳动力的方式在短期内没有错，但是从长期的经济社会效益来看却不是最优的。

2. 缺乏激励机制保护非物质文化遗产①

在市场经济和现代多元文化的双重冲击下，凤凰县部分非物质文化遗产濒临消亡，具体表现为苗族土家族的民族语言、服饰、工艺、技艺、历史文化实物、民俗活动等逐渐被淡化甚至消亡。

一是苗族语言正在不断被弱化，民族服饰被替代。土家语、苗语日益成为濒危语言，逐步被汉语言代替，凤凰县部分行政村已完全不再讲苗语，其他一些行政村的苗语也在逐步淡化；苗族服饰在穿着上不断被社会流行服饰所代替，除了在传统节庆、大型活动时穿着外，平时在苗家村寨很少有人穿戴。二是因现代科技发展，传统手工逐步被机械化生产取代。例如，一些民族银饰工艺厂制作器具时，大量采用机械化的规模生产，把银水注入铸模，降低生产成本，致使现代工业在很大程度上替代了传统手工业。此外，一些民间艺人，或因年事已高，或因生活困难等纷纷弃艺，苗歌、苗舞、民族体育、民族建筑、苗族医药等许多传统技艺濒临消亡。三是因经济利益驱使，民族文化资源遭受无序开发。凤凰县是国家历史文化名城之一，随着近年来旅游经济迅猛发展，部分商家追求经济利益，超负荷利用和破坏性开发，将民族歌舞、民间绝技和传统技艺融入旅游表演，有时曲解、滥用民族民间文化，使民族民间文化传承的环境、受众和功用失去了原来的本质特征，损害了非物质文化遗产的原真性。四是因保护机制滞后，保护成效不明显。"非遗"保护工作仍未纳入国民经济和社会发展整体规划，保护标准和目标管理以及调查、收集、整理、记录、建档、展示、人员培训等工作相对薄弱，保护与管理资金和人员不足的困难普遍存在，导致与保护相关的一系列问题不能得到系统性解决。五是非遗保护经费不足。随着非遗工作量的不断加大，非遗工作经费捉襟见肘、举步维艰，大量有历史、文化价值的珍贵实物与资料遭到毁弃或流失，这进一步制约了文化生态保护区工作的深入、全面、系统、细致、规范的开展。六是自我保护传承意识不强。在市场经济的冲击下，大多数年轻人外出务工，很少回来参加本民族传统文化活动；加之现在的苗、土族男女青年与汉族（或其他民族）结婚后，民俗的婚嫁、习俗也慢慢淡化。

---

① 参见凤凰县旅文局《当前民族地区"非遗"保护存在四个方面突出问题亟待重视》，凤凰县旅文局《凤凰县传统文化的开发和保护情况》。

3. 乡村旅游开发滞后

目前，凤凰县乡村旅游发展还处于开发期，高端休闲体验游、度假游等复合型旅游的发展十分滞后。外来游客的旅游热点过度集中于凤凰古城景区，乡村文化旅游资源没有得到充分开发利用，乡村旅游品牌还没有完全建立起来，游客对旅游地点和方式的可选择性太少，乡村游与凤凰古城"双核驱动"旅游发展格局尚未真正形成。在这种情况下，游客大多只是停留在凤凰古城附近，很难辐射到周边农村，也就无法通过体验、休闲和观光的模式让旅游产业的附加值进一步在农村和农民中增加，因此，凤凰县旅游产业在带动农村发展、农民致富方面还有较大的空间。

4. 劳动力素质不高，市场环境不规范

劳动者素质不高主要是指旅游产业从业人员与农民。一是旅游从业人员的思想观念、自身素质、管理服务水平还不能完全适应发展新要求，非法拉客、欺客宰客等现象时有发生，旅游市场秩序、环境氛围等离广大游客的期望还有较大差距。二是农民综合素质不高，由于受历史、文化、习俗等因素的影响，加上青壮劳动力大量外出务工，留守家园的主要以老人和孩子为主，农村生产者综合素质普遍不高，产业开发意识不强，生产管理技术落后，农业科技含量不高。此外，凤凰古城市场环境运营还不十分规范，乱搭乱建、乱挖乱运、乱泼乱扔、乱停乱靠等行为时有发生，市场产品和质量参差不齐，外来游客很难辨别产品质量。这些不规范的行为是难以吸引高端游客并留住游客的重要原因。

5. 旅游业基础设施配套建设相对滞后

由于近年来凤凰县旅游产业发展迅猛，与旅游相应的配套设施建设相对滞后，这一因素仍是凤凰文化旅游扩容提质的主要瓶颈。一是凤凰县传统民族村寨地理位置分散，旅游可进入性差，受山区的影响其道路建设的成本比一般道路建设成本要大。二是停车住宿供不应求，特别是国家法定节假日期间，旅游人口的大量激增使得停车位一位难求、住宿房间一房难求的现象经常发生。三是污水收集和垃圾处理等城市市容配套设施较难适应旅游产业的高速发展，商家直接将污水排入沱江河的行为极大影响了沱江河的景致，对游客旅游的外在环境也造成不良影响。四是高档次酒店、高品位休闲度假场所严重不足，难以开发高端旅游市场和吸引高端游客。

三　凤凰县经济发展新跨越的对策

（一）第一产业发展的对策分析

首先，加大对农业物质资本的投入，提高农民的人力资本。一是创新贴息和担保手段，发挥财政资金的撬动作用，重点向重大基础设施项目、重大农业产业化项目和连片开发的现代农业产业园、农村社会事业和提升农民自我发展能力等项目倾斜，支撑转变农业发展方式。二是落实各项强农惠农政策。继续执行落实好粮食直补、良种补贴、农资补贴、养殖补贴、农机购置补贴等中央政策，提高农民种养积极性。三是创新农村金融服务。拓宽政策性银行支农功能，强化商业银行支农社会责任，鼓励探索以农村产权质押方式开展对农金融服务，继续发挥农村信用社支农主力军作用，引进和培育新型投资主体，扩大农户小额信用贷款和农户联保贷款的覆盖面。四是开展各项农民培训，培育新型农民。

其次，创新农村土地经营机制，为农业产业化提供必要的制度基础。为此，一是要建立健全土地承包经营权流转市场，逐步完善和加强土地流转信息提供、法律法规政策咨询、流转价格评估、合同签订指导、利益关系协调等服务。规范和引导农民以转包、出租、互换、转让、股份合作等形式有序流转土地承包经营权，以生态农业园区、农业产业化基地、大户种植等形式推动农民土地规模经营，做大做强产业园规模。二是探索农民以土地承包经营权发展股份合作，推进农村土地适度规模经营。推动城乡土地增减挂钩，完善"农民集中居住—宅基地退出整理—城乡土地增减挂钩—增加建设用地指标"的土地利用模式，鼓励农户向城镇、中心村聚集。

最后，要完善市场发育程度，发展高山蔬菜生产以弥补蔬菜淡季供应良好时机，增加市场花色品种，丰富市场供应。另外可根据市场需要，在高山建立外向型农业基地等。

（二）第二产业发展的对策分析[①]

根据凤凰县的自然资源和生态环境，凤凰县的第二产业发展应该以矿

---

①　参见凤凰县经济和信息化局《凤凰县工业发展调研》，2015 年 1 月 5 日。

产品精深加工产业、新型建筑材料产业以及突出农业和文化旅游等特色产品的轻加工业为主。

一是努力提升矿产品精深加工产业。实现由原料型向原料生产与深度加工和下游产品转移，加大对重点规模企业的扶持和支持力度，通过引进技术项目、完善法人治理结构、加强现代企业管理，促进其上规模、上质量、上水平、创品牌，提高市场竞争力。二是加快发展新型建筑材料产业。大力发展新墙体材料工业产业和新型建材工业。三是做强文化旅游商品加工产业。坚持把发展文化旅游商品加工业作为一项重要产业来谋划，加快文化旅游商品生产基地、旅游商品批发和零售市场建设，依托民族服饰、传统银器加工、蜡染扎染印染、纸扎工艺和技术等，大力开发民族民间工艺品，做大做强文化旅游商品加工产业。四是壮大传统食品加工产业。依托丰富农副产品和禽畜资源，以及传统加工技术，大力发展猕猴桃、姜糖、葛根、血粑鸭、腊味系列、酸味系列、优质大米等食品和农副产品加工业。

（三）旅游业发展的对策分析

毫无疑问，凤凰县旅游产业近些年的发展为经济发展提供了强大的内生动力，居民的收入和生活水平在一定程度上得到改善。为了增强凤凰县文化旅游的可持续性，应当从文化保护、传承和融合、激励相容制度的建立、游客旅游选择的拓宽、旅游环境的整洁、基础设施的完善以及劳动者素质的提高等方面来着手。

1. 保护与传承凤凰县民族文化，准确对外宣传苗族历史文化

如前所述，保护和传承凤凰县民族文化是发展旅游产业的重中之重。整体性理论保护认为少数民族的非物质文化是对非物质文化遗产项目及其依存的整体环境予以保护，十分强调对非物质文化遗产赖以存在的社会环境和自然环境的生态文化保护。在现代性的冲击下，这种忽视少数民族与外界联系的理论饱受诟病，其原因在于它有过分干预少数民族选择生活的方式和追求幸福生活的权利，因此，整体性理论面临着现实困境。在这种情况下，政府部门不仅需要提供非物质文化所赖以生存的社会环境和自然环境，更为重要的是要为这些拥有非物质文化遗产的少数民族居民提供经济补偿，并让当地的少数民族居民参与到旅游等获得合理的经济收入的活动中，这不仅能够抵消由于市场经济造成的获得金钱冲动的冲击，而且保

障了经济产出，在投入旅游经济的建设中，少数民族还能形成文化自觉，从而解决整体性理论缺乏文化自觉的困境。在这种机制下，获得财富的少数民族在经济实力增强后或许能够不被主流文化边缘化。在这个基础上，打造高端旅游体验，让文化资源在获得收益的同时慢慢淡化文化的物质利益这一属性，逐渐转向强调文化本身。①

2. 重视居民在旅游产业中的参与和主观能动性

首先，根据柯布道格拉斯生产函数，劳动数量和劳动生产率是增加产出的重要因素。当地居民作为文化的创造者和传承者，对当地的文化和资源有着自己恰当的理解，因此，在构建以旅游产业为主导产业来发展经济时，政府需要与当地居民沟通，倾听他们对文化的理解以及如何运用文化资源构建乡村旅游，充分发挥当地居民的主观能动性，准确、合理地开发乡村旅游。其次，在引进外部资金构建乡村旅游时，政府要积极为当地居民争取旅游经济中（特别是乡村旅游）所产生的就业岗位，提高当地居民在旅游经济中的参与度，提升居民的文化自觉和文化自豪感。最后，在分配旅游经济带来的经济成果时，政府应当代表当地居民与经营公司就收入分配进行合理的议价，适当地提高当地居民在旅游经济中的收入份额。② 在旅游经济中，如果重视居民在旅游产业中的参与和主观能动性，那么乡村旅游不仅能够更好地发展和传承民族文化，还能使居民收入快速增长，其文化自觉和文化自豪感也会不断提升。这就形成了旅游经济越发展、文化保护与传承越到位、居民文化自觉及其自豪感越强烈的良性循环。

3. 打造乡村休闲度假游，深度融合湘西红色文化和苗族特色文化③

打造乡村休闲度假游、构建新型旅游综合体不仅能够拓宽游客旅游的

①　这就类似于：虽然微软公司的目标之一是盈利，但这不是公司存在的充分条件，而是其生存的必要条件，微软公司在盈利而生存的基础上，更多的是投入软件的研发本身，实现自身的价值。或许，正如马克思所说，当物质极大丰富的时候，人们的劳动就不是异化劳动，而是实现自我价值的劳动。在保护文化时，打造高端文化保障了经济收入的获得，这为文化保护和传承提供了物质基础，因此对文化的保护和传承就是实现自身价值而非单纯地追求物质利益。实现自身价值的内生动力就克服了个体短视的行为。

②　根据笔者 2016 年 6 月的调研，凤凰县某村作为乡村游的景点，公司每年租赁该村作为景点所支付的费用很少，按年度计算，该村每户居民每年从该村作为景点的收入仅有几百元。

③　参见凤凰县旅游和文广新局《凤凰县"十二五"旅游工作总结》，2015 年；林小波《关于凤凰县发展红色旅游的思考》。

选择，而且还为农户增收带来了新的机遇。为此，一是全力打造长潭岗库区休闲度假游、南方长城—拉毫营盘—黄丝桥古城军事防御体系文化游、大山江苗族民俗文化游三大乡村旅游板块，积极构建"神秘苗乡之旅"线路，与湘西州土家族苗族生态文化乡村游精品线路建设实现对接，加快景区的配套设施建设，将乡村休闲度假游打造成与凤凰古城品牌具有同等竞争力的旅游产品。二是构建新型旅游综合体，加快推进"烟雨凤凰"、奇梁风情小镇、黄丝桥唐城等三个风情小镇和回龙溪休闲度假养生基地、金水寨凤凰传奇、凤凰生态文化公园等三个旅游新型综合体建设。三是充分融合传统农耕文化与现代休闲体验，在尽量保持农村生态和风貌的基础上，适度融入现代元素，做到风物协调，这就既让农民受益，文物也能得到保护，或许还能勾连起游客内心的乡愁情绪，拉近景区与游客之间的距离。

在打造乡村休闲度假游的同时，深入挖掘凤凰县红色文化内涵，形成文化资源优势互补。为此，一是要将红色文化与凤凰悠久的历史文化、神秘的神巫文化相结合，使古今相映生辉，增强红色旅游文化的内涵和底蕴，让游客在游览过程中充分感悟悠久的凤凰历史、神秘的神巫文化和恢宏的红色文化。二是要将红色旅游、自然生态休闲游、民俗风情游和乡村游等有机结合形成优势互补。三是充分利用现有旅游优势资源，在游客欣赏凤凰民俗风情、感受秀美风光的同时，积极引导游客参观革命遗址，接受红色旅游的熏陶，克服红色旅游的单一性，丰富红色旅游的内容，增强对游客的吸引力，使两种文化相得益彰。

4. 完善凤凰县基础设施建设，加快改善凤凰古城旅游环境①

为增加游客在凤凰旅游的愉悦感，提高凤凰旅游知名度，着力提高凤凰县风景名胜区吸引力、加快改善凤凰古城旅游环境是十分必要的。

为此，一是加快十里沱江风光带、南华山整体开发、凤鸣谷度假休闲区、镇篁十二苑、金水寨凤凰传奇、沙湾粮店演艺剧场等重点项目建设，推进凤大二级路两厢及景区林相改造和美化建设。二是构建公平规范的市场经营环境。严格按照古城保护规划，着力保护古民居、古街巷、古建筑等历史风貌，着力加强城区景区市容市貌管理，实行旅游业态准入审查制度，建立行业准入与退出机制，进一步规范旅行社、酒店、商铺、照相市

---

① 参见凤凰县旅文局《凤凰县"十二五"旅游工作总结》，2015年。

场等涉旅行业管理，依法打击各种违规行为，提升凤凰城市形象。三是加快完善景区基础设施，着力改善农村基础设施。四是努力完善旅游管理服务新体系。加快旅游接待服务设施建设，包括城北生态旅游停车场、城北游客服务中心、民俗园旅游服务区停车场基础工程、智慧旅游系统平台等项目建设，加快推进城东、城西、城北 3 个入城口的游客服务中心、停车场、棚户区改造、道路绿化亮化美化项目建设。

5. 加大专业人才培训力度，着力提高劳动者素养

加快培育和壮大本地旅行社企业和导游队伍，加快建设导游服务中心，进一步规范旅行社和导游行业管理。为此，一是加快发展现代中等职业技术教育，推行非物质文化职业教育试点，加快开办工艺美术专业和旅游服务专业。二是完善政府主导、行业指导、企业参与的职业教育办学机制，将理论知识学习与现实实践紧密结合，提高学习效率。三是构建职业教育行业指导体系，加强行业部门对职业教育的指导，充分发挥行业在人才供需监测、校企合作和专业建设等方面的重要作用，完善行业与职业教育有效沟通的制度，推动职业教育深度融入产业。四是积极推行农业种植技术，树立成功农户典范，并在县内各个农村广泛扩散，提高农业劳动参与率和生产率。

第三章

凤凰县农业产业化发展

凤凰县是一个以苗族为主，土家族、回族、汉族等多民族聚居的县。深处云贵高原东侧和武陵山脉交会地带，至 20 世纪 80 年代初，凤凰县都是一个封闭、落后，以农业种植为主导的农业县。但农业发展在解决贫困问题中一直以来发挥的作用并不明显，由于历史及自然多重因素的制约，贫困问题仍然是困扰凤凰县发展的主要问题①。20 世纪 80 年代后发展起来的以种植、加工、生产和销售为主的烟草产业，拉动了凤凰县的整体经济状况，曾经让凤凰县每年财政收入上亿元，多年均排在湖南省的前列。20 世纪末，随着国家相关政策的调整，凤凰县烟厂停厂关闭。相关的纸箱厂、包装厂、运输行业纷纷倒闭，烟农、工厂工人大批失业，凤凰县从一个亿元县变为国家重点扶贫县。虽然凤凰县曾经依托烟草业盛极一时，但以单一产业结构维持的经济最大弊端是极易受到市场、政策等因素的影响，不具有可持续性。由于失去了凤凰烟厂这一创造财富的企业，至 2000 年，凤凰县的财政收入仅为 2265 万元。

进入 21 世纪后，在我国经济结构大调整的转型发展环境中，凤凰县迎来了发展的机遇，许多新发展理念不断影响经济发展的方向和进程。2001 年，凤凰县被授予"国家历史文化名城"称号，凭借"北平遥，南凤凰"的美誉，在"一业带三化"② 发展战略的指导下实现成功转型。通过多年的发展实践，凤凰县经济得到了显著改善和提高。2015 年，以文化旅游产业为主的第三产业占全县 GDP 的 71%。在旅游业的

---

① 至 2012 年，凤凰县仍然是国务院开发领导小组办公室公布的全国 665 个国家扶贫工作重点县，其中 68 个贫困村纳入国家整村推进规划范围。

② "一业带三化"是凤凰县实施的县域经济发展战略。即立足丰富的旅游资源，将文化旅游产业作为带动全县经济发展的主导产业来抓，与此同时带动农业产业化、新型工业化和新型城镇化发展。

带动下，凤凰县农业进入跨越式发展阶段。在确保粮食生产的基础上，特色农业产业发展壮大。水果、蔬菜、药材等特色产业从产品单一、小规模经营发展为一批品种多样、品质提升的规模化产业经营体，初步形成了蔬、畜、果、药、烟五大特色产业区域化布局、规模化生产和产业化经营的格局。2000—2015 年，第一产业增加值由 24481 万元[①]增加到 84066 万元[②]。

在旅游业极高的关联带动下，农业与旅游业结合形成较多新兴业态形式，观光农业、休闲农业、生态农业近年来在凤凰县兴起，餐饮、住宿、运输、农产品销售、文化演艺等产业在农村逐步发展起来。如历史悠久的凤凰姜糖，随着旅游业的发展焕发了生机，也激发了当地农民的生姜种植积极性，仅此一项每年就能让主产区的农户增加近万元的收入。葡萄、椪柑、猕猴桃、生姜、蔬菜等农产品在旅游业的带动下产生了极高的经济效益，形成了很多"一村一品"的特色农业发展模式，很多过去的贫困村实现了脱贫。凤凰县廖家桥镇菖蒲塘村以猕猴桃为重点产品发展起来的水果产业，使一个在 2000 年初村民人均收入只有 600 元的贫困落后村，至 2015 年，人均纯收入达 6000 多元。从事水果种植产业收入 10 万元以上的大户在全村 208 户中就有 20 多户。[③] 产业融合不仅为农业产业结构进一步优化创造了条件，提高了农业的综合产出效益，还在拓宽农业功能的同时，给农民增收提供了新途径。生计方式的转变使农民不用离乡离土就能在自家门口赚钱，凤凰县农村居民人均纯收入从 2000 年的 1218 元增加到 2015 年的 7288 元。[④]

在十一届三中全会以前，凤凰县还处在一个封闭的传统农业社会，伴随着中国社会的转型、经济结构的调整和中国整体经济的飞跃，凤凰县传统农业社会真正实现了向现代社会的转型，信息流、物流、人流使凤凰县处处与现代社会相连，农业的现代化也真正进入了跨越阶段，但在传统农

---

① 凤凰县统计局：《凤凰统计年鉴（2000）》，"关于 2000 年国民经济和社会发展统计公报"，2001 年 3 月。

② 凤凰县统计局：《凤凰统计年鉴（2015）》，"关于 2015 年国民经济和社会发展统计公报"，2016 年 3 月 15 日。

③ 菖蒲塘村委会：《果园里的扛旗人》，廖家桥镇人民政府：《党建引领促发展 产业撑起致富路》，均为内部资料。

④ 凤凰县统计局：《凤凰统计年鉴（2000）》，"关于 2000 年国民经济和社会发展统计公报""关于 2015 年国民经济和社会发展统计公报"。

业阶段向现代农业转型过程中，凤凰县存在什么样的问题？如何应对现代化的挑战？这是凤凰县需要长期关注和思考的问题，也是本研究关注的焦点。

一　凤凰县农业产业发展的基本特点

21世纪初，是我国经济结构开始战略性调整的重要时期。在经济结构大调整的背景下，凤凰县在"十五"期间完成了经济结构调整的成功转型，农业现代化的进程加快。经过多年的发展，凤凰县农业发展已形成了自己的产业特色。

(一)　农业结构调整日渐完善，特色农业发展粗具规模

在"一业带三化"发展战略的指导下，凤凰县依托资源优势发展特色产业，以旅游产业为主导的服务业实现快速增长。"十五"期间，凤凰县旅游带动第三产业年均以12%以上的增幅快速发展，实现增加值占GDP的56%以上。[1]"十一五"期间，第三产业增加值连续五年占GDP比重58%以上，到2015年，第三产业中仅旅游业实现旅游总收入达103亿元，年均增长28%，比2010年30亿元增加73亿元。一、二、三次产业结构由2002年的28.12∶24.55∶47.33调整为2010年18∶17∶65，2015年进一步调整为12.1∶16.5∶71.4。[2] 以文化旅游为主的第三产业已成为凤凰县的主导产业。

从农业内部来讲，通过对种植结构的调整，凤凰县从一个以粮食生产为主的农业县，经过十五年的发展，在稳定粮油生产安全的前提下，发挥优势，找准定位，按照"稳粮扩经、主攻果蔬、发展畜禽、巩固烟药"的发展思路，目前初步形成了以椪柑、猕猴桃、葡萄等为主的林果业；以黄牛、山羊、生猪为主的草食牲畜畜牧业；以高寒富硒蔬菜为主的经济作物产业；以杜仲、鱼腥草为主的药材种植业；以晒红烟等为主的烟草产业，形成了蔬、畜、果、药、烟五大特色产业区域化布局、规模化生产和

---

① 凤凰县人民政府：《凤凰县国民经济和社会发展"十一五"规划纲要》。
② 同上。

产业化经营的格局。2015 凤凰县农林牧渔业总产值（现价）①比 2000 年翻了四番。农业（种植业）、林业、牧业、渔业和农林牧渔服务业都有较大发展，畜牧业产值占农林牧渔业总产值的比重进一步提高，由 2000 年的 18.5% 上升为 2015 年的 21.4%。适合凤凰县的特色农业逐步发展壮大起来，结构调整进一步优化。2000—2015 年，农作物种植面积由 61023 公顷下降至 59130 公顷；蔬菜种植面积由 7420 公顷上升至 11240 公顷，产量上升至 91389.65 吨；果园面积由 5370 公顷上升至 9404.5 公顷，产量由 18909 吨上升至 129048.32 吨。②农业发展更切合凤凰县资源优势，特色农业粗具规模。

"十三五"期间，凤凰县将围绕"一片二廊三带四点五园一中心"③进一步优化农业产业布局。加大休闲农业、观光农业资源整合力度，建设多元化休闲农业产业园区，构建农业特色优势产业带和产业群。

（二）"一业带三化"成效明显，农业产业化进程加快

按照"一业带三化"的发展战略，凤凰县充分发挥旅游城市生产要素的集聚和辐射效应，大力推进水果、蔬菜、畜牧、烤烟等特色农业产业发展，按照"十五"期间"区域化布局、规模化开发、标准化生产、科学化管理"的农业发展思路，经过十五年的发展，农业产业化水平不断

---

①　2000 年凤凰县农林牧渔业总产值（现价）为 36353.6 万元，其中农业 29697.6 万元，林业 1108.8 万元，牧业 6711.5 万元，渔业 835.7 万元，农林牧渔服务业 168 万元。2015 年，农林牧渔业总产值（现价）为 147081.5 万元，其中农业 108252.5 万元，林业 5301.8 万元，牧业 31423.4 万元，渔业 1311.6 万元，农林牧渔服务业 792.2 万元。

②　此数据来源于《凤凰统计年鉴（2000）》和《凤凰统计年鉴（2015）》。

③　"一片"：林峰、廖家桥、沱江、水田、官庄 1 万亩椪柑低改、品改示范片。"二廊"：阿拉、山江、腊尔山、两林至米良的 10 万亩烟叶"黄金长廊"、沱江上下游为核心的十里"农业水利文化长廊"。"三线（带）"：一是凤大二级路沿线 3 万亩特色水果、生态、旅游、观光、休闲产业示范线（带），主要以特色水果、名优花卉为主；二是优质蔬菜产业带，包括西北部以腊尔山、两林为主要产区的高山反季节蔬菜产业带和竿子坪、三拱桥、吉信为核心的外销特色蔬菜产业带；三是县域中西北部传统种植、林下经济、生态旅游产业带。"四点"：禾库、两林、米良为核心的湘西黄牛产业示范点；苏马河村为中心千亩高山反季蔬菜产业示范点，落潮井千亩红心猕猴桃产业示范点，两林乡"四村一场"2000 亩杜仲中药材产业示范点。"五园"：腊尔山片区以有机富硒反季蔬菜为主导的万亩国家级现代农业综合产业示范园；凤大二级公路沿线以生态观光农业为主导的万亩国家级现代农业综合产业园；沱江下游以柑橘、油茶、油菜为主导的万亩产业示范园；209 国道沿线万溶江流域以生姜、蔬菜为主导的万亩产业示范园；以麻冲、山江、千工坪、木里为核心地区的传统农业、林下经济及乡村旅游为主导的万亩产业示范园。"一中心"：扶持一批农产品加工龙头企业和农民专业合作社，在工业园内建成农产品加工、物流、检测中心，构建农产品精深加工、质量检测、物流体系和电商平台。

提高。

1. 农业特色产业园区建设、标准化种养殖粗具规模。围绕服务旅游业，凤凰县推进了水果、蔬菜、畜牧等为支柱产业的产业园区建设。"十二五"期间，凤凰县农业产业园区建设总面积达 4.9 万亩，建设总投资 1.42 亿元，产业新增种植扩面 1.5 万亩，启动园区水、电、路、沟、渠等基础设施建设项目 615 个，初步建成现代农业产业标准园 20 个。共扶持建设 20 个标准化规模养殖场，全县共创建省级畜禽养殖标准化示范场 5 个，州级示范场 26 个。2015 年对全县 110 户养殖场、3 个畜禽养殖小区进行了畜禽规模养殖场备案建档。发展了以沿 G209、S308 为主的生猪产业带；环沱江、阿拉等城镇为主的蛋鸡产业带；腊尔山台地为主的湘西黄牛产业带；南部四乡镇及两山地区为主的肉羊产业带。全县目前形成了生猪和草食动物为主，家禽为辅，特种养殖为补充的多元化养殖结构。

2. 旅游市场由古城景区逐步向乡村扩散。长期以来，到凤凰县的游客多集中于凤凰古城景区。进入 21 世纪后，随着旅游业在县域经济中的带动作用日渐突出，凤凰县根据旅游资源和国际国内旅游市场状况，提出了"旅游带动"战略。在打造古城精品景区的同时，向沱江河上下游和南华山延伸，着力推进乡村旅游一体化建设。2013 年在重点打造的南方长城—拉毫营盘—黄丝桥古城兵战文化游、长潭岗库区自然风光游、山江苗族文化生态保护实验区三大旅游板块的基础上，将飞水谷、黄丝桥、老洞苗寨、勾良凤凰源苗歌第一村等乡村旅游景点串联在一起，形成凤凰古城—南长城景区—黄丝桥景区—长潭岗景区—山江景区的环县城乡村旅游经济圈。

乡村旅游市场的开拓，使农业与旅游业的对接更直接，农业多功能得到进一步开发，观光农业、休闲农业、体验农业逐步发展起来。廖家桥镇菖蒲塘村将周边村寨联结成猕猴桃、柚子、高山葡萄、蜜橘等近 6000 亩精品果园片区，修建了 3 公里长的果园步行道、8.5 公里长的电瓶车观光车道和农家乐等设施，还打通了园区与飞水谷景区的联结。此外，跨三拱桥乡、竿子坪乡和吉信镇等乡镇，长达 9 公里长的油菜花观光长廊、塘桥薰衣草生态旅游观光园、竿子坪现代农业休闲观光示范园等一批农业旅游观光园相继建立。

乡村旅游的发展带动了农产品加工业、饮食业、住宿、餐饮业、运输业的发展。2015 年 1—11 月，凤凰县乡村旅游共接待国内外游客 41.8 万人，旅游收入 6270 万元。①

（三）产业融合促进了新兴经济组织的发展壮大

农业产业化是一体化经营体系，产前、产中、产后的有效衔接是农业产业化的必然要求，近年来发展起来的农民专业合作社正是农业产业化发展、产业融合的结果。2015 年，凤凰县新发展农民专业合作社 82 个，累计 182 个，辐射带动 1.5 万农户，带动农民增收 8300 万元。② 猕猴桃产业是凤凰县的优势产业，仅猕猴桃农民专业合作社就有 16 个。2013 年，经过筛选，凤凰县官庄乡大湾优质果业合作社、凤凰县廖家桥菖蒲塘猕猴桃专业合作社、凤凰县排云果业合作社、凤凰县金银花种植合作社、凤凰县两山金银花专业合作社、凤凰县宏丰生猪专业合作社、凤凰县绿色养殖专业合作社和凤凰县阿拉宜都养鸡专业合作社 8 家农民专业合作社入选全国首批农民专业合作社示范社名录。③ 入选合作社主营项目涵盖了种植、畜牧两大类的水果、中草药、生猪、肉牛羊、养鸡共五个小类，是湘西州成功入选数量最多的县市。

凤凰县农村经济组织通过几年的发展，已初步规范化，主要表现如下。第一，由传统的松散型向规范化的紧密型转化。凤凰县宏旺野生葡萄专业合作社、凤凰县菖蒲塘猕猴桃专业合作社等一些合作社已逐步向规范化发展，制定了合作章程、规章制度，有专职的管理人员，聘请技术专家，培养技术骨干，成为带动农村经济发展的重要抓手。第二，由政府或个人出资向自主融资迈进。资金支持是农业合作社的关键环节，但由于农业高成本、高风险的特点，很难得到银行资金支持。但凤凰县在这一方面进行了可喜的探索。凤凰县宏旺野生葡萄专业合作社积极探索与农村商业银行开展合作，以县金融风险补偿基金为担保，按低于银行同期最高利率30% 的利率向社员发放贷款，前两年贷款利息由合作社偿还。④ 探索出了

---

① 傅海清：《凤凰县乡村旅游带动农民就业 1.3 万人》，凤凰新闻网（www.fhxw.cn），2016 年 2 月 4 日。

② 凤凰县人民政府：《凤凰县国民经济和社会发展"十三五"规划纲要》。

③ 张长科：《凤凰县 8 家农民专业合作社入榜全国首批"示范社"》，湘西土家族苗族自治州农经局官网，2013 年 1 月 14 日。

④ 2014 年，合作社为社员担保贷款共 300 多万元，2015 年偿还担保利息 20 多万元，带动社会产业实现总投资 600 多万元，为农民专业合作社发展提供了有力的资金支持。材料来源：凤凰县新场镇人民政府：《新场镇大坡村产业发展简介》，2015 年。

一套"银社合作模式",帮助社员解决了融资难融资贵的困难。第三,专业合作组织在组织的深度上已经由一般的经营联合向科研、推广、服务等专业化经营探索。2013 年注册的"惠民植保专业合作社"是一家针对水稻、油菜、柑橘等凤凰特色产业成立的专门从事植保工作的合作社。[①] 该合作社除提供病虫害综合防治外,还可以在病虫害预测预报、植物检疫等方面提供服务。廖家桥镇菖蒲塘猕猴桃专业合作社经过多年的探索发展,在原有猕猴桃种植的基础上发展了育苗和嫁接培管技术输出两个延伸产业,服务范围已扩张到其他省市。2014 年,两项产业收入达 700 万元以上。逐步发展起来的特色农民专业合作社在凤凰县发展现代农业、促进农民增收,以及农业产业与其他业态的融合方面作用明显。

(四) 由经验型的传统农业向科技型现代农业转化

改革开放以前,凤凰县是一个典型的传统农业县,自给自足的自然经济特点非常明显,经过几十年的发展,已逐步向现代农业迈进。第一,注重农业科技成果的引进与推广。在水果产业方面,近年来凤凰县共引进夏橘、宫本、市文、"湘吉"无籽猕猴桃、"湘吉红"无籽猕猴桃、金艳猕猴桃、雷竹、金手指葡萄、维多利亚葡萄、高山黑葡萄等 12 项新品种,同时引进红心猕猴桃丰产栽培技术、植物强化富硒技术;松桂坊民族食品有限公司引进吉首大学的恒温控湿发酵技术;红心猕猴桃合作社引进的猕猴桃保鲜储藏技术。在畜牧业方面,凤凰县资源农牧有限责任公司以北京资源集团、博士后科研工作站和国内著名的养猪实践专家顾问团为依托,广泛与科研院校的科技资源进行有效对接,确保养猪相关技术的领先地位。[②] 在种植业方面,通过推广地膜玉米高产栽培技术、测土配方施肥技术、无公害水果高产栽培技术、超级稻高产栽培技术、"捕食螨"生物防

---

① 该材料是与凤凰县农业局技术推广中心周主任访谈时提供。该合作社成立之初,老百姓普遍不认可,认为杀虫打药这种事简单,自己做就可以了,加入合作社还要交钱,不划算。但经过合作社近两年的示范推广,得到了老百姓的认可。以前老百姓发现有病虫害了,才开始打药,且随意性很大,自己控制次数、时间和用量。要么用量次数过多,造成残留和高成本;要么次数用量不够,效果不明显;要么就是用药时间掌握得不好,提前和延迟效果不佳。专业机防手操作不但量、次数和时间掌握得好,又节约了成本和劳动力,老百姓还不需要购买农药等植保用品存放家中,消除了安全隐患。

② 凤凰县资源农牧有限责任公司隶属于北京资源集团,是湘西自治州最大的养猪专业企业,国家一级种猪场,2005 年被商务部选为国家活猪储备基地,2011—2013 年被农业部评为"生猪标准化示范场"。

治技术、旱育保姆育秧技术、水稻免耕直播栽培等新技术。自 2000 年至
2015 年，共计 80 多万人次在科技推广和培训中直接受益。[①] 第二，积极
推进现代农业标准化建设。通过农业科技示范基地的示范带动，可以实现
现代农业科技成果的转化应用。凤凰县每年依据五大特色产业建设推进现
代农业标准化建设。已粗具雏形的产业园区有腊尔山片区万亩反季节有机
蔬菜产业园，凤大二级路沿线万亩生态农业观光产业园，菖蒲塘片区万亩
现代农业产业综合示范园。第三，创新科技特派员制度，助推农业现代化
转型。自 2006 年在全国农村广泛推行科技特派员工作模式以来，科技特
派员活跃在农村基层一线，带动广大农民开展创新创业，发展现代农业，
显示出旺盛的生命力。凤凰县在国家科技特派员工作模式中，创新发展，
逐步形成了一套切合凤凰实际的"科技特派员工作'1+5'工作模式"[②]
和"四级人才调配"（省、州、县、乡四级特派员）制度。此项制度根据
"一业带三化"战略思路，按照"产业同类、专业相近"的原则，将省、
州、县、乡科技特派员，按粮油蔬菜（粮食、油菜、蔬菜）、水果类（猕
猴桃、柑橘、红提、高山葡萄及其植保）、规划商务（规划、经济、电子
商务、物流）、养殖类（畜牧水产）、林业（中草药、苗木、花卉）、文化
旅游和医疗卫生分为七大类。凤凰县科技特派员制度的最大特点就是科技
特派员主要集中在粮油蔬菜、水果、养殖等农牧和部分林业部门，仅少量
分布在文化旅游、教育、企业、医疗卫生等部门。截至 2015 年，全县累
计派出省、州、县、乡四级特派员 816 名，分别派驻在凤凰县 24 个乡镇
84 个村和 2 个乡镇。凤凰县科技特派员制度不仅引进推广新技术、新品
种、新产品，还引进了新发展理念，推进了区域特色支柱产业建设，为产
业融合发展奠定了科技基础。

（五）信息技术与农业的融合，加速了凤凰县农业生产方式、产业模式与经营手段的创新

近年来，随着我国在大数据、物联网、云计算等信息技术的发展，大
量技术已运用于农业生产、经营、管理、服务等各领域。凤凰县信息技术

---

① 此数据根据凤凰县农业局提供的 2001—2015 年工作总结汇总。
② "1"指一村选派一名特派员，"5"指选派的特派员驻村做好五件事，即明确一个产业
发展规划，解决产业方向和群众认可问题；成立一个专业合作社，解决有人领办和科学组织问
题；完善一套土地流转政策，解决集约生产和规模生产问题；建设一定规模的示范基地，解决示
范带动和土地整治问题；引进一个合作伙伴，解决产后销售和招商引资问题。

也加快了发展的步伐。首先，农业信息化基础条件不断夯实。至 2015 年末，凤凰县有 144 个村开通了宽带，146 个村通有线电视，移动电话年末用户 14.59 万户。[①] 其次，农业产业经营向网络化转型。2015 年，凤凰县政府和京东商城签订农村电子合作协议。同年，凤凰县供销合作社纳入中华全国供销合作总社电子商务示范县建设。通过成立县电子商务协会、县惠农电子商务公司，融合了全县电商资源，积极对接全国供销电子商务平台和淘宝、天猫、京东、1 号店等电商平台。廖家桥镇菖蒲塘村通过湖南盘古电子商务有限公司和苏宁易购合作，在网上销售蜜柚，此后又和湘西本土电商千湘茗坊合作，在该网站上成立专门的网店销售本村水果。此外，微商业务在凤凰县发展也很迅速，如菖蒲塘村"90 后"女孩向黎黎注册的凤凰古城盛世红心猕猴桃、以主销凤凰腊肉为主的松桂坊都是运作较为成功的微商品牌。至 2015 年，全县网商发展到 300 多家，2014 年底网上销售额突破 1 个亿。[②] 第三，销售方式的转变同时倒逼了产业模式的转型升级。农产品电子商务的迅猛发展，为传统农产品营销方式注入了现代元素，在减少农产品流通环节、降低流通成本、促进产销衔接和公平交易、增加农民收入、倒逼农业生产标准化和农产品质量安全等方面显示出明显优势。为了提升特色产业的品质，凤凰县近年来陆续打造了柑橘、猕猴桃、生姜、大米、油菜、玉米等特色现代农业产业基地。[③]

（六）产业融合发展，形成了日趋紧密的利益联结机制

凤凰县在农业产业融合发展的过程中，逐步形成了专业大户、家庭农场、农民专业合作社、龙头企业、农业社会化服务组织等为代表的新型农业经营主体，探索和发展了"公司＋基地＋农户""公司＋科研院校＋合作社＋农户""村支部＋合作社＋农户""专业大户＋基地＋合作社＋农户"四种模式，通过市场将企业、科研机构或个人、农户等联结成为一个共同的

---

① 凤凰县统计局：《凤凰统计年鉴（2015）》。
② 欧平清等：《凤凰县跻身全国供销系统首批电子商务示范县》，红网，www.Nednet.cn，https：//hn.rednetcn/c/2015/06/01/3695617.htm，2015 年 6 月 1 日。
③ 至 2015 年，凤凰县已粗具规模的农业基地有：廖家桥镇水稻新品种引进展示基地、廖家桥镇超级杂交稻高产栽培示范基地、官庄乡油菜高产栽培示范基地、水打田乡优质椪柑生产基地、廖家桥镇菖蒲塘村优质猕猴桃示范基地、官庄乡优质柑橘生产基地、沱江镇蔬菜生产基地、阿拉营镇养猪示范基地、腊尔山金银花栽培示范基地、阿拉营镇铁马村生姜高产栽培都逐步发展为较成熟的产业基地。

利益群体。

腊尔山镇2000亩猕猴桃高标准示范园属于"公司＋基地＋农户"模式。该示范园区由湘西老爹生物有限公司出资3824万元，全镇19个村4234名贫困人口以850万元国家产业扶贫专项金入股，流转追高鲁、追高来、夯卡、所德四村2000亩土地作为基地建设用地。基地建成后第四年，入股村民每年以固定红利12%参与分红。茨岩乡官寨村五倍子产业示范园属于"公司＋科研院校＋合作社＋农户"模式。该示范园与麻阳利农公司签订销售合同，开发面积1100亩。公司负责供种，中国昆虫学院给予技术指导，同时成立了凤凰进民五倍子种植专业合作社。此外如廖家桥镇菖蒲塘猕猴桃专业合作社、金香柚子农民专业合作社和湘凤苗木专业合作社属于第三种模式，落潮井乡红心猕猴桃产业基地属于第四种模式。这些合作模式的出现，逐步形成了"优势互补、利益共享、共同投入，风险共担、持久运营"的利益联结机制，推动了凤凰县农业产业化进程。

二　凤凰县特色农业产业化发展存在的问题

农业产业化是以市场为导向，以经济效益为中心的一体化经营体系，实质就是对传统农业进行技术改造和产业融合的过程。凤凰县在"一业带三化"的总体布局下，农业产业化程度进一步加强，农业现代化取得可喜的进步，但在一个以传统农业为主的地区推行农业产业化，仍然存在各种制约因素和发展中带来的诸多问题。

(一)　农业产业融合平台建设粗具规模，但发展层次较低，带动能力不强

为了有效服务旅游业，凤凰县逐步推进了水果、蔬菜、畜牧、劳务等农村支柱产业发展，农业特色产业园区、现代农业基地、标准化规模养殖、农民专业合作社等农业产业化平台建设粗具规模。但综观其情况，存在的主要问题是产业化形式具备，但产业化程度不高，经营水平较低。主要表现为依靠专业化服务和质量管理形成系列化和品牌化的经营方式还没有形成，缺乏规模大、实力强、市场知名度高、具有明显区域特色的龙头企业带动；知名度高、收益好的农业产品品牌还太少，产品档次较低，农产品商品化率较低；贸工农、产供销密切配合的产业链条不完整，尚未形

成具有核心竞争力的产业或产业集群，对区域发展与农民增收的拉动力不足；农民专业合作社发展迅速，但大部分成为争取国家优惠政策和项目的手段，不理解合作的真实含义，业务范围狭窄，大部分合作社的业务仅局限于农产品的初级加工，最多能做到统一销售，没有一家合作社能够开展产销一体化经营；利益联结机制还不够完善，利益的分配机制、约束机制还不够健全；乡村旅游规划和建设处于起步阶段，对产业融合发展，农村脱贫、农民致富还没有起到应有的促进作用。

（二）产业融合链条短，农产品附加值低，县域农业的竞争力不强

目前，凤凰县主要的农产品中，水果、蔬菜、畜牧产品基本上是销售初级产品。如生姜做成姜糖、鸭子加工血粑鸭、猪肉加工成腊肉，辣椒晒干或做成剁椒，其他产品均为鲜销或略加储藏后鲜销。特色农产品生产、经营多以个人或家庭种植为主，规模经营、组织化程度较低，市场信息网络建设比较滞后。如畜禽加工，目前加工企业全县仅有三家，且规模小，产品单一，加工设备落后、技术水平低，缺乏人才和科技支撑，只能对农产品进行初级分级、包装等简单加工。重点产业的规模化、产业化、标准化生产水平低，特色产品缺乏竞争力，吸引外来资本和社会投入不多，规模效益低，产生的经济效益和社会效益有限。旅游业是带动凤凰县经济发展的重要引擎，但目前市场上将特色农产品加工为既能在当地消费，又方便携带的高附加值旅游产品并不多。根据当地资源优势开发的新产品基本没有，传统产品占主导，但传统产品品牌创建滞后，很多鲜销产品不分级、无包装、马路销售、统货销售。当地流传着一句话：凤凰县农业产业发展有"优势"而无"规模"，有"名气"而无"品牌"。

（三）人才、经费等主要生产要素投入与特色农业产业融合发展的客观要求存在较大差距

围绕五大特色产业，凤凰县大力扶持农业产业园区建设。但从目前的情况看，大部分园区缺乏专业的高素质管理人才和技术人才。在县委组织部调研中，也反映各行业人才缺乏的普遍情况。2010年以后，县委组织部开始创造条件引进硕士以上人才，但引进难，留下更难。优厚条件引进人员工作一两年就申请调走，有的甚至公职都不要也要离开。腊尔山地区

是一个纯苗族聚居区，近年来发展了以高山富硒蔬菜、生态黑毛猪养殖、烤烟种植为主导的产业。在采访追高鲁村村支书时，他认为追高鲁村要把产业做大做强，最大问题是缺乏专业的技术指导人才和具备专业知识、经验丰富的农民。和全国大多数较贫困农村一样，凤凰县既缺乏掌握现代科技、有经验的农民，更缺乏专业的农技人员。截至 2013 年底，凤凰县拥有的各类高级职称专业技术人员 243 人，仅占总数的 4.83%[①]。其中 90%以上专业技术人员集中在教育、卫生等行政事业机关，农业专业技术人员占比很少。人员老化严重、缺乏创新团队及行业领军人才和一线专业技术人员是凤凰县农业发展的主要瓶颈。2013—2015 年，凤凰县科技三项费用财政预算仅为 20 万元[②]，由于科技经费严重不足，县级科技计划项目一直没有能力设立，更不用说科技创新激励机制的建立。科技支撑滞后使农业产业发展面临巨大威胁和挑战，已不能满足产业建设的科技需求。

（四）农业生产与生态保护压力加大，土壤污染状况不容乐观，土地保护与利用进入两难困境

凤凰县土壤污染主要来源于粗放型采矿造成农田土壤重金属污染和农村面源污染两个方面。凤凰县内矿藏资源丰富，矿藏开采历史悠久。猴子坪、茶田镇朱砂矿开采已有近两千年的历史，是湘黔汞矿带内汞地质储量最大的矿床之一。据统计，茶田镇汞矿区内有大中小型汞矿矿点约 21 处。自 2006 年开始，当地铅锌矿进入大规模开采、选矿和冶炼期。采选产生的大量尾矿和废矿渣长期暴露于地表环境中，通过风化、蚀变、分解等作用进入土壤和水源，导致下游的农田遭受重金属污染。2013 年，凤凰县环保部门对茶田镇汞矿区进行了摸底调查，结果显示茶田镇汞矿区内大面积土壤重金属（汞、砷、镉）含量超标。污染面积约为 3.6 万亩，重金属 2 级警戒面积近 5 万亩（参见图 3-1）。

近年来，大力发展蔬菜、水果、花卉等产业，种植面积大幅度提高，农药、化肥不当和过量使用是造成凤凰县土壤和水体富营养化的主要原因。2014 年，凤凰县农用化肥施用量（按实物量计算）3.09 万吨，其中氮肥 1.35 万吨、磷肥 0.63 万吨、钾肥 0.18 万吨、复合肥 0.92 万吨、农药施用总量 434.67 吨。2014 年，农业种植污染物排放量为：化学需氧量

① 凤凰县组织部：《〈落实凤凰县中长期人才发展规划纲要〉中期评估报告》。
② 凤凰县科学技术局：《凤凰县"十三五"科学技术发展规划》。

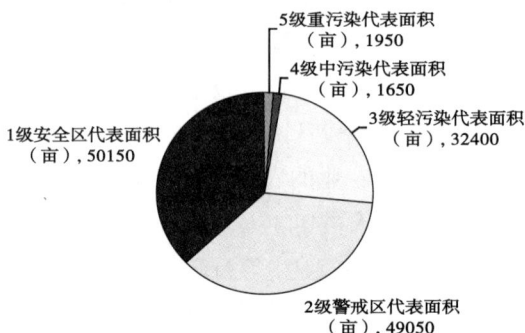

图 3-1　凤凰县土壤重金属污染程度比例

资料来源：参见凤凰县农业局农环站《凤凰县耕地土壤现状及修复措施》，2016 年 5 月。

563.93 吨，总氮 647.9 吨，总磷 59.84 吨，氨氮 116.04 吨。[①] 目前一些新规划的蔬菜种植基地，如沱江镇杉木坪村、千工坪乡亥冲口村、竿子坪乡竿子坪村等地由于污染严重，只有先进行土壤修复治理后，才能继续使用。近年来以猪、牛、羊、鸡为主的养殖业带来的污染也不可小觑。2014年，凤凰县生猪饲养总量为 5.34 万头，其中有规模化养殖场 31 个，饲养量为 4.29 万头，占 80.3%；在生猪养殖产生的各污染物中，除化学需氧量外，其他污染物去除率均较低，仅为 35% 左右。[②] 这意味着大量污染物将会被随意丢弃，对环境造成较大的破坏。

在调研中也了解到，随着社会发展的变化，凤凰县土地利用出现了两难问题。一方面由于农业比较效益低、外出务工、移居等因素，耕地抛荒现象较为突出。[③] 另一方面，近年来随着经济社会发展与人口增加，城镇、能源、办公等基础设施建设用地需求不断增加，城区周边用地扩张比较明显，建设用地扩张与农用地保护矛盾日益突出。据统计，2014 年凤凰县人均耕地 1.44 亩，比 2005 年的 1.70 亩减少了 0.26 亩。而凤凰县的可开垦耕地后备资源匮乏，保障发展和保护资源的矛盾日益突出。为了缓解建设用地的需求，凤凰县耕地占用仅能采用易地补充的方式解决占补平衡的问题，近年来补充耕地主要来源于永顺县、龙山县、花垣县、古丈

[①]　凤凰县环保局：《凤凰县环境保护"十三五"规划（2016—2020 年）》，2015 年。
[②]　同上。
[③]　具体数据当地国土部门没有做过详细的统计，调查得知这已成为一个普遍存在的事实，上升的趋势也较为明显。

县、泸溪县，2011—2014 年通过易地补充 92.75 公顷。根据现有占用速度和消耗水平，预计在"十三五"期间，全县新增建设用地需求在 660 公顷以上，[①] 土地保护与利用矛盾将更加明显。

（五）农业生产基础设施建设不能适应农业产业化发展的需要

无论是旱还是涝，都是农业发展的最大障碍。干旱是制约凤凰县农业发展的最大自然障碍。凤凰县干旱呈现季节性干旱和岩溶性干旱重叠发生、表现突出的特点。据统计，凤凰县岩溶性干旱[②]地区面积为 188.5 万亩，占全县总面积的 64.3%，其中耕地 16 万亩。季节性干旱[③]共涉及水田等 10 个乡镇，22715 户农户，10.21 万人，耕地 9.7 万亩。据近 40 年的资料记载，凤凰县旱灾概率为 76%，四年三遇。[④] 据《凤凰县志》记载，1958—1985 年的 28 年间，干旱年份达 22 年，占 78.5%。1972 年夏秋连旱长达 69 天（6 月 25 日—9 月 1 日），占 71%，约 21 万亩稻田受灾。最近一次严重旱情是 2013 年 7 月 1 日—28 日，此次旱情造成全县 19.99 万亩稻田受灾，绝收面积达到了 4.13 万亩，71100 人出现饮水困难。[⑤]

弥补自然因素造成的农业灾害最有效的措施就是大力发展农田基础设施建设和设施农业。但凤凰县现有的大部分农业设施多数建于 20 世纪六七十年代，带病运行情况较为普遍。水源工程达不到设计标准，部分地区缺乏水源工程；渠道老化失修，漏水严重，渠系水利用系数低；山塘淤积和破损严重，存在漏水、坝体裂缝、启闭设备老化等问题。不仅利用率低，应对自然灾害和适应产业化进程乏力，还存在严重的安全隐患。

针对凤凰县光热和灾害性天气情况，发展设施农业是凤凰县走可持续生态农业的最佳选择。但由于人才和技术问题，凤凰县设施农业发展缓慢。2015 年，凤凰县种植设施农业面积 94.08 公顷（主要蔬菜、花卉苗

---

① 凤凰县国土资源局：《凤凰县国土资源"十三五"规划（2016—2020 年）》，2015 年 7 月。

② 岩溶性干旱：岩溶地区的主要特征是缺水、少雨、少土，植被覆盖率低，抗干扰能力弱，稳定性低和自我调节能力差，生态环境十分脆弱。

③ 季节性干旱：主要表现为降雨量偏少，且年内分布不均，4—7 月的降水量，占全年降水量的 50%—60%，而 8—9 月气温高、蒸发量大，正是作物需水高峰，而恰恰这个时期降雨少，使农作物的需水得不到满足，造成夏秋干旱，导致农业减产。

④ 凤凰县农业局：《凤凰县农业产业发展规划（2015—2010）》，2014 年 10 月。

⑤ 唐金生：《湖南凤凰县旱情进一步蔓延扩大》，《潇湘晨报》2013 年 7 月 30 日。

木、实用菌种植等）仅占当年实有耕地面积的 0.3%（当年实有耕地34270.77 公顷）。① 此外，机耕道修建、机械化普及应用率低，已不能适应现代农业发展的需求，严重阻碍了农业产业化进程。目前，凤凰县农业基础设施建设中存在一个较为突出的问题，就是机耕道的建设和规范管理的问题。近年来，随着《中华人民共和国农业机械化促进法》的颁布实施、农业机械购机补贴政策的出台和凤凰县农业产业化的推进，农村中型，甚至大型农机迅猛增长。这些农机是否能有效投入利用，机耕道起到了关键的作用，直接涉及农机的推广速度、普及程度，以及各种效率和作业质量。但现在存在的问题是修建、管理和使用不能很好衔接。机耕道的修建有统一的行业标准，这一标准目前按行业划分主要归口于当地农机局，但一般情况下国家关于机耕道修建的项目是合并在一些专业项目中，而这些项目主要会相应归到诸如农办、财政、发改委、烟草、交通等部门，因此出现掌握标准的部门和项目实施部门相脱节的问题。凤凰县曾出现烟草部门修的机耕道，仅能烟草专业机械通过，而烟草机械一般属于小型机械，农业中型或大型机械根本无法使用，造成重复修建、资金浪费的情况。②

（六）特色自然资源利用不充分，对立足本地优势资源的特色产业贡献不够

产业融合发展的最大特征就是依托本地优势资源发展新兴特色产业。凤凰县具有发展无公害和有机农业的资源优势，但利用率低，产品开发单一，优质产品较少。主要表现在以下几方面。第一，耕地资源得不到合理开发、利用。凤凰县土地资源丰富，水稻土地耕作层在 10—20 厘米的占91.9%，大于 20 厘米的占 8%；在旱地耕地中，土层 10 厘米以上占38.7%，其中 16—20 厘米的占了 61.3%；在自然土层中，大于 40 厘米的中土、厚土层的山地占山地总面积的 82.5%。③ 凤凰县土壤 pH 值均在5.5—7.5 之间，钙含量丰富，有机质及碱解氮、速效钾含量中等，速效磷含量较低，加之土层厚实，较适合耕种。但近年来抛荒土地成为较为普

---

① 根据《凤凰统计年鉴（2015）》数据整理。
② 此内容主要来源于与凤凰县农机局的访谈得到的信息。
③ 凤凰县地方志编纂委员会编：《凤凰县志（1978—2001）》，方志出版社 2015 年版，第95 页。

遍的问题。通过对湘西地区土壤中硒元素含量及其分布的研究，凤凰县腊尔山镇、米良乡、柳薄乡、禾库镇、两林乡的腊尔山地区是全国罕见的富硒土壤带和微生物发酵带。富硒土壤是重要的农业自然资源，可以开发富硒豆类、富硒大米、富硒蔬菜、富硒水果和富硒禽蛋类等富硒绿色食品产业。但凤凰县目前仅发展了蔬菜产业，利用率低，产品还较为单一。第二，江河水资源利用率低。凤凰县属于长江水系，县境内有大小河流沟溪156条，总长709公里，流域面积在10平方公里以上或干流长5公里以上的有40条。沱江河、白泥江、万溶江和牛角河等四个流域水量充沛。全县多年平均水能理论蕴藏量共66303千瓦，可开发量为36374千瓦，占蕴藏量的54.9%。目前已开发利用的县属水电站装机容量仅7885千瓦，利用率占可开发量的21.7%，加上自治州开发的峝河水电站，利用率也只占可开发量的35.42%。由于河流水资源利用率低，干旱仍然是凤凰县农业产业化发展的主要障碍之一。第三，丰富的经济林木资源没有得到有效开发利用。在凤凰县，漆树、油茶、棕榈资源丰富，栽种、生产历史悠久。但土地承包后，群众毁桐、毁油茶、毁漆树种粮、种柑橘的现象较为普遍。1978年，全县油桐面积5633.3公顷，至2001年全县油桐面积仅有2413.33公顷。油茶面积由1985年的9260公顷下降至2001年的4066.67公顷。[①] 近年来有群众开始复种，但产品品质不高，种植和提炼技术跟不上，效益不明显。刺梨是一种天然的药食两用植物，在凤凰县生长环境优越，分布较广，但这一优势资源目前还没有得到开发利用。在麻冲乡老洞村调研时看到有刺梨果茶销售，但产品产自贵州。第四，优质畜牧资源与畜牧产业发展不成正比。凤凰县具备发展畜牧业的良好优势。中亚热带季风湿润气候让凤凰县冬少严寒，夏少酷暑，无霜区长，温差较大，雾露较多，植被覆盖率高，非常适宜牧草生长。目前，全县共有各类草场总面积113万多亩，占全县总面积的43.5%，其中以禾本科为主的各类牧草就有300多种，全县自然草场载畜量8.46万个黄牛单位，并且有常年农作物秸秆30多万吨，为发展生态草食牧业提供了十分优越的条件。湘西黄牛、武陵山羊、湘西黑猪、黑萝卜猪等地方优良畜产品品种，但目前山地利用率较低，尚有大半山地为荒山草地，仅有少量用于放牧。市场上也见不到传说中的湘西黄牛、湘西黑猪、黑萝卜猪等特色畜产品。

----

① 凤凰县地方志编纂委员会编：《凤凰县志（1978—2001）》，方志出版社2015年版，第170页。

三　凤凰县农业产业化发展对策建议

凤凰县自 21 世纪以来，粮食稳定增长，农民收入大幅提升，但土壤酸化、重金属超标、水体污染等环境问题日趋明显，高品质的农产品与市场需求存在一定差距，种植业与养殖业配套衔接存在较大问题，农产品加工的数量与质量仍然是凤凰县农业发展的瓶颈；农村优质劳动力的大量转移，带来无人种地的问题、留守老人、儿童和家庭稳定的问题；随着农业文化传承机制的瓦解和文化教育功能的逐渐淡化，具有上千年农业文明历史积淀的民族文化在保护与传承中失去了依托，陷入了保护与发展的两难境地。凤凰县要从长期传统农业的影响中实现成功转型，产业化发展无疑是推进传统农业向现代农业转变的有效途径，而促进农村一、二、三产业融合有利于构建现代农业产业体系、经营生产体系，提升农业质量。产业融合是现代产业发展的趋势，也是 2016 年以来我国政策和产业布局的重点。

产业融合理论产生于 20 世纪 70 年代，学术界对产业融合的讨论，最早源于数字技术的出现而导致的产业之间的交叉。20 世纪 90 年代后，转向从经济学的角度讨论产业融合。中国学者马健综合国内外有关论述，将产业融合定义为"由于技术进步和放松管制，发生在产业边界和交叉处的技术融合，改变了原有产业产品的特征和市场需求，导致产业的企业之间竞争合作关系发生改变，从而导致产业界限的模糊化甚至重划产业界限""产业融合使该产业绩效得到明显提升并导致新型业态的出现"。[1] 这一时期也逐步形成了较为完整的产业融合理论[2]。马健认为，产业的融合和创新经过了技术融合、产品与业务融合、市场融合、产业融合几个阶段。技术融合提高了生产效率；产品与业务融合在以市场为前提的条件下实现了生产和管理过程的创新，最终形成具有市场竞争能力的产品。这几个阶段的结合使资源得到了优化配置，增进了社会福利，提升了产业竞争力。在经过一段时间的产业融合实践后，较多科学家对产业融合产生的产业绩效进行了评估，认为产业融合提高了产业的价值创造功能，有利于产

---

① 马健：《产业融合理论研究评述》，《经济学动态》2002 年第 5 期。

② Yoffia D. B. , *Competing in the age of digital convergence*, U. S. : The President and Fellows of Harvard Press, 1997.

业结构的转换和升级，是传统产业创新的重要方式和手段。进入 21 世纪后，更多中国学界开始关注产业融合理论，并进行产业融合的倡导与政策开发，逐步运用于指导我国产业结构的调整。目前，产业融合已成为我国产业发展的现实选择。

农业是国民经济中一个重要的产业部门。随着高新技术及其产业和其他传统产业的发展，农业产业的融合发展也随之出现。如依据生物学理论建立的生物农业；与计算机技术融合的信息农业；通过现代生物技术、现代信息技术、现代环境控制技术和现代材料技术的运用，采用工厂化管理和生产方式生成的工厂化农业；旅游业与农业融合产生的旅游农业；信息技术与农业融合发展的精确农业；等等。农业通过与其他产业的融合，促进了传统农业向现代农业的转化，使农业的功能得到了进一步的拓展。

德国是最早进行乡村旅游实践的国家。至 20 世纪 90 年代末期，中国才出现了"农家乐"形式的乡村旅游模式。随着农业产业融合实践的深入，特别是农业与旅游业的融合，在农村促进了产业结构的调整和多渠道增加农民收入方面，起到了重要推动作用，为了加快农业生产方式的转变，促进农业尽快适应新常态，2016 年，中央在政策措施方面加大了支持力度。[①]

按照产业融合理论，作为功能多样的农业产业来讲，不可能长期仅与一个产业发生边界交叉，农业生产的多功能性注定了农业产业融合是一个多重融合的过程，也是一个动态变化的过程，更是一个产业创新过程。华中农业大学梁伟军提出现代农业的发展路径是农业内部以及与非农产业在纵向与横向的融合中发展。[②] 纵向上呈现出农业内部子产业之间的融合；横向上呈现出农业与高新技术产业、与传统的二、三产业的融合。随着农业产前、产中、产后各环节紧密联系的纵向联结，延长的产业链将促使农

---

① 2016 年中央一号文件《中共中央国务院关于加大改革创新力度加快农业现代化建设的若干意见》中明确提出"推进农村一二三产业融合发展"，主要倡导以市场需求为导向，大力发展特色种养业、农产品加工业、农村服务业，开发农业多种功能，挖掘乡村生态休闲、旅游观光和文化教育资源，打造形式多样、特色鲜明的乡村旅游休闲产品，将其视为农民增收的主要措施。2016 年 1 月，国务院印发了《关于推进农村一二三产业融合发展的指导意见》，明确提出要"着力构建农业与二三产业交叉融合的现代产业体系"，并在发展产业融合方式、培养产业融合主体、完善产业融合服务等方面做出了全面部署。

② 梁伟军：《我国现代农业发展的路径分析：一个产业融合理论的解释框架》，《求实》2010 年第 3 期。

业不断与诸如工业、服务业、信息业等非农产业产生横向融合。在这个过程中，新技术起到了关键的影响作用。新技术、新能源和新材料运用于农业，使农业最大限度地摆脱了自然条件对农业的束缚，横向融合使向长处延伸的农业产业链向宽处拓展，农业发展产生了质的飞跃，促进了新业态的产生。理论上讲，在这个过程中，农业除了粮食生产的主要功能外，生态、文化，以及社会的功能将会不断被开发出来，呈现出新的活力。比如生物农业、数字农业的发展将会创造一个良好的农业生态环境，可以更好地发挥农业水土保持、维持生物多样性、缓解气候变化、防治荒漠化、处理有机废弃物、净化空气等生态功能。而旅游业与农业的有机融合，使农业中所包含的农业科技、农业思想、农业制度和节日习俗等文化得以有效传承。规模化、科技化农业生产使农业拓展出观光、休闲的功能。随着技术的更新和人类对健康的认识，农业将会为人类提供更多数量、更高质量的农副产品，提高人类生存的质量。与此同时，由于农业与旅游、运输、服务等行业融合，农民将从中获得诸如餐饮、住宿、运输、产品销售等收入。收入来源的多元化，不仅会给农民带来更好的收益，还能减少优质劳动力向城市盲目流动的可能，使农村社会稳定性进一步增强，一定程度上减少农业人口向城市流动带来的系列社会问题。可见，农业多功能的拓展将进一步影响整个社会的发展和进步。可以说，横向融合是挖掘农业多功能的过程。

只有用产业融合理论指导凤凰县农业产业化发展，做好农业产业发展的顶层设计，规避其不利因素，发挥协同效应才是实现农业与各产业可持续发展以及经济社会可持续发展的基本路径[①]，也才能使农业这个古老的产业焕发生机。

（一）坚持高品质特色农业、生态农业发展方向

农业可持续发展是经济社会可持续发展的重要组成部分，产业融合理论为实施农业生态可持续发展提供了重要思路和实践基础。按照《国家主体功能区规划》，凤凰县属于武陵山区生物多样性和水土保持生态功能区规划范围，这一区域是典型的亚热带植物分布区，拥有多种珍稀濒危物种，是清江和澧水的发源地，对减少长江泥沙具有重要作用，是重点生态

---

① 梁伟军：《产业融合视角下的中国农业与产业融合发展研究》，《科学·经济·社会》2011年第4期。

功能区。因关系国家生态安全，为保持并提高生态产品供给能力，属于大规模高强度工业化、城镇化开发限制区域。①

据第二次全国土地调查结果显示，我国有 5000 万亩耕地受到中、重度污染。② 我国每年大概使用化肥 1 亿吨，相当于每五斤粮食要用一斤化肥，远远超出了国际公认安全线的一倍，但化肥使用效率却很低，比国际低 50%。每年使用 130 万吨农药，是国际平均水平的 2.5 倍，效率也很低。③ 如果失去了安全的土壤、水和空气，人类的生存将受威胁，因此保护好生态环境，才能保护好发展的根基。凤凰县目前的环境状况已不容乐观，农业生产与环境保护的矛盾进一步加大，农业生态环境也面临危机，因此，从国家安全的高度，凤凰农业只能走生态农业的可持续发展之路；从县域经济的发展来看，只有坚持高品质特色农业，走生态农业发展之路，才是凤凰县经济持续发展的保障；从凤凰县现实情况看，坚持发展高品质特色农业、生态农业是凤凰县的客观必然要求。

（二）优化资源配置，发挥产业融合过程中资源配置综合效应

1. 实现自然资源的优化配置。中国农业的发展，正面临日益严峻的资源紧缺和环境恶化的约束。凤凰县有良好的自然资源优势，既要保护好也要利用好。利用技术渗透型融合、整合型融合、交叉型融合和综合型融合④是资源实现有效配置，促进产业融合发展的重要方式。凤凰县可以通过设施、信息技术实现农业的现代化管理和生产，对经济林木、畜产品进行产品精深加工和创新，提升品质；通过种、养、畜、渔四者结合形成生态农业，实现农业废弃物循环利用，减少资源浪费，发挥生态的保护功能。"树立大食物观，面向整个国土资源，全方位、多途径开发食物资源，满足日益多元化的食物消费需求"⑤是贯彻落实新发展理念，进一步

---

① 国务院办公厅：《全国主体功能区规划》，中华人民共和国中央人民政府网站（www.gov.cn）。

② 《全国 5000 万亩耕地中重度污染》，《京华时报》2013 年 12 月 31 日。

③ 《我国农业每年消耗 1 亿吨化肥》，《扬州日报》2014 年 5 月 30 日。

④ 梁伟军：《产业融合视角下的中国农业与产业融合发展研究》，《科学·经济·社会》2011 年第 4 期。

⑤ 参见 2016 年农业 1 号文件《关于落实发展新理念加快农业现代化　实现全面小康目标的若干意见》，2015 年 12 月 31 日。

优化农业产业结构和区域布局，推进农业现代化的客观需要。从凤凰县生态资源看，特色木本油料、经济林木、畜牧等农产品丰富，有多途径开发食物资源的优势，而良好的土壤、水、草场等资源，可以增强高品质特色农业、生态农业的内涵。

2. 改善农田基础设施。针对凤凰县特殊的地质、地貌，干旱状态呈现季节性干旱和岩溶性干旱重叠发生的特殊情况，农田基础设施建设关键要放在现有山塘整治、灌渠改造、大力发展高效节水灌溉工程为主。针对运行时间长，淤积和破损严重，存在漏水、坝体裂缝、启闭设备老化等问题的山塘进行整治，解除安全隐患；针对渠道已老化失修，部分衬砌渠道已损坏，漏水严重，渠系水利用系数低的灌渠要采用新技术，进行改造，提高灌溉水利用系数，扩大农田受益面积；针对岩溶地貌，保水能力差，易干旱的地区，加大投入，通过喷灌、微灌、滴灌等先进灌溉技术的运用，提高田间灌溉水利用率。进一步明晰农田基础设施建设、管理、使用等权限和职责。

3. 大力发展设施农业。设施农业在一定程度上可以规避自然灾害、市场因素带来的不利影响。目前，凤凰县需要逐步扩大设施农业的规模，加大现有设施农业的技术含量，关键是在设施种植和养殖方面需要较多关注高附加值的特色农产品。比如设施农业发达的日本，在种植蔬菜、水果等常规作物的基础上，高附加值的香料、药用植物、食用菌等成为设施农业发展的主要对象。

4. 加大财政对科技的投入。提高科技三项费用的投入，尽快设立县级科技计划项目，设立县级科技创新奖，出台县级科技创新奖励办法。

（三）延伸产业链，提升农产品附加值

从纵向融合发展来讲，农业与非农业的纵向融合主要是围绕农业特色产品，实现供应、生产、加工和销售有机结合的过程。这就是一个产业链形成的过程，这个过程最终要达到的目的就是特色农业产业化的形成。产业融合的一个重要环节就是产品与业务的融合。农业产业化的目标是市场，如果不能为市场提供好的农产品，实现效益，产业化也就失去了意义。因此，产品在产业融合的过程中就要依靠专业的服务和质量管理，形成品牌化的经营方式和组织形式。在日渐高涨的乡村旅游背景下，如果农业不能提供大量、优质、卫生，高附加值的农产品，不仅不能提升乡村旅

游的品质，而且对农民增收和农业产业化的健全发展都不利。可以从以下几个方面提升农产品附加值。

1. 延伸产业链。一斤橙子的价格肯定没有一斤橙汁的价格高。只有通过精深加工，才能提升农产品附加值，让资源优势转化为产业优势。因此，不仅需要种植基地的扩大，更需要产业链条的延长。要创造条件给予优惠政策，引进和自建农产品加工企业。只有企业和农户建立了稳定的合作关系，农产品的销路和价格才能有更大保障。

2. 提升农特产品科技含量。当大量农产品应季上市时，也是产品价格波动较大之时。"安徽和县红辣椒在田保鲜法"① 给凤凰县特色农业产业的启示就是科技渗透是提升农产品附加值的秘诀，也是衡量现代农业发展水平的重要标志。产业融合过程中一个重要的环节是当科学技术渗入产品中，其成本结构、管理、组织到销售会发生系列改变，形成产品差别，获得竞争优势，赢得市场。

3. 品牌创建。品牌创建是让农产品具有独特优势，增强核心竞争力的重要法宝。品牌可以让产品从同类产品中分离出来，成为"特别的产品"，从而推动传统农业的转型升级。2015 年中国农产品区域公用品牌价值有效评估 378 个品牌，总价值超过 5000 亿元，平均品牌价值约 13.47亿元。其中，涪陵榨菜、烟台苹果的品牌价值超过 100 亿元，名列中国农产品区域公用品牌价值前列（涪陵榨菜 138.78 亿元、烟台苹果 105.86 亿元）。② 这充分说明，农产品品牌建设才是带动农民、提高农民、富裕农民，让农业经营有效益，让农业真正成为有前景的产业。2016 年中央一号文件对"创建优质农产品和食品品牌，培育一批农产品精深加工领军企业和国内外知名品牌"做出了重要部署。"无公害""有机农产品""富硒产品"等是凤凰县特色农产品品牌形成的重要基础，凤凰县可以借此机会，依托生态环境优势，特色农产品资源，大力进行农产品品牌创建。

---

① 安徽和县红辣椒在田保鲜法：安徽和县有着"长江中下游地区最大菜园子"的美誉。和县菜农采用调节空气、湿度，适量浇水追肥和生物农药杀菌等方法，让辣椒延时生长，在大棚保鲜过冬。他们靠着"在田保鲜"的独门秘法，让辣椒的上市期从当年的 11 月延后到第二年的 5月，在长达半年的时间里择机上市，以便能在市场供不应求时卖个好价钱。特别在春节时采摘上市，销售价格比夏秋时提高好几倍。

② 《2015 中国农产品区域公用品牌价值百强榜》，农博网，www.aweb.com。

4. 转变营销理念和方式。美国的胡萝卜"Babycarrot"品牌①是成功将农产品"跨界"打造成新概念,变"卖水果""卖蔬菜"为"卖健康"的成功案例。在消费升级的时代,只有把握住市场的需求,重新定义产品的属性,才能赢得市场。

(四)重视农业教育、培育农业产业融合的新型人才

产业是经济活动的聚合体,任何产业的发展,如果没有高素质的人才队伍为支撑,就不可能称其为产业。特别是在产业融合背景下的产业发展,只有将人力资源转化为人才优势,这个产业才会有美好的发展前景。美国现代农业走在世界前列,虽然它有一些得天独厚的条件,但其中一点就是重视农业教育,近100年来,美国农业在农业教育、科研、推广和提高农民素质方面做出了巨大的努力。目前,美国高中以上(包括大学)文化程度的农民的比例高达90%,50岁以下的农民中有50%具有大学或大专文化水平。他们既能从事农场企业管理,也能操作计算机,各种农业机械。他们既是企业的管理者,也是熟练的技术工人。②就凤凰县来讲,第一是要树立农业教育是农业产业化发展的重要影响因素的理念。第二是对农业从业人员的培育可以从两方面着手:一是依托规范农民专业合作社的契机,加大对农民综合素质的培训。二是"生产标准化、经营品牌化、管理规范化、社员技能化、产品安全化"成为农民专业合作社规范化建设的重点,这同时是一条培养全产业链人才的重要阵地,将规范农业专业合作社和提升农民综合素质结合起来,可以取得事半功倍的效果。三是在初中和高中阶段课程设置、毕业走向、专业技能认定上给那些想成为新型

---

① "Babycarrot"品牌诞生于美国加州胡萝卜种植者 Mike Yurosek,他发现胡萝卜外表只要有一小点瑕疵,就会影响销售。他将胡萝卜通过清洗、切削、打磨后制成大约5厘米的胡萝卜段,包装成方便携带的小包装。胡萝卜本是零售价格偏低的菜品,但是博特农庄根据胡萝卜维生素含量高、低脂肪、易饱腹的特点,与健康、减肥、时尚潮流结合起来,打造成健康产品。它的竞争对象不再是菜市场的大个胡萝卜,而是瓶装维生素和减肥替代品。这一品牌成功将农产品"跨界"打造成新概念,变"卖水果""卖蔬菜"为"卖健康"。2011年由博特农庄带头的50多个胡萝卜生产者联合发起了一场"Baby Carrot"运动,这个运动的主题是要用更健康的"Baby Carrot"取代美国儿童书包中的垃圾食品。这种加工后的胡萝卜在市场的销售价格是每公斤40元人民币,超出普通萝卜十多倍。据统计,每个美国人每年要吃掉5公斤这种胡萝卜(《把胡萝卜卖到40元一斤,连明星都爱不释手,高价农产品销售的套路怎么玩?》,《大农业模式》,微信ID:danongye,访问时间:2017年4月1日)。

② 《当你在看美国和日本农业的时候,你看到了什么?》,《大农业模式》,北京志起未来咨询集团发布,访问时间:2016年8月24日。

农民或专业大户的孩子创造条件。四是充分利用凤凰县职业中专学校①这一资源平台，争取国家将"全日制农业中等职业教育纳入国家资助政策范围"②的契机，在资金、课程设置、师资队伍建设等方面抓紧建设，为凤凰县农业产业化发展培养和储备人才，改变传统职业教育仅为劳务输出培养人才的局面。

（五）重视产业融合发展

融合发展是农业产业化发展的必然选择。"产业融合为农业可持续发展提供了重要思路和实践基础"，③凤凰县提出的"一业带三化"发展策略可以说是产业融合理论的一个成功实践案例。在旅游业的带动下，凤凰县从一个以传统农业为主的农业县向以旅游产业为主导的新型县域城市发展，生产方式的转变促使农业产业化、新型城镇化和新型工业化得到不断推进。农业正在逐步与非农业产业、农业其他产业发生边界交叉和实质融合，在这个过程中，农业从单一平台扩展到更广阔的领域。既整合了农业资源，拓宽了农业产业链，还实现了农业产业的增值。实践证明，凤凰县通过"一业带三化"战略，农业产业化进程加快，作为基础产业得到了较快发展，农民生活得到了较大改善。因此，从产业融合理论上看，凤凰县农业发展的路径选择是成功的，也是富有前景的。

但我们目前要注意两个问题。第一，如何看待"一业带三化"中的带动作用。农业作为一大产业在凤凰县强劲的文化旅游业带动下，进行了初步的融合，但随着产业融合发展的规律，将会突破旅游业的带动，自成体系。这就要求凤凰县要具有前瞻性的考虑和谋划，既立足于旅游业的带动，又要突破旅游业的带动。注重农业多功能的拓展，使农业在深度和广度上充分融合，让农业成为创新最多、成长最快、贡献最大的产业。

第二，产业的纵向融合带来了横向的扩张，这种扩张势不可当，是产业融合发展的必然，它的创新和增值是其带来的最大红利。但从某种程度

---

①　凤凰县职业中专学校创建于 1984 年，是一所多层次，多门类办学的综合性职业中专学校，1994 年被评为国家级重点职业学校。

②　《关于落实发展新理念加快农业现代化　实现全面小康目标的若干意见》，2015 年 12 月 31 日。

③　梁伟军：《产业融合视角下的中国农业与相关产业融合发展研究》，《科学·经济·社会》2011 年第 4 期。

上讲，产业融合也如科技一样是一把"双刃剑"。因此，重要的问题是在这个过程中凤凰县如何规避其不利的锋芒，让农业产业健康融合、高效发展，这对于特色农业产业化刚刚起步，产业融合还处于初期阶段的凤凰县，具有特殊思考的价值。

第四章

凤凰县新型城镇化发展模式

凤凰县地处湖南省西部边陲、云贵高原余脉东侧，全县呈现出三级阶梯式地形分布，素有"八山一水一分田"之称。这样的地势和山区环境为凤凰的经济发展带来了一定的难度，但也正是这样的地形条件，既造就了如凤凰古城、国家地质公园、南华山国家森林公园、南方长城、奇梁洞等得天独厚的自然、人文旅游资源，也造就了基于这些底蕴丰厚的旅游资源条件而快速发展起来的旅游业，以及因此而得以快速提高的经济发展和城镇化水平。然而，作为一个经济发展带动产业并非工业或其他第二产业的地区，凤凰县城镇化发展路径同传统的城镇化发展路径之间是否存在差异？凤凰县所实际选择的发展模式又存在着怎样的特征？在跨入"十三五"时期之际，凤凰县将如何进一步推动城镇化的城乡协同发展，又将如何协调好旅游业同城镇化这二者在发展过程中的相互关系？本章将立足于凤凰县城镇化的实际发展状况，结合已有的相关理论，对这些问题做出相应的解答。

一　现有研究综述

城镇化这一概念自提出以来便不断地得到发展和丰富，其所包含的内容也从单一的提高城镇人口、非农产业占比的理念拓展到了以协调和可持续性为特征的新发展模式。因此，若要准确地分析一个地区的城镇化发展水平，一方面需要厘清其城镇化发展现有水平及所处的阶段，另一方面也需要分析其实现城镇化所选择的路径以及其具体特征。从这一点上，本小节将首先对城镇化这一概念的相关文献进行梳理，而后从"增长极"理论和"产业集聚"理论对城镇化发展路径进行分析。

(一)"城镇化"概念研究综述

在我国,城镇化这一概念最早可追溯至 20 世纪 50—80 年代所开展的两个工业化阶段(即城市工业化和农村工业化),而由于城市容纳能力有限,农村工业化带动的农村人口向城镇转移,便是早期的城镇化的概念。① 这一时期的城镇化,尚表现为主要以居民户口变化为特征的"人口城镇化"的观点,在经济实现跨越式发展后,这一概念逐渐出现无法适用于解释和指导城镇化发展新趋势的现象。因此,从 90 年代开始,部分学者提出了包括经济聚集、人口集中、产业结构优化、居民生活质量改善等特征在内的相对较全面的城镇化的定义。② 从历史沿革来说,新型城镇化是继承了传统城镇化的相关理念并进一步发展而得出的新理念,然而,这一城镇化概念是在当时追求经济快速增长的背景下提出的,虽然对于经济增长之外的要素有所顾及,但其重心仍然在于经济的增长。因此,这一城镇化概念就主要体现出以工业化为推动力实现城镇人口的快速增长和城镇空间的快速扩张,并且呈现出一定的粗放扩张的特征。然而,也难免会造成资源的大量消耗和周边生态环境和居住环境的恶化。这一做法显然不是长久之计,城镇化的发展固然应当注重速度,但同样应该注重发展的质量,也应当更多地注重居民人居环境质量的提高,注重在城镇化发展过程中民生的改善。因此,在已有的城镇化理念的基础上提出更新、更全面和更具包容性的新型城镇化发展理念就是势在必行的。

在有了提出新型城镇化概念的需求之后,相继涌现出一批界定新型城镇化的研究。程必定认为,新型城镇化是集约利用资源、促进人口地域和劳动力职业有序转移、经济社会持续发展、适宜居住的有中国特色的城镇化道路。③ 倪鹏飞认为,新型城镇化的方式应当是以科学发展观为指导方针,坚持"全面、协调、可持续推进"的原则,以人口城镇化为核心内容,以信息化、农业产业化和新型工业化为动力,以"内涵增长"为发展方式,以"政府引导、市场运作"为机制保障,走可持续发展道路,

① 参见洪银兴《城市功能意义的城市化及其产业支持》,《经济学家》2003 年第 2 期。

② 参见廖丹清《论城市化的丰富内涵和外延》,《计划与市场》2001 年第 4 期;汤茂林《注重城市化的"质"》,《城乡建设》2001 年第 4 期。

③ 参见程必定《统筹城乡协调发展的新型城市化道路——兼论成渝试验区的发展思路》,《西南民族大学学报》(人文社会科学版)2008 年第 1 期。

建设城乡一体的城市中国。① 彭红碧等认为，新型城镇化是一条以科学发展观为引领，发展集约化和生态化模式，增强多元的城镇功能，构建合理的城镇体系，最终实现城乡一体化发展的发展路径。② 王素斋认为，新型城镇化就是按照统筹城乡、布局合理、节约土地、功能完善、以大带小的原则，由市场主导、政府引导的城镇化机制推动，实现城镇化与工业化、信息化和农业现代化良性互动，大中小城市和小城镇的合理布局与协调发展，形成以资源节约、环境友好、经济高效、社会和谐、城乡一体的集约、智慧、低碳、绿色城镇化道路③。

从对已有的研究的梳理中可以发现，"新型城镇化"实质上是对传统的"城镇化"概念的进一步深化和拓展，是继承了传统城镇化理念中人口集聚、非农产业扩大、城镇空间扩张等基本特征上的、更注重发展速度和发展质量相平衡的，以追求平等、幸福、转型、绿色、健康和集约的城镇化发展新思路，是以区域协调发展、产业结构优化、低碳环保和集约高效发展为主要内容的新进程。

值得注意的是，新型城镇化的内涵中包括的区域协调意味着并不只有在城市进行的城镇化才可称为"城镇化"，城市之外的乡村进行的也同样是"新型城镇化"，单纯地将城镇化看作一个区域性的特定概念是不太符合新型城镇化的应有之义的。因此，从更广泛的角度来说，新型城镇化应当是概括了某个地区（包括城市和乡镇）发展情况的一系列相关概念和指标，是对一个地区经济、社会、民生等方面发展水平的描述和概括。

继厘清城镇化及新型城镇化的概念之后，紧接着的问题便是如何实现这一过程。无论是城镇化还是新型城镇化，都需要先实现经济和人口的集中，而这一集中过程则需要一个核心来实现对产业及人口的吸引和集中，这意味着在发展初期将出现"集聚效应"。而在发展到了一定阶段之后，新型城镇化对于更全面、更可持续的要求便会体现在令发展城镇化的区域中的相关经济和产业结构出现围绕着适宜于区域自身特征的核心产业的多元化，并在此基础上进一步实现经济全面可持续发展和民生条件的持续改善。从这一过程来说，学界现有理论中，"增长极"和"产业集聚"这两

---

① 参见倪鹏飞《新型城镇化的基本模式、具体路径与推进对策》，《江海学刊》2013 年第 1 期。

② 参见彭红碧、杨峰《新型城镇化道路的科学内涵》，《理论探索》2010 年第 4 期。

③ 参见王素斋《新型城镇化科学发展的内涵、目标与路径》，《理论月刊》2013 年第 4 期。

个理论恰好适用于解释这一过程。下面将对这两个理论的现有研究做一简要综述。

（二）相关理论文献综述

1. "增长极"理论

"增长极"的概念和理论最早由法国经济学家弗朗索瓦·佩鲁于 1955 年提出，之后缪尔达尔以及赫西曼等学者在不同程度上丰富和发展了该理论。[①] 增长极理论的基本观点是，一个国家实施平衡发展在现实上是不可能的，经济增长通常是从一个或数个增长中心逐步向其他部门或地区传导，政府应通过选择投资政策有意识地培养某个产业（支配企业）或城市（地区）作为经济"增长极"，带动相关产业和地区经济的整体发展。这种理论实质是强调区域经济发展中存在的，尤其是不同产业发展的不平衡性，从而主张应优先将有限的稀缺资源分配给发展潜力大、规模经济和投资效益明显的产业，将其打造成一个资本与技术高度集中、具有规模经济效益、能实现自身迅速发展的"增长极"（被称为"极化阶段"），之后再以此为基础，带动相邻地区和其他产业共同发展（被称为"扩散阶段"）。

"增长极"理论将区域发展划分为了"极化"和"扩散"两个阶段，并认为不同的阶段对区域发展将产生不同的影响。"极化阶段"时，"增长极"对周围地区的资源产生吸引力而使周围地区的劳动力、资金等要素资源流向增长极，推动增长极的快速发展。"扩散阶段"时，增长极地区的生产要素向周围地区回流，从而带动周围地区经济发展。

"增长极"理论实质上提出的是一种通过非平衡发展来实现区域经济发展的思路，这一思路对于相对落后、较难实现同步发展的地区有着较好的借鉴价值。对我国而言，很多地区，尤其是中西部地区，其经济发展相对落后，贫困地区连片现象普遍，城乡同步发展相对较难。而我国总体上尚处于社会主义的初级阶段，用于实现经济发展的资源总体上相对有限，分配到各省份地区的资源也同样有限，故而如何有效地利用有限的资源来

---

① 参见任军《增长极理论的演进及其对我国区域经济协调发展的启示》，《内蒙古民族大学学报》（社会科学版）2005 年第 2 期。

推动地区经济发展，是我国各地区目前所面临的问题。在这一问题上，杨孝海①、范方志②、黄锡富③等学者认为"增长极"理论可用于指导欠发达地区的经济发展，并从这一理论的视角研究了不同欠发达区域的经济发展过程，他们对欠发达地区的潜在增长极的区位条件、外部环境、地区产业特点和交通环境等条件进行分析，分析潜在"增长极"的建立的可能性，从而提出一些相应的发展政策和建议。同时，也有学者基于整体经济布局的视角，从城市系统和主导产业的实际角度出发，结合打造"增长极"所需要的具体条件，研究特定地区如何进行经济发展的整体布局。比如，任军④、李文石⑤从"增长极"形成的条件出发对这一地区的城市进行分析，找出适合建立"增长极"的城市，对这些城市的发展提出相应的政策，从而达到经济布局的目的。李林青⑥从重庆北部新区的现状出发，对其打造核心"增长极"进行 SWOT 分析，得出重庆北部新区核心"增长极"是可行的，然后选择合适的"增长极"。

2. "产业集群"理论

20 世纪 70 年代末期以来，在日趋激烈的全球经济竞争背景下，区域发展问题重新成为国际学术界研究的一个热点领域，"增长极"等传统区域发展理论受到政策实践的检验和学术界的反思。反思之一是，"增长极"理论过分强调区际流动的两个要素——劳动力和资金，而忽视技术创新和知识创新；反思之二是，"自上而下"建立增长中心、单纯依赖外力和外来资本以及本地自然资源禀赋等的策略可能造成脆弱的国民经济。⑦ 同时，该理论要求先集中资源，在区域内打造出"增长极"，甚至

① 参见杨孝海《从增长极理论看洪雅经济现象》，《乡镇经济》2008 年第 3 期。

② 参见范方志《"增长极"理论的国际实践及其对贵州经济发展的启示》，《贵州财经学院学报》2008 年第 8 期。

③ 参见黄锡富《增长极理论与广西北部湾经济区建设的思考》，《广西师范学院学报》（哲学社会科学版）2009 年第 1 期。

④ 参见任军、马咏梅、赵晓辉《增长极理论视角下的我国中、西部增长极战略布局》，《税务与经济》2008 年第 4 期。

⑤ 参见李文石、赵树宽《增长极理论的发展历程及其对我国区域经济发展的指导意义》，《商场现代化》2008 年第 24 期。

⑥ 参见李林青《关于打造重庆北部新区核心增长极的研究》，硕士学位论文，重庆大学，2009 年。

⑦ 参见王仲智、王富喜、林炳耀《增长极理论的困境：基于产业集群视角的思考》，《现代经济探讨》2005 年第 5 期。

在部分情况下可以考虑放缓周边地区的发展，优先将资源提供给"增长极"，这便可能导致在"扩散"阶段到来之前就出现产业、地区发展的严重不均衡，提高发生冲突的潜在风险。因此，相对于纯粹的依靠外力的发展模式，寻找充分利用自身禀赋、更全面、更均衡和更具可持续性的发展路径来发展地方经济、实现地方城镇化发展的道路已成为一个迫切的问题。在此基础上，"产业集群"理论应运而生。

目前，国内的研究大多集中在对产业集群的概念定义、形成原因及理论演进综述等方面。从概念定义上，有学者认为产业集群是用来定义在某一特定领域中，大量产业联系密切的企业以及相关支撑机构在空间上集聚，并形成强劲、持续竞争优势的现象[①]。但也有研究认为产业集群的概念尚未形成权威的定义、对于含义和分类都存在较大的弹性。[②]

在产业集群的形成原因上，金祥荣、叶建亮认为知识的溢出和外部性的产生是企业集群形成和集群规模报酬递增的重要原因[③]。符正平认为"企业集群的产生有其特定的供给条件、需求条件和社会历史条件，同时网络效应在企业集群形成过程中起着关键作用，地方公共产品的有效供给是集群形成和发展的重要条件"[④]。姜彩楼、徐康宁则从创新集群的角度对产业集群的内涵和形成机制进行了分析，并指出具有创新特征的产业集群的产生是新企业的出现、内部参与者的网络创造以及集群战略三方面因素相互作用的结果[⑤]。

从理论渊源来看，产业集群理论可追溯至阿尔弗雷德·马歇尔的产业区理论、阿尔弗雷德·韦伯的工业区位论和佩鲁的增长极理论[⑥]。因此，与"增长极"理论类似，产业集群概念也是一种思考城镇化发展的新方式，从另一个角度给出了如何看待作为发展的重要推手的政府在实现区

---

① 参见王仲智、王富喜、林炳耀《增长极理论的困境：基于产业集群视角的思考》，《现代经济探讨》2005 年第 5 期。

② 参见谢贞发《产业集群理论研究述评》，《经济评论》2005 年第 5 期；金洪波《产业集群理论的演进及启示》，《税务与经济》2009 年第 3 期。

③ 参见金祥荣、叶建亮《知识溢出与企业网络组织的集聚效应》，《数量经济技术经济研究》2001 年第 10 期。

④ 参见符正平《论企业集群的产生条件与形成机制》，《中国工业经济》2002 年第 10 期。

⑤ 参见姜彩楼、徐康宁《创新集群的内涵与形成路径研究》，《现代管理科学》2008 年第 11 期。

⑥ 参见尤振来、刘应宗《西方产业集群理论综述》，《西北农林科技大学学报》（社会科学版）2008 年第 2 期；佘明龙《产业集群理论综述》，《兰州商学院学报》2005 年第 3 期；贾文艺、唐德善《产业集群理论概述》，《技术经济与管理研究》2009 年第 6 期。

域、产业发展过程中的角色和定位。政府不应再是增长极理论中核心产业的庇护者，而是应承担起区域范围内整体产业的引导发展和促进竞争的职能，将工作重心从单纯地给政策转移到改善基础设施和产业建设的政策环境上。同时，产业集群理论还指出了在同一产业集群内的企业间可以形成共生机制，既有利于获得规模经济，也有利于先进技术的扩散，同"增长极"中政府指定的单一的核心企业相比，形成产业集群的企业将具有更大的灵活性。因此，从这些方面来看，产业集群是一种更适合于发展中后期的方式，为推动区域经济的进一步发展、解决区域发展中可能出现的发展失衡问题提供了新的视角和思路。

需要注意的是，作为继"增长极"之后的区域发展新兴理论，产业集群理论并不意味着对"增长极"理论的全面否定。相反地，产业集群理论可以被视为对"增长极"理论不足之处的一个补充，即在"增长极"理论只相对重视劳动力及资本、依赖政府规划和外来资本的情况下，通过有选择地集中相关产业，打造出一个多产业融合的更适用于有待发展区域自身特征的产业链和增长点。故而，如果说"增长极"理论是从外界为待发展区域初步集中所必要的要素的话，那么产业集群理论就可以视为借助被集中的经济要素，构建以产业链为核心的发展区域自身的新"增长极"的更进一步的过程。

二　凤凰县城镇化的发展现状

(一)　凤凰县城镇化发展的总体情况[①]

在 2000 年之前，凤凰县经济增长的主要动力是凤凰县烟厂，而自从 20 世纪末凤凰县烟厂停产之后，凤凰县经济的主要带动力开始向第三产业的旅游业及相关服务业转变，传统的依靠工业带动城镇化发展的思路逐渐不适用于凤凰的实际情况。因此，凤凰县政府提出了在传统的城镇化发展路径上再进一步的思路，对凤凰县的城镇化发展进行扩容提质、升级改造，全面打造生态型县城，并进一步缩小城乡间基础设施条件差距。

---

① 参见《凤凰县"十三五"规划报告》。

　　具体而言，凤凰县将坚持以旅游产业发展为主导，根据旅游发展需要来带动新型城镇化建设，以富民强县为主题，以保障改善民生为重点，坚定不移走集约智能绿色低碳的新型城镇化道路，全面提质升级扩容凤凰县城建设，全面提升城镇化发展质量和水平。按照"以产促城、以城兴业、产城融合"发展思路，依托旅游资源和发展优势，结合旅游景区、文化公园、休闲度假、风情小镇等项目建设，科学布局城镇功能项目，促进文化旅游与城镇化建设同步发展。凤凰县将贯彻"六大分区，三向拓展，中心保护，一线控制"的发展策略，从扩容、提质两方面来推进新型城镇化。

　　在城区的扩容方面，凤凰县政府将主城区分为六大具有不同功能定位的分区，即：古城片区，定位为旅游中心；红旗片区，定位为行政中心；新城片区，定位为次中心；城北片区，定位为游客接待中心；烟雨凤凰片区，定位为休闲居住中心；棉寨片区，定位为休闲居住中心。同时，将城镇化进程向三个方向拓展，即在现有城市建成区的基础上分别向西、南、东南三个方向拓展县城发展空间，通过古城旅游行业的辐射作用，完善新开发地区的各项基础设施建设，进一步提高城镇化发展水平。在提质方面，在古城范围内要严格控制建设，结合县城南部与东部的居住新区建设，对除古城区之外的其他建成区外迁部分原古城内居住人口，以降低建成区内的建设密度和人口密度；加快旧城更新，针对不同区域的居住状况制定相应的改造计划，加大建成区内基础设施和公益性设施的建设力度，行政办公中心逐步迁出老城区，腾出的空间以绿地、公共空间和公益性设施建设为主，连通拓宽现有道路系统，严控沱江两侧开发，建设沱江自然风光带、滨河绿带与滨水散步道，增加老城区内的绿地数量，加强滨河地带的可达性，全面提升建成区内的人居环境品质。

　　新型城镇化相较传统城镇化而言更重视民生情况的改善，而在与之直接相关的社会保障方面，凤凰县在"十二五"时期内强力推进社会保障全覆盖工程，城乡居民社会保障水平不断提高。在这一时期内，凤凰县民生投入累计72.39亿元，其中，2015年民生支出21.13亿元，比2011年增加12.86亿元，实现贫困人口由2011年10多万人减少到6.6万人。"十二五时期"，凤凰县政府累计筹集新农合资金5.25亿元，新农合年均参保率93.7%；五保户集中和分散年供养标准分别提高到6360元、2900

元；发放城乡居民最低生活保障资金 2.6 亿元[①]。

在另一项为新型城镇化所重视的人居环境的改善上，凤凰县既对城区进行了基础设施维护更新，也大力推进了乡镇地区的基础设施项目的建设。"十二五"期间，全县累计完成全社会固定资产投资 197 亿元，年均增长 23.4%。在交通方面，凤凰县交通网络体系得到进一步完善，"十二五"期间凤凰完成了吉怀高速凤凰段、凤大高速凤凰段、凤大二级路、下沱公路、209 国道绕城线、奇潭抢险公路建设、城北连接线、城北旅游专用通道、农村通达通畅工程等交通项目建设，启动了 G209 吉首至麻阳石羊哨公路改造、千云公路、凤木公路、王家寨大道等项目建设，完成铜仁凤凰机场改扩建工程，凤凰步入航空时代，外通内畅的交通网络建设得到进一步加强。在城镇基础设施的完善方面，凤凰县完成凤凰县人民医院、金家园三棵树至回龙阁风桥沿河两岸夜景亮化及古城纵深重要节点亮化、"雨""雪""风""雾"四座景观桥修建等项目的建设工作。城市通信能力进一步增强，形成了广覆盖、优质可靠的立体化信息网络。城区绿化工作卓有成效，环境建设力度不断加大，总体环境质量明显改善。城市污水处理得到加强，推进"两供两治"设施建设，加快推进新区供电、给排水、通信等配套设施建设，实施天然气站及城区供气管网建设，不断扩大城区供气能力。城镇棚户区改造完成 7190 户，完成廉租房、公租房建设 1800 套、4500 套，切实保障了人民的住房需求。乡镇基础设施也进一步得到完善，阿拉边贸市场、麻冲农贸市场、吉信农贸市场等项目全面竣工并投入使用。统筹实施水、电、路、房、电视、通信等农村基本公共服务工程，累计完成农村安全饮水工程 115 处，解决饮水不安全人口 16.2 万人。完成 16 座重点小 Ⅱ 型水库和 30 座普通小 Ⅱ 型水库的除险加固工作，以及 306 口山塘和 162 座河坝建设整治，完成 429 公里渠道改造维修。完成 338 个农村电网改造，完成农村危房改造 9375 户，实现了通乡公路硬化率 100%。在各乡镇中，作为脱贫攻坚试点的腊尔山地区取得较大突破，累计完成农村危房改造 3016 栋，修通村组公路 79 条 237 公里，新建机耕道 91 条 294 公里，建成农村人畜集中供水工程 38 处，完成农网改造 63 个村[②]。

凤凰县的新型城镇化还着力于协调推动乡镇基础设施建设和缩小城

①　参见《凤凰县政府工作报告（2016）》。
②　同上。

乡之间差距。"十三五"期间，凤凰县将重点推动廖家桥镇、阿拉营镇、吉信镇、禾库镇、腊尔山镇、山江镇、木江坪镇、茶田镇、千工坪镇等 13 个建制镇和其他 4 个乡集镇基础设施建设，主要以道路建设与改造、河道清淤、自来水厂和污水处理厂、农贸市场、特色民居、文化广场、老年公寓、垃圾站、土特产加工基地及仓储物流中心等项目为建设重点，推动乡镇交通、水利、电气、产业基础、民生工程的改善与建设，为新型城镇化在县城周边乡镇的进一步扩容、加速和提质打下坚实基础。

从凤凰县推动县域整体范围的城镇化的总体发展情况来看，其发展路径较明显地体现出了城乡统筹发展、产业结构优化、生态环保发展等新型城镇化的特征，进行推动县域范围内的城镇化进程。从这一方面来说，凤凰县的城镇化已从传统的城镇化发展路径成功地转为了新型城镇化的发展路径。

（二）凤凰县城镇化发展的具体情况

为更详细地描述凤凰县新型城镇化的发展现状，需要选择一定的指标来进一步从各个具体的方面加以衡量。传统的城镇化水平评价指标主要包括城镇人口比例、地区非农业人口比例等方面。这类指标虽然较容易获取，其含义也较为直观，但却不能全面反映城镇化应有的内涵，尤其是不能反映新型城镇化侧重发展质量和民生的特点。近年来，有学者在以往的人口、经济、空间三方面指标的基础之上，从社会、环境、人居条件等方面增补了新的指标，比如刘静玉等[1]、牛晓春等[2]就在衡量传统城镇化的指标体系基础上增加了居民生活质量、基础设施建设、生态环境和城乡统筹方面的指标。王新越等[3]在原有衡量经济、人口城镇化水平的基础上，进一步提出了社会城镇化、空间城镇化、生态环境城镇化等方面的衡量指标。

不同于传统城镇化，新型城镇化更加注重发展速度和发展质量之间的

---

[1]　参见刘静玉、孙方、杨新新、崔祥、刘士锐《河南省城镇化质量的区际比较及区域差异研究》，《河南大学学报》（自然科学版）2013 年第 3 期。

[2]　参见牛晓春、杜忠潮、李同昇《基于新型城镇化视角的区域城镇化水平评价——以陕西省 10 个省辖市为例》，《干旱区地理》2013 年第 2 期。

[3]　参见王新越、秦素贞、吴宁宁《新型城镇化的内涵、测度及其区域差异研究》，《地域研究与开发》2014 年第 4 期。

均衡，也更注重在发展过程中的民生状况的提高和人居水平的改善，那么相应的用于衡量新型城镇化的指标也应当能反映出这方面的特点。因此，在现有文献的研究基础上，本书将从经济结构、人口结构、市政建设和社会发展等几个方面来对凤凰县新型城镇化进程进行评价。

1. 经济结构城镇化

从经济发展的角度来说，城镇化的发展反映了生产要素在城镇集聚，从而推动经济发展、提高城镇居民收入的过程。同时，城镇化还反映了产业结构上的变化，即由农业为主向非农产业为主的转变过程。因此，此处将选择人均 GDP、非农产业占 GDP 比例以及非农产业密度三个方面对凤凰县经济城镇化方面进行衡量。

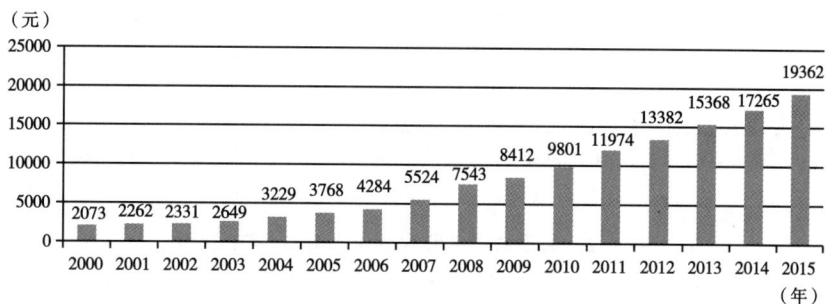

图 4-1　凤凰县历年人均 GDP

资料来源：《凤凰统计年鉴（2000—2015）》。

随着凤凰县旅游业的发展，其经济结构也发生了变化，原来较高的农业产值占比逐年下降，由 2001 年的 23% 下降至 2015 年的 12.1%，下降比例接近一倍。从非农产业比值的增长速度来看，大致可分为 2002 年之前、2002—2011 年、2012 年至今的三个阶段，除第一阶段之外其他几个阶段均经历了增速提高到增速放缓的转换。之所以会出现这一情况，需要结合凤凰县城镇的发展进程来进行分析。

首先，第一阶段（2002 年之前）是探索新经济增长点的时期，这一时期的凤凰县正处于刚刚经历烟厂关闭、新的非农经济核心尚未显现的阶段，政府及社会各界正处于对新经济增长点的探索和观望时期。第二阶段（2002—2011 年）是旅游产业的发展期，这一阶段的凤凰处于旅游基础设施的建设以及打造、推销凤凰旅游品牌阶段，陆续有人开始从事旅游业相关的服务行业，然而这一时期的凤凰旅游发展尚未开发乡村游线路，因此农业经济尚未受到太大的冲击，甚至在 2011 年前后非农产业比值出现了放缓的趋势。第三阶段（2012 年至今）是旅游产业的扩展期，这一时期的凤凰旅游开始由之前的城镇旅游向乡村旅游扩展，不断开发出新的乡村游的路线，这使得部分原本在乡村从事农业的人员开始转而从事旅游业相关的服务行业，再一次促进了非农产业比值的上升。

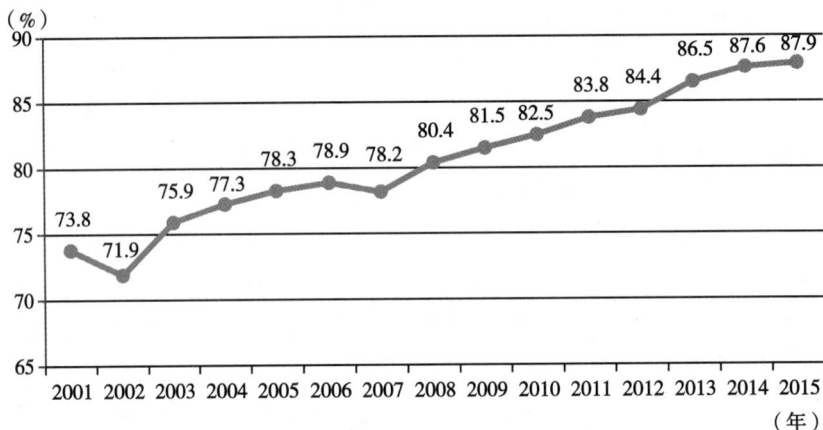

图 4-2　凤凰县历年非农产业产值占 GDP 比例

资料来源：《凤凰统计年鉴（2001—2015）》及《湘西统计公报（2001—2015）》。

2. 人口结构城镇化

除经济结构逐渐城镇化之外，随着城镇化进程的发展，人口结构也会逐渐呈现出城镇化特征。而凤凰在当前阶段尚处于旅游业进一步增值提速的发展阶段，旅游业发展能带来的可观收益以及良好的发展前景必然会吸引更多人员来到城区内从事旅游行业，其中不仅仅包括外地人员，同样也会包括凤凰县城周边乡镇地区的人群。因此，为衡量人口结构方面的城镇化水平，此处将选择常住人口城镇化率和城镇人口密度两个指标来进行衡量。

图 4-3 反映了自 2001 年凤凰县正式发展旅游业开始的常住人口城镇化比例的变化趋势。从图中可以看出，从 2001 年到 2015 年，凤凰县城的常住人口城镇化率由 15% 增长至 31.7%，增长了近乎一倍，且在这些年中呈现出较为明显的递增趋势。然而需要注意的是，图 4-4 中描述的城镇人口密度虽然近年同样在递增，但在表示凤凰县人口结构城镇化的水平在逐年提高之外，其过高的数值的背后意味着大量人口的涌入及各方面需

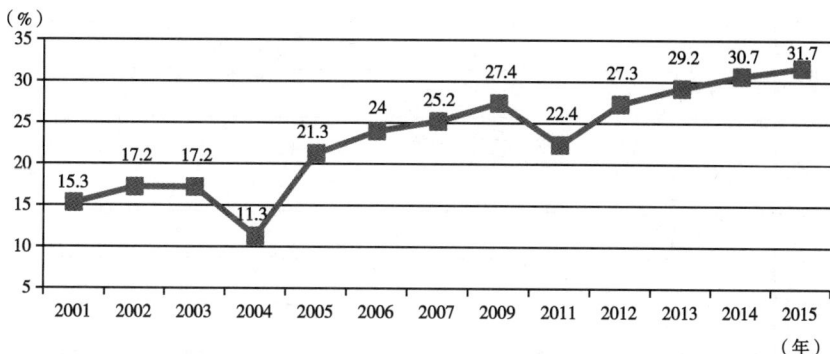

图4-3　凤凰县常住人口城镇化率

　　资料来源：《凤凰统计年鉴（2001—2015）》及《湘西统计年鉴（2001—2015）》，其中 2008 年及 2010 年数据缺失。

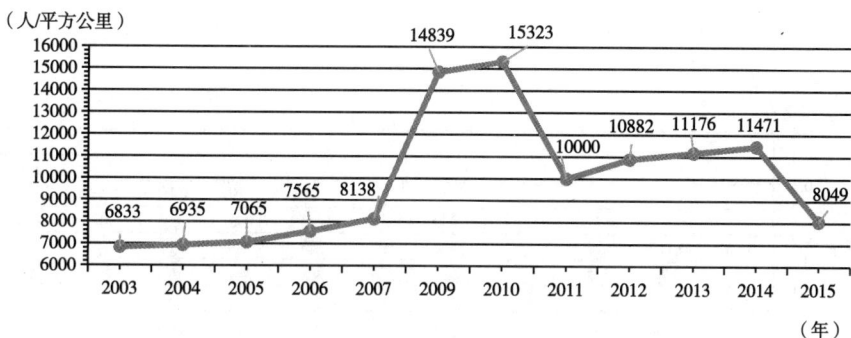

图4-4　城镇人口密度

　　资料来源：《凤凰统计年鉴（2001—2015）》及《湘西统计年鉴（2001—2015）》，其中 2008 数据缺失。

求的增加，这对于城镇化发展的其他方面可能会存在不利影响。[①]

　　3. 市政建设城镇化

　　城镇化发展的一个直接衡量角度就是基础设施的建设水平。一方面，选取的指标需要反映凤凰县整体基础设施的建设水平；而另一方面，指标的选取也要能够反映出凤凰县新型城镇化对人居环境的重视。出于这一点考虑，可从建成区面积占城区面积比例、每万人拥有建成区面积、人均道路和绿地面积等方面来衡量市政建设方面的城镇化水平。

——————————

　　① 不利影响可能包括：物价上涨、交通拥堵、城区尤其是景区内人口过密等。

（%）

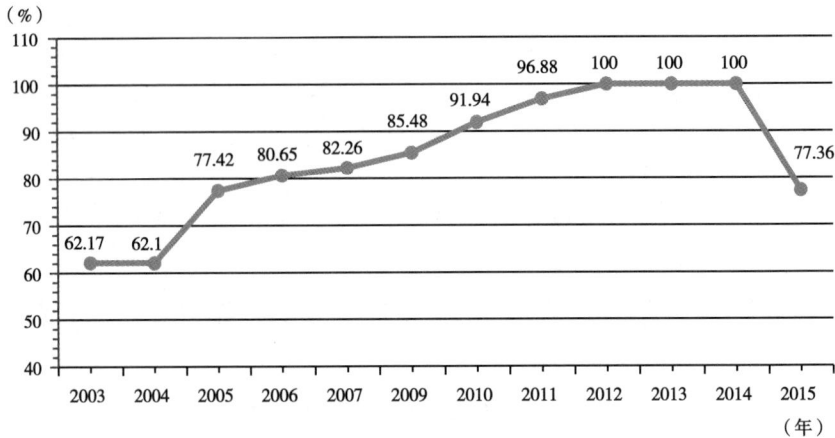

图 4-5　凤凰县建成区面积占县城面积比例

资料来源：《凤凰统计年鉴（2001—2015）》及《湘西统计年鉴（2001—2015）》，其中 2008 年数据缺失。

（人/平方公里）

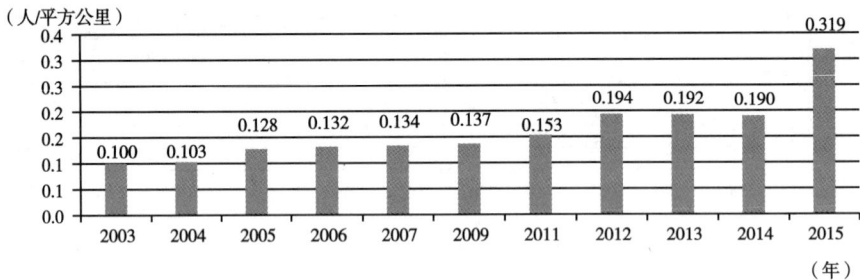

图 4-6　凤凰县每万人拥有建成区面积

资料来源：《凤凰统计年鉴（2001—2015）》及《湘西统计年鉴（2001—2015）》，其中 2008 年及 2010 年数据缺失。

从图 4-5 中可以看出，凤凰县建成区面积占县城面积的比例提高较快，从 2003 年的 63%左右提升到 2014 年的 100%（2015 年回落到 74%左右则是由于城区面积的扩大所致），结合这段时期内凤凰县旅游业的发展状况，可以看出旅游业的发展对于凤凰县整体市政建设水平有着较为明显的促进作用。而在图 4-7 和图 4-8 所反映的人均绿地面积和建成区绿地率这两项指标上，虽然有所波动，但仍然呈现出了提高的趋势，这意味着凤凰县城镇化在市政建设方面对城区居民人居环境的重视逐年提高，人居环境也在逐年改善。

（平方米）

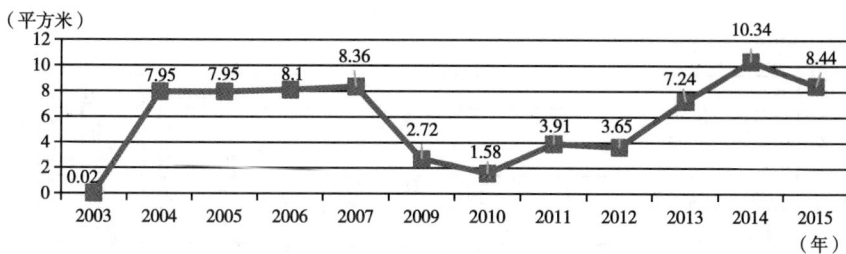

图 4-7　人均绿地面积

资料来源：《凤凰统计年鉴（2001—2015）》及《湘西统计年鉴（2001—2015）》，其中 2008 年数据缺失。

（%）

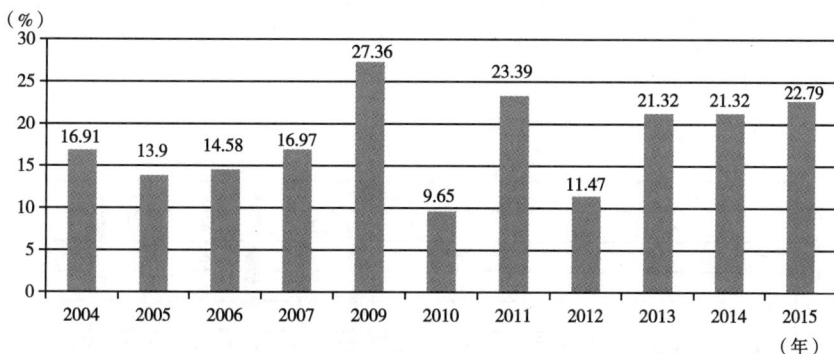

图 4-8　凤凰县历年建成区绿化覆盖率

资料来源：《凤凰县统计年鉴（2001—2015）》及《湘西统计年鉴（2001—2015）》，其中 2008 年数据缺失。

4. 社会发展城镇化

如果说经济结构和人口结构体现的是城镇化进程中效率的一面，那么社会发展就应当体现出城镇化发展中公平的一面。而公平这一面既要体现在各项民生相关指标的发展上，也要体现在城乡差距的不断缩小上。从这个角度出发，此处选择每万人拥有医护人员数、每万人拥有床位数、教育和医疗财政支出分别占 GDP 比重以及人均教育、医疗支出这几个指标进行衡量。

从图 4-9 至图 4-11 中所反映的趋势可以看出，凤凰县在社会发展城镇化上发展较快，每万人拥有床位数和医疗人员数分别从 2001 年的 17 和 23 增长到了 2015 年的 43 和 51，教育支出和医疗支出也分别从 4.76% 和 1.11% 增长到了 18.21% 和 4.34%，人均教育和医疗财政支出则更是呈现

（个）

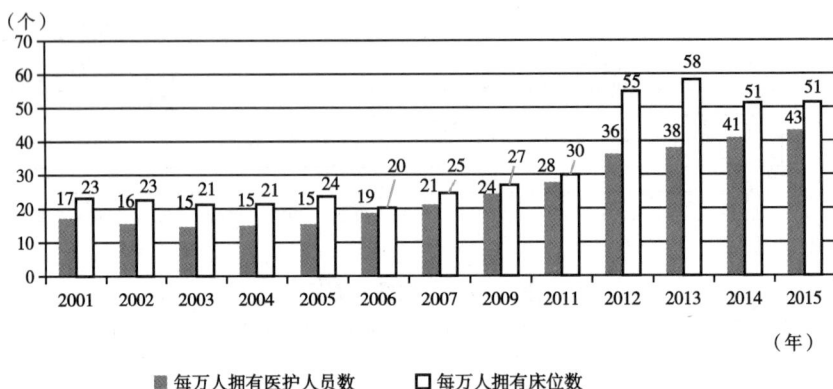

■ 每万人拥有医护人员数　　□ 每万人拥有床位数

图4-9　城镇化医疗方面的发展情况

资料来源：《凤凰统计年鉴（2001—2015）》及《湘西统计年鉴（2001—2015）》，其中2008年数据缺失。

（%）

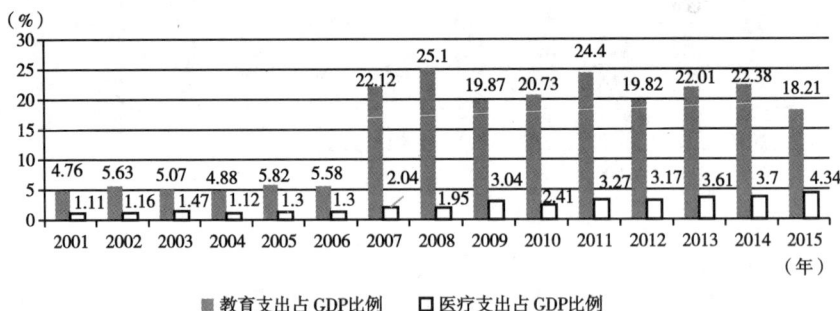

■ 教育支出占GDP比例　　□ 医疗支出占GDP比例

图4-10　凤凰县教育及医疗支出占GDP比例变化情况

资料来源：《凤凰统计年鉴（2001—2015）》及《湘西统计年鉴（2001—2015）》。

了飞跃式的提升，从2001年的107.66元和25.09元增长到了2015年的1361.60元和832.55元。值得注意的是，这些指标均在2011年之后出现了非常明显的提升，结合凤凰县的城镇化发展路径来看，2011年之后凤凰县在城镇化发展上开始重视周边乡镇地区，这同上述各指标在2011年之后出现的较大幅度的增长较为吻合。这意味着，凤凰县的城镇化发展开始由优先发展县城区域转向城乡协调发展，也更注重城乡发展之间的均衡。

综上所述，21世纪以来，凤凰县烟厂停产之后，通过大力发展旅游业，实现了经济增长引擎顺利从以烟叶为主的工农业转化为以旅游服务产业为主的第三产业，并在此基础上，在经济结构、人口结构、市政建设和

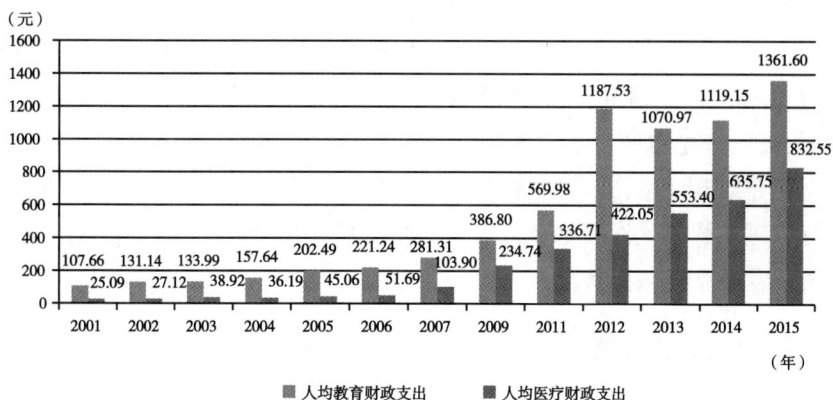

图 4-11　凤凰县历年人均教育及医疗财政支出

资料来源：《凤凰统计年鉴（2001—2015）》及《湘西统计年鉴（2001—2015）》，其中 2008 年数据缺失，2010 年数据缺失。

社会发展等城镇化发展各方面均取得了较好的发展成就，新型城镇化的总体发展水平不断提升，凤凰县通过旅游业带动新型城镇化发展的模式取得了较大的成功。然而，仅仅将凤凰县城镇化发展所取得的成就归纳为旅游业的带动还不够深入，故而为更深入地了解凤凰县这一城镇化发展模式，有必要结合已有的发展理论对其所具有的特点进行进一步的分析。

三　凤凰县城镇化发展路径特点分析

自 2001 年开始发展旅游业之后，凤凰县在城镇化发展方面都取得了令人瞩目的发展成绩。从相关数据及发展趋势可以看出，凤凰县的城镇化发展模式可以分为两个大的阶段。第一个阶段是凤凰县着力发展县城区域的时期，即主要资源、财力和人力都放在开发古城区旅游资源和推进县城区域城镇化建设的时期；第二个阶段是在县城区域的城镇化建设达到一定水平之后，逐步将重点转向县城之外的周边乡镇地区，通过为这些乡村地区制定适合其具体情况的发展规划，逐步带动这些地区的城镇化。因此，如果将凤凰县整体的城镇化发展历程视为这两个阶段的结合，那么不难发现，凤凰县实际上首先是以旅游业为发展动力来带动凤凰县城区域的城镇化发展，而后在此基础上带动城区之外周边乡镇地区城镇化水平的城镇化发展模式。

　　凤凰县所采取的这种城镇化发展路径，实际上类似于以某个核心地区或核心产业为动力来带动区域经济、城镇化发展的模式，这同解释区域发展的"增长极"理论所阐述的状况颇为类似。然而，近年来学界对于"增长极"理论也产生了一些反思，其中较有代表性且同本研究相关的理论是产业集群理论，以及由此衍生的旅游产业集群理论。因此，为更好地理解凤凰县城镇化发展路径，本节将在已有研究理论的基础之上对凤凰县城镇化发展路径做出解读。

（一）凤凰县城镇化发展的两个"增长极"

　　凤凰县城镇化发展模式的特点同用于研究区域经济发展的"增长极"理论所描述的具有很大的相似性。依照这一理论的相关论述，某个区域的发展可主要依靠某些资源禀赋较好的地区或产业的带动，并且通过政府为这些地区或产业提供良好的政策和制度环境来促成其发展，最终达到将其培养为整个地域的"增长极"并将增长效应扩散至周边地区的目的。在这一思路下，区域发展中形成的"增长极"就必然是由当地主导型产业及其相关产业在一个空间内集聚而形成的核心区域，并能在一段高速发展的时期之后（这段时期被称为"极化阶段"）转而通过扩散效应以自身的发展带动其他产业和周围地区的发展（这段时期被称为"扩散阶段"）。若从这一理论的角度去考察城镇化的发展进程，那么能够称之为带动一个地区的城镇化发展的"增长极"的，就应当是汇聚了该地区的具有拉动作用的核心产业的中心城市地区。

　　然而，在不同地区的城镇化发展进程中，经济发达地区可以选择财政资金的大量投入来全面推动该地区的城镇化进程，但这种做法的前提是当地发达的经济及相对较充足的财政收入，因此同样的方法不一定适用于经济相对落后的地区，甚至可能因为刻意模仿这一做法造成对财政的过度压迫而导致落后地区的其他方面发展不平衡。在经济基础的限制条件下，经济相对落后的地区可以尝试通过打造一个能带动当地经济快速发展的产业来聚集资本、劳力等各项经济发展的要素，从而提高该地区的经济整体实力和财政收入水平，并进而在此基础上逐步推进当地城镇化的发展。作为一个财政状况较为吃紧的贫困县，第一种发展方式无疑不适合凤凰县，因此在实际情况中凤凰县选择了先打造一个能吸引大量经济要素的产业（旅游业），先强化自身财力和经济状况，而后再稳健地推动城镇化进程的发展路径。从凤凰县选择的实际发展路径来看，凤凰县通过发展旅游业来带动城镇化发展的模式同"增长极"理论所描述的特征比较相似，而且如果进一步考察可以发现，凤凰县在城镇化发展过程中不仅存在"增长极"，而且是有意打造的两个"增长极"。

1. 奠定城镇化发展基础的"增长极"

城镇化的发展不能缺少强大的经济基础的支持，对于经济发展相对落后的凤凰县来说，要实现城镇化发展尤其不能忽视经济基础的实际情况。因此，作为推动城镇化发展的第一步，凤凰县选择了对经济发展所必需的各类要素具有强大吸引力的旅游业来提高其经济发展水平，并将其作为推动城镇化进程的基础性"增长极"。

在这一发展理念下，凤凰县政府秉持打造精品旅游产业的思路，以古城为核心，逐步推动旅游业向沱江上下游延伸、向南华山拓展、向乡村游扩展。在古城景区建设方面，其核心理念是提高古城核心景区吸引力，逐步完成了沱江沿岸风光带工程、青山抱古城、南华山整体开发工程、凤鸣谷度假休闲区、镇竿十二苑、古城星级厕所、金水寨凤凰传奇、沙湾粮店演艺剧场等重点旅游项目建设。完善古城景区旅游标识标牌建设，进一步提高古城景区的吸引力和影响力。而在古城旅游景区发展到一定水平之后，凤凰县于 2011 年前后开始将焦点转向乡村游方面，秉持将乡村游打造为区域休闲度假游的思路，凤凰县陆续完成重点打造长潭岗库区山水风光游、南方长城—拉毫营盘—黄丝桥古城军事防御体系文化游、大山江苗族民俗文化游等三大乡村游板块，完成三条衔接乡村游各个景点的旅游公路建设，陆续启动一批国家传统村落、传统特色村寨的保护与开发工程。同时积极引进大型文化产业集团落地凤凰，致力于打造能彰显凤凰文化特点、诠释凤凰民族特色的文化节目，提升凤凰文化影响力。加快推进一批风情小镇和文化旅游经济开发区建设。[①]

在这一发展思路之下，旅游业实质上相当于带动凤凰县城镇化发展的一个基础性的"增长极"，通过提高整体经济水平来推动凤凰县城镇化的发展。图 4-12 和图 4-13 从旅游业对 GDP 贡献率和对 GDP 的拉动作用两个方面描述了自 2005 年至今凤凰县旅游业带动凤凰经济增长的能力。

从图 4-12 中可以看出，自 2005 年之后，凤凰县旅游业对经济发展的

---

① 资料来源：凤凰县旅文局。

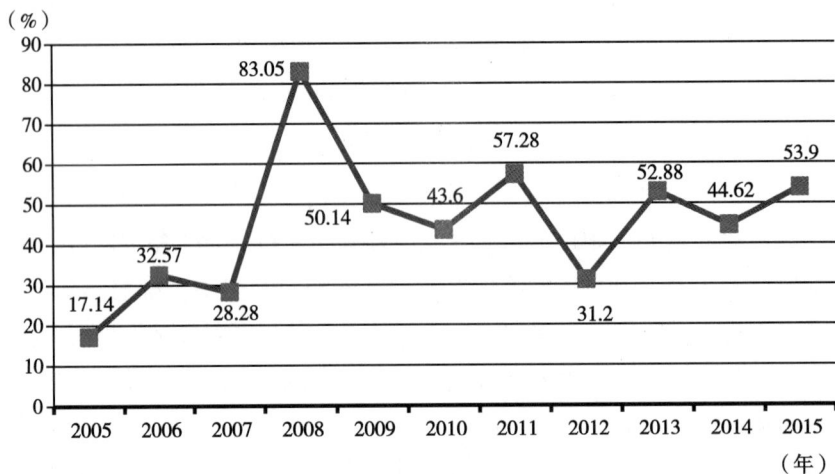

图 4-12　凤凰县旅游产业对 GDP 的贡献率

资料来源:《凤凰统计年鉴 (2004—2015)》。

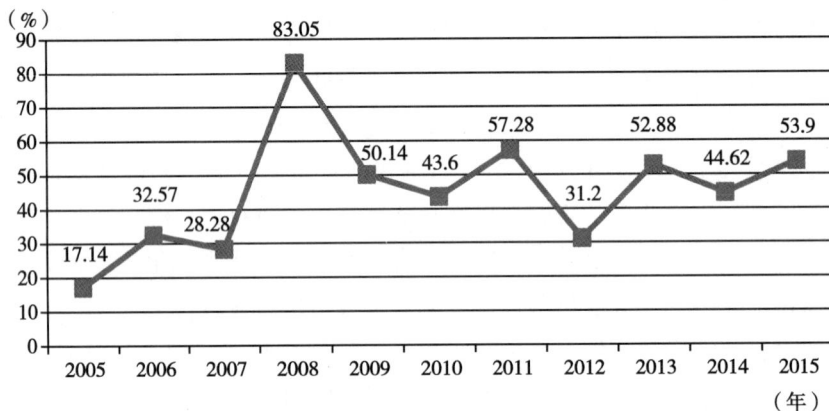

图 4-13　凤凰县旅游产业对 GDP 的拉动作用

资料来源:《凤凰统计年鉴 (2005—2015)》。

贡献率稳步提高,从最初的 17.14% 提升至 2015 年的 53.9%,期间虽有些波动,但基本都保持在了 30% 之上的水平,而结合图 4-13 所描述的对 GDP 的拉动作用来看,不难看出旅游业在发展阶段中已逐步成长为带动凤凰县经济发展的重要动力,从而也就成长为凤凰县新型城镇化发展的基础性"增长极"。

2. 带动县域整体城镇化发展的"增长极"

在打造了作为拉动城镇化发展动力的旅游业之后，下一步便是要在这个产业对资本、劳动力等发展要素的强大吸引作用下打造带动凤凰县整体城镇化发展的"增长极"。就凤凰县自身的自然条件和历史沿革来说，在发展初期，乡镇区域仍处于交通条件相对匮乏的偏远山区中，在凤凰县行政区域内全面铺开城镇化势必将面对不小的阻力甚至可能寸步难行，而且即便是当时条件相对较好的县城区域，其各方面设施条件也亟待发展。故而就当时情况而言，先将县城区域打造成拉动整个县域城镇化的"增长极"，而后在此基础上稳步推进全面城镇化才是符合凤凰县自身情况的稳健发展模式。而要将凤凰县城区域打造成带动整个县域城镇化进程的"增长极"，一方面需要提高城区的基础设施建设水平；一方面需要保障这一过程中社会发展的公平。

（1）提高基础设施建设水平

城镇化的一个实质性体现在于城镇的基础设施和公共服务水平，而在城镇化发展初期，各项基础设施都有待政府投入财政支出来大量投资于基础设施建设，如交通运输、邮电通信、水电设施等旅游相关配套设施，以及法规、政策、制度等无形的基础条件。

就凤凰县的实际情况来说，旅游业同城镇化的发展近乎是同步的。而从凤凰旅游发展时间节点的梳理中可以看出，2001 年之后数年内正是凤凰旅游业开始起步的时期，作为旅游业发展的引导者的政府应当在这个阶段中投入大量资金在基础设施建设上，之后随着基础设施的不断完善，这一财政支出的数额及其在财政总支出中所占比例应当出现递减，这一趋势应当反映在描述了城乡社区基础设施建设的财政投入力度的城乡事务支出这一指标的变化趋势上，而从图 4-5 中可以看出，这一指标的变化趋势同之前的推论几乎保持一致。

在图 4-14 中，2006 年以及之前年份由于正处于城镇化的起步阶段，各项基础设施都有待财政投资进行建设，因此这一时间段的城乡事务支出指标虽有些波动，但总体上还是维持了一个较高的 10% 左右的占比水平，且存在一定的上升趋势。在 2007 年之后至 2011 年之前，由于凤凰古城区所需的一些相对较为重要的基础设施大体建设完毕，旅游业也开始进入稳步发展阶段，此时在城乡基础设施上的支出水平便下降到一个整体相对较低的水平。然而在 2011 年后，这一指标却再度却出现了一个类似 2006 年之前的变化趋势，这是因为凤凰县的城镇化发展开始转向乡镇地区，一方面为有条件的乡镇开发乡村游的相关线路；另一方面也为其他自身条件不适宜于发展旅游业的乡镇打造引进其他产业所需的基础设施，故而这一支出指标在 2011 年之后再度出现提升的趋势。

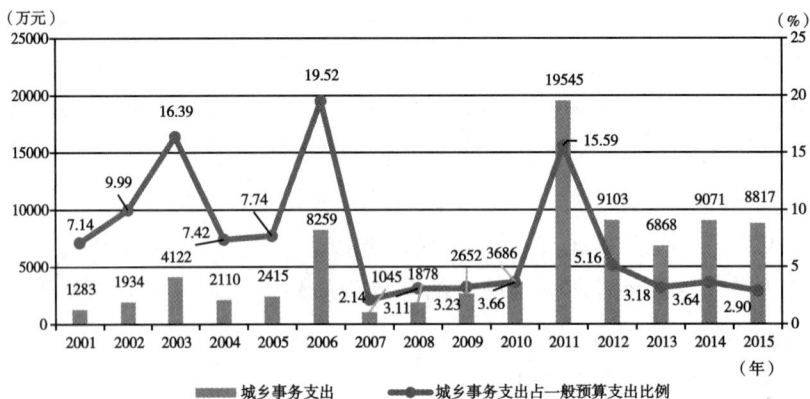

图 4-14　历年城乡事务支出在财政支出中占比

资料来源：《凤凰统计年鉴（2000—2015）》。

（2）保障社会公平发展

在旅游业和城镇化发展的过程中，必然有部分人由于其此前拥有的资源禀赋优势（如在古城区内拥有房产等）而能更快、更多地享受到旅游发展的红利，也必然有部分人因为缺乏这类资源而相对处于劣势（这一部分人既包括了缺乏资源禀赋但家境尚可的普通居民，也包括了原本贫穷的弱势群体）。这一现实差异便导致了这两类人群在发展过程中会出现收入差距越来越大的情况，进而使得这两类人群所能享受到的待遇、生活水平、教育医疗条件等都会因为收入差距而产生天壤之别（比如同是医疗，前一类人群就能去外地相对条件更好但花费也更高的医院接受治疗，而后一类人群则因为收入限制而承担不起这一费用）。同时，在初期以县城区域为重点的发展过程中，乡镇居民所享受到的生活水平及教育医疗等条件同城镇居民相比难免存在一定的差距，但这一差距会随着重点发展县城区域的持续而逐步扩大。如不解决这类在发展过程中实际存在的公平性问题，那么随着城镇化进程的不断推进，未来的城镇化的发展中就会出现一些问题。

面对这一情况，虽然政府并不能直接限制资源禀赋相对较好的人群的收入，或是直接给予资源禀赋不具有优势的人群以及乡镇居民以补贴，但却可以通过加大在城区和乡镇的教育、医疗、社会保障和救济方面的财政投入，来改善后者所能接受到的教育、医疗及社保等条件。从而在一定程度上调和在城镇化发展过程中的效率和公平二者之间的关系。从这一点上说，相关的财政支出则应当体现出明显的增长趋势，并且在城镇化开始转向城乡协同发展之后出现较大的提升。为此，图4-15和图4-16对社会保障、教育和医疗三个方面的财政支出做了描述。

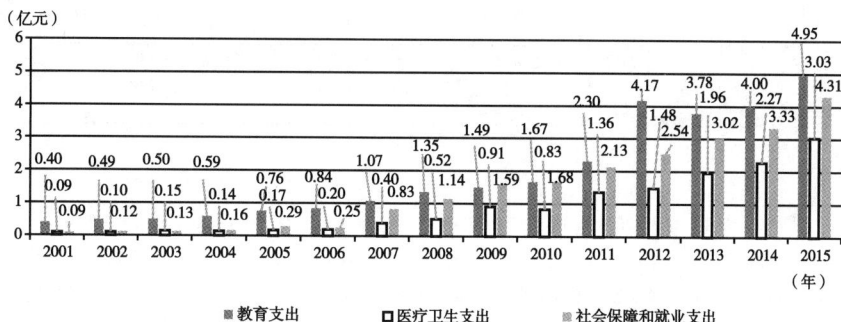

图4-15　2001—2015年凤凰县民生相关财政支出

资料来源：《凤凰统计年鉴（2001—2015）》。

从图4-15和图4-16的描述中可以看出，这几类财政支出无论是绝对数值还是在财政支出中所占比例均呈现出较明显的逐年扩大的趋势，并在近几年中均保持在了一个较高的比例上，在2011年城乡开始协同发展城镇化之后也出现了明显的提升。这既意味着凤凰县在平衡整体城镇化进程中效率和公平的力度的逐渐增大，也意味着城镇化水平在逐年提高，需要更大的投入去维持城镇化发展中的效率和公平的平衡，以及推动其进一步的发展。而从这些图中所表示的政府打造带动凤凰县整体城镇化发展的"增长极"所做的投入，以及结合上一小节中提到的凤凰县城镇化所取得的成绩来看，凤凰县城区域已然成为凤凰县整体城镇化发展的一个"增长极"。

总的来说，在作为基础性"增长极"的旅游业的带动之下，凤凰县城镇化发展的经济基础得以巩固和提升，而作为整体城镇化发展的"增长极"的凤凰县城区域也在政府的大力财政投入下得以完善，并同旅游业相互促进，实现了凤凰县经济水平和城镇化水平的飞跃式发展。但需要注意的是，目前凤凰县城的"增长极"式城镇化发展模式，虽然已经开始从"极化"阶段向"扩散"阶段过渡，但尚未完全将增长红利扩散至

（％）

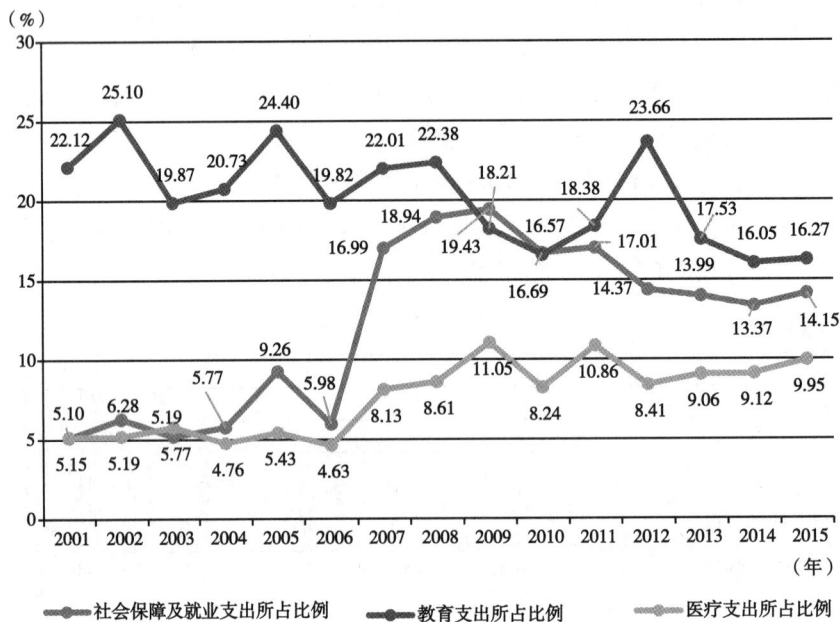

图4-16　2001—2015年凤凰县民生相关财政支出占比

资料来源：《凤凰统计年鉴（2001—2015）》。

周边的乡镇。在基本实现了县城区域的城镇化之后，如何在"扩散"阶段带动周边乡镇共同发展，实现城镇化的全面发展，仍是一个需要重视的问题。

（二）未来发展规划

上述所提到的在凤凰县城镇化发展路径中存在的几个问题，在理论上来说都属于从"极化"阶段向"扩散"阶段的转换过程。正如此前所提到的，这一阶段的重点在于一方面做好极化效应的扩散工作，一方面打造新"增长极"来实现进一步的发展。同时，如何结合不同地区的实际情况来对这一做法进行修正，也同样对城镇化发展结果存在影响。因此，此处将主要介绍凤凰县对未来的城镇化的发展规划，并在此基础上结合相关理论做一些简要的探讨。

不论是从"增长极"相关理论的角度还是从解决这些实际问题的角度，凤凰县未来的城镇化发展路径必然要考虑到两个方面的因素，一方面是需要将之前古城区域发展旅游业所聚集的各种经济要素引导扩散至其他产业和地区，从而超越"增长极"理论所描述的"极化阶段"，进入带动周边产业和地区共同发展的"扩散阶段"；另一方面则是在"扩散阶段"的基础上，为城镇化在周边乡镇地区的全面铺开寻找新的"增长极"，并以此为基础带动相对更偏远地区的发展，从而实现城镇化发展的可持续和良性循环。

　　基于这一认识，自 2010 年开始，凤凰县政府开始将发展的焦点扩散至其他产业上去，并提出了在之前主要发展旅游业、开发古城区域为主的基础上更进一步的"一业带三化"的新发展思路，即立足凤凰特色生态文化资源优势，紧紧抓住和依靠文化旅游主导产业，在做大做强生态文化旅游产业的基础上，大力实施"旅游+"战略，通过旅游产业带动农业产业化、新型工业化、新型城镇化，并进一步带动第三产业发展，以及各领域信息化、绿色化。实现这一发展思路的做法可以分为三个方面，一是旅游促进农业产业化发展，围绕"特色农业、旅游农业、生态农业、效益农业"发展总体定位，重点发展与旅游相承接的休闲观光农业、特色果蔬花卉产业、特色农产品加工业，促进乡村旅游和休闲农业相互融合，实现旅游带动农业转型升级、农业促进旅游深度发展的良性发展格局，并积极培育新型农业经营主体和农民专业合作社，增强龙头带动作用。二是旅游促进新型工业化发展，发展特色旅游产品加工、特色文化创意集聚区、民俗文化体验区，一方面，以旅游商品加工和农副产品加工为主，提供柑橘、猕猴桃、黄姜等特色农副产品，发展具有苗族文化特色的姜糖、蜡染、扎染、银饰等旅游商品加工业；另一方面，围绕民俗休闲、产品自制、生态观光开发体验性旅游产品，通过实施特色产业开发，扶持贫困户发展产业，加快推进工业向绿色工业、旅游工业、扶贫工业的新型工业化转型。三是旅游促进新型城镇化发展，以旅游产业发展为契机，对城镇全面提质升级与扩容。一方面，对凤凰古城进行保护、对旧城实施重大改造、对新城大力建设，实现城市面貌的全面升级，完善古城和老城功能，提高古城和老城品位；另一方面，结合旅游景区、文化公园、休闲度假、风情小镇等项目建设，科学布局城镇功能项目，在城市现状建成区的基础上分别向西、南、东南三个方向拓展县城发展空间，促进文化旅游与城镇化建设同步发展。[1]

---

[1]　参见《凤凰县"十三五"规划》。

同时，凤凰县还将在"十三五"时期进一步通过重点旅游景区的发展带动作用，优化城镇空间布局。重点建设"极化一心、构筑两带、强化两点"。极化县城建设，以阿拉营镇和吉信镇为支点构筑区域经济发展最有发展潜力和活力的两条城镇集中带，强化阿拉营镇、吉信镇两个增长点建设。这种做法相当于将之前凤凰古城的做法复制到了两个新的增长极上，并以这两个新增长极为支点，将增长效应向离凤凰城区相对偏远的其他乡镇辐射，从而带动其他地区实现经济水平、基础设施水平和民生水平的改善。

（三）凤凰县新型城镇化发展模式存在的问题

"增长极"理论可以解释凤凰县这一具有双"增长极"的城镇化发展进程的特点，但同样的，"增长极"理论所预言的在发展中需要面对的问题也是凤凰县城镇化进程中无法避免的。从理论上来说，通过"增长极"推动发展的最大问题在于如何妥善地从"极化阶段"过渡至"扩散阶段"，以及如何处理好在这个过程中的种种可能存在的问题，而凤凰县的城镇化发展进程则恰恰正处于这一过渡阶段。就凤凰县实际情况而言，由于推动城镇化的动力是旅游业的发展，而旅游业会对资本、劳动力等因素产生很强的吸引力，这不仅仅是从外地将这些要素吸引来到凤凰，而且还会从周边乡镇吸引这些要素到县城区域，从而在一定程度上弱化了周边乡镇区域的自主发展的基础及可能性，使县城区域与周围乡镇地区的城镇化发展水平差距逐步扩大。而且对于旅游业的发展来说，在这一过程中的参与程度决定了不同的人群所能获得的利益的大小，因此不同的人群所分配到的旅游业发展的红利也就存在差异。此外，旅游业的发展也必然导致对基础设施条件的需求越来越高，基础设施的发展是否能跟上旅游业的发展并满足游客和本地居民的需求，同样也是凤凰县城镇化发展过程中需要面对的一个问题。有鉴于此，此处将就这些方面的问题进行分析。

1. 城乡间发展不均衡

旅游业作为凤凰县城镇化的一个重要推力，为县城区域聚集了诸多发展资本和人力资源，不仅仅推动了凤凰县经济和城镇化的飞速发展，也使得居民整体的收入水平得到提高。然而，旅游业的这一推动作用是得益于政策引导的结果，而恰恰是这种引导，使得城乡间在旅游发展红利的分享上并不均衡。

　　一方面，在政府大力投入古城的城镇化建设时，旅游业的集聚效应除了吸收大量的来自外地的资本之外，也不断将周边乡镇区域的资本和劳动力吸聚到县城区域中，并在旅游业的带动下分布到相关的服务行业中。虽然这有助于增加乡镇居民收入，但同样也在一定程度上削弱了乡镇自发发展的可能性。同时，早期的旅游业主要的开发目标只是古城区域的旅游资源，政府出于发展规划和现实财力条件的限制也并未在乡村方面的基建设施和公共服务条件上投入很多，故而被吸引的外地资源出于盈利的目的，大多只是开发古城区域内的旅游相关服务行业，很少甚至没有将目光投向乡镇区域，从而使得乡镇要实现自主发展、推动自身的城镇化建设缺乏了必需的资源支持。结合这几方面的原因之后，城乡之间的差距便随着城区的发展而逐步扩大。

　　另一方面，凤凰县乡村旅游发展起步相对较晚，现有的较为成熟的线路和旅游产品较少，乡村旅游品牌尚未全面建立，营销宣传工作也尚未到位，这就使得凤凰可供游客选择的旅游地点和方式局限于古城区内，旅游体验容易变得单调乏味。此外，乡村游的发展滞后使得外来游客的旅游热点过度集中于凤凰古城景区，造成古城景区人满为患的同时也使得乡村被排除在享受旅游业发展的红利之外，旅游业的发展很难辐射到周边农村，也就无法通过体验、休闲和观光的生态农业旅游模式让旅游产业的红利为周边农村和农民共享，长此以往，乡村游分担古城压力、共同促进旅游发展的良好格局就难以成型，对凤凰县旅游业下一步的发展将造成不利影响。

　　2. 居民间红利分配差别较大

　　随着旅游业的发展，投资在其中的资本获得了较为丰厚的收益。这一现象不断吸引着本地居民将自有的景区内的房产改造为旅馆、饭店，以期能获得旅游业发展的红利。同时还吸引了外地资本来凤凰进行投资或者选择租赁本地居民的房产用以从事旅游相关的服务业。

　　然而，不断涌向凤凰的资本和人口虽然有助于旅游业和经济、城镇化的进一步发展，但却带来了推高当地物价及房地产价格的副作用。并且值得注意的是，能够在旅游业发展中获得较大利益的一般是在古城区域内有房产或者自身有足够的资本来从事相关服务行业的人群，对于在古城区内没有房产的城镇普通职工而言，他们的薪酬水平的增长速度却并未同物价的上涨速度相匹配，而且同周边物价上涨没有那么显著的地区（如铜仁、松桃等地）比起来，由于凤凰县享受到的西部开发政策的照顾与贵州等省份相比起来较少，因此凤凰县职工的薪酬增长速度相对也较慢。[1] 在这个现实情况之下，手中没有资本的居民同握有资源优势的从事旅游行业的居民相比起来便处于劣势地位，从而造成了实际上的旅游红利享受不平衡。更进一步的，对于乡镇的居民来说，县城区内的居民至少还能享受到旅游业带动城镇化从而引致的各种便利条件，而乡镇居民由于优先发展县城区域的策略，能分享到的旅游业发展红利相对于城内的居民又会更少。

这一问题虽然是旅游业带动城镇化这一发展模式中不可避免的，而且从整体规划以及效率的角度来说，也确实需要承担一定的成本来保证一定的发展效率。但在把蛋糕做大的同时，也要注意把蛋糕分好，从公平的角度来讲，每个居民都不应当过分地承担为求发展效率而产生的成本，如果不能享受到足够弥补旅游业带来的负外部效应的红利，那么对于那些并未直接参与到旅游业的发展过程中的居民来说，旅游业的发展反而会对他们造成困扰和引起不必要的负面影响。

3. 基础设施水平有待提高

近年来凤凰县旅游业和城镇化发展迅猛，加上旅游业的发展对周边人力资源的集聚作用，对相应的基础设施的需求也就越来越大，要求也越来越高。虽然凤凰县政府近年来一直在致力改善与提高基础设施建设水平，但其发展速度仍相对滞后于旅游业的发展速度，从而一方面在一定程度上限制了凤凰旅游产业的扩容提质；另一方面也影响到了新型城镇化改善和提高人居环境目标的实现。一方面，与旅游业发展相配套的基础设施水平发展相对滞后，比如城外停车位供不应求，在近年来，特别是"黄金周"期间，旅游人数的激增使得古城外原有的专用停车位"车满为患"，不少车辆选择停在城区之中，这便造成了城区内交通堵塞、难以通行的情况，也给游客的旅游体验带来了一定的负面影响。另一方面，污水收集和垃圾处理等直接影响到人居环境的市政基础设施项目的发展也相对滞后于旅游产业的高速发展。随着古城旅游的发展，城区内餐馆、家庭旅馆等生活服务业也同样蓬勃发展。然而这一行业发展中无法回避的一个问题便是生活污水的排放与处理。由于这一行业的店铺通常位于古城内、沱江边，如不能妥善地处理好污水问题，那么直接的后果便是对沱江的污染，对本地居

---

① 这一点为笔者在访谈过程中所了解到的情况。

民的人居环境以及游客旅游的体验会造成不良影响。

4. 城区人居环境有待改善

旅游业的发展使得大量的资本和人力都涌入古城区里，虽然这会使得古城区的基础设施水平因此而得到改善，但出于盈利的目的，在古城区经营酒吧、餐馆便成为这些涌入的资本和人力的首要目标，从而使得同凤凰古城隔江相对的另一边满满都是酒吧、餐馆，古城内的商铺也比比皆是，整个古城呈现出商业化甚至是过度商业化的趋向，这一趋势对于古城区域内的人居环境无疑是不利的，同新型城镇化的重视人居环境改善的目标也不免有所冲突。而且古城内尚有未曾迁往新城区的本地居民，虽然政府已对酒吧等营业场所的营业时间和经营活动有所要求和限制，但过于密集的酒吧和商铺以及商业化的氛围仍然难免对他们的正常生活和休息带来较为明显的负面影响。同时，由于人口密度的逐年提升以及游客人数的不断增加，古城和江边区域相对新城区要拥挤得多，这使不少原本有习惯在古城内以及江边休闲散步的本地居民不得不放弃或者改变这一习惯。从这个角度来说，古城区的人居环境尚有待改善，实现新型城镇化中的改善人居环境目标还存在一定的压力。

5. 产业集群尚待进一步发展

从理论上看，产业集群理论虽然可以在一定程度上解决产业均衡发展的问题，但其所涉及的产业也往往需要同作为核心的产业之间有较高的关联度，对于与核心产业关联不大的产业，其推动效应可能会略显薄弱。从实际上看，虽然凤凰县目前已经在一定程度上实现了以旅游业为中心的相关产业集群，打造出了一条相对完整的产业链，但其所涉及的也仅仅是同旅游业相关的产业，同旅游业关联程度相对不那么大的产业所得到的发展仍然有限。比如，虽然有将农业同旅游业相结合的观光农业等产业，但其重点多在果蔬上，其他类型的农产品（如谷物、烟草等）则几乎没有出现在这一行列中。这一情况固然同不同农产品的具体特征有关，但其间也是确实存在客观差异的。因此，如何在现有的产业集群基础上迈出下一步，更好地带动县域范围内其他产业的均衡发展，是当下应当关注的一个问题。

四　进一步推动凤凰县城镇化发展的政策建议

旅游业的发展为凤凰县城区域的经济和城镇化带来的推动作用不言而

喻，但不少地处偏远山区的乡镇和人民仍然难以分享到县城旅游发展所带来的巨大红利，这无疑提醒我们要注重发展过程中效率和公平的平衡问题——如何在有效率地发展的基础上更好地将发展红利分享给广大民众。此外，在享受旅游发展的红利的同时，也应当关注是谁在为发展过程中出现的问题买单。故而本小节将先基于凤凰县的实际发展模式对相关理论进行思考，而后在此基础上从凤凰县城镇化发展存在的实际问题出发，给出相应的政策建议。

（一）基于凤凰县实际情况的思考

作为一个自然资源禀赋较好但经济基础相对较差的地区，凤凰县以其自身的城镇化发展实践对相关理论从现实角度做出了一定的解释，同样也以期自身的发展特点完善了相关理论中所不甚完善的一些方面。

一方面，对于起步较早、发展相对成熟的"增长极"理论来说，凤凰县的案例可以说证明了这一理论对于落后地区发展城镇化初期的指导作用和意义。城镇化的发展实质上也相当于一个资源不断积累而后不断产生质变的过程，因此对于相对落后的地区来说，要想依赖自身的条件实现城镇化初期的资源积累是比较困难的，尤其是在产生开发核心产业的意识之前，单靠政府的投入和原始自然资源的支持，要想走上城镇化发展的第一步更是困难。"增长极"理论所要求的先集聚核心地区的要素、资源来打造出核心产业、构建好"增长极"，并以此吸聚周边地区的经济要素来实现进一步发展，其对于城镇化发展起步和初期的作用不言而喻。但"增长极"理论所没有给出的，是在发展越过了初期后应如何妥善利用好"增长极"，以及如何在这一阶段实现"增长极"的进一步发展。

凤凰县的实际发展状况同样也对中后期"增长极"理论可能存在的问题做了现实的注解。理论上，前期集中资源打造"增长极"必然会对中后期周边地区协同发展带来一定的阻碍作用，凤凰县的实际情况也说明了，在"增长极"（凤凰县古城区域）发展到一定阶段后，"增长极"自身会出现核心产业发展瓶颈的问题，在将古城区域发展旅游所得到的红利扩散至周边乡镇并带动其发展时，由于前期资源投入取向的问题，这一过程受到了一定程度上的阻碍（如城乡间交通不便、乡镇基础设施相对落后等）。因此，从理论上也从现实上对城镇化发展的中后期的理论指导提出了迫切的转型需求，单一的"增长极"理论已不足以支持之后的发展。

在此基础上，以核心产业为基础，围绕其打造一批适用于具体地区的集群的产业，便是解决已有的"增长极"的继续发展的问题。

另一方面，"增长极"理论自身对转向"扩散"阶段的提法，只是给出了一个大致的发展方向，而未在具体做法上提出相对可行的建议。因此，凤凰县的具体规划和做法相当于在这一点上做了补充。从单纯的"增长极"理论来看，在"增长极"发展到了相对成熟的阶段后，通过其对发展红利的扩散，看起来更像是一种比较生硬的带动周边发展的模式，并未在调动周边积极性上产生好的效果。相对而言，凤凰县的在周边乡镇打造"新增长极"的做法，既体现了"扩散"阶段对周边的辐射作用，也通过新一轮再造"增长极"的方式调动起周边乡镇的积极性，从而更好地将发展红利扩散到相对更偏远的地区去。

（二）相应政策建议

1. 打造新的"增长极"、推动产业集群的形成

凤凰县近年来的旅游人数逐年递增，而黄金周的凤凰古城甚至可以用人满为患来形容，相应的同旅游配套的基础设施也逐渐不能满足所有游客及本地居民的需求。这意味着，凤凰县的古城区域的容纳能力已经快达到了一个极限，而旅游容量这一硬约束限制也迫使凤凰县需要寻找能为县城区域分担旅游压力的乡镇地区，并在这一过程中促使所选择的地区的经济和城镇化水平得到发展。结合凤凰县的发展模式和相关理论可以看出，这一需求正好对应从"极化阶段"过渡到"扩散阶段"，即将旅游业的焦点转移到周边具有合适条件和资源的乡镇区域，并将凤凰县城之前的发展模式"复制"到这些乡镇上。

目前，在古城已有的旅游业发展基础之上，可考虑开发更多同乡村结合的旅游项目。这一方面可以通过乡镇地区旅游业的发展来分流古城的游客，有效缓解古城旅游拥挤的问题，分担城区的旅游压力；一方面也可以在这些乡镇再度实现"旅游业—城镇化"的双"增长极"发展模式，实现乡镇区域的城镇化发展，将旅游业发展带来的推动经济和城镇化发展的红利导引至乡村地区，带动具备发展旅游业条件的乡村脱贫致富，并进而以新一批富起来的乡镇为支点，将旅游发展所带来的经济发展和城镇化发展的红利扩散到相对更为偏远的山区，实现由"极化"向"扩散"的转变。对古城来说，一方面可以开发城郊旅游度假休闲区，建设如文化旅游

扶贫产业园、汽车营地、养老养生基地、山地游乐园等休闲旅游方式；另一方面可以开发促进游客参与的旅游项目，引进社会资本和相关企业，建设旅游产品加工园、非物质文化展示园等，鼓励游客亲身体验部分旅游产品的制作、加工过程，提高游客的旅游体验，从而实现古城旅游区域相关旅游产业的进一步集群化。

同时，产业集群虽然可以在理论和实际上解决产业均衡发展的问题，但对于实现区域间的均衡发展，该理论所能提供的助力同样相对有限。然而，无法彻底解决并不意味着无法改善这一问题。产业的均衡发展是实现区域均衡发展的一大前提，不同区域（如城乡区域）的特点也有所不同，因此合适的产业也有所不同。从这一点上来看，实现区域均衡发展便要求要在当前的产业集群状况基础上更进一步，探索实现核心产业同其他产业间、核心产业链同其他区域间的联动、均衡发展，使得不同的区域能根据其具体情况选择合适的产业，从而改善区域间尤其是城乡间的均衡发展问题。因此，在实际情况上便可以考虑结合乡镇的不同特点和资源条件，引导其参与到旅游业中。这是要加快开发乡村游景点和线路，全力打造如南方长城—拉毫营盘—黄丝桥古城军事防御体系文化游、大山江苗族民俗文化游等具有浓郁民族和地区特色的乡村旅游线路，在此基础上构建各乡镇的新旅游集散点，形成依托于古城区域的新"增长点"，而后再分别根据自身的实际情况，有针对性地引进社会资本和企业，打造出适用于自身的产业群，进一步加大同周边的村落的联动和发展。

2. 改善旅游配套基础设施及城区人居环境

在复制古城区的发展经验时需要注意，由于此前的发展过程中凤凰县城本身便是"增长极"，这才会吸引要素在县城区域里聚集。在为周边的乡镇打造"增长极"时，如果简单地将其作为乡村旅游线路上的一个点，只开发相关的景点而不考虑与之相配套的其他设施的开发，那么游客在一天之内便可能完成游览从而返回县城，相关的资本也不太可能聚焦到这些乡镇，从而便不太可能使乡镇有长足的发展。故而有必要在改进城乡之间交通条件、乡镇基础设施（如居住、通信等）上适当增加财政投入。

在城区的人居环境这一问题的解决上，考虑到当前旅游发展的背景和趋势，强行终止或逆转古城的商业化是不现实的，但过度的商业化开发对于古城区域的居住环境无疑会带来较大的负面影响，进而可能影响到古城之外的区域。因此，一方面要着力规范古城区内现有酒吧、餐馆、商铺等营业场所的经营行为，对不符合要求的要严令整改，尽量减少其对古城区人居环境的负面影响；另一方面要加快新区建设，加快完善其基础设施和居住条件，并在此基础上逐步将古城区内居民搬迁至新城区，将新城与古城区建设成不同的功能分区，尽可能防止过度商业化对人居环境的不利影响的扩散。除规范古城内商铺的经营活动外，还需要加快改善相应的基础设施。具体来说，一方面需要加快旅游接待服务设施建设，加快建成一批新的旅游停车场及游客服务中心，加快推进城区内棚户区改造、道路绿化项目建设等一批提高市容市貌的建设项目；一方面加强古城区和新城区的垃圾、废水处理能力，加强环卫力度。此外，可在县城邻近开发一些可供本地居民休闲、锻炼的公园一类的设施来助力人居环境的改善。

3. 多元化方式缓解县级财政压力

除城镇化发展的自身因素之外，外部的一个重要因素便是财政在发展过程中的支持作用。从理论上来说，由"极化阶段"向"扩散阶段"转换的过程中，作为城镇化主导者的政府起到的作用则决定了这一转换是否能顺利实现，适当增加财政支出来支持新"增长极"的打造也是应有之义。然而，在周边的条件适合的乡镇复制县城区域发展模式需要政府为这些地区的基础设施打造提供助力，县城区域已有的公共服务、基础设施也同样需要维护和改进，同时随着社会和经济的发展，各类社会保障、救济和脱贫攻坚的支出也随之增大，这一阶段中政府财政可能将会面临较大的压力。因此，如何顺利实现这一转换、推动城镇化的全面铺开的关键就在于如何保障财政资金供给的持续性。

一方面，应当保证凤凰县同其他西部省份在享受政策优惠上的平等。虽然凤凰县的经济和城镇化发展因旅游业的蓬勃发展而受益良多，但旅游业的发展也同样为凤凰带来了一定的负面影响，尤其是在古城区的人居环境上，因此不能因为旅游业带动了凤凰经济、城镇化快速发展而在政策优惠上有所不均，毕竟凤凰县在本质上仍处于西部欠发达地区，脱贫攻坚任务仍然比较艰巨，社会、民生发展水平距离中央所定的小康目标仍然尚有差距，故而在政策待遇上应当与其他同为西部省份的地区享受同等优惠。

另一方面，可考虑适当引入社会资本来参与"增长极"的打造过程。受当地经济发展水平的约束，如果仅仅依靠凤凰县自身的财政收入，在面对城乡基础设施的建设和维护，以及日趋增长的民生支出等方面时难免会存在较大的资金缺口。在这一问题上，除可以加大上级财政对凤凰县级财政的转移支付力度外，还可以在项目建设资金配套方面降低凤凰县应承担的比例，切实降低凤凰地方财政的压力。此外，由于基础设施建设工程具有可外包的特征，凤凰政府可以在基建方面探索更多地引入市场力量的做法，比如将部分基建工程外包给具有相应实力的企业，政府则扮演好招标、建设、验收等过程的监管者，通过这一公私合作模式来在一定程度上解决基建方面的资金缺口，在其他市场无法介入的民生保障领域上为地方财政腾出资金空间，进而实现城镇化的整体快速和高质量的发展。

同时，在助力乡镇打造新增长极的同时还需注意到，不同的乡镇有着不同的资源禀赋，其间的差异决定了某个特定的乡镇是否适合模仿凤凰县城的发展模式。因此，在选择带动乡镇城镇化发展的新"增长极"时，政府应当根据不同乡镇的自身条件，合理地规划不同乡镇的城镇化发展的带动产业并以此为基础分配财政资源，有效地保证这些地区发展所必需的基础设施和公共服务，改进财政资金的使用效率。

第五章

凤凰县资源环境与生态文明建设

随着我国经济迅速发展，环境问题逐渐凸显，特别是进入 21 世纪后，生态环境与生态保护引起人们越来越多的关注。2012 年，党的十八大报告中指出"建设生态文明，是关系人民福祉、关乎民族未来的长远大计。面对资源约束趋紧、环境污染严重、生态系统退化的严峻形势，必须树立尊重自然、顺应自然、保护自然的生态文明理念，把生态文明建设放在突出地位，融入经济建设、政治建设、文化建设、社会建设各方面和全过程，努力建设美丽中国，实现中华民族永续发展"①，生态文明建设已经被纳入"五位一体"中国特色社会主义总体布局。对于以旅游业为主打产业的凤凰县而言，生态环境的好坏不仅与当地人民群众的生活质量息息相关，更是当地旅游业能否持续健康发展的关键。本章将在介绍凤凰县资源环境现状的基础上，指出其生态安全目前所面临的挑战与困难，并通过总结凤凰县生态文明建设的成就与不足，以期对其未来的发展提出建设性意见与建议。

一 凤凰县的生态基础与资源环境条件

（一）地理区位与自然环境 ②

凤凰县地处湖南省西部边缘，湘西土家族苗族自治州的西南角，位于

① 参见胡锦涛《坚定不移沿着中国特色社会主义道路前进 为全面建成小康社会而奋斗——在中国共产党第十八次全国代表大会上的报告》（2012 年 11 月 8 日），求是网，http://www.95theory.cn/zhuanqu/bkjx/2016-02/01/c_ 1117955640_ 8.htm。

② 有关凤凰的地理区位与自然环境，主要参考凤凰县人民政府官网（http://www.fhzf.gov.cn）与《凤凰县志（1978—2001）》，方志出版社 2015 年版，第 81—95 页。

东经 109°18″—109°48″，北纬 27°44″—28°19″。东与泸溪县接界，北与吉首市、花垣县毗邻，南靠怀化地区的麻阳苗族自治县，西接贵州省铜仁地区的松桃苗族自治县。南北长 66 公里，东西宽 50 公里，总面积为 1745平方公里，约为湖南省面积的 0.84%，占湘西土家族苗族自治州面积的8.12%，是一个"八山一水一分田"的较小山区县，1999 年被评为"国家级生态示范县"，2013 年被授予"全国生态文明先进县"，也被誉为"中国最美丽的小城"。

凤凰县地形复杂，为云贵高原尾部武陵山脉的南部分支，是我国地势第二级阶梯向第三级阶梯的过渡地带，属中低山区。境内山峦重叠，林谷深幽，沟壑纵横，溪河交错，有腊尔山等 47 座山，沱江等 156 条大小溪河。全县呈现出西北高东南低的地势，大致可以分为三级台阶。在地貌方面，凤凰县境内以山地、山原和丘陵为主，分别占 34.65%、22.87%、32.5%，岗地、平原、水面分别占 6.38%、3.16%、0.44%，其中的台地峡谷型岩溶特殊地貌组成了台地—峡谷—峰林—溶洞奇观，凤凰国家地质公园就主要分布在该区域内。

表 5-1　　　　　　　　　　凤凰县地形地貌情况

地势	海拔高度	分布区域	地貌形态特征	地表岩层
第一台阶	500 米以下	东部及东南角的河谷丘陵地带：包括竿子坪、吉信、木江坪、官庄、南华山、新场、廖家桥、水打田、林峰、沱江镇等地。其中，最低的水打田乡竹子坳海拔170 米	以低山、高丘为主、兼有岗地及部分河谷平地、地表切割破碎，谷狭坡陡	地表物质以红岩为主，夹有部分石灰岩、面岩
第二台阶	500—800 米	从东北到西南的中间地带：包括茨岩、茶田、阿拉营、落潮井、麻冲、都里、千工坪、山江、木里及三拱挢的一部分	以中低山和中低山原为主，地势较平缓开阔，谷少坡缓、垄田较多	石灰岩广布，天坑溶洞甚多
第三台阶	800 米以上	包括米良、柳薄、禾库、两林、腊尔山及三拱挢的一部分	地表起伏和缓、坡度在5—20 度之间，边缘地带，峰峦连绵，谷深坡陡	地表组成物质石灰岩占 95%

资料来源：凤凰县地方志编纂委员会：《凤凰县志（1978—2001）》，方志出版社 2015 年版，第82—85 页。

凤凰县属中亚热带季风湿润性气候，但西北山区台地却有北亚热带的性质。日照方面，全县处于全国多云中心区的边缘，年平均云量在八成以上，年平均雾日达 35 天，因此日照偏少，处于全国低照度中心区及湘西北低值中心区，但仍足以满足作物正常生长的需要。气温方面，全县处于湘西低热区，年平均气温为 15.9 度，日照差年平均 8.3 度，全年≥0℃、≥10℃、≥20℃、≥35℃ 的天数分别为 361.2 天、238 天、119.4 天、10.5 天。最冷的 1 月日平均气温 4.4℃，最热的 7 月日平均气温 27.1℃，年平均无霜期为 278 天，初霜出现于 12 月 2 日前后，终霜为 2 月 26 日前后，气温垂直变化明显，高寒山区和较暖区气温一般相差 5℃—6℃，节气相差 15 天左右。降雨方面，位于云贵高原东侧的少雨地区，历年平均降雨量仅 1308.1 毫米，年降水量为州内最少，也是全省少雨区之一，但由于山区地形对暖温气流的阻滞和抬升作用，腊尔山的旱情往往比城郊区轻。降水量多集中于春（3—5 月）、夏（6—8 月）两季，历年平均分别为 458.7 毫米和 454.2 毫米，合计占全年总降水量的 70%，秋（9—11月）、冬（12—2 月）两季雨少，分别为 268.8 毫米、126.6 毫米，合计占全年雨量的 30%。降水的垂直差异明显，随着地势的升高，雨量增加，同时坡向也影响降水的变化，特别是在雷阵雨旺盛的夏季最为明显，最高降水量与最低降水量相差 200 毫米。风向方面，受大气环流的影响，全县夏季盛吹偏南风或西南风，秋、冬、春季多吹偏北风和偏东风，季风气候特征明显。蒸发量方面，全县历年平均蒸发量为 1060 毫米，一年之中 7月、8 月蒸发量最大，两月平均蒸发量分别为 168 毫米、160 毫米，1 月、2 月蒸发量最小，两月平均为 30 毫米、40 毫米，县内陆地年总蒸发量折算为 9136 亿立方米。湿度方面，全县年平均相对湿度在 75%—80%之间，高山地区达 85%。5—6 月为全年相对湿度最高时期，低海拔区月平均值在 80% 以上，高海拔区达 88%。

一个地区生态系统的形成，与当地的地理位置、地形地貌以及自然气候条件有着密切的关系。"八山一水一分田"的凤凰（县），受上述自然环境与条件的影响，形成了三个区分鲜明的气候区，其对当地的生态系统以及农业生产具有很大影响。

表5-2　　　　　　　　　　　凤凰县的农业气候区

地理	海拔高度	行政区划	主要气候特征	气温	年降水量	灾害性天气
东南部低山区	400米以下	竿子坪、吉信、官庄、木江坪、桥溪口、水打田、沱江镇、齐良桥的全部，三拱桥、林峰两乡的大部及大田、木里、廖家桥和千工坪等乡镇的一部分	温暖雨较少，夏秋多旱	平均气温为15.6℃—16.9℃，最冷月平均气温4.1℃—5.2℃，最热月平均气温26.8℃—28.2℃	1260—1308毫米，季节变化大，具有前涝后旱的特点	干旱、春秋低温冷害、暴雨山洪、大风冰雹
中部中低山区	400—700米	茶田、黄合、都里、阿拉、茨岩、新场、廖家桥等乡镇的全部，落潮井、板畔、麻冲、山江、千工坪、木里、大田的大部及三拱桥、禾库、林峰的一部分	温和雨较多，春秋偏旱区	年平均气温14.1℃—15.1℃，最冷月平均气温2.5℃—3.6℃，最热月平均气温25.1℃—26.2℃	1320.6—1395.7毫米	降雨量虽多，但因多为岩溶地貌，土壤蓄水保水能力差，干旱严重
西北部中高山、山原区	700米以上	米良、柳薄、两林、腊尔山、两头羊、火炉坪的全部，山江、板畔、麻冲、落潮井的一部分	温凉多雨，夏秋少旱	年平均气温11.8℃—14.0℃，最冷月平均气温0.9℃—2.4℃，最热月平均气温22.7℃—25.0℃	1370.8—1555.3毫米	岩溶地貌、降水流失大，有效利用率低，春秋干旱，重旱年份出现人畜饮水困难

资料来源：参见凤凰县地方志编纂委员会《凤凰县志（1978—2001）》，方志出版社2015年版，第86页。

（二）环境资源与生态系统

1. 水文环境与水资源①

凤凰县水系属于长江水系，经洞庭湖上溯为沅水系，再上溯分属武水、辰水水系。上游系山区地形，河流切割较深，属壮年期河谷特征，沿河基岩出露，自老而新。漏斗落水洞串珠状排列，中下游多为可溶性石灰岩和红砂岩，流域内岩石节理发育，溶洞暗河较多。县境内大小河流溪沟156条，总长709公里。河流由西南向东北呈树枝状分布，流域面积在10平方公里以上或干流长5公里以上的有40条。其中，沱江为县境最大的河流，为武水一级支流，从西至东横贯县境中部地区，流经腊尔山、麻

――――――――――

① 关于凤凰县水文环境与水资源的相关资料及地图，均由凤凰县水利局提供。

冲、落潮井、都里、沱江镇、官庄、木江坪等乡镇。在县境干流长 96.9 公里，流域面积为 732.42 平方公里，年平均流量 11.89 立方米/秒，自然高差 533 米。万溶江在县北，为武水二级支流，在县内流经山江、两头羊、火炉坪、木里、吉信、三拱桥、竿子坪等乡镇，干流长 38.7 公里，流域面积 290.2 平方公里，多年平均流量 6.5 立方米/秒，自然高差 551 米。白泥江又名白岩江，为辰水一级支流，在县境内长约 36.1 公里，流域面积 340.26 公里，年平均流量 7.53 立方米/秒，自然高差 302 米。除此之外，凤凰县内较大的河流还有：十八坪溪、茶田溪、苏麻河、两岔河等。

凤凰县的水资源包括地表水资源与地下水资源，总量为 13.1 亿立方米。地表水资源受地形与降雨量的影响，具有时空分布明显不均的特点：从时间上来说，每年的 4—9 月地表径流占全年总量的 70%以上；从空间上来说，北部的腊尔山与三拱桥一带要比南部偏多。沱江干流设有凤凰水文站，根据凤凰水文站 1962—2007 年实测资料统计，多年平均径流量 3.595 亿立方米。万溶江多年平均径流量 2.051 亿立方米。白泥江多年平均径流量 2.376 亿立方米。地下水根据储存空间性质，分为两大类：一是基岩裂隙水，泉井汇总流量 1273.12 万立方米/年；二是碳酸盐岩溶裂隙水，面积约 645.9 平方公里。地下暗河和井汇总流量 13687.9 万立方米/年。据估算分析，凤凰县年可利用地表水资源量为 1.4340 亿立方米，年可用地下水资源量为 0.3536 亿立方米，合计年可利用水资源量 1.7876 亿立方米。

凤凰县水能蕴藏量约 8.86 万千瓦，技术可开发电量 5.58 万千瓦，其中最大河流沱江的水能理论蕴藏量 4.76 万千瓦，技术可开发量为 3.64 万千瓦，经济可开发量（容量装机）3.07 万千瓦。凤凰县水环境质量总体优良，水域污染率较低，水功能区水质基本上能达到地表水Ⅲ类及以上，其中农村河段河流水质基本为地表水Ⅱ类，城镇河段河流水质基本可达地表水Ⅲ类。

2. 土地、土壤资源

根据凤凰县国土局提供的资料显示，2005 年末，凤凰县土地总面积 175110.30 公顷。其中，农用地总面积 143695.06 公顷，占土地总面积的 82.06%；建设用地总面积 6237.80 公顷，占土地总面积的 3.56%；其他土地 25177.44 公顷，占土地总面积的 14.38%。农用地中，耕地 34146.80

公顷，占农用地总面积的 23.76%；园地 6583.03 公顷，占农用地总面积的 4.58%；林地 95127.33 公顷，占农用地总面积的 66.20%；其他农用地 7837.90 公顷，占农用地总面积的 5.45%。建设用地中，城乡建设用地 4858.56 公顷，占建设用地总面积的 77.89%；交通水利用地 1211.37 公顷，占建设用地总面积的 19.42%；其他建设用地 167.87 公顷，占建设用地总面积的 2.69%。其他土地中，水域 1328.06 公顷，占其他土地总面积的 5.27%；滩涂沼泽 6.87 公顷，占其他土地总面积的 0.03%；未利用土地 23842.51 公顷，占其他土地总面积的 94.70%。①

表 5-3　　　　　　　　　　凤凰县土地利用情况　　　　　　　　单位：公顷

序号	土地类别	土地总面积	土地总面积占比（%）	用地类型	用地面积	该类土地中用地占比（%）
1	农用地	143695.06	82.06	耕地	34146.80	23.76
2				园地	6583.03	4.58
3				林地	95127.33	66.20
4				其他农用地	7837.90	5.45
5	建设用地	6237.80	3.56	城乡建设用地	4858.56	77.89
6				交通水利用地	1211.37	19.42
7				其他建设用地	167.87	2.69
8	其他土地	25177.44	14.38	水域	1328.06	5.27
9				滩涂沼泽	6.87	0.03
10				未利用土地	23842.51	94.70

县境内成土母岩以石灰岩为主，石灰岩发育而成的土壤有 130829.3 公顷，占全县总面积的 75.7%，其次为紫色砂页岩、板页岩和砂砾岩发育而成的土壤。土壤有黄壤土、红壤土、紫色土、黑色石灰土、红色石灰土、水稻土和菜园土 7 类。② 按照肥力的不同，凤凰县的土壤可分为八个级别，其中不利于农业生产的五、六级土壤整体占比最高，对当地农业经济的发展形成了局限。

---

① 参见《凤凰县土地利用总体规划（2006—2020 年）》，凤凰县国土资源局官网，http://www.fhgt.gov.cn/zxgz/ghyd/ghgl/tdlyztgh/201305/t20130506_141041.html。
② 参见《凤凰县林业"十三五"发展规划》，凤凰县人民政府官网，http://zwgk.fhzf.gov.cn/web1/site///articles/82/2016-9/35979.html。

表 5-4　　　　　　　　　　凤凰县土壤肥力等级　　　　　　　单位：公顷，%

肥力级别	面积	整体占比	土壤特点
一	1746.27	1.00	土壤肥力高，水、肥气、热协调，旱涝保收，稳产高产的稻田
二	9748.94	5.54	稻田 9721.88 公顷，菜地 27.07 公顷，土壤偏沙，或偏黏，或轻度次生潜育化
三	10406.40	5.92	稻田占 6524 公顷，属障碍因素较多的低产田，旱土 3882.4 公顷，坡度较大，土层浅薄
四	5623.77	3.21	旱土 1772.07 公顷，坡度较大，水土流失严重，土层薄；山地 3851.07 公顷，多用于发展林业生产
五	64700.00	36.90	坡度大于 15 度，轻到中度侵蚀，水土流失轻，不宜农业，是发展杉、松、油桐、油茶及果林等山产的主要用地
六	62558.00	35.60	坡度大于 25 度，土层薄，基岩裸露，水土流失严重，适宜林业、牧业
七	338.80	0.19	山高雾多，坡度大，土层薄，不适宜作物生长
八	1468.20	0.84	坡度大、荒岩裸露，难以利用

资料来源：参见凤凰县地方志编纂委员会《凤凰县志（1978—2001）》，方志出版社 2015 年版，第 94—95 页。

3. 生物资源

生物的多样性是衡量一个地区生态状况的重要指标，凤凰县境内地形复杂多样，峰峦叠嶂，河谷纵横，再加之亚热带季风湿润性气候，孕育了丰富的动植物资源。据 2015 年凤凰林业局的森林资源调查显示，全县境内有野生动物种类 26 目 65 科 206 种，其中哺乳类 8 目 21 科 55 种、鸟类 9 目 23 科 79 种、爬行类 5 目 8 科 26 种（蛇类有 4 科 17 种）、两栖类 2 目 7 科 22 种、鱼纲类 2 目 6 科 24 种。国家一级重点保护动物有白颈长尾雉、林麝、云豹、娃娃鱼 4 种，大多数已处于濒危物种，国家二级重点保护动物有穿山甲、大灵猫、金鸡、虎纹蛙、猕猴、大雁等 25 种，省重点保护动物有竹鸡、野猪、华南兔、相思鸟、豪猪、貉等 70 多种。植物方面，全县境内有植物种类 187 科 639 属 1672 种，其中蕨类植物 29 科 195 种、裸子植物 7 科 17 属 31 种、被子植物 151 科 622 属 1446 种。国家一级重点保护树种有珙桐、银杏、南方红豆杉、水杉 4 种，国家二级重点保护树种有钟萼木、巴东木莲、大果榉、香果树、篦子三尖杉、刺楸等 12 种。县内古树名木资源丰富，目前已挂牌 1998 株，300 年以上有 65 株，全省最大的银杏古树在凤凰县茶田镇。除了本地树种，凤凰县引进外来树种

31科91种，如湿地松、桉树、雪松、五针松等。目前县域内有1个国家级森林公园——南华山森林公园，两个省级自然保护区——两头羊自然保护区与九重岩自然保护区。①

除了种类的多样性，凤凰县生物资源特别是森林资源的数量也在不断增加。得益于退耕还林、长江中上游防护林、"八百里绿色行动"、"绿色湘西"、石漠化综合治理工程造林、自然保护区建设、世行贷款等多项造林护林工程，凤凰县森林覆盖率由"十五"调查的31.32%增长为"十二五"调查的44.9%，林木绿化率由"十五"调查的43.04%增长为"十二五"调查的58.3%，活立木总蓄积量由"十五"调查的2325018立方米增长为"十二五"调查的3638883立方米，净增1313865立方米，增幅为56.5%。目前，凤凰县森林面积为77610.3公顷，林地总面积111837.1公顷，2014年森林覆盖率已达54.54%。凤凰的森林主要分为公益林（地）和商品林（地）两种，公益林（地）面积为45765.5公顷，占林地面积的40.9%；商品林（地）面积为66071.6公顷，占林地面积的59.1%。②商品林种类主要有：油桐、油茶、漆树、核桃、板栗、山苍子、棕榈等，其中以油桐、油茶、漆树的栽培历史最为悠久。近些年，随着生态农业特别是林业经济的发展，凤凰县的猕猴桃、葡萄等果树种植的数量也在不断增多。

4. 矿产资源与能源资源③

凤凰县内已发现天然金刚石、钒、汞、铅锌、水泥灰岩、无烟煤、石煤、大理石、硅石、锑等各类矿产27种，探明部分储量的有13种矿产。矿产类型包括能源、黑色金属、有色金属、贵金属及非金属矿产5类，其中，汞的储量居全国第四位，铅锌储量居全省第二位。矿产地164处，其中大型2处、中型9处、小型67处、矿点121处。

凤凰县的能源资源，除了传统的矿物能（以煤为主），近些年大力发展绿色能源资源，主要包括水电、生物质能和太阳能资源。其中可供利用的水电发电总量约1.8亿千瓦时/年，折合标煤6.21万吨；生物质能主要以农作物秸秆及薪柴为主，蕴藏量39.58万吨/年（折标煤）；太阳能资

① 参见《凤凰县野生动植物概况》，由凤凰县林业局提供。

② 参见湘西自治州林业勘测设计院、湖南省凤凰县林业局《湖南省凤凰县"十二五"森林资源规划设计调查报告》，由凤凰县林业局提供。

③ 相关矿产资源数据由凤凰县国土资源局提供、能源资源数据由凤凰县能源局提供。

源折合标煤 0.54 万吨/年。

（三）资源开发利用与生态环境的关联性

在人类生态系统中，人类通过各种社会组织形式和技术等文化手段谋求实现对于自然生态系统的最大限度地控制和利用，而在自然生态系统的反作用之下，又不得不通过文化的手段尽可能地适应自然，并避免自然生态系统遭受人为的破坏。[1] 现实生活中，除了自然资源对生态环境的影响外，人类活动特别是对自然资源的利用方式将直接引起生态环境或好或坏的改变。

20 世纪 80 年代在改革开放的背景下，凤凰县依托当地的自然资源和社会资源，以种植和加工烟叶为核心产业，经济发展迅速，县财政收入曾高达 1.05 亿元，在湘西乃至湖南全省都曾名列前茅。后来，随着国家烟草行业的政策调整，凤凰烟厂停产关闭，凤凰县经济也开始逐渐衰退，1999 年，凤凰县的财政收入只有 2171 万元，仅为 90 年代初期凤凰县财政收入的 20%。在此背景下，凤凰县政府依据当地丰富的历史文化资源和自然资源，开始大力发展旅游业。2000 年以后，凤凰县经济发展的动力由以农业为核心的第一产业逐步转变为以旅游业为核心的第三产业，并逐渐形成"一业带三化"的经济发展模式，即通过旅游产业带动农业产业化、新型工业化、新型城镇化，并进一步带动第三产业发展，以及各领域的信息化、绿色化。因此，从凤凰县主体经济的发展历程与思路来看，无论以前以烟草种植为主还是现在以发展旅游业为主，都是在充分利用当地资源的前提下进行的，并且未对当地的生态环境造成过重大污染。相反，为了更好地发展旅游业，创造更好的旅游环境来吸引游客，凤凰县近年来的一系列环境保护措施，反而在某种程度上保护了当地的生态，比如不断增长的森林覆盖率。

当然，人类活动对凤凰县生态环境的影响并非都是有益的。凤凰县内矿藏资源丰富，矿藏开采历史悠久，从猴子坪至茶田镇富有朱砂矿田，是湘黔汞矿带内汞地质储量最大的矿床之一，发现并开采已有近两千年的历史。长期以来，矿山采选产生的大量尾矿和废矿渣散乱堆放于山谷及小溪两侧阶地，长期暴露于地表环境。2006 年以后，凤凰的铅锌矿进入大规

---

[1]　参见尹绍亭《人与森林——生态人类学视野中的刀耕火种》，云南教育出版社 2000 年版，第 12 页。

模开采、选矿和冶炼期，仅 2006—2007 年就成立了 15 家铅锌矿选矿企业，多为小型生产企业（200—500 吨/日）。由于许多采矿企业没有完善的截排水系统和覆土绿化，废弃采矿点的地表形态遭到破坏、矿产资源裸露，在自然风力侵蚀、氧化、淋滤以及地表水的冲刷作用下，重金属元素通过水体与土壤向生态环境释放和迁移。同时，随着当地人口特别是城镇人口的大量增加，外地游客的大批涌入，凤凰县特别是沱江镇的环境承载压力不断增加。除此之外，凤凰县的生态文明建设还面临着城市基础设施建设滞后，废水处理率低，水环境污染逐步显现，农村环境污染突出，饮用水缺乏安全保障等诸多问题。

综上，在凤凰县的生态系统中，人类活动通过水、土壤、生物、矿产等资源因素与生态环境产生互动。人既要依托于自然资源进行经济开发，同时也要受限于自然条件的限制；人既对生态环境产生影响，也是生态环境变化的受益者或者受害者。凤凰县区域环境优良，拥有森林、草场、湿地、地质公园和生态脆弱区等特殊生态系统，如果能将其保护与利用好，不仅可以助推当地经济的发展，也会全面提高当地人民的生活质量。绿水青山就是金山银山，凤凰县政府近些年高度重视生态文明建设，"十二五"期间实施了石漠化综合治理、水生态文明建设、裸露山地绿化、"绿色湘西"植林造景、小流域水环境整治、农村生态能源等工程建设，累计造林15.09 万亩，治理石漠化 3.9 万亩，治理小流域 5 条，治理水土流失面积40.63 平方公里。[①] 目前，凤凰县正在大力发展生态农业与生态旅游，经济发展与当地生态环境正在逐步迈入互相推动、良性循环的新阶段。

二　凤凰县生态安全面临的挑战与困难

（一）环境质量现状及主要污染物

凤凰县多山多水，气候相对温暖湿润，生物多样性保持较完好，生态环境底子比较良好，具有很好的绿色能源发展前景。借助生态环境现状评价体系，利用遥感数据、地理信息系统技术等方法与手段，以土壤侵蚀、水资源和水环境状况、植被与森林资源、生物多样性、大气环境状况和酸

---

① 参见《凤凰县 2016 年政府工作报告》，2017 年 5 月 16 日，凤凰县人民政府官网，http://zwgk.fhzf.gov.cn/web1/site//articles/83/2016-3/31217.html。

雨、农业面源污染、自然灾害为评价因子，凤凰县的生态环境质量指数为
67.61，生态环境质量等级为良。生态环境现状级别处于一般以上的地方
占整体面积的79.04%，其中，处于最好级别的地方位于县西北部、西南
部、东部，包括两林乡、茶田镇、官庄乡、腊尔山镇等。处于很差与较差
的地方位于凤凰县中部偏北地区，包括米良乡、柳薄乡、禾库镇、山江
镇、木里乡、千工坪乡等。[①] 若具体到几个主要的检测指标，大概情况
如下[②]。

　　空气质量方面，凤凰县环境监测站在县环保局所在地设置了一个常规
大气环境监测点位，监测项目为二氧化硫、二氧化氮、可吸入颗粒物
（PM10）三项，采用手动监测，每月连续监测5天。根据2014年监测结
果显示，二氧化硫和二氧化氮质量可以到达到《环境空气质量标准》
（GB3095-96及其修改单）一级标准要求，可吸入颗粒物（PM10）质量
可以达到二级标准要求，凤凰县城环境空气质量良好。对比前两年的数据
来看，二氧化硫和二氧化氮浓度自2012年起有逐步降低的趋势，可吸入
颗粒物（PM10）浓度也由2013年达不到二级标准转为2014年的二级达
标水平。空气质量改善的主要原因还是优化能源结构，特别是开展燃煤锅
炉及炉灶退出等活动。

　　水质量方面，目前凤凰县环境监测站在沱江选取了三个断面进行地表
水质常规监测，分别为凤凰县饮用水源取水口、沈从文墓地、庄上三个断
面，监测指标为31项，监测频次为每月一次。2014年监测结果显示，凤
凰县饮用水源取水口断面除总氮和粪大肠菌群外，其他各项指标浓度可达
《地表水环境质量标准》（GB3838-2002）Ⅱ类水域标准要求；沈从文墓
地和庄上断面除粪大肠菌群外，其余其他各项指标浓度可达《地表水环
境质量标准》（GB3838-2002）Ⅲ类水域标准要求。总体而言，沱江各监
测断面主要污染物为粪大肠菌群。对比2011—2014年的数据，主要水质
指标（化学需氧量、生化需氧量、高锰酸盐指数、氨氮等）维持在相对
稳定的水平，总磷浓度有所上升，溶解氧含量有所下降，但均不明显，水
质变化不大，未呈现恶化趋势。粪大肠菌群的监测指标为2014年的新增
加指标，所有断面的监测值均出现超标，说明沱江水质已遭受一定的污

---

① 参见周琴慧《凤凰县生态环境保护研究》，硕士学位论文，湖南大学，2011年。
② 此节内容主要参考《凤凰县环境保护"十三五"规划（2016—2020年）》，由凤凰县环
保局提供。

染，污染原因主要为生活污水和畜禽养殖废水大量排入所致。

声环境质量方面，凤凰县环境监测站对凤凰县城范围内选取了 30 个环境敏感点进行噪声监测，选取了 6 个重点路段进行交通噪声监测。监测结果显示，绝大部分监测点位噪声值均满足功能区（2 类）要求，各路段交通噪声值均满足要求（4a 类），凤凰县城市区域声环境质量较好。

凤凰县排放的主要污染物包括废水、废气以及固体废弃物。凤凰县废水排放来源包括居民生活污水（包括城镇生活废水与农村生活废水）、工业生产废水和农业废水，其中城镇生活废水与农业废水是最重要的污染源。凤凰县主要大气污染物为汽车尾气、道路扬尘和生活废气（包括燃煤炉灶废气与油烟）。2014 年，凤凰县二氧化硫排放总量为 284 吨，全部来自城镇生活源；氮氧化物排放总量为 545 吨，其中 79.5 吨来自城镇生活源，其余主要为机动车尾气排放。烟粉尘排放总量为 235 吨，其中城镇生活源排放量为 230.6 吨，占 98.1%，其余主要为选矿企业产生的工业源排放。凤凰县固体废弃物主要源自矿山废石、城乡生活垃圾、畜禽养殖排放物。凤凰县主要企业均属铅锌矿采选行业，2014 年产生的一般工业固体废物总量为 29 万吨，其中，储存量 15.4 万吨，综合利用量 11.6 万吨，综合利用率为 40%。2014 年凤凰县生活垃圾产生量约为 1.54 万吨，其中生活垃圾处理场无害化处理的生活垃圾有 0.84 万吨，无害化处理率为 54.5%；畜禽养殖业年产生粪便污染物约 2.9 万吨，多采用堆肥后施肥等方式利用。由此可见，凤凰县节能减排的能力还有待进一步提升。

（二）人口承载压力不断上升

凤凰县的整体县域面积为 1745 平方公里，如果从凤凰县全县人口来看，2006 年为 38.7 万人，2015 年为 42.8 万人，10 年来人口增长为 4.1 万人，貌似当地的人口承载压力还不算巨大，但是对于以旅游业作为支柱产业的凤凰而言，人口承载压力更多的是来源于不断攀升的游客数量。位于凤凰县城内的古城区域曾是凤凰旅游兴起的开端，直至今日也是凤凰吸引游客的金字招牌。2000 年以前，来凤凰县的游客多为一些零散的摄影、文学、旅行爱好者，并未形成规模，旅游收入也比较低。2000 年，凤凰县把握西部大开发的有利时机，实施"旅游带动"战略，正式大力发展旅游业。2001 年，凤凰县被国务院认定为第 101 座国家级历史文化名城，从此凤凰古城的旅游业迅速发展起来。

（万次）

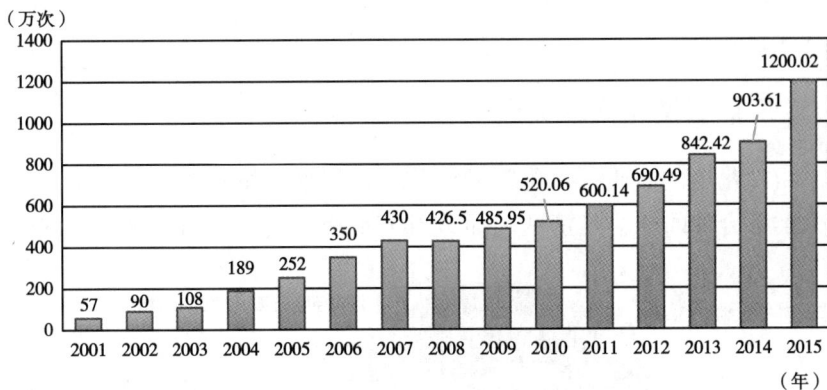

图 5-1　凤凰县 2001—2015 年接待游客人次

资料来源：根据《凤凰年鉴（2001—2015）》制作而成，由凤凰县统计局提供。

统计局提供的历年年鉴数据显示，2001 年凤凰县接待游客 57 万人次，除 2008 年游客人数较前一年有少许减少外，其他年份均呈现出增长趋势，2015 年更是高达 1200.02 万人次，16 年间旅游人次增长了 20 倍之多。凤凰古城不仅是这些游客的必去之地，而且还是许多游客来凤凰的唯一目的地。截至 2014 年，凤凰县已有 27 家旅行社，旅游业直接从业人员 6 万人，而旅游业间接从业人员是其几倍之多。[①] 仅有 3.49 平方公里的古城（核心景区面积为 1.06 平方公里）以及古城所在的凤凰县县城，承载蜂拥而至的游客以及日益增加的旅游业从业人员，压力巨大。古城区内商家林立，一些传统民居建筑遭到破坏，人群拥挤吵闹，严重影响了古城的形象。沱江两岸的吊脚楼基本上也已经被出租成商铺、酒吧、餐馆、宾馆，由于缺乏统一规划，这些商家店面布置风格迥然不同，破坏了沱江水与吊脚楼相得益彰的原有韵味。更严重的是，许多沿河商家没有完善的排污处理设施，通常将生活垃圾与污水直接排至沱江水中，再加之一些游客环保意识薄弱，乱丢乱扔垃圾，沱江水质受到污染，水体粪大肠菌群指标已经超标。旅游业产生的废气污染问题同样突出，由上文提到的污染物排放情况，可以得知凤凰县主要大气污染物为汽车尾气、道路扬尘以及生活废气（包括燃煤炉灶废气与油烟），而这些废气的产生来源中，接待游客的大小餐馆、旅游车辆以及游客自驾车辆占据绝大比例。除此之外，沱江边两岸的酒吧晚上的噪声很大并且多持续到深夜，许多原来居住在附近的

[①]　参见《凤凰年鉴（2014 年）》电子版，由凤凰县统计局提供。

古城居民不堪其扰而搬了出去，古城的酒吧街成为凤凰县城噪声污染的主要地区之一。

（三）石漠化问题突出

石漠化是"石质荒漠化"的简称，指在喀斯特脆弱生态环境下，由于人类不合理的社会经济活动而造成人地矛盾突出、植被破坏、水土流

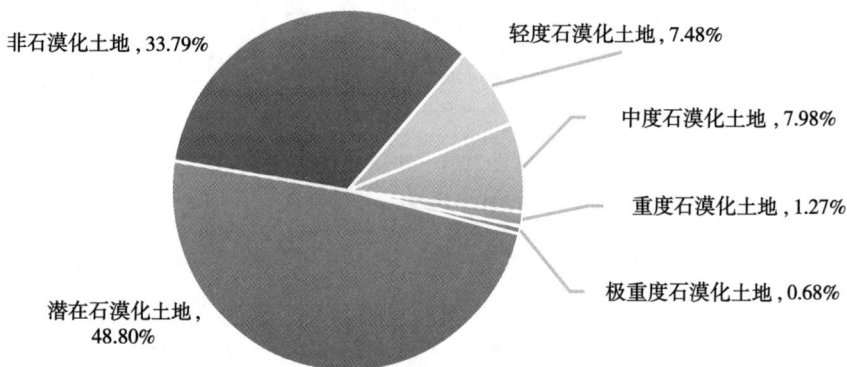

非石漠化土地，33.79%

轻度石漠化土地，7.48%

中度石漠化土地，7.98%

重度石漠化土地，1.27%

极重度石漠化土地，0.68%

潜在石漠化土地，48.80%

图5-2　凤凰县岩溶区土地的石漠化状况

失、土地生产能力衰退或丧失、地表呈现类似荒漠景观的岩石逐渐裸露的演变过程。据2012年湖南省岩溶地区第二次石漠化监测结果，凤凰县岩溶地区分布在24个乡（镇）和1个国有林场，其中，山江镇、腊尔山镇、禾库镇、落潮井乡、千工坪乡、木里乡、柳薄乡的石漠化现象较为集中典型。凤凰县岩溶区土地面积为150440.1公顷，占全县总面积的86.73%；石漠化土地26183.1公顷，占岩溶区面积的17.41%；潜在石漠化土地73417.9公顷，占48.80%；非石漠化土地50839.1公顷，占33.79%。石漠化土地中，轻度石漠化土地11249.1公顷，占石漠化土地总面积的42.96%；中度石漠化土地11998.0公顷，占石漠化土地面积的45.83%；重度石漠化土地1911.5公顷，占石漠化土地总面积的7.30%；极重度石漠化土地1024.5公顷，占石漠化土地总面积的3.91%。岩溶区石漠化的产生与发展是自然因素与人为因素相互作用的结果，其中，自然因素是土地石漠化形成的基础，更多是由于人为因素，比如毁林（草）开垦、过度樵采、火烧、不适当经营方式等。石漠化地区植被稀少，生态环境恶化，极易发生山洪、滑坡、泥石流，加之地下岩溶发育，导致水旱灾害频繁发生，是凤凰县最严重的生态问题，威胁着群众的生产生活与生

命财产安全，也影响着全县生态环境改善和社会经济的持续发展。[1]

（四）自然灾害

1. 地质灾害高发易发

凤凰县位于武陵山和沅麻红岩盆地的东南部，是地质灾害高发区、易发区，属湖南省地质灾害严重县之一。目前全县已发现地质灾害隐患点105 处，其中滑坡隐患点 58 处，崩塌隐患 10 处，地面塌陷隐患 37 处，全县受威胁共计 1178 户 10917 人。沱江镇、腊尔山镇、廖家桥镇、水打田乡、官庄乡、木江坪镇、林峰乡等 7 个乡（镇）属地质灾害易发区，茶田镇、茨岩乡属矿山地质灾害隐患区。[2]

2. 干旱

凤凰夏秋季节较长时间受副热带高压控制，气温高，蒸发量大，加之岩溶地区的漏水地质构造，土壤蓄水保水能力差，渗透量大，容易发生伏旱，在湘西州属于干旱严重的县份之一。据 1958—2001 年 44 年间的资料显示，凤凰县夏秋干旱 34 次，占 77.2%，其中两年一旱 23 次，占67.6%，7 年一遇大旱 6 次，占 17.7%，9 年一遇特大旱 5 次，占 14.7%。冬春干旱也时有发生，出现冬旱 12 年，春旱 15 年。[3] 近几年中，2013 年夏发生持续旱灾，旱情迅猛，4 月 1 日—7 月 31 日降水仅 515.7 毫米，与多年平均同期相比偏少 180.0 毫米，其中 7 月份全县仅降水 3.5 毫米，比2012 年同期少 277.7 毫米，蒸发量 248.4 毫米，远超降水量，24 个乡镇均严重受灾，造成 11.52 万人、3.56 万头牲畜饮水困难，农田受灾 20.88万亩，占全县农田面积的 84.3%，工农业生产和群众生活受到极大影响。[4]

3. 洪涝

凤凰县时常发生干旱灾害，并不代表这里就没有洪涝，相反，洪涝和

---

[1]　参见湖南省农林工业勘察设计研究总院《凤凰县石漠化综合治理工程实施方案（2015—2017 年）》第 1 页，由凤凰县林业局提供。

[2]　参见《凤凰县山水林田湖生态修复和保护重大工程试点实施方案（2016 年 5 月）》，由凤凰县国土资源局提供。

[3]　凤凰县地方志编纂委员会：《凤凰县志（1978—2001）》，方志出版社 2015 年版，第98 页。

[4]　参见《凤凰县水生态文明城市建设试点实施方案（2015—2017 年）》，由凤凰县水利局提供。

干旱经常交替出现。由于地处武陵山脉迎风坡,凤凰县汛期降水集中而丰沛,容易产生洪涝灾害。根据 1958—2001 年 44 年间的资料显示,凤凰县出现暴雨 151 次,5—8 月出现最多,占总暴雨次数的 85%。① 暴雨会引发山洪,再加之凤凰县石漠化严重,泥石流等地质灾害也常相伴而生。2014年 7 月 15 日的暴雨山洪和 2015 年 6 月 30 日的城市内涝就是典型例子。2014 年凤凰县遭遇特大洪水,7 月 14 日 20 时至 15 日 12 时降雨量达 189毫米,沱江河水位涨到了 307.14 米,超过警戒水位 3.64 米,造成了凤凰县有水文记载以来河道水位最高、上游入库和出库流量最大的历史罕见洪灾,全县大面积受灾,古城被淹,风雨桥被冲垮,古城居民和商户损失 8亿元以上,灾害损失高达 12 亿元以上。2015 年凤凰县遭遇了内涝,6 月30 日 18 时至 7 月 1 日 3 时累计降雨 113.8 毫米,其中 30 日 18 时至 20 时两小时内降雨达 104.9 毫米,仅 19 时至 20 时一小时降雨达 75 毫米,因降雨强度大,地面径流汇集快,山洪暴发,城区多处地势低洼区域迅速积水并形成短时内涝现象,内涝面积 2.4 平方公里,占城区面积的 33.3%,主要街道最大水深 0.7 米,淹没历时 3 小时,影响房屋 550 户。② 因此,洪涝灾害不仅危害着人民群众的生命财产安全,也威胁着支柱产业旅游业的健康发展。

4. 低温冰冻、大风冰雹、雷击③

除了干旱洪涝交替,凤凰县还会受到低温冰冻、大风冰雹、雷击等气象灾害的影响。每年 12—2 月,连续 5 天以上日均气温低于零度的冰冻天气,就会对当地柑橘等果树造成冻死冻伤的危害。3—5 月,寒潮活动频繁,低温阴雨的倒春寒天气对水稻秧苗危害较大。1958—2001 年 44 年间,倒春寒天气有 24 年 26 次,27 年 138 天,另有大风 74 次,冰雹 26 年45 次。凤凰县雷击年平均 44 天,春夏两季出现最多。

三 凤凰县生态文明建设和生态保护实践

凤凰县环境质量整体为良,部分环境指标呈现日趋优化趋势,但是仍

---

① 凤凰县地方志编纂委员会:《凤凰县志(1978—2001)》,方志出版社 2015 年版,第99 页。

② 《凤凰县水生态文明城市建设试点实施方案(2015—2017 年)》,由凤凰县水利局提供。

③ 凤凰县地方志编纂委员会:《凤凰县志(1978—2001)》,方志出版社 2015 年版,第98—99 页。

旧存有一些困难与问题。针对这些问题，凤凰县近些年开展了一些生态建设项目与工程。本报告将在实地调研的基础上，对这些生态保护实践活动进行梳理与分析，试图总结其成绩与经验，指出其实施中的困难与问题，以期为凤凰县的生态文明建设提供政策建议。

（一）石漠化综合治理工程①

2011—2014 年，凤凰县实施了第一轮岩溶地区石漠化综合治理工程，共完成投资 3046.33 万元，其中，中央预算内投资 2780.00 万元，地方投资 266.33 万元。共治理山江水库小流域、乌巢河小流域和龙塘河北干渠小流域等 3 个小流域，范围涉及了 3 个乡（镇）47 个行政村，治理了岩溶面积 136.08 平方公里，石漠化面积 2028.5 公顷，完成了人工造林 426.6 公顷，封山育林 1587.9 公顷和草地建设 14.0 公顷；建设了棚圈 7520.00 平方米和青贮窖 1465 立方米，购置了饲草机械 23 台（套），建设排灌沟渠 12.90 公里，新建拦沙坝 4 座，新建蓄水池 48 口和沉砂池 30 口，维修山塘 3 口，建设田间生产道路 5.5 公里。

2015—2017 年，凤凰县实施了第二轮石漠化综合治理工程，以武水流域为重点，有 5 条治理小流域，集中在沱江镇、都里乡、廖家桥镇、阿拉营镇、落潮井乡，土地总面积为 17323.4 公顷，其中岩溶面积 14837.2 公顷，岩溶土地中有石漠化土地面积 2821.3 公顷，潜在石漠化土地面积 6194.6 公顷。石漠化土地中，轻度石漠化面积 1129.7 公顷，中度石漠化面积 1336.0 公顷，重度石漠化面积 335.4 公顷，极重度石漠化面积 20.2 公顷。另外，本区域内的水土流失面积为 9215.9 公顷，年流失量 29.57 万吨。第二轮工程的预计整体投资是 3284.37 万元，其中国家投资 3000.00 万元，占比 91.34%，其余为地方配套资金。建设的主要内容为：林草植被建设（封山育林、人工造林、人工种草），草食畜牧业发展（棚圈建设、青贮窖建设、饲草机械购置），小型水利水保工程（引水渠、蓄水池）等。

---

① 本节内容主要参考《凤凰县石漠化综合治理工程实施方案（2015—2017 年）》（湖南省农林工业勘察设计研究总院，第 9—52 页）、《凤凰县 2011—2013 年石漠化综合治理工程植被恢复项目实施情况汇报》，均由凤凰县林业局提供。

表 5-5　凤凰县 2015—2017 年岩溶地区石漠化综合治理工程小流域布局

单位：公顷

序号	小流域名称	区域面积	岩溶区面积	涉及乡（镇）	涉及行政村
1	沱江小流域	2971.9	2754.2	沱江镇	大坳村、关岩屋村、虹桥村、金坪村、棉寨村、木林桥村、齐良桥村、王家寨村等 8 个村
2	长潭岗水库小流域	2633.0	2212.5	都里乡	椿木坪村、都里村、塘头村、古双云村、老田冲村等 5 个村
3	都泥江小流域	2922.0	2233.1	廖家桥镇	八斗丘村、廖家桥村、瓦场村、鸭堡洞村、岩坎营村、漾水坨村、腰子坨村等 7 个村
4	牛堰水库小流域	2733.6	2691.7	阿拉营镇	阿拉村、川岩村、金沙村、老岩村、舒家塘村、新岩村、新寨村等 7 个村
5	龙潭河水库干渠小流域	6062.9	4945.7	落潮井乡	板帕村、报国村、报木树村、大田垅村、高堰村、高云洞村、勾良村、龙塘村、落潮井村、牛堰村、塘桥村、铜岩村、武岗村等 13 个村
合计	5 个	17323.4	14837.2	5	40

资料来源：《凤凰县石漠化综合治理工程实施方案（2015—2017 年）》。

　　石漠化综合治理工程实施以来，取得了一定的生态效益与经济效益。除了提高当地的森林覆盖率，改善了治理地区的石漠化和水土流失状况之外，还改善了当地农民的生产生活条件，创造了新的就业机会，提高了农村生产力水平和农民收入。存在的问题和困难主要是：凤凰县石漠化地区多处于山区，地表水系少，缺水情况严重，遇上降水偏少或者干旱的年份，部分人工造林成活率不高。部分群众习惯于牲畜放羊，种草养畜积极性不高。山区坡高路陡，搬运费用较高，绝大部分项目实施地汽车无法直接到达，需人工二次搬运，但设计中未考虑该部分费用，实施起来存在困难。再加之，由于各种因素的影响，配套资金落实难以全部到位，特别是在管护方面，石漠化综合防护体系的完整建设和深度开发受到了一定的限制。

（二）水生态文明建设试点工程①

水乃生命之源，水的生态安全至关重要，对于"一业带三化"的凤凰县而言，水不仅关系着人民群众的生产生活，还关系着其经济支柱旅游业的健康发展。凤凰县水资源相对丰富，基础条件较好，素有"中国最美的小城"之誉和"画乡"之称，沱江水映衬着两岸的吊脚楼成为凤凰景观中最引人入胜之处，因此也才会有"沱江泛舟""烟雨凤凰"等独特的水文化。但是近年来，随着经济的发展，凤凰县水污染问题日益突出。首先，城区排水基础设施建设滞后，城镇生活污水处理率虽然已经达到92.5%，但工业废水与农村污水处理率低，工业污染物去除率为60%—70%，大量工业废水未经有效处理直接排放。其次，矿产开发管理不规范，一些废弃采矿点无人管理，地表破坏，大量有害重金属元素进入周围的水体、土壤，对生态环境造成了破坏与污染。最后，农村污染问题日益严重，畜禽养殖业规范化管理力度不够，缺乏符合环保要求的垃圾处置设施，农村生活污水、生活垃圾、农药化肥、养殖业污水等不加处理或者只有简单处理即排入河道，造成城市上游河道水体污染。

2014年1月，经国家水利部批准，凤凰县成为全国第二批水生态文明建设试点之一。凤凰县的水生态文明建设以正确处理"人—水"关系为核心，力求通过水安全保障、水生态保护、水经济建设、水福利提升、水文化推广等实现"水生态系统"和"社会经济系统"的良性互动、协调发展，构建"一核、两带、三片、四网、满天星"的空间布局，形成安全高效、适游宜居、文化彰显的水生态系统总体格局。"一核"即古城核心，"两带"即"沱江蓝色生态旅游走廊"和"南方长城经济发展保护带"，"三片"即"腊尔山台地易旱供水保障区""沱万分水岭易旱供水保障区""白泥江源头水源涵养区"，"四网"即推动河湖水系连通的"城市水系网""灌溉供水网""防洪排涝网""景观生态网"，"满天星"即散布在凤凰县域各土家族、苗族村寨的星罗棋布的水井。

目前，凤凰县水生态文明建设的示范项目有：沱江镇生活污水收集处理、青山抱古城、红旗水库整治与水质保护、沱江河道综合整治、沱江生态水利风景区、新场乡茨岩乡玉米和葡萄特色产业园建设、城市水系连通

---

①　此节内容主要参考《凤凰县水生态文明城市建设试点实施方案（2015—2017年）》，由凤凰县水利局提供。

示范工程、百村古井老泉修缮示范工程、水生态文明宣传行动。综观凤凰县水生态文明建设的内容，简而言之主要包括水源及水景观的保护、进水与排水系统畅通安全，污水排放处理达标三大方面，进而保证水资源从源头到使用，再到废水排放整个被利用过程的环保与安全。

通过水生态文明建设，凤凰县有望增强水生态系统的抗干扰能力，减少工农业及生活污水的排放，提高污水处理能力，提升集中式饮用水源地水质达标率，基本消除农村不安全饮水人口数量，推动城乡生活水平的改善和优化。河湖水系连通建设在有效保障城乡饮水安全的同时，也将使得人居环境条件将更加舒适，凤凰水文化旅游资源更具吸引力。我们在实地调研中发现，目前这些工程项目还都在进行之中，最明显的就是位于凤凰古城入口的县文化广场上树立着许多有关水生态文明建设的宣传展板，有助于提高公众和游客的水生态文明意识。工程进展中存在的主要困难与突出问题就是资金的短缺，单靠政府的财政拨款很难推进工程的整体推动，特别是在一些交通不便的偏远山区农村，水环境治理成本过高，当地老百姓又处于贫困或者不富裕状态。因此，兼顾"谁受益，谁投资"的原则，在统一规划的指导下，走企业化水利的路子，有效吸引社会投资，出台配套激励性和保障性政策法规，助推水利产业特别是环保水利产业的发展，是凤凰县水生态文明建设未来尝试与探索的实现路径。

（三）林业重点工程

近年来，凤凰县不断加大造林绿化工作力度，通过实施退耕还林、长江防护林、石漠化治理、"八百里绿色行动"、"绿色湘西"建设等工程建设，采取人工造林、封山育林、低效林改造与中幼林抚育等多种方式恢复植被，全县林地面积、森林面积、森林覆盖率、活立木蓄积量持续增加。

1. 退耕还林工程

凤凰县自 2001 年开始实施退耕还林工程，2001—2008 年，全县共完成退耕还林建设任务 33.7 万亩，其中退耕地造林 15.9 万亩，宜林荒山荒地造林 15.0 万亩，封山育林 2.8 万亩，涉及全县 24 个乡镇、268 个村、4.06 万户、18.6 万余人。对退耕户的补偿分为两个周期，每个周期为 8年，自 2001 年到 2013 年，共向退耕户兑现钱粮和生活补贴 33598.8 万元，其中兑现粮食补助 26484.9 万元、生活补贴 2437.4 万元，兑现延长期退耕还林补助资金共 4676.5 万元。除此之外，凤凰县还开展了巩固退耕还林成果及后续产业建设，特别是近几年大力发展林业经济，自 2011 年到 2013 年，实施巩固退耕还林后续产业建设面积 2.07 万亩，国家共投资 1520 万元，自筹 2613 万元，涉及 18 个乡镇，以油茶、毛竹、柑橘、金银花、核桃、杜仲、葡萄、猕猴桃等经济林为主。[①]

表 5-6　　　　　　　　　　　凤凰县退耕还林工程实施面积　　　　　　　　单位：亩

年份	退耕地（生态林）	退耕地（经济林）	荒山	封山育林	合计
2001	15689.2	1311.7	13000.0		30000.9
2002	71026.0	3974.0	73000.0		148000.0
2003	36110.0	2890.0	35000.0		74000.0
2004	2585.5	414.5	6000.0		9000.0
2005	12053.1	946.9	3000.0	15000.0	31000.0
2006	11560.4	439.6			12000.0
2007					
2008		2519.5	5480.5		8000.0
2009			2000.0	5000.0	7000.0
2010			3004.1		3004.1
2011			2000.0		2000.0
2012			5000.0		5000.0
2013			1500.0	2000.0	3500.0
2014			1500.0	2000.0	3500.0
2015			2000.0		2000.0
合计	149024.2	12496.2	152484.6	24000.0	338005.0

资料来源：本表根据凤凰县林业局退耕还林办公室提供的 2001—2015 年，年度退耕还林作业设计说明书制作，其中 2007 年度没有相关资料记载，相关办公人员解释 2017 年退耕还林工程的主要内容是巩固维护退耕还林成果，没有开展新内容。《凤凰县林业局 2010 年工作总结及 2011 年工作计划》中关于 2006—2009 年退耕还林面积的总结时表述为："'十一五'期间，我县共计完成退耕还林工程 27000 亩，其中，2006 年退耕还林退耕地造林 1.2 万亩；2008 年退耕还林灾后重建 0.8 万亩；2009 年退耕还林配套荒山造林 2000 亩，封山育林 5000 亩"，也没提及 2007 年的退耕还林。因此，本表中没有体现 2007 年的数据，故与上条注释《凤凰县推进扶贫攻坚进程中林业生态建设情况汇报》（2014 年 6 月 13 日）中的统计数据有出入。由于林业局工作人员已经多次变动，关于 2007 年的相关情况，无法进一步求证，为了客观反映调研情况，本报告对于两个版本的数据均有体现。

---

①　参见《凤凰县推进扶贫攻坚进程中林业生态建设情况汇报》（2014 年 6 月 13 日），由凤凰县林业局提供。其中关于 2001—2008 年的退耕面积和后文的《凤凰县退耕还林工程实施面积》表格数据有所出入，特此说明。

凤凰县退耕还林工程实施十几年来，取得了较好的生态效益、经济效益和社会效益。森林覆盖率逐年增加，提高了森林水源涵养，有利于水土保持，改善空气质量环境。部分退耕户通过领取国家补偿以及退耕林成材后出售木材，增加了经济收入。同时，退耕还林作为一项惠民政策，也为调整优化农村经济结构和能源结构提供了契机，培育了新的农业增长点，推动了农村清洁能源和节能减排工作的进展。工作进展中存在的主要问题与困难是：首先，退耕还林工程的补助力度还有待进一步提高，特别是针对某些特殊家庭。对于政府部门而言，负责政策宣传、规划设计、种苗培育和组织、技术指导、检查验收、防虫治病、水保设施、工程管理、档案管理等多个实施环节，工作量大，所需费用高，但国家只对凤凰县退耕还林的前期工作和科技支撑费用予以部分补助，并明确规定退耕还林（草）地区所需的检查验收、粮食调运、兑付等费用由凤凰县政府财政承担，进而增加了地方政府的财政负担。对于退耕户而言，退耕还林本来就多为边远贫困山区，后续产业发展缓慢，部分退耕农户的生计渠道相对单一，对政策补助依赖性较强，有些农户除了农活没有其他谋生技能，退耕后收入有所下降，日常开支都依靠退耕还林补助，一旦补助到期，他们的生活将受到严重影响，根据2008年研究显示，这样的农户在所有退耕户中占比5%。① 另外，退耕还林工程虽然包括了退耕地和配套荒山，但是补助却只针对退耕地，因此导致了配套荒山无人抚育，林木长势不良的现象。其次，退耕还林作为一项生态工程，需要较长的时间来恢复生态与体现效益。现实中，有些部门和农户单纯从政绩角度和经济角度，强行缩短生态恢复进程，只管发苗种树和领取补助，再加之缺乏林业技术服务人员，后续管理跟不上，一些地区退耕还林成活率不高。最后，部分退耕户思想意识比较落后，习惯性种树，对于适宜树种以及树木种植管理并不了解，造成树种结构不合理，树木成长成材率较低。同时，由于监管不到位，个别退耕户领取补助后毁林复耕。还有部分农户习惯了牲畜放养，部分退耕林地有被牛羊毁坏的现象。

2014年9月，国务院批复了由国家发展改革委、财政部、国家林业局、农业部、国土资源部等部委联合提交的《新一轮退耕还林还草总体方案》，标志着我国退耕还林工程将进入一个新的阶段。与以往相比，新

---

① 参见程汉波《凤凰县巩固退耕还林成果的思考》，《内蒙古林业调查设计》2008年第4期。

一轮退耕还林工程总体思路发生了较大变化：坚持农民自愿，政府引导的原则，充分尊重农民意愿，退不退耕，还林还是还草，种什么品种，由农民自己决定；不再限定生态林比例，并允许农民林粮间作，发展林下经济，以缓解因退耕造成近期农民收入减少等问题；退耕农户不再承担配套荒山荒地造林任务；巩固退耕还林成果所需开展的基本口粮田、农村能源、生态移民、特色产业发展等项目建设，可以通过现有各类中央专项资金安排解决；退耕后营造的林木，凡符合国家和地方公益林区划界定标准的，分别纳入中央和地方财政森林生态效益补偿，未划入公益林的，经批准可依法采伐。① 通过这些措施，上述问题与困难可以得到一定程度的解决与缓解。并且，在实地调研中我们发现，随着城镇化的快速发展，农村里越来越多的人特别是年轻人都前往城市打工，减轻了农村的耕地与能源压力，退耕还林以及封山育林成果得到了较好的保持。2015 年，凤凰县响应国家号召，开始了新一轮的退耕还林工作。

2. 自然保护区建设

凤凰县目前有省级自然保护区 2 个，分别是两头羊自然保护区和九重岩自然保护区；县级自然保护区 10 个，分别是：白果自然保护区、柏林自然保护区、黄栗自然保护区、都桐自然保护区、都罗自然保护区、白泥合水自然保护区、关田山自然保护区、早岗自然保护区、新光黄茅坪自然保护区、麻良自然保护区。

两头羊省级自然保护区位于湖南西北部，凤凰县城的东北部，东西长17 公里，南北宽 7 公里，总面积 8838 公顷，范围包括两头羊、火炉坪 2个乡镇 8 个村 29 个自然寨，以武陵山脉的八公山为中心，由海拔 500 米以上的 72 座独立山峰为主体组成，万溶江从中蜿蜒而过，地势为东南低，西北高，筲箕狭长地形，最高海拔 1059.8 米，最低海拔为老不潭的河沟759.8 米。两头羊自然保护区 2002 年被批准成为省级自然生态保护区，是湖南省第一个以石灰岩植被为保护对象的省级自然保护区，植被属亚热带常绿阔叶林，其中国家一级保护植物有银杏、红豆杉、珙桐等，国家二级保护植物有鹅掌楸、香果树、毛红椿、楠木、樟树等，境内崇山峻岭、山清水秀、奇石千态，林木葱郁，物种繁多，森林覆盖率高，自然生态系

① 参见《国家发展改革委有关负责人关于启动新一轮退耕还林还草答记者问》，国家发展和改革委员会官网，http://zys.ndrc.gov.cn/xwfb/201409/t20140927_626893.html。

统保持相对较好；动物有云豹、白颈长尾雉、穿山甲、獭、大（小）灵猫、苏门羚、红腹角雉、猕猴等国家一、二级保护动物 28 种。[①]

凤凰县九重岩自然保护区位于湖南省西北部、武陵山脉中段，南北长 11.7 公里，东西宽 13.2 公里，总面积 8500 公顷，范围包括茶田镇的都首、江寨、禾惠、塘坳、砂罗、和平 6 个行政村，境内最高峰九重岩，海拔 930 米，最低点花桥溪口，海拔 274 米，相对高差 656 米。保护区地处锦江和沱江的上游地区，属典型的岩溶地貌，区内的大小溪流 23 条，水系呈放射状分布，河流面窄，河床中多砾石，坡降大水流急，水量充沛，是典型的山地性溪流。保护区是以保护中低海拔原生态动植物环境为目的而成立的，2002 年被批准成为省级自然生态保护区，区内有国家一级保护植物南方红豆杉等 4 种，二级保护植物巴东木莲等 12 种；国家一级保护动物白颈长尾雉、林麝、云豹 3 种，国家二级保护动物穿山甲、猕猴、黑熊、水獭、大灵猫、小灵猫、金猫、苏门铃等 10 种，野生动物种类丰富，是湖南小区域面积上野生动物资源最丰富的小区域之一。[②]

3. 国家森林公园建设

凤凰县现有国家级森林公园 1 处——南华山国家森林公园，其前身是南华山国有林场，1992 年经林业部批准建立南华山国家森林公园。公园位于凤凰古城东南方，对古城形成半包围状，构成"青山抱古城"之势，总面积 2134.2 公顷，内有大小峰峦 45 座，沟涧壑谷 72 条，山泉 21 处，森林覆盖率 96%，林木竞秀，花草茂密，动植物种类繁多，有动植物 500 多种，珍稀动植物 30 多种。[③] 目前，公园凭借丰富的森林生态资源和人文资源，已经成为凤凰重要的生态旅游景区。

（四）农村清洁能源建设工作

清洁能源，主要分为狭义和广义两种概念。狭义的清洁能源是指可再生能源，如水能、生物能、太阳能、风能、地热能和海洋能。这些能源消耗之后可以恢复补充，很少产生污染。广义的清洁能源则包括在能源的生产、消费过程中，选用对生态环境低污染或无污染的矿产资源，如天然

---

① 参见《两头羊自然保护区总体规划》，由凤凰县林业局提供。
② 同上。
③ 参见《南华山国家森林公园简介》，中国林业网，http://nhsfp.forestry.gov.cn/22122/80406.html。

气、清洁煤和核能等。①

　　凤凰县遵循"因地制宜，多能互补，综合利用，讲求效益"的能源建设方针，以优化农村能源结构、改善农民生产生活条件、保护生态环境和促进新农村建设为目标，深入开展了以沼气、节柴灶、农村太阳能热水器为重点的农村能源项目建设。截至 2011 年，建成户用沼气池 3.1 万口，占全县农户数的 40.8%；省柴节煤炉灶 3.598 万户，占全户数的 47.04%；太阳能热水器已安装 1.1 万台，2.3 万平方米，占可开发面积的 34.3%。②2012—2015 年，凤凰县农村地区又新建沼气池 2672 口（处）、节能（柴）灶 13452 个，太阳能热水器 4977 台，太阳能路灯 250 盏。

表 5-7　　　　　　　　　2012—2015 年凤凰县农村能源建设情况　　　　　　单位：个

年份	沼气池	节能（柴）灶	太阳能热水器	太阳能路灯
2012	1031	3574	863	
2013	712	3720	1954	200
2014	508	2128	640	
2015	421	4030	1520	50
合计	2672	13452	4977	250

资料来源：根据凤凰县生态能源局 2012—2015 年年度工作总结制作而成。

　　凤凰县的农村能源建设曾以沼气为主，并且最初沼气也是唯一的建设内容。凤凰县的沼气出现在 20 世纪 70 年代，但当时数量还比较少，分布也较为分散，农村地区的生活能源主要来源于木柴。2011 年退耕还林工程在凤凰县实施之后，为了弥补封山育林对老百姓能源使用造成的影响，沼气工程作为巩固退耕还林成果的配套工程，在凤凰县大力开展并推广起来，2004—2006 年达到建设高峰，取得了良好的生态效益、经济效益、社会效益。首先，农村沼气建设可有效解决农村燃料不足而破坏植被的问题，具有显著的生态效益。一座沼气池相当于当年造林 3 亩，同时，养殖小区和联户沼气工程，有效解决了养殖户牲畜粪便过剩的问题，消除了养殖小区牲畜粪便造成的污染，美化了养殖场周边的环境。其次，沼气建设有利于农民的增收节支。户建沼气改变了传统的做饭方式，把农村妇女从

　　① 参见《中国大力发展清洁能源》，中华人民共和国国土资源部官网，http://test.whdc.mlr.gov.cn/tdzt/zdxc/dqr/44earthday/lskj/201304/t20130417_1204645.htm。

　　② 参见《湖南省凤凰县绿色能源县建设情况汇报》，由凤凰县生态能源局提供。

繁重的家务劳动中解脱出来，让其可以从事其他农村经营活动，而沼气保鲜库还大大提高了村组水果抵御自然灾害的能力。最后，群众生活质量得到了提高。农村沼气建设改善了农民群众传统的生产生活方式，而且把沼气池与改圈、改厨、改厕同步规划实施，对人畜粪便和生活污水进行厌氧发酵处理，可杀死寄生虫和绝大部分有害病菌，有效地改善了农村环境卫生状况，保护了农民的身体健康。但是随着经济与社会发展形势的变化，沼气的推广与使用遇到了瓶颈，主要表现为：随着城镇化的进展，农村劳动力外流严重，村中多为留守的儿童与老人，难以掌握沼气的使用和维护方法。近年来家畜养殖业呈现出规模化集中化发展态势，许多家庭已经没有家畜养殖，特别是留守家庭更是无力喂养牲畜，缺乏沼气池的粪便等原料来源。另外，沼气池的补助标准不能完全满足建设费用需要，贫困山区农民自筹有难度，也影响了沼气池的建设进度。同时，由于经费缺乏，后续服务管理也较不稳定，不少沼气池因得不到维修而废弃，降低了沼气使用率。

在沼气池建设空间越来越小，推广的难度日愈加大的形势下，凤凰县近几年大力推广使用维护更为方便的节能（柴）灶与太阳能热水器，其中节（能）柴灶使用方便，适应性广，比老式灶节能55%以上，经济和社会效益显著，太阳能热水器能基本解决安装户的生活热水问题。由于贫困地区资金困难以及高海拔地区缺水等现实因素的限制，目前节能（柴）灶与太阳能热水器的安装还未完全普及。因此，凤凰县将农村新能源建设工作与扶贫工作相结合，2016年9月印发了《凤凰县农村节柴灶项目工作实施方案》[1]，面向全县200个扶贫村的建档立卡户和全县易地扶贫搬迁同步安置点农户，以国家支持与农户自力更生相结合的原则，预期建设7830口节柴灶。

四　凤凰县生态文明建设的政策建议

进入21世纪之后，除了退耕还林、生态移民、防沙治沙等具体环境保护工程的开展，更具全面性、系统性、整体性的"生态文明"概念开始被提出与使用，并逐渐上升到国家战略的高度。2007年，党的十七大

---

[1]　参见《凤凰县农村节柴灶项目工作实施方案》，凤凰县人民政府官网，http://zwgk.fhzf.gov.cn/web1/site///articles/8908/2016-11/1442.html。

上，中共中央首次把"建设生态文明"写入党代会报告，"生态文明"开始成为全面建成小康社会的新要求。2012 年，党的十八大报告把生态文明建设正式纳入"五位一体"中国特色社会主义总体布局。2013 年，党的十八届三中全会要求"紧紧围绕建设美丽中国深化生态文明体制改革，加快建立生态文明制度"。2014 年，生态文明制度建设的步伐不断加快，"推进生态文明建设，促进经济社会可持续发展"被列入立法目的，"生态红线"等要求被首次写入法律。2015 年，生态文明制度建设与体制改革全面推进，中共中央、国务院发布《关于加快推进生态文明建设的意见》，指出了生态文明建设的总体要求、目标愿景、重点任务和制度体系，确立了生态文明建设的时间表和路线图；同时，"加强生态文明建设"首入国家五年规划。未来，生态文明建设将在中国经济社会发展中占据更加重要的地位。

凤凰县早在 1999 年就被评为"国家级生态示范县"，近些年更是高度重视生态文明建设，建设效果逐渐显现。在凤凰县城，通过排水管网、燃气管网、老城区道路改造等市政设施建设项目，市民生活环境不断改善。在农村地区，通过城乡同建同治活动，建成了一批乡镇垃圾集中焚烧炉与乡镇回收中心站，落实了乡村保洁工作制度。"十二五"期间，实施了"绿色湘西工程、人居生态工程、美丽乡村"三大生态建设工程，加大了"两区两园"（国家重点风景名胜区、国家级自然保护区、国家森林公园、国家地质公园）保护，创建了一批国家级、省级生态乡镇和生态村。以沱江流域为重点，建立了生态功能保护区，逐步提高了污水治理与垃圾处理能力；实施了石漠化综合治理、裸露山地绿化、"绿色湘西"植林造景、小流域水环境整治、农村生态能源等工程建设，改善了环境质量，提高了环境承载能力。2013 年凤凰县被授予"全国生态文明先进县"，2014 年凤凰县官庄大湾村入选"全国美丽乡村"，2015 年廖家桥镇菖蒲塘村被评为 2015 年"湖南省级美丽乡村示范村"。①

在总结凤凰县生态文明建设成果与经验的同时，如同前文中提到的那样，仍有一些困难与问题需要解决，特别是在凤凰县旅游业作为支柱产业，"一业带三化"的特色经济形势下，其旅游业健康发展的原动力就在于环境质量的提高和生态资源的保护，否则就是无源之水，无本之木。结

---

① 参见《凤凰县 2016 年政府工作报告》，凤凰县人民政府官网，http://zwgk.fhzf.gov.cn/web1/site//articles/83/2016-3/31217.html。

合本次对凤凰县的调研结果以及以往的研究成果，本报告对于凤凰县今后的生态文明建设提出如下建议与意见。

（一）加强生态工程基础设施建设，实现城乡均衡发展

虽然近些年凤凰县县城的基础设施建设以及凤凰县与外界联系的交通路网建设取得了很大的成就，但是农村地区的基础设施建设还是比较落后特别是排污治污方面。农村污染日益严重，农村生活污水和小型牲畜养殖场污水基本上是直排，矿产开发导致的重金属污染更是加剧了水体与土壤污染，虽然目前乡镇上建立了垃圾集中焚烧炉，一定程度地缓解了农村垃圾随意丢弃的问题，但是因为焚烧造成的空气污染问题也随即产生。加强生态工程基础设施建设，可以更加高效环保地促进凤凰的均衡绿色发展。

（二）运用多种渠道，加大生态工程的资金扶持力度

在调研中，我们发现无论是石漠化治理，还是水生态文明建设和退耕还林工程的进展，面临最大的问题都是资金的短缺。解决资金短缺问题，争取国家补贴固然重要，但借助社会资本进行生态产业市场化运营，以及遵循"谁污染，谁治理"与"谁收益，谁补偿"的原则，建立落实生态补偿制度也至关重要。虽然凤凰县所在的湘西土家族苗族自治州属于西部大开发的地区之一，但是由于其所在的湖南省不属于西部大开发的省份，所以许多优惠补贴政策在凤凰无法得到落实。调研过程中，当地的工作人员经常用凤凰县接邻的贵州铜仁为例，对比两者在西部大开发中享受的政策差异。除此之外，我们发现在凤凰县的旅游开发中，最大的受益者是旅游业的直接从业人员，特别是旅游公司、酒店、旅馆等，同时这些主体也是凤凰城内废水、废气、固体废物、噪声等生活污染的主要制造者，而与旅游业没有直接关联的凤凰老百姓并不能从旅游红利中分得一杯羹，相反他们还要承受旅游带来的高物价以及诸多不便。特别是在腊尔山、山江"两山"贫困地区，本来当地经济就十分落后，农民还要担负着退耕还林等重大生态工程的任务，因此，凤凰县未来的生态环境治理中，应该建立健全更加完善的生态补偿制度，加大贫困地区生态保护工程的政策与资金倾斜，利用生态补偿和生态保护工程带动当地农民就业以及贫困人口脱贫，更加公平合理地分摊生态保护成本，共享生态文明建设成果。

（三）调整产业结构，延伸生态产业链建设

凤凰县三大产业发展不平衡，第三产业所占比重越来越大，第三产业中旅游业"一业"独大的格局特色明显。在继续实施"一业带三化"战略下，充分发挥旅游产业对农业和工业的带动作用，发展绿色食品、旅游商品等特色资源产品的精深加工，推进现代农业、新兴工业与旅游业深度融合发展。目前，凤凰县在农业发展方面，较大程度地保持了传统的农业生产方式，与现代农业的生产标准还有一定的差距；在工业发展方面，规模企业较少，缺乏高科技、高附加值和大宗产品生产企业，新型工业化建设推进速度缓慢。2015 年凤凰县接待中外游客 1200.02 万人次，这是一个十分庞大的消费群体。以凤凰县近些年兴起的猕猴桃种植为例，比起传统的水稻、玉米等农作物种植，猕猴桃种植业具有田间管理科技含量高，产出附加值高的特点，但目前新鲜猕猴桃的销售主要还是以本地市场为主，加工的猕猴桃干与猕猴桃汁在外地也较为少见。绿色健康的农产品，近些年受到越来越多的消费者欢迎，除了能在旅游地消费外，游客更希望能将其带回家，因此在保证质量的前提下，农产品的销售与深加工越来越重要。目前，廖家桥镇菖蒲塘村的猕猴桃已经开展网上销售，但多以个人形式分散销售，还未形成品牌效益。以庞大的游客群体为对象，以农业合作社为单位，选择适合当地种植的高附加值农产品，形成规模化种植与经营，依托科技加强农产品的保鲜与精深加工，建立多种宣传销售渠道特别是重视电商销售平台，是未来凤凰县生态农业及加工业发展的探索方向。

（四）开辟完善新的旅游线路，促进生态旅游发展

尽管凤凰县目前已有的三条旅游线路，即：凤凰古城—南华山—奇梁洞—长潭岗—天龙峡的山水风光观光旅游线，凤凰古城—山江苗族博物馆—苗人谷—老家寨为主的少数民族风情旅游线，凤凰古城—南方长城—拉毫营盘—黄丝桥古城的军事文化体验旅游线，但大部分的游客却集中在凤凰古城这一个景点，特别是 2016 年 4 月取消古城门票后，凤凰古城的游览人数更是与日俱增。因为出入凤凰的高速公路十分便利，许多游客都是当日去当日回，到凤凰古城看上一眼就会离开，因此凤凰旅游业高人次与低效益之间的矛盾十分突出。凤凰县除了古城景观外，还拥有良好的生态环境资源、历史文化资源、民族特色资源有待开发与推广。在人们越来

越追求绿色、环保、健康的旅游潮流下，凤凰县利用自身资源和已有的游客群体，发展生态旅游大有可作为之处。绿水青山就是金山银山，凤凰县已经意识到这一点，正在开发生态观光旅游、生态休闲度假、生态风情体验等旅游新产品。根据公布的凤凰县"十三五"规划，未来五年全县范围内，要建设生态康体疗养、生态乡村旅游、生态户外拓展等多个生态旅游项目。通过这些项目的建设与实施，不仅将极大缓解凤凰古城人满为患的旅游压力，而且还能让游客们来之后留得下，提高凤凰县的旅游收益，扩大旅游红利覆盖面，进而既可以保障有更多的资金维护生态环境，也可以激发与提高当地受益群众的环保热情，为当地生态文明建设事业奠定更加雄厚的资金基础与群众基础。

（五）加强生态环保宣传，全面提高民众的参与意识与热情

生态文明建设作为"五位一体"中国特色社会主义总体布局中的重要部分，关系着社会的方方面面。进行生态文明建设，不仅仅是环保部门应承担的职责，而是社会每一个成员与机构都应该积极参与的。凤凰不少环境问题的出现都与人的环保意识薄弱有关，这里的人既包括某些政府部门工作人员，也包括某些企业商家，还包括部分游客以及当地的某些民众。与之相对，凤凰也有许多重视环保，积极参与并推广环保活动的机构与人士，比如我们在调研中发现，凤凰县政府宾馆负责人在东部沿海地区参观学习期间，了解到颗粒燃料这一新型低碳环保燃料后，便改造了宾馆锅炉，用颗粒燃料代替了传统燃料煤，不仅减轻了对空气的污染，而且还降低了费用，实现了生态效益与经济效益的双赢。目前不仅凤凰古城的不少商家已经借鉴政府宾馆的做法，而且许多来自吉首市和花垣县的宾馆酒店也前来学习。凤凰县环保局与凤凰环保协会采用环保歌曲、大话环保的新颖形式向民众介绍环保知识，取得了不错的效果。环保为大家，大家做环保，只有充分调动人民群众的参与积极性，才能营造出全民关注环保、支持环保、监督环保的良好氛围。今后，凤凰县应在现有基础上，更加充分利用电视、报纸、网络等传播工具，介绍宣传生态文明建设的先进理念与成功案例，同时结合进机关、进学校、进企业、进社区、进家庭等多种实践形式，全面提高城乡居民的环保意识与监督观念。

第六章

凤凰县农村贫困与精准扶贫

2017年6月23日，习近平总书记在山西主持召开了深度贫困地区脱贫攻坚的座谈会，他强调，脱贫攻坚工作进入目前阶段，必须重点研究解决深度贫困问题，并提出8条推进深度贫困地区脱贫攻坚的明确要求。① 2017年7月10日，国务院扶贫办下发《关于学习贯彻深度贫困地区脱贫攻坚座谈会精神的通知》，对深度扶贫工作做出具体部署和安排。2017年9月29日，汪洋在深度贫困地区脱贫攻坚电视电话会议上强调，要精准施策，攻克坚中之坚，确保深度贫困地区如期实现脱贫目标。② 在国家层面，深度贫困主要指"三区""三州""三类人"。③ 各省根据自身实际情况，确定省级层面的深度贫困问题。湖南省将包括凤凰县在内的10个少数民族县确定为深度贫困县，是当前湖南脱贫攻坚的难点与重点。

凤凰县所处的湖南湘西自治州属"老、少、边、山、库、穷"地区，是湖南省唯一进入国家西部大开发范围的地区，也是我国当前扶贫攻坚的主战场。凤凰县最早于1986年被列为湖南省贫困县，2002年2月被列为国家扶贫开发工作重点县。2016年底，凤凰县共有贫困人口13649户52642人，贫困发生率14.7%，④ 比湖南农村贫困发生率高8.7个百分点，

---

① 参见习近平《在深度贫困地区脱贫攻坚座谈会上的讲话》，人民网，http://politics.people.com.cn/n1/2017/0831/c1024-29507971.html。

② 参见《汪洋在深度贫困地区脱贫攻坚电视电话会议上强调：精准施策，攻克坚中之坚》，《人民日报》2017年9月29日。

③ "三区"是指西藏、新疆南疆四地州和四省藏区；"三州"是指甘肃的临夏州、四川的凉山州和云南的怒江州；"三类人"主要包括因病致贫人群、因灾和市场行情变化返贫人员、贫困老人。

④ 凤凰县扶贫开发办：《凤凰县2017年度精准脱贫工作总结》，2017年12月10日。

比全国农村贫困发生率高 10.2 个百分点。可以说，凤凰县一直是国家扶贫的重点县，也是目前湖南省确定的深度贫困县。根据笔者 2016 年 6 月、2017 年 8 月对凤凰县的调研分析，要实现"贫困人口到 2020 年如期脱贫"，凤凰还必须在以往脱贫攻坚工作基础上，进一步落实中央和湖南省对深度贫困地区的支持政策，完善精准扶贫机制，攻坚克难，补齐短板。

一　凤凰县农村贫困现状、特征

由于历史、地理、生态、区位、文化等因素的影响，凤凰县经济社会一直欠发展，因此，中央、省、州一直特殊关怀凤凰县的经济社会发展。30 多年来，凤凰县的扶贫工作得到了中央政府和湖南省各级政府在扶贫政策、项目、资金等方面的长期关注和支持。据不完全统计，仅近 10 年的财政扶贫资金就达到了 4.6 亿多元，[①] 有效推动了凤凰县扶贫事业的全面发展。

（一）贫困分布及发生状况

凤凰县的地形以丘陵和山地为主，总体呈西北高、东南低之势，海拔从 400 米到 900 米不等，大致可分为三级阶梯形台地。第一阶梯（海拔 500 米以下），包括竿子坪、吉信、木江坪、官庄、新场、廖家桥、水打田、林峰、沱江镇等地，气候较温暖。第二阶梯（海拔 500—800 米）包括茨岩、茶田、阿拉营、落潮井、麻冲、都里、千工坪、山江、木里及三拱桥的一部分，地势较平缓开阔，谷少坡缓、垄田较多，气候适中。第三阶梯（海拔 800 米以上）包括米良、柳薄、禾库、两林、腊尔山及三拱桥的一部分，地表起伏和缓，气候较寒冷。

我们在实地调研过程中了解到，当地干部群众在日常生活中，习惯根据地形特点将全县分为"山上"和"山下"。"山上"主要指腊尔山地区（海拔在 800 米以上）和山江地区（海拔在 600—800 米）（又叫"两山"地区），总人口 16 万人左右，是典型的苗族聚居区。由于地处高海拔的山地峡垄之中，地面坡度陡峭，农田地块小而分散，人均耕地资源少，农

---

① 《凤凰县十年扶贫开发工作汇报》，凤凰县扶贫办提供。

作物易受寒冻和旱灾的危害①，所以"山上"的百姓长期处于贫穷状态，是湖南省最大的连片贫困地区之一。除了"山上"以外的低海拔地区，均被当地人称为"山下"，以土家族和汉族为主。由于海拔偏低，所以自然条件和交通条件均明显好于"山上"，尤其是以县城为中心的旅游业发展很快，县城及公路沿线是主要的旅游集散地，百姓收入相对较高，生活较为富裕。

表6-1报告的是2013—2016年凤凰县各乡镇贫困人口分布情况。从表6-1可以看出，凤凰县农村不仅贫困面较大，贫困程度较高，且贫困人口的空间分布存在明显的差异。2013年底，凤凰县农村贫困人口25125户98347人，贫困人口发生率27.4%。贫困人口主要集中分布在禾库、吉信、麻冲、腊尔山、两林等"山上"民族乡镇和部分城郊边缘乡镇，其中，"山上"地区中的禾库镇的贫困发生率最高为40.7%，沱江镇的贫困发生率最低为20.2%，前者是后者的2倍多。另外，2016年初，山江镇、千工坪镇、麻冲乡、腊尔山镇、禾库镇、两林乡等六个乡镇贫困人口占全县贫困人口的比例为47.94%，比2013年初的该比例高6.56个百分点。说明相对其他乡镇，山江镇、千工坪镇、麻冲乡、腊尔山镇、禾库镇、两林乡等乡镇，不仅贫困面广，而且脱贫难度大，凤凰县贫困人口有继续向"山上"地区集中的态势。

表6-1　　　　　　　凤凰县各乡镇贫困人口分布情况　　　　　单位：人，%，户

行政区	2013年底贫困发生率	贫困人口合计		脱贫人数				2016年初贫困人口	
				2014年		2015年			
		户数	人数	户数	人数	户数	人数	户数	人数
凤凰县	27.4	25125	98347	3573	15155	3521	15133	18031	68059
沱江镇	20.2	1927	7076	461	1995	273	1160	1193	3921
廖家桥镇	23.0	1842	7060	409	1767	432	1830	1001	3463
木江坪镇	25.8	1442	5403	179	743	182	801	1081	3859
水打田乡	24.8	817	2841	113	416	129	519	575	1906
林峰乡	26.5	926	3211	106	393	132	536	688	2282
阿拉营镇	21.5	1828	6673	521	2111	437	1650	870	2912
新场镇	26.6	1927	6901	278	1136	258	1022	1391	4743

① 根据当地气象部门的记载，从1958年到1996年的39年中，出现干旱的年份共有27年，其中一般旱的年份有17年，大旱的年份有6年，极旱的年份有4年。

续表

行政区	2013年底贫困发生率	贫困人口合计		脱贫人数				2016年初贫困人口	
		户数	人数	2014年		2015年		户数	人数
				户数	人数	户数	人数		
落潮井镇	25.9	909	3908	109	542	176	833	624	2533
茶田镇	20.8	806	2942	163	614	124	526	519	1802
吉信镇	28.5	1739	6542	212	829	215	955	1312	4758
竿子坪镇	24.0	1351	5094	256	974	207	865	888	3255
山江镇	30.1	1446	5759	145	680	143	648	1158	4431
千工坪镇	30.1	1829	7415	194	923	217	937	1418	5555
麻冲乡	32.0	963	3880	101	437	62	329	800	3114
腊尔山镇	34.6	1532	6703	114	563	217	1005	1201	5135
禾库镇	40.7	2736	11916	132	596	180	851	2424	10469
两林乡	36.0	1105	5023	80	436	137	666	888	3921

资料来源：凤凰县扶贫办。如果没有特别注明，以下数据均来源于凤凰县扶贫办。①

（二）凤凰县农村主要贫困特征

如上所述，凤凰县是国家武陵山片区区域发展与扶贫攻坚试点县，属典型的"老、少、山、穷"县，具有特殊集中连片区域的贫困缩影特征。其贫困特征与其他地区农村相比，既有一定的共性，又具有特殊性。其主要特征如下。

1. 凤凰县贫困地区人力资本贫困特征明显

下面，以我们在凤凰县腊尔山镇追高来村进行的调研为例，来说明凤凰县贫困片区的贫困特征。2017年2月，课题组根据随机抽样原则在凤凰县追高来村共选取了38户建档立卡贫困户和31户非建档立卡户进行了问卷调查。38户建档立卡贫困户包括家庭成员163人，31户非建档立卡户包括家庭成员164人。下面，我们根据问卷调查数据，对追高来村贫困状况进行一些分析。

---

① 追高来村的贫困数据都来自凤凰县扶贫办或我们问卷调查时所得，由于凤凰县2014年开始实施建档立卡贫困户后，每年都在进行精准识别"回头看""清理"等工作，贫困户、贫困人口是在动态调整的，有可能会出现凤凰县扶贫办统计的贫困数据与统计部门统计的不一致，我们问卷调查所获得贫困数据与凤凰县扶贫办提供的数据不完全一致的情况。但这不影响我们对凤凰县及该县的乡镇、村庄的贫困问题研究。这种现象，在其他地区，普遍存在。

　　表6-2、表6-3和表6-4分别报告了追高来村人口的健康状况、受教育程度状况与劳动力状况。从表6-2可以看出，追高来村人口患有长期慢性病、大病或残疾的比例为17.23%，建档立卡贫困人口的该比例比整体的略高，为18.4%，非建档立卡贫困人口的该比例比整体的略低，为16.05%。显然，追高来村人口身体健康状况整体较差，建档立卡贫困户人口的健康状况更差。

　　从表6-3可以看出，追高来村超过一半的人口是文盲或只上了小学，其中接近三成的建档立卡贫困人口是文盲，超过了六成的建档立卡贫困人口是文盲或只上了小学。

　　从表6-4可以看出，追高来村接近三成的劳动力是部分丧失劳动能力、无劳动能力或无自理能力，其中建档立卡贫困户的劳动力部分丧失劳动能力、无劳动能力或无自理能力的占比最高，达到29.5%。

　　从上述分析可以得出，追高来村贫困人口身体素质较差、受教育水平较低、劳动能力较低，因此内生动力不足。但值得注意的一点是，追高来村不仅贫困人口身体素质较差、受教育水平较低、劳动能力较低，非贫困人口在人力资本方面与贫困人口的差异并非很大。追高来村贫困状况，在凤凰县贫困地区具有代表性。因此，要实现凤凰县整体稳定脱贫，防止新增贫困，或脱贫人口返贫，必须在精准扶贫、精准施策的同时，普遍提高村民的身体素质、教育水平和劳动力素质。

表6-2　　　　　　　　追高来村农村人口身体健康状况情况　　　　　　单位:%，个

	健康	长期慢性病	患有大病	残疾	样本
总体	82.77	11.38	2.65	3.69	325
贫困人口	81.6	12.27	0.61	5.52	163
非贫困人口	83.95	10.49	3.7	1.85	162

　　资料来源：2017年2月课题组在追高来村的住户问卷调查。

表6-3　　　　　　　　追高来村农村人口受教育程度情况　　　　　　单位:%，个

	文盲	小学	初中	高中	中专（职高技校）	大专及以上	样本
总体	20.67	36	28.67	5	3	6.67	296
贫困人口	29.93	31.29	23.13	6.8	1.36	7.48	143
非贫困人口	11.76	40.52	33.99	3.27	4.58	5.88	153

　　资料来源：同表6-2。

表6-4　　　　　　　　　追高来村农村劳动人口劳动能力情况　　　　　单位:%, 个

	普通全劳动力	技能劳动力	部分丧失劳动能力	无劳动能力但有自理能力	无自理能力	样本
总体	66.1	5.5	10.2	15.7	2.5	236
贫困人口	63.4	7.1	12.5	16.1	0.9	112
非贫困人口	68.5	4.0	8.1	15.3	4.0	124

资料来源:同表6-2。

2. 凤凰县贫困人口主要经营传统农业和外出务工,增收渠道较窄

由于历史、地理、生态、区位、文化等因素的影响,限制了凤凰县贫困村的经济发展,村民生产生活基本呈现这样的图景:年轻力壮的基本外出务工、经商了,老、少、病、残、妇女留在村里从事传统农业。村民的收入来源,大部分依赖务工收入和转移性收入,经营性收入及财产性收入的份额都较小,村民的增收渠道较窄。下面,我们再以追高来村为例。

表6-5、表6-6与表6-7分别报告了2016年追高来村村民收入和收入构成情况。从表6-5、表6-6与表6-7可以看出,追高来村家庭收入及收入来源呈现一定的阶层差异。贫困户家庭收入及家庭人均收入相对非贫困户或村平均水平,都比较低。虽然追高来村村民家庭普遍主要依靠打工工资性收入和转移性收入,但贫困户家庭对转移性收入与工资性收入的依赖更大,且贫困户转移性收入水平大大高于非贫困户。

具体而言,从收入水平看,贫困户家庭总收入、家庭人均收入分别相当于追高来村平均水平的81.3%与95.1%,相当于非贫困户的66.2%与89.8%。[①] 贫困户农业经营收入水平相当于村平均水平的63.3%,只相当于非贫困户的43.7%;贫困户家庭非农业经营收入只相当于村平均水平的22.1%,更是仅相当于非贫困户的11.3%;贫困户家庭务工收入相当于村平均水平的73.8%,相当于非贫困户的55.8%;贫困户家庭财产收入仅相当于村平均水平的18.0%,更是仅相当于非贫困户的9.0%。但是,贫困户家庭转移性收入水平,大大高于村平均水平(相当于村平均

---

① 贫困户家庭总收入与非贫困户的差距,与贫困户家庭人均收入与非贫困户的差距,存在一定的差异,这主要是因为贫困户的家庭规模(4.3)小于非贫困户的家庭规模(5.3)导致的。在我们以往的经验中,贫困户的家庭规模通常较非贫困户的大。但近两年我们在有些地方的调研中发现,贫困户的家庭规模较非贫困户的小。这可能与现在的扶贫政策大多以户为单位有关,有些农户,为了多得扶贫支持,就采取分户的手段,导致贫困户的平均家庭规模就减小了。从这也可以看出,农村部分群体为了获得政府扶持而采取的应对策略。

水平的 131.3%），更是大大高于非贫困户的水平（相当于非贫困户的 212.8%）。

从收入构成看，包括贫困户、非贫困户在内的追高来村农户家庭收入来源中，按份额从高到低排序，分别是工资性收入、转移性收入、经营性收入、财产性收入。也就是说，包括贫困户、非贫困户在内的追高来村农户都主要依靠打工工资收入和转移性收入，农业经营收入只占家庭总收入的 5%—7.57%，非农业经营收入只占家庭总收入的 1.4%—8.2%，而财产性收入的份额就更小了，不到 1%。但是，贫困户与非贫困户在收入来源上还是有较大差异的。其一，虽然打工工资收入是贫困户最大的收入来源，但贫困户工资性收入份额比村总体的低 6.38 个百分点，比非贫困户的更是低了 11.55 个百分点，贫困户打工收入的优势大大小于非贫困户。我们在村里访谈的时候了解到，虽然有些贫困户也有人在外务工，但基于他们受教育水平低、没技能，只能干建筑工地的小工或季节性到洞庭湖割芦苇等收入较低、稳定性差的工作，有些贫困户的劳动力因为家里有老人、病人需照料，不能外出务工，只能在家附近间歇性地打零工。这些都是贫困户工资性收入不高的原因。其二，转移性收入同样是非贫困户的主要收入来源，但贫困户转移性收入份额比村总体的高 11.87 个百分点，比非贫困户的更是高 21.5 个百分点，贫困户转移性收入的优势大大高于非贫困户。这部分说明目前政府主导的精准扶贫的瞄准率是比较高的、减贫效果也是比较好的。其三，贫困户与非贫困户的农业经营收入份额差异是最小的，但非农业经营收入的份额差异又比较大。贫困户农业经营收入份额比村总体的低 1.41 个百分点（是村总体的 78%），比非贫困户的低 2.57 个百分点（是非贫困户的 66.05%）。贫困户非农业经营收入份额比村总体的低 3.76 个百分点（是村总体的 27.13%），比非贫困户的低 6.8 个百分点（是非贫困户的 17.07%）。这说明由于追高来村村民拥有的土地资源、农业实用技术、农业生产固定性资产等农业经营要素的差异不太大，或者说追高来村村民大多还是从事传统的农业生产经营，因此贫困户与非贫困户的农业经营收入的差距相对最小。而需要资本、人力资本、经营能力的非农业经营，贫困户在这方面的劣势凸显，贫困户与非贫困户的非农业经营收入就会呈现较大的差异。其四，贫困户与非贫困户的财产性收入份额都很小，但非贫困户财产性收入份额是贫困户的 7 倍多。

同样，从家庭人均收入构成看，与家庭总收入构成的情况基本一致

（见表6-7）。

综上所述，2016年，以追高来村为代表的凤凰县贫困地区的贫困家庭主要依赖打工收入和转移性收入，农业经营收入也是其重要收入来源。但由于人力资本等方面的差异，相较非贫困户，贫困户打工、经商以及从事非农经营都处于劣势，而在获得政府资助方面，处于优势地位，在农业经营方面，与非贫困户的差异较小。也就是说，追高来村贫困户主要经营传统农业和外出务工，且外出务工的工作不稳定、收入低，增收渠道较窄。正是由于政府转移性收入的大力支持，贫困户的收入才得以有目前的水平。

表6-5　　　　　　　　2016年追高来村家庭人均纯收入情况分布　　　　单位：元，个

	家庭总收入	家庭人均纯收入	家庭人均农业经营收入	家庭人均非农经营收入	家庭人均工资性收入	家庭人均财产性收入	家庭人均转移性收入	样本
总体	46782.5	10141.4	790.0	517.2	6293.7	55.8	2484.6	69
贫困户	38041.3	9649.5	714.1	169.8	5219.4	14.5	3531.7	38
非贫困户	57497.4	10744.4	883.2	942.3	7611.3	106.4	1201.2	31

资料来源：同表6-3。

表6-6　　　　　　　　2016年追高来村家庭收入构成情况　　　　单位：%，个

	农业经营收入	非农经营收入	工资性收入	财产收入	转移性收入	样本
总体	6.41	5.16	68.68	0.41	19.33	69
贫困户	5	1.4	62.3	0.09	31.2	38
非贫困户	7.57	8.2	73.85	0.67	9.7	31

资料来源：同表6-3。

表6-7　　　　　　　　2016年追高来村家庭人均收入构成情况　　　　单位：%，个

	农业经营收入	非农经营收入	工资性收入	财产收入	转移性收入	样本
总体	7.79	5.1	62.06	0.55	24.49	327
贫困户	7.4	1.76	54.09	0.15	36.58	163
非贫困户	8.22	8.77	70.84	0.99	11.17	164

资料来源：同表6-3。

3. 凤凰县贫困地区"橄榄形"贫困问题突出

我们还是以追高来村为例。如上所述，从收入水平看，追高来村贫困户

家庭人均收入相当于追高来村平均水平的95.1%，相当于非贫困户的89.8%。显然，以追高来村为代表的凤凰县贫困地区农村家庭人均收入呈现一定的阶层差异。但贫困户家庭人均收入水平与全村平均水平差异并不是想象的那么大。这一方面说明，凤凰县农村贫困的认定，不仅遵循收入贫困的标准，还遵循"两不愁、三保障"（不愁吃、不愁穿，保障其义务教育、基本医疗和住房）的多维贫困标准；另一方面也说明，凤凰县贫困地区农村徘徊在收入贫困标准边缘的人口占据了相当比例，呈现"橄榄形"贫困。

4. 凤凰县贫困地区"贫困的代际传递""贫困的代际逆传递"现象凸显

我们仍以追高来村为例。我们在追高来村的调研发现，追高来村不仅呈现比较明显的"贫困的代际传递"现象，同时"贫困的代际逆传递"现象凸显。"贫困的代际传递"是指贫困状态在代际间的传承和复制，即指在一定的地区或阶层范围内，贫困以及导致贫困的相关条件和因素在代际之间复制、延续，使子代重复父代的贫困境遇。[①] "贫困的代际逆传递"指的是父代基于自身的人生任务、对子代的价值期待和情感寄托，通过自我剥削的方式将资源无条件地输送给子代，以此来完成家庭再生产，帮助子代实现向上的社会流动等，从而造成代际压力不断向父代传导、资源不断流向子代、养老空间被不断挤压的社会现象。[②]

一方面，由于自然生态、社会经济发展水平等外部因素和农民人力资本积累程度低等内部因素的影响，追高来村长期处于贫困状态，贫困程度较高，贫困脆弱性明显，进而呈现贫困代际传递发生率高的特征；另一方面，家在追高来村村民心中具有无法取代的宗教意义，维持家庭的再生产是他们人生最首要的任务。在家庭再生产过程中，父辈或是欠下巨额的债务或是以牺牲自己的身体健康和老年生活为代价，为子女读书、结婚、照顾孙辈而辛勤劳动，节衣缩食，通过自我剥削的方式将资源输送给子代。在贫困家庭中，这种现象更加严重，呈现明显的"贫困的代际逆传递"现象。

5. 凤凰县贫困地区"特殊贫困群体"较多

我们的调研发现，包括追高来村在内的很多贫困村存在较多的贫困光棍汉和贫困老人、留守儿童。例如，追高来村里目前有30多个30岁以上

---

①　参见张立冬《中国农村贫困代际传递实证研究》，《中国人口·资源与环境》2013年第6期。

②　参见刘成良《贫困的代际逆传递——基于华北、中部农村贫困问题的研究》，《社会保障研究（北京）》2016年第2期。

仍未成家娶亲的光棍汉，这些光棍汉大部分是因为家里穷。另外，由于"贫困的代际逆传递"，追高来村存在部分老人贫困群体，他们的子女或者外出打工了，或者成家另立门户了，留下孤独的老人自己耕种田地艰难度日。还有，村里青壮年大多外出经商、务工了。那些贫困家庭外出务工的青壮年，一般没有能力将孩子带在身边扶养、上学，就只能将孩子留在村里请爷爷奶奶辈的老人照看。

二　凤凰县精准扶贫、精准脱贫实践

从 2014 年开始，在中央统一部署下，作为典型的"老、少、山、穷"县、国家扶贫开发工作重点县、国家武陵山片区区域发展与扶贫攻坚试点县、湖南省确定的深度贫困县和湖南省脱贫攻坚主战场，凤凰县通过建档立卡，精准识别扶贫对象，积极构建专项扶贫、行业扶贫、社会扶贫"三位一体"大扶贫工作格局，制定精准有效的具体扶贫措施，全面推进精准扶贫工作，取得了阶段性成果。以下着重分析 2014—2017 年凤凰县精准扶贫工作的状况，分析凤凰县精准扶贫、精准脱贫取得的成绩、经验和存在的问题。

（一）精准识别

精准扶贫方略的提出就是要解决以往扶贫工作中存在的贫困人口底数不清、情况不明、针对性不强等问题，因此，精准识别是精准扶贫的前提和基础。[①] 2013 年底，中办、国办印发《关于创新机制扎实推进农村扶贫开发的意见》，提出由国家统一制定识别办法，并按照县为单位、规模控制、分级负责、精准识别、动态管理的原则，开展贫困人口识别、建档立卡和建立全国扶贫信息网络系统等工作。2014 年 5 月，国务院扶贫办制定《扶贫开发建档立卡工作方案》，对贫困户和贫困村建档立卡的目标、方法和步骤、工作要求等做出部署。2014 年 4—10 月，全国组织 80 万人深入农村开展贫困识别和建档立卡工作，共识别 12.8 万个贫困村 8962 万贫困人口，建立起全国扶贫开发信息系统。2015 年 8 月至 2016 年 6 月，全国动员近 200 万人开展建档立卡"回头看"，补录贫困人口 807 万，剔

---

① 参见《建立精准扶贫工作机制实施方案》。

除识别不准人口 929 万，基本完成贫困识别及动态调整工作。

　　凤凰县与全国其他地区基本同步开展扶贫开发建档立卡工作。2014年 7 月，凤凰县制定了《凤凰县农村扶贫对象建档立卡工作方案》和《凤凰县贫困村识别和建档立卡工作方案》，确定了贫困户、贫困村建档立卡工作原则、程序等。其中，建档立卡贫困人口识别标准为：①以户为单元；②家庭主要劳动力在 60 岁以下；③有劳动能力和较强的脱贫愿望；④处于国家扶贫标准线下的农村家庭居民（按 2010 年农民人均纯收入2300 元的不变价）；⑤民政部门已识别登记的农村低保对象。从凤凰县召开政府常务会或扶贫开发领导小组会，研究工作方案和识别办法成立班子，将扶贫对象指标按贫困程序分类安排到乡镇，召开全县启动会，全面宣传发动，开始建档立卡贫困人口识别的第一步，然后经过十步，填写《贫困户登记表》并整理归档，最后审核、校对贫困户登记信息，并逐级上报。

　　根据《凤凰县农村扶贫对象建档立卡工作方案》，按照国家统一的贫困识别标准，通过完成凤凰县规定的所有程序，2014 年 6 月，经凤凰县扶贫开发领导小组办公室审核和研究决定，同意 24 个乡镇所上报的29068 户 98321 位贫困人口（见表 6-8）。其中，一般扶贫户① 15528 户62395 人，低保贫困户② 13094 户 34008 人，扶贫低保户③ 447 户 1918 人。这也就是 2014 年凤凰县贫困户建档立卡识别人口。

表 6-8　　　　　　　2014 年凤凰县建档立卡贫困人口分布情况　　　　　单位：人，户

行政区	贫困人口总合计		贫困人口属性					
			一般扶贫户		低保贫困户		扶贫低保户	
	户数	人数	户数	人数	户数	人数	户数	人数
凤凰县	29068	98321	15528	62395	13094	34008	447	1918
沱江镇	1480	5191	674	2812	806	2379	0	0
廖家桥镇	1437	5002	821	3070	615	1929	1	3
木江坪镇	1690	5947	976	3915	712	2026	2	6

　　①　"一般贫困户"是指狭义的贫困户，指家庭有劳动能力，且家庭人均纯收入低于国家贫困识别标准的农户。

　　②　"低保贫困户"是指享受了国家低保待遇，家庭人均纯收入仍低于国家贫困识别标准的农户。低保贫困户享受国家低保和扶贫双重待遇。

　　③　"扶贫低保户"是指有劳动能力和劳动意愿的低保户。

续表

行政区	贫困人口总合计		贫困人口属性					
			一般扶贫户		低保贫困户		扶贫低保户	
	户数	人数	户数	人数	户数	人数	户数	人数
阿拉营镇	1990	6826	1044	4041	922	2679	24	106
茶田镇	1210	3639	466	1880	598	1179	146	580
吉信镇	1878	6553	1093	4270	785	2283	0	0
山江镇	1566	5495	847	3663	716	1822	3	10
腊尔山镇	1790	6240	1095	4426	695	1814	0	0
禾库镇	1651	4990	798	3480	853	1510	0	0
官庄乡	846	2858	431	1720	411	1126	4	12
水打田乡	992	3274	569	2093	421	1172	2	9
林峰乡	1057	3082	497	1808	528	1135	32	139
都里乡	816	3082	505	2035	306	1005	5	42
落潮井乡	1126	4284	636	2905	490	1379	0	0
新场乡	1173	3511	618	2155	555	1356	0	0
茨岩乡	960	3117	463	1904	497	1213	0	0
三拱桥乡	1299	4239	800	2769	495	1456	4	14
竿子坪乡	344	1177	154	592	190	585	0	0
麻冲乡	1122	3469	677	2283	445	1186	0	0
千工坪乡	1155	3930	476	2422	679	1508	0	0
木里乡	824	3278	451	2008	263	860	110	410
两林乡	1199	4409	616	2731	473	1100	110	578
柳薄乡	944	2743	487	1944	453	790	4	9
米良乡	519	1985	335	1474	184	511	0	0

资料来源:《关于确定24个乡镇上报贫困人口的批复》。

2015年、2016年,根据凤凰县的统一部署,凤凰县开展了清理核查农村低保对象、农村扶贫对象及精准扶贫数据"回头看"工作。2017年初,凤凰县开始对脱贫攻坚突出问题进行整改,整改的重点之一是对2014年以来贫困户识别不精准的进行重新识别。2017年8月,我们第二次到凤凰县追踪调研的时候,凤凰县已经基本完成精准识别整改工作,整改后,凤凰县全县共有贫困村186个,建档立卡贫困户24935户贫困人口100362人。

通过大力实施精准扶贫和脱贫攻坚，截至 2016 年底，全县贫困村下降到 155 个，建档立卡贫困户减少到 14071 户，未脱贫人口减少为 54429 人（含 2017 年识别返贫贫困户 396 户，贫困人口 1468 人）。

从我们对县、乡（镇）政府相关部门以及追高来村的干部、群众的调研、访谈情况看，通过 2017 年的整改，应该说凤凰县贫困人口识别实现了从上至下布置、认定，从下至上识别、报告的双向过程，建档立卡贫困人口数据基本实现了真实可靠。

（二）精准帮扶

精准帮扶是指对识别出来的贫困户和贫困村，深入分析致贫原因，落实帮扶责任人，逐村逐户制定帮扶计划，集中力量予以扶持。[①] 2014 年底，追高来村与凤凰县同步完成精准识别、建档立卡工作。为了实现 2020 年贫困人口如期脱贫，贫困村全部摘帽的减贫目标，从 2014 年开始，凤凰县全面实施精准扶贫、精准脱贫方略。目前，凤凰县形成了政策扶贫、专项扶贫、行业扶贫三位一体的扶贫格局，并建立了"十项工程"政策体系（包括发展生产脱贫工程、乡村旅游脱贫工程、转移就业脱贫工程、易地搬迁脱贫工程、教育发展脱贫工程、医疗救助帮扶工程、生态补偿脱贫工程、社会保障兜底工程、基础设施配套工程及公共服务保障工程），为脱贫攻坚提供了强有力的政策保障。

1. 产业扶贫工程

习近平总书记强调："要脱贫也要致富，产业扶贫至关重要。"产业扶贫是指贫困群体依靠产业发展促进收入增长，从而逐步实现脱贫致富的一种扶贫方式，是贫困群体由"输血"向"造血"转变、进而实现可持续发展的重要途径。产业扶贫包括贫困农户直接受益的农业产业扶贫、企业就业扶贫，也包括近年来新兴的旅游扶贫、光伏产业扶贫、电商扶贫等形式。可以说，产业扶贫是精准扶贫的主要形式，是实施精准扶贫、精准脱贫战略的最重要"一批"，也是凤凰县精准脱贫"十项工程"中的重要一项。

（1）以特色农业支撑精准脱贫

近年来，凤凰县高度重视特色农业发展，实施了一批农业产业园建

---

① 国务院扶贫办：《建立精准扶贫工作机制实施方案》。

设，较好地发挥了农业产业园带动农民增收、农村发展、农业增效的作用，为精准脱贫提供了强有力的支撑。一是以优惠政策引导社会力量参与特色农业开发。出台了凤凰县《关于加快推进现代农业产业发展的实施意见》的1号文件，在农业示范园和专业合作社建设、科技支撑、贷款贴息等方面给予支持，先后吸引湖南老爹、湖南利民、湖南新安、贵州天宏、四川天宏等企业投资建产业园，培育或引进农产品加工企业近40家，一批技术能人、农村经营能人、村支"两委"、科研单位带头发展产业园，一大批群众积极参与产业园建设。二是以园区建设带动特色农业规模发展。每年整合筹集资金1.2亿元，建设5个万亩现代农业产业园。2015年，全县启动了烟叶、猕猴桃、高山葡萄、柑橘、蔬菜、杜仲、油茶、薰衣草等标准园建设65个，建成20个，有37个贫困村参与了标准园建设。三是以创新经营机制吸纳农民群众发展特色农业。建立土地流转机制，出台了土地流转政策，引导园区农民以转包、出租、互换、转让、股份合作、托管等形式流转土地31790亩，聘请农民参与园区建设和管理，使农民获得土地分红和务工收入的两头"红利"；建立农民专业合作社合作发展机制，支持农民专业合作社建设，引导农民入社发展、参与分红。全县建有农民专业合作社192个，发展社员5560户。2015年，农民专业合作社农产品销售额达到4461万元，社员户均纯收入5879元；建立"企业+合作组织+基地+农户"经营机制，形成了"风险共担、利益共享"的企社农联结模式；建立农产品网络营销机制，抓好农产品网络营销平台建设，解决传统市场营销辐射范围窄、销售成本高等问题，完成了全国供销总社"供销e家"平台凤凰供销旗舰店建设，凤凰惠农电子商务公司成功签约淘宝公司，成功创建了全国供销系统电子商务示范县。

据凤凰县扶贫办提供的资料，2017年，凤凰县投入资金7141万元，完成土地流转3.7万亩，扶持龙头企业和加快合作社建设，建立了"企业+专业合作+贫困户"的利益联结机制，累计发展农民专业合作组织318个，覆盖贫困村112个，发展州级以上龙头企业11家，龙头企业产业基地涉及贫困村82个，带动贫困村、贫困群众发展铁皮石斛、蓝莓、高山葡萄、柚子、黄桃、红心猕猴桃、蔬菜等规模特色产业基地76个，产业面积46万亩。对接凤凰旅游消费市场，扶持贫困村、贫困户发展庭院经济、特色产业，发展农业特色产业项目182个，其他产业项目10个，完成特色养殖88.05万（头、只、羽）。此外，凤凰县引进县外龙头企业和扶持县内农民专业合作社、企业以股份合作带动模式，发展生姜、药材、猕猴桃、杜仲萝卜猪、特色水果、稻花鱼、青皮黄豆、湘西黄牛等8个重点产业项目，累计带动帮扶建档立卡贫困人口18993人走上了产业脱贫之路。吉信镇2788亩生姜产业项目、千工坪镇600亩药材产业项目、腊尔山镇1000亩猕猴桃产业项目、廖家桥镇和新场镇特色水果产业项目已完成项目建设。这些项目建设陆续完成，正在实现产业扶持一批的效果。

（2）以民族文化产业助推精准脱贫

按照保护文化、传承文化、经营文化、推广文化的要求，做大做强民族文化产业，推进文化资源优势转化为文化产业强势，使民族文化产业带动群众创收、助推精准脱贫。一是保护和挖掘历史文化遗产。先后出台了《凤凰国家历史文化名城保护规划》《古城保护详细规划》等文件，共计投入8亿元，实施了文物景点、文物古迹、历史街巷、特色民居、名人故居的保护维修。推进文化生态保护区建设，山江苗族文化生态保护实验区升格为国家级文化生态保护实验区。加强对西南军事防御体系的研究和挖掘，启动了15个西南军事防御体系核心古城堡、古村落、古遗址"整体收购、整体迁建、整体保护、整体利用"工作。二是传承和发展非物质文化遗产。成立了非物质文化遗产保护中心，创办了蓝印花布、凤凰纸扎、苗族银饰锻制、苗族服饰、土家织锦等非物质文化遗产技艺传习所和技艺生产性保护基地。大力实施"文化回城、文化回家"文化回归活动，在古城景区内，定期开展了苗族鼓舞、纸扎、苗绣等非物质文化遗产技艺展示和茶灯、阳戏、傩堂戏等民间歌舞戏曲展演。三是开发和经营民族文化资源。注重民族文化资源的研发和经营，重点打造三大文化品牌。打造文化演艺品牌。把"原生态""本土化""民族化"的文化资源推向市场，成功推出了《边城》《魅力凤凰》《苗寨故事》等优秀文化演艺节目。打造文化商品品牌。深入挖掘民族服饰文化、饮食文化和民间技艺，打造具有地方特色、有发展潜力和一定生产规模的旅游纪念品、工艺品和食品，形成了"凤凰银饰""凤凰蜡染""凤凰血粑鸭""凤凰腊味""凤凰姜糖"等具有地域文化特色的商品体系。打造文化节会品牌。成功举办了苗族"四月八"跳花节、中韩围棋挑战赛、中国凤凰苗族服饰银饰文化节、中国凤凰国际摄影双年展、中国凤凰酒歌节、武陵山区（湘西）土家族苗族文化生态保护节等文化节会活动，推动了民族文化繁荣发展，凤凰文化影响力明显提升。

2. 转移就业脱贫工程

农村劳动力转移就业为农民脱贫致富提供了行之有效的途径。近年来，凤凰县通过开展精准脱贫"十项工程"带领贫困户逐步实现脱贫，效果显著。劳动力转移就业工程就是精准脱贫"十项工程"中的重要一项。

目前，凤凰县农村劳动力转移就业主要进行了以下几个方面的努力，首先是搭建平台，建立劳动力数据库。其次对贫困户进行培训实用技术，如电工、焊工、厨师、种植、养殖、开网店等培训。第三实施转移就业，凤凰县与广东、浙江一些用人单位签订相应的劳动用工协议，举办专门的招聘会，推进包括建档立卡户在内的劳动力转移就业。例如，2016 年一共举办了 8 场招聘会，为凤凰县农村劳动力提供了 14100 多个岗位信息。第四是通过政府购买服务的形式开发公益性岗位，实现贫困人口的就地安置。第五，通过"企业+农户+基地"实现建档立卡户在本地、在家里实现就业。截止到 2016 年 2 月，凤凰县建档立卡贫困劳动力人口 46360 人中，已经外出务工的有 22171 人，占建档立卡贫困劳动力人口的 47.82%。2017 年，完成转移就业农村贫困劳动力 3529 人，其中新增转移就业农村贫困劳动力 1623 人；完成"两后生"培训 134 人；共举办了各类培训 28 期，培训人员 1858 人（建档立卡户 559 人）。

3. 教育发展脱贫工程

"发展教育脱贫一批"是精准扶贫方略"五个一批"之一，也是凤凰县精准脱贫"十项工程"中的重要一项。为完成脱贫攻坚工作，凤凰县从 2016 年起实施"发展教育脱贫一批"工程，出台了《凤凰县教育发展脱贫工程实施方案（2016—2019）》《2016 年凤凰县教育发展脱贫工程实施细则》《2016 年凤凰县教育发展脱贫工程工作考核实施细则》《凤凰县贫困学生资助全覆盖资金发放实施方案》《凤凰县贫困学生资助全覆盖资金管理办法》等一系列文件。

第一，建立各教育阶段贫困家庭学生资助政策体系，并逐步提高资助水平和覆盖范围，确保学生不因贫辍学。这又可以分成三个阶段。第一阶段，从 2016 年秋季学期起，凤凰县率先对包括追高来村在内的全县建档立卡贫困家庭和城乡低保户的适龄儿童少年全员接受学前至高中级阶段 15 年免费教育。其中每生每期按学前 750 元免保教费，普通高中 800 元免学费，同时还对建档立卡户和城乡低保户在校子女按每生每期"学前

500 元、小学 750 元、中学 1000 元、中职 1250 元"给予生活补贴。贫困大学生入学资助力度得以加大，由原来的"大专 3000 元/人，本科 5000元/人"，增至为"大专 4000 元/人，本科 6000 元/人"。据统计，2016 年秋季学期投入资金 2071.39 万元，惠及贫困学生 18412 名。第二阶段，从2017 年春节学期起，凤凰县进一步提高教育扶贫的覆盖面和力度，对学前至高中阶段建档立卡户、城乡低保户、孤儿（含事实孤儿）、残疾（含残疾家庭子女）学生实施免费教育，并按照每生每年"学前 1000 元、小学 1500 元、中学 2000 元、中职 2500 元"给予生活补贴。第三阶段，从2017 年秋季学期开始，凤凰县下大力气再次提高教育扶贫的覆盖面和力度，实施湖南省最高标准的贫困生救助政策。在对学前至高中阶段建档立卡户及城镇低保户、孤儿、残疾人家庭子女免除学费和杂费的基础上，提高各阶段贫困学生的资助标准。如小学 1—2 年级建档立卡贫困生生活补贴提高至 3000 元/年/生；对贫困大学新生按专科每人 4000 元，本科每人6000 元给予一次性资金补助；对特困大学新生按省外 1000 元，省内 500元给予入学路费补贴；对凤凰县户籍财政供养特困户大学生，按本科（含预科）6000 元/人/年、专科（含高职）4000 元/人/年，连年救助，直至大学毕业；对本、专科生每年不超过 8000 元，研究生每年不超过12000 元实施大学生生源地信用助学贷款。另外，特别值得一提的是，从2017 年秋季起，对农村非建档立卡户家庭子女同等免除 12 年基础教育基本费用，进一步扩大了教育惠民政策覆盖面。显然，凤凰县教育扶贫工程不仅关照到建档立卡贫困户、城乡特殊困难群体的子女上学，还扩展到农村户籍的所有孩子。这对于像包括追高来村在内的凤凰县农村呈现的"橄榄形"贫困现象（即贫困户家庭人均收入水平与全村平均水平差异并不太大，徘徊在收入贫困标准边缘的人口占据了相当比例，呈现"橄榄形"贫困），以往的各项扶贫政策都主要是针对建档立卡贫困人口，有可能会出现政策"鸿沟"、产生新的不公平。因此，政府在扶贫政策的实施中，要把握好尺度，努力化解政策的"悬崖效应"，[①] 打好"政策补丁"。基于此，凤凰县在最能发挥扶贫的长效机制——教育扶贫方面，制定了有利于凤凰县经济社会长远发展的、兼顾农村非贫困人口的教育扶贫政策。

---

　　① 悬崖效应是指事物在变化的临界点（线）阶段或范围所发生的变化特征和结果，即由量变突破"度"引起质变。换句话说，呼救者濒临悬崖时，人们无法施以援手，其掉下悬崖酿成悲剧后方可得到救助。

一个深度贫困县能下这么大力气将包括农村所有居民的孩子及城镇特殊困难家庭的学生享受从小学到高中的免费教育，这是需要很大的气魄的。据凤凰县相关部门的领导说，为此，凤凰县政府要从县级财政每年额外多支出 3000 多万元。

第二，乡镇学校建设不断加快，着力缩小城乡教育差距，全面改善乡村的办学条件。凤凰县政府逐步加大了农村地区的教育投入力度，推进农村学校（园）标准化建设。

例如，包括追高来村在内的腊尔山镇的办学条件得到较大的改善。腊尔山镇有一所完小（腊尔山镇中心完小）、一所初中（凤凰县第一民族中学），还有分布在各村的 15 个教学点。追高来村有一教学点（腊尔山镇追高来教学点），近几年在修建村委会办公楼的时候，在村委会办公楼的同一个院子里新建了一两层楼的标准教学楼。学校占地面积 3800 平方米，建筑面积 140 平方米。学校依山傍水，环境优美，布局合理，有清晰的教学区和活动区。因为各种原因，目前在追高来教学点上学的学生不多，只有距离腊尔山镇较远的一、二、三、四组村民的孩子，在村小上一至三年级，四年级起就全部到腊尔山镇中心完小上学去了。五、六、七、八、九组的村民的孩子，离镇上较近，从一年级就到腊尔山镇中心完小上学。村里有些孩子，甚至从小就到县城去上学，或者跟随外出打工的父母在外地上学。2017 年春季的时候，算上学前班的学生，追高来教学点共有 59 名学生，其中一年级学生 12 人，二年级学生 9 人，学龄前幼儿 43 人。有 40 人是贫困户家庭的孩子。有两名代课老师，一名负责一、二年级的学生，另一名老师负责学前班教育。

第三，凤凰县在落实学生资助政策、确保资助主渠道畅通的同时，引导社会各界捐资，多渠道筹集贫困生资助资金，积极推动社会力量开展"一对一"帮扶贫困学生，确保贫困户家庭孩子不因贫困失学、辍学，阻断贫困代际传递。目前，已积极引导中华社会救助、坤叔助学团、上海大眼睛等近 30 个社会团体，到凤凰县捐资助学 825 万元，惠及学生 3120 人。追高来教学点龙校长告诉我们，追高来村小的 40 名贫困户家庭的孩子其中有 5 名学生在接受"蒲公英助学"等社会团体的资助，资助以跟踪持续的方式进行，一直资助到该名同学不能再继续读书为止。资助金额从小学到初中、高中、大学分别是每学期 400 元、500 元、1000 元、2000元。另外，还有 4 名同学接受其他社会爱心人士的资助。

第四，凤凰县开展贫困学生职业学历教育。通过定向委培特困生等方式，帮助贫困生完成中专以上职业学历教育。通过帮助贫困家庭子女完成非义务教育学龄段学业教育的路径与方法摆脱贫困，斩断"穷"根，防止贫困代际遗传。追高来村就有贫困家庭的子女正在上职高，并得到免学费等资助。

4. 易地扶贫搬迁工程

"易地扶贫搬迁脱贫一批"是精准扶贫方略"五个一批"之一，也是凤凰县精准脱贫"十项工程"中的重要一项。为完成脱贫攻坚工作，凤凰县从2016年起实施"易地扶贫搬迁工程"，出台了《凤凰县精准脱贫"十项工程"实施方案》和《凤凰县易地搬迁项目实施办法》等文件。

《全国"十三五"易地扶贫搬迁规划》中指出，易地扶贫搬迁"迁出区域主要为自然条件严酷、生存环境恶劣、发展条件严重欠缺且建档立卡贫困人口相对集中的农村贫困地区"。《湖南省"十三五"时期易地扶贫搬迁实施意见》则相应规定，"易地扶贫搬迁对象主要是居住在深山、石山、高寒、荒漠化、地方病多发、无水源、生产资料缺乏等生存环境差、不具备基本发展条件，以及生态环境脆弱、限制或禁止开发地区、2015年人均收入2800元以下的农村建档立卡贫困人口，优先安排受泥石流、滑坡等地质灾害威胁的建档立卡贫困人口搬迁"。《凤凰县精准脱贫"十项工程"实施方案》对于易地扶贫搬迁对象的规定，完全与《湖南省"十三五"时期易地扶贫搬迁实施意见》中一致。但凤凰县在具体实施易地扶贫搬迁政策时，结合凤凰县实际，制定了《凤凰县易地搬迁项目实施办法》，对易地扶贫搬迁对象范围做了具有凤凰特点的具体化的规定，一是"地质灾害隐患点。指的是工程治理难度大、效益差、安全隐患较大，经国土资源部门认定必须整体搬迁的；其他可通过工程措施治理的隐患点，有搬迁意愿的建档立卡户。也可以申请搬迁"。二是"饮水困难的村寨。指的是当地无稳定饮用水源，管网铺设投入成本大，连续干旱50天以上，人畜饮水困难、需要整体搬迁的自然村寨"。三是"少田少土的村寨。指的是人均耕地不足0.7亩，不具备生产发展条件的村寨，鼓励整村整寨整体搬迁"。四是"基础设施条件差的村寨。指的是居住在深山，距城镇和交通干道较远、基础设施和公共服务设施难以延伸、空心化严重、贫困发生率高、扶贫成本大的贫困村寨，鼓励整村整寨整体搬迁"。五是"旅游产业规划村寨。指的是整体已纳入县旅游发展规划的传统村落、乡村旅游景区（点），影响旅游发展，确需整体搬迁的村寨"。六是"生态搬迁。指的是自然保护区、生态脆弱区、国家地质公园等区域内，需要整体搬迁的农户"。七是"其他建档立卡户。指的是居住条件差、危房或者无房户、有意愿搬迁的建档立卡户，通过在凤凰县境内购买正规商品房或集镇集中安置点安置"。① 显然，凤凰县制定的易地扶贫搬迁政策并不仅仅只是包含了针对"自然条件严酷、生存环境恶劣、发展条件严重欠缺"的建档立卡户，而是还包含了"居住条件差、危房或无房户、有意愿搬迁的建档立卡户"，也就是说，凤凰县的易地扶贫搬迁政策实质上形成了对国家和省级层面的一般的易地扶贫搬迁政策的拓展，将凤凰县自身所具有的一些贫困特征也纳入了这一政策的解决范围之内。

另外，值得一提的是，根据国家、湖南省易地扶贫搬迁相关政策要求，凤凰县从搬迁对象、安置模式、建设内容、补助标准以及相关扶持政策等方面考虑，研究制定了《凤凰县易地扶贫搬迁实施方案》和《凤凰县易地扶贫搬迁管理办法》，将易地扶贫搬迁与全县经济社会发展的总体规划、精准扶贫、村镇体系规划和新农村建设、小城镇建设相结合，积极探索了行政村内就近集中安置、依托乡村旅游景区、传统村落保护集中安置、依托小城镇或工业园区集中安置、进城入镇货币补助分散安置、特殊人群集中供养安置等多形式的易地扶贫搬迁模式。"十二五"时期，凤凰县累计投资1.3亿元，实施了6个村的易地搬迁扶贫工程。舒家堂古城堡居民异地搬迁及古城堡保护工程完成了4个古院落修缮工作，雄龙村22户原址重建房屋主体工程已全部完工，山江镇冬就村33户搬迁工程已完成，腊尔山夯卡村3、6组异地搬迁正在有序推进，沱江镇高峰村19户易地搬迁安置和廖家桥镇集中安置区已完成土地三通一平，麻冲乡竹山村、麻冲乡老洞村、山江镇老家寨村、都里乡拉豪村以及八公山片区、江镇杜田，阿拉镇黄丝桥等集中安置区目前正在规划中。

5. 医疗救助帮扶工程

针对因病致贫、因病返贫问题比较严重的现象，2016年以来，凤凰县扎实开展医疗脱贫救助工程。具体包括，凤凰县深入推进医药卫生体制改革，认真实施卫生计生惠民政策；以"优化服务质量"为支撑，不断加大公共卫生力度；提高农户的新农合参合率，保障所有建档立卡贫困户

---

① 参见凤凰县政府办公室《关于印发凤凰县易地搬迁项目实施办法的通知》。

都能参合；逐步提高农户看病、住院报销比例，特别是贫困户的医疗报销比例；建构医疗补充救助体系，等等，有效缓解了群众"看病难、看病贵"问题。

（1）构建针对贫困人口的医疗救助机制。根据湖南省、湘西州医疗帮扶政策，凤凰县结合实际情况，在起付线、报销比例上制定了一系列特色政策，通过基本医疗保险、大病保险、医院减免、医疗救助等综合报销，实现建档立卡贫困人口住院总费用达80%以上目标。

一方面，逐步扩大农户的新农合参合率，根据建档立卡户的实际情况，由县级财政分层次、分类别，给予参保对象资金补助，让所有建档立卡贫困户都能享受新农合的医疗保障，实现贫困人口参合率达100%；另一方面，符合医疗救助条件的贫困人口实现全部救助；全面实施城乡居民大病保险制度，贫困人口大病救助率达100%，大病保险对低保户实行起付线减半政策，逐步提高报销比例，逐步提高贫困人口就医二次报销标准。再一方面，加大贫困群众医疗帮扶。县人民医院、县中医院两家县级公立医院，针对建档立卡贫困群众实行住院总费用减免10%的优惠政策，确保减轻贫困对象治疗费用。最后，建构医疗补充救助体系。凤凰县制定出台《凤凰县医疗救助脱贫工程帮扶工作实施办法（试行）》，着力构筑"新农合补偿、大病保险补偿、民政医疗救助、医疗救助脱贫工程帮扶补充资金救助"等"四道保障线"，确保建档立卡贫困群众县域内住院总费用报销比例达80%以上，切实减轻建档立卡贫困对象医疗费用负担，不断提高贫困人口健康服务保障能力。

（2）多渠道、多途径，逐步提高针对贫困群体的医疗帮扶力度。这可以分两个阶段。

第一阶段，从2016年开始，凤凰县制定出台《凤凰县医疗救助帮扶工程新型农村合作医疗实施细则》等文件，分别将建档立卡贫困对象，在县人民医院住院报销比例，由原来的70%提高至75%，在县中医院住院报销比例，由原来的70%提高至80%，在县内民营医院住院报销比例，保持在70%以上，在乡镇医院住院报销比例，保持在90%以上。降低住院报销起付门槛，降低建档立卡贫困对象在乡镇医院住院报销起付门槛和大病保险二次报销起付门槛，分别将建档立卡贫困对象在乡镇医院住院报销起付门槛，由原来的100元降低至50元，将建档立卡贫困对象大病保险二次报销起付门槛，由原来的初次报销后超过1万元实行二次报销，降低为初次报销后超过 5000 元实行二次报销。

第二阶段，从 2017 年起，科学制定《关于实施医保零起付线补偿政策的通知》《凤凰县建档立卡对象"一站式"医疗救助工作方案》《凤凰县建档立卡对象"一站式"医疗救助工作方案》《凤凰县健康扶贫工程"三个一批"行动计划实施方案》等系列文件，构建、完善基本医疗保险、大病保险、医院减免、医疗救助"四重"保障安全网。实施"三提高、二取消、二减免、一兜底"综合措施，有效缓解贫困群众就医压力，确保贫困群众看得起病。具体而言，"三提高"是指提高基本医疗保障水平，在县、州级医疗机构住院的建档立卡贫困人口，报销比例提高 10 个百分点；提高大病保险保障水平，降低建档立卡贫困人口大病保险起付线，起付线减半为 5000 元，大病救治政策范围内报销比例提高到 90% 以上；提高医疗救助水平，将符合条件的农村贫困人口全部纳入重特大疾病救助范围，对建档立卡贫困人口政策范围内的自付费用，医疗救助提高到 70% 以上。"二取消"：取消建档立卡贫困户在县内医疗机构住院起付线；取消普通群众在乡镇卫生院住院起付线。"二减免"：医疗保外费用减免，在县中医院和县人民医院住院的，享受保外费用减免 10% 的优惠政策；大病救治减免，对罹患 9 种大病建档立卡贫困人口在县人民医院住院的，经过各种补助后，个人自付部分由救治医院再给予 50% 减免。"一兜底"：整合财政资金 1000 万元、民政资金 200 万元、民宗资金 20 万元，建立完善医疗救助补充基金，在建档立卡贫困对象经过"基本报销、大病补偿、民政（民宗）救助、医疗补充救助""四道防线"的报销基础上，凡是尚未达到县域内住院总费用报销 90%，县域外住院总费用报销 80%，差额部分实行本级财政全额兜底。

（3）不断加大公共卫生服务力度，以提升服务能力为突破口，确保贫困群众少生病。

其一，加强健康筛查，实现免费检查全覆盖。加大新生儿疾病、新生儿听力免费筛查力度，深入开展适龄妇女"两癌"免费检查，积极引导适婚男女免费婚前医学检查。其二，加强健康立档，实现健康档案全覆盖。按照"分片负责，整体推进"原则，加快建档立卡贫困人口健康档案建立工作，截至目前，实现建档立卡贫困人口健康档案建立率达 100%。其三，加强健康防治，实现公共防疫全覆盖。着力开展基本公共卫生服务项目，健全完善免疫规划工作，不断加强偏远地区传染病、地方病、职业病、慢性病的预警、监测和防治。其四，凤凰县制定《凤凰县家庭医生签约服务实施方案的通知》，成立了家庭医生工作领导小组，组建了31个家庭医生服务团队，组织乡镇卫生院医生或村医，深入开展基本公共卫生服务项目，对农村贫困家庭优先实行签约服务，制定针对性的健康管理方案，健康咨询和中医干预等服务，并为农村贫困人口开展每年1次以上健康体检，通过契约服务的形式为重点人群提供连续、安全、有效且适宜的综合医疗卫生和健康管理服务，从源头上有效防范疾病的发生。

6. 社会保障兜底工程

为了实现"社会保障兜底一批"，凤凰县逐步提高社会保障覆盖面和保障水平。

(1) 实施社会救助全覆盖。其一，加强农村最低生活保障工作。根据湖南省、湘西州统筹工作安排，按低保政策和程序，严格审核审批低保对象，对完全或基本丧失劳动力的农村贫困人口全部纳入农村低保保障和建档立卡范围，基本实现了应保尽保。此外，严格清理整顿农村低保和兜底对象，基本消除了违规保、人情保、拆户保现象，截至2017年11月28日，全县共有农村低保户5310户18238人，兜底保障户2076户5184人，全部纳入精准扶贫建档立卡贫困人口范畴。凤凰县还逐年提高低保补助标准，在全州率先实现农村低保与扶贫政策"两线融合"。2017年，根据群众贫困程度和物价上涨水平，凤凰县通过发放一次性生活补贴的方式，将农村低保救助水平从原来每人每月平均110元提高至125元，兜底保障对象从每人每月255元提高至270元，已达到了国家扶贫线标准3026元。并且把低保和兜底救助对象与住房、教育、产业、医疗、就业等扶贫工作进行政策衔接，实施联动帮扶，叠加扶贫效应，全面解决好低保和兜底救助对象吃、穿、住、医、教等家庭困难，为加速脱贫奠定了政策基础。其二，加大五保、孤儿、残疾等特殊困难群体的救助力度。加大五保供养对象救助力度。落实五保供养政策，对全县符合条件的五保供养对象实施应保尽保。2017年，全县农村五保户分散供养标准由原来2900元/年提高至3200元/年以上；对全县所有孤儿实行统一救助，分散供养每月不低于600元、集中供养每月不低于1000元。推动孤儿分散供养逐步转变为集中供养，让更多的孤儿集中搬迁到城镇集中供养机构，享受良好的教育和监护水平；针对残疾人的特殊困难，全面建立并实施困难残疾人生活补贴和重度残疾人护理补贴制度。根据省州统一安排部署，给全县5500名困难残疾人准确发放每人每月50元生活补贴，给2900名重度残疾人发放每人每月50元护理补贴，并逐年提高补助标准。

（2）逐步加大住房保障力度。按照国家和湖南省、湘西州关于农村危房改造工作的统一要求和部署，为加快精准脱贫步伐，让贫困群众早日住上安全房，凤凰县自加压力，整合资金，按危房的不同等级、建档立卡户还是非建档立卡户，实施不同的农村危房改造措施，农村危房改造取得明显的阶段性成果，2020年前，基本能完成全县的危房改造任务。

7. 生态补偿脱贫工程

2016年以来，凤凰县生态补偿脱贫工程建设紧紧围绕带动建档立卡贫困人口脱贫为中心开展工作。通过到户到人精准核实，2016年、2017年生态补偿脱贫工程分别完成633户2888人与992户4615人脱贫。具体措施是，第一，2016年完成520名有劳动能力的贫困人口就地转岗为护林员，带动520户2383人脱贫；2017年完成992名有劳动能力的贫困人口就地转岗为护林员，带动992户4615人脱贫。第二，2016年完成生态造林工程0.81亩，建档立卡贫困人口通过直接参与造林获得劳务工资为18.9万元，带动94户432人脱贫；2017年完成生态造林工程0.745万亩，建档立卡贫困人口通过直接参与造林获得劳务工资为35.8万元，惠及384户1482人脱贫。第三，2016年，通过南华山生态休闲旅游村建设，带动19户73人脱贫。第四，2016年履行责任配合其他工程牵头部门完成生态村建设13个、千里生态走廊建设0.3万亩、油茶基地建设0.3万亩、木本药材基地建设0.6万亩；完成花卉苗木基地建设0.2万亩，及时跟进易地扶贫搬迁生态修复；2017年履行责任配合其他工程牵头部门完成生态村建设26个、油茶基地建设0.5万亩、木本药材基地建设0.8万亩；及时跟进易地扶贫搬迁生态修复。

总之，凤凰县生态补偿脱贫工程既实现了参与项目的建档立卡贫困户的顺利脱贫，又保护好了凤凰县的生态环境，取得了良好的经济社会效益。

8. 公共服务保障工程

为打赢精准脱贫攻坚战，逐步建立与经济发展水平相匹配、与群众基本需求相适应的公共服务体系，结合凤凰县经济社会发展实际，凤凰县制订了《凤凰县公共服务保障工程实施方案》《公共服务保障工程工作指导意见》，其目标是到 2020 年，实现乡镇、人口聚集行政村文体活动中心全覆盖、农村网格化管理服务全覆盖，所有贫困村教育、文化、医疗等设施基本完善。2016—2019 年的主要内容包括五个方面。一是夯实农村基层基础。完成乡镇党委、政府换届工作，配齐配强乡镇党委、政府班子，合理设置村干部岗位和职数；建立、完善村支部、村委会、村民议事会、村务监督委员会四个机构建设，提升农村治理能力。乡镇村各机构充分发挥应有职能，实现公共服务对所有乡、镇、村的全覆盖。二是发展农村社会事业。包括发展文体卫事业。即完善 17 个乡镇综合文化站建设，对 26 所村社农家书屋出版物进行补充和更新，完成 11 个村级文化活动中心建设和 102 个村级文化广场建设，完善 7 个社区公共文化活动室；积极举办群众文化体育活动；完善社会服务体系。计划投入 1790 万元，新建完成规划地面积为 8104.352 平方米，康复设施、综合服务设施较为完善的残疾人康复中心一座；建设 8 所敬老院，新建 1 所县级儿童福利院。三是加快农村站场建设。计划投资 240 万元，完成农村客运站建设 1 个、农村招呼站建设 102 个；完成 6 个以上农贸市场建设。四是改善农村环境卫生。计划投入 2000 万元，对全县 200 个贫困村实施农村环境综合整治工程；计划投资 645 万元，完成 52 个生态村庄的造林绿化。五是加强农村社会治理。计划完成县级网格化指挥中心建设，各个乡镇网格化分指挥中心及各个村（社区、居委会）网格工作站建设，并逐步强化县级网格化指挥中心维护工作。

为了做好各项设施维护工作，凤凰县创新率先实施农村公共基础设施养护政府购买服务制度，全县安排 2000 名符合条件的建档立卡贫困人口走上农村公路、"五小"水利管护和村庄保洁工作岗位，按每人每年 1 万元标准补助，直接带动 2000 个贫困家庭实现稳定脱贫。经过几年来的投入建设，目前凤凰县基础设施和公共服务设施建设取得了明显效果，群众幸福感空前提高。

三　凤凰县精准扶贫、精准脱贫主要成绩和问题

（一）凤凰县精准扶贫、精准脱贫主要成绩

1. 贫困人口减少，贫困发生率降低，66 个贫困村出列

按照国家对贫困村、贫困人口的界定，以及 2017 年上半年凤凰县对

贫困识别整改完成后的统计，2013—2017 年，凤凰县精准扶贫和脱贫攻坚工作取得了显著成绩，全县贫困村从 186 个减少到 120 个，共 66 个贫困村出列；贫困人口从 103553 人减少到 36114 人，共有 67439 人脱贫；贫困发生率从 28% 降低到 10%，降低了 18 个百分点。

2. 农民收入稳步增长，生活质量不断提高

2013—2017 年，凤凰县农民人均可支配收入从 5733 元增长到 9142 元（见表 6-9），年均增长 12.4%，比同期湘西州平均增速高 0.4 个百分点，比同期全国平均增速高 3.1 个百分点；凤凰县农民人均可支配收入与全国平均水平的比值从 60.8% 上升到 68.1%。这表明，2013—2017 年，凤凰县农村居民收入逐年递增，与全国的相对差距有所缩小。

村民不仅收入稳步增长，生活质量也不断提高。例如，我们 2017 年两次到凤凰县调研时，观察、走访、访谈中了解到，近几年随着精准扶贫政策的实施，村民的住房情况得到很大改善，楼房占比达到 40% 以上，也基本是砖瓦房、钢筋水泥房了。通过易地扶贫搬迁、危房改造项目扶持以后，贫困户的住房已基本得到安全保障。另外，近几年新建的房子，村民基本将人、畜分开，且按照现代房屋结构，有淋浴房，有冲水卫生间。部分村民集资从山上用管道引泉水到家，使用管道供水，其他村民也都是使用清洁井水。

表 6-9　　　　　　2013—2017 年凤凰县及湘西州、全国农村
居民人均可支配收入比较

	凤凰县农村居民人均可支配收入（元/人）	湘西州农村居民人均可支配收入（元/人）	全国农村居民人均可支配收入（元/人）	凤凰县农村居民人均可支配收入与全国相比（%）
2013	5733	5260	9430	60.8 *
2014	6415	5891	10489	61.2
2015	7288	6648	11422	63.8
2016	8213	7413	12363	66.4
2017	9142	8273	13432	68.1

资料来源：《凤凰统计年鉴（2013—2016）》《湘西统计年鉴（2016）》《中国统计年鉴（2017）》《凤凰县 2017 年国民经济和社会发展统计公报》《湘西州 2017 年国民经济和社会发展统计公报》《中华人民共和国 2017 年国民经济和社会发展统计公报》。

3. 公共基础设施不断改善，基本公共服务得到进一步加强

第一，凤凰县农村的基础设施有了很大改善。2016年以来，凤凰县大力实施农村自然寨连通公路建设，农村通公路通电话接近全覆盖；所在自然寨进寨主干道路面基本经过硬化。

第二，凤凰县农村的教育、文化、医疗卫生等公共服务的供给能力和水平有所提高。精准扶贫方略实施以来，凤凰县新建、改建了各个村的村级公共服务活动场所，包括村文化室、村卫生室、村民健身文化娱乐场所、村级广播室等；在各行政村安装高清号角喇叭，以及实施便于老百姓收听、收看的广播电视工程；在各行政村基本建一个文化广场，配备有文化墙、音响、灯光等设施；对农村义务教育学校标准化建设，包括改扩建农村的教学点、中心完小，等等。

第三，在实现社会保险制度全覆盖的基础上，凤凰县政府给予特殊贫困人口参保费用补贴，确保贫困人口新型农村养老保险、新型农村合作医疗参保率达到100%。另外，在最低生活保障制度等救助制度方面，凤凰县逐步提高补助标准，实现了低保、扶贫政策的有效衔接，在困难群众基本生活救助资金方面，已走上规范化管理，由临时不定期救助向定期定量救助模式转变，做到精准救助。

（二）凤凰县精准扶贫、精准脱贫面临的困境、存在的问题

虽然凤凰县精准脱贫工作取得了显著成绩，但仍面临一些困境，相对其他地区，还存在一些问题。

1. 脱贫能力弱。从20世纪80年代开始，凤凰县的扶贫开发已经持续了30多年，但当地的经济发展（特别是"两山"地区）仍然处于低水平状况，特色产业规模偏小，产业链条不完整，没有形成具有核心竞争力的产业或产业集群，无论是经济发展的总量还是人均值，与全国和湖南省平均水平相比，差距均呈现扩大趋势。另外，从纵向比较，由于国家和湖南省连续多年加大了对凤凰县的财政投入，使得当地的生产生活条件得到了/很大改善，但是由于历史欠账较多，公共基础设施投入供给与投入需求之间的缺口仍然较大，加之当地投入成本远高于平原地区，导较资本投入的比较效益很低，制约了社会资本投入的积极性，使得当地交通、水利、电力、通信等基础设施很难得到彻底改善。2015年底，全县仍有68个村没有解决人畜饮水问题；85个村只通简易公路，210个自然寨未通组

级公路；200 个贫困村近 20 万亩稻田，仅有 8.5 万亩能实现旱涝保收；五小水利项目建设及园区灌溉供水设施配套任务仍然十分艰巨①。随着近年凤凰县城镇化建设和旅游业的快速发展，大量青壮年农业劳动力进城居住就业，留守家园的均为老人和孩子，使得现有的田地得不到有效耕种，耕地荒芜、果园废弃、养殖减少的趋势已经形成，农业生产能力严重不足的问题亟待解决。

2. 环境承载力有限。凤凰县平均海拔较高，气候复杂多变，日照时间短，旱涝灾害并存，泥石流、风灾、雨雪冰冻等灾害频繁发生，部分地区水土流失、石漠化现象严重，导致当地因灾返贫的现象比较严重。地形以低山、高丘为主、兼有岗地及部分河谷平地、地表切割破碎，谷狭坡陡，山原、山地、丘陵、岗地面积占全县总面积的 96% 以上。人均耕地面积 0.79 亩，仅为全国平均水平的 57.2%。此外，凤凰县在国家主体功能区的划分中，绝大部分属于限制或禁止开发区，经济发展与生态建设、环境保护的矛盾突出，产业结构调整受生态环境的瓶颈制约非常明显。

3. 发展机会少。2015 年底，凤凰县农村人口占常住人口的比重为68.29%，远高于同期湖南省的平均水平，而且农村人口中又有相当一部分人生活在交通和信息均较为闭塞的边远山区中，对于他们（尤其是妇女群体）获取经济发展的机会均有严重的制约作用。由于山区的村落距离学校普遍较远，教育成本远高于城镇地区，使得当地的少数民族人口获得的教育资源非常有限，对这一群体无论是在外地打工，还是在本地就业过程中，获得更好的就业机会均产生了根本性的负面影响。

4. 精准扶贫行动中，贫困户参与度不太高，参与的程度也不深。从我们在追高来村的调研看，精准脱贫"十项工程"实施中，除了教育发展、医疗救助、异地搬迁、社会保障兜底等工程，贫困户参与度高、收益程度也较高外，转移就业、发展生产等扶贫工程，贫困户参与度不太高，参与的程度也不深。究其原因，主要有两方面。一方面，在扶贫开发中，产业发展模式基本由政府主导，产业发展规划中的行动模式单一，往往使用"引入企业""能人带动"等手段。这在客观上就容易导致贫困人口参与的空间非常有限；另一方面，大多数贫困人口文化素质低、思想比较保守，思维观念还停留在自给自足的自然经济时期，自我发展动力不足，得

---

① 《凤凰县十年扶贫开发工作汇报》，凤凰县扶贫办提供。

过且过，安于现状，对各种需要发挥主观能动性的脱贫活动很不积极，依赖政府的政策扶持。这是因为贫困人口主观上不积极，导致了他们参与度不高。比如，即使他们参与了"优质水稻+稻花鱼"生态种养扶贫项目，也只是被动地跟着村干部或大户（往往村干部和大户是重叠的）种养，很少会积极主动跑市场跑销售等，虽然政府为其支付了种、苗等成本，他们所获得的产业发展成果的收益并不太大。因为，优质稻的大部分销售是由几个大户包揽了，最大的利润也是由这些大户获得，当然市场风险也由这些大户承担。

5. 劳动力外流现象严峻。青壮年劳动力外出就业会给农村社区及家庭带来各种影响。一方面，劳动力外出就业能够快速为贫困家庭增加收入，带动家庭脱贫致富；另一方面，村里青壮年外出，农村中出现了"老人妇女儿童三留守"以及农村的"空心化"和农民的"老龄化"等一系列问题，致使一些产业扶贫项目缺乏高素质人才实施而降低扶贫效果。据我们对追高来村的问卷调查分析结果，目前追高来村贫困户中37.1%的家庭劳动力[①]外出务工，非贫困户中47.5%的家庭劳动力外出务工，而且留在村里务农的家庭劳动力也大多是年龄大的和妇女。我们在村里调研时也了解到，最近几年，发达地区由于调整产业结构而对简单劳动者需求的相对减少使得农民务工机会相对减少，追高来村有些外出打工的青壮年回到了农村，他们回到村里后，一些人被选举成为村、组干部，一些人成立小微企业进行创业，当然也有一些人在家经营农业并伺机寻找外出经商务工的机会，劳动力外流现象有所遏制。

四　凤凰县实施精准扶贫政策的建议

以上对凤凰县的贫困状况、特征以及精准扶贫实践、精准扶贫实践取得的成就和存在的困境及面临的问题进行了比较全面的分析。可以看到，从2014年起，凤凰县开始了精准识别、建档立卡工作，建立了建档立卡户电子信息档案。2015年、2016年，开展了精准脱贫攻坚"回头看"工作，2017年4—10月，凤凰县对脱贫攻坚中存在的一些突出问题进行了整改，这些问题包括"贫困户清理工作仍不彻底，存在'应出未出'、

---

① 家庭劳动力是16周岁及以上非在校学生。

'拆分户'问题，小额信贷政策落实滞后，给贫困户生产生活带来不便的问题，台账资料不细致、不完善、不准确的现象比较普遍的问题，资金使用进度较慢的问题及产业发展不平衡、带富能力不强、集体经济仍然薄弱"等五个方面的问题。

这次对脱贫攻坚工作的全面整改，"组织空前，力度空前，措施空前，成效也空前"。首先，组织空前。凤凰县实行"1+4+10"组织体系，完善了由县委书记任组长的县脱贫攻坚领导小组人员组成和职责分工，调整充实了县精准脱贫攻坚领导小组办公室、精准脱贫"十项工程"综合协调办公室、驻村扶贫工作领导小组办公室、扶贫开发领导小组办公室等4个办公室以及精准脱贫十大工程指挥部，提升了凤凰县精准扶贫组织领导效能与脱贫攻坚实施力度。2017年11月，为了加强精准脱贫督查考核，凤凰县根据工作需要将县精准脱贫攻坚领导小组办公室、精准脱贫"十项工程"综合协调办公室、驻村扶贫工作领导小组办公室实行合署办公，进一步增强了人员组织效能。其次，力度空前、措施空前。凤凰县在原有的各项扶贫政策的基础上，进一步加大各项政策、措施的支持力度和覆盖面，对全县整体进行分类指导，多措并举，综合帮扶。比如，实施湖南省最高标准的贫困生救助政策，对学前至高中阶段农村建档立卡户、城乡低保户、孤儿（含事实孤儿）、残疾（含残疾家庭子女）学生实施免费教育，并按照不同的学龄给予相应的补助。特别值得一提的是，从2017年秋季起，免除凤凰县所有农村户籍、城乡低保、孤儿（含事实孤儿）、残疾（含残疾家庭子女）学生在县内义务教育阶段就读的作业本费、教辅资料费，以及在县内高中阶段就读的学费、教科书费、教辅费、住宿费、作业本费、高一新生体检费等费用等。为此，凤凰县政府要从县级财政每年额外多支出3000多万元。还有，从2017年5月1日起，凤凰县正式实施建档立卡贫困对象"一站式"医疗救助工作，建档立卡贫困户在县域内定点医疗机构住院总费用报销比例达90%以上，在县外定点医疗机构住院总费用报销比例达80%以上。最后，成效空前。通过2017年的整改，应该说凤凰县贫困人口识别实现了从下至上识别、报告，从上至下布置、认定的双向过程，建档立卡贫困人口数据基本实现了真实可靠。这为因户因人施策，有针对性地帮扶，奠定了基础。也正是通过精准识别、力度空前的扶持，2017年凤凰县精准扶贫、精准脱贫工作取得空前的成绩。2017年，凤凰县实现了35个贫困村脱贫出列，4212户17415人脱贫退出。

凤凰县农村在执行中央、省、州等上级扶贫政策措施时，会基于本地的实际情况，采取不同的应对策略，即完全执行、适当拓展、适当变通、适当补充等。如上所述，凤凰县在实施易地扶贫搬迁政策时，会根据当地的贫困状况，对国家、湖南省等上级的易地扶贫搬迁政策进行补充和拓展。[①] 另外，2017 年 4 月开始的精准脱贫问题集中整改工作，其中比较重要的一项工作，是对精准识别工作进行整改，规定在一本户口册内的家庭成员中有"四类人员"的必须予以清理（下文简称为"规定"）。基于凤凰县农村的实际情况，和不同农户的差异，各乡镇、村在精准识别整改工作中对此"规定"采取了"唯命是从""过度解释""适当变通"和"适度突破"等应对策略。[②] 从我们在凤凰县及追高来村的调研看，当国家制定的各项扶贫政策的意志和逻辑与农民的利益诉求和实际需求可能存在一定偏差和错位的时候，地方政府、基层组织在国家、省等上级政府统一部署下执行各项扶贫措施时，基于地方实际情况，采取"完全执行、适当拓展、适当变通、适当补充"的应对策略，应该是地方政府、基层组织能较好完成扶贫工作的经验。从另一个角度思考，中央、省等上级政府在制定扶贫政策时，需将基层组织和农民的视角加入政策制定的考量范畴，要考虑到普通农民的行为逻辑和基本需求，这样政策的制定和实施才会更加顺利有效。

当然，虽然凤凰县的精准扶贫精准脱贫工作取得了很大的成绩，但仍面临一些问题和困难，特别突出的是：凤凰县脱贫能力弱、环境承载力有限、发展机会少、精准扶贫行动中，贫困户参与度不太高，参与的程度也不深、劳动力外流现象严峻，等等。针对这些问题，凤凰县在今后两年多的精准脱贫决胜期，还需要在继续实施精准扶贫政策时调整一些实施重点和用力方向。

（一）认真贯彻国家《关于支持深度贫困地区脱贫攻坚的实施意见》，在以往脱贫攻坚工作基础上，进一步加大政府对凤凰县"两山"集中连片贫困地区的支持力度

1. 加大生态治理

加大生态治理，带动包括贫困人口在内的村民参与生态保护、生态修

---

① 详细分析参见刘小珉等《精准扶贫精准脱贫百村调研·追高来村卷》，社会科学文献出版社 2018 年版，第 189—200 页。

② 同上书，第 85—99 页。

复工程建设和发展生态产业,在生态治理的同时,提高村民的收入水平,改善村民的生产生活条件。并对居住在"一方水土养不活一方人"地方的村民尽量实施易地扶贫搬迁,彻底改善村民的居住环境。

2. 加强基础设施建设,提高公共服务——特别是生产性公共服务的供给和服务水平

继续探索包括腊尔山高寒山区在内的"少数民族高寒山区脱贫解困"路径,进一步加大政策扶持,加大基础设施和公共服务建设的支持力度,提高腊尔山高寒山区公共服务可及性,重点抓好村寨路网建设,实现相邻县、乡镇、村之间公路对接与硬化,改善腊尔山高寒山区的区位劣势,彻底解决腊尔山山区行路难和农产品运输难的问题。

同时,提高生产性公共服务的供给和服务水平,包括腊尔山高寒山区村民急需的产业机耕道、人畜饮水工程、水利基础设施、农技推广系统、农副产品交易平台、劳动力市场信息服务平台、商贸物流基础设施、生产风险防范和保险体系等生产性公共服务,逐步实现腊尔山高寒山区基本公共服务主要领域指标接近凤凰县平均水平,加快破除发展瓶颈制约,努力改善腊尔山高寒山区村民生存、发展环境,提高腊尔山高寒山区包括贫困人口和边缘贫困人口在内的所有村民的自我发展能力,改善腊尔山高寒山区的区位劣势。

3. 加大"两山"地区村集体经济建设

以腊尔山追高来村为例。目前村里有大米加工厂、光伏发电两个项目,每年可以为村集体获得一定的收入,但收入还是比较少。

凤凰县是全国知名的旅游目的地,正在实施全域旅游。"两山"地区不仅有丰富多彩的苗族文化,也有高寒山区特有的农业和自然风光,可通过乡村振兴计划的实施,探索由农业村变成旅游村的路径,走一、三产业融合发展的道路,不仅可以提高村民增收渠道,还可壮大集体经济。

4. 逐步提高农村社会保障覆盖范围和保障水平

逐步提高农村社会保障覆盖范围和保障水平,降低农村居民因病致贫、因年老致贫、因灾致贫的风险。另外,由于因病致贫、因病返贫是包括追高来村在内的贫困地区长期贫困的重要影响因素,因此,健康扶贫在整个脱贫攻坚战里面起到非常重要、关键的作用。[1] 在提高新农合、医疗

---

[1] 《国新办举行实施健康扶贫工程有关情况新闻发布会》,国务院扶贫开发领导小组办公室网站,http://www.cpad.gov.cn/art/2016/6/21/art_624_50787.html。

救助等健康扶贫效果的同时，还应重视健康和营养对于人力资本的影响。一方面，重视儿童的健康和营养。已有研究认为，人力资本的投入越早回报率越高。给儿童尤其是0—3岁的幼儿提供有质量的营养干预，不仅可以从源头提升深度贫困地区的人力资本，更是助力切断深度贫困地区贫困代际传递的有效手段。另一方面，重视深度贫困地区健康观念的培养和卫生条件的改善。包括提升深度贫困乡村的人畜饮水的清洁程度、社区卫生环境、传播先进的卫生常识、进行食物营养的改善等。[①]

（二）注重扶贫同扶志、扶智相结合，建立正向激励机制，激发贫困人口的内生发展动力，推动扶贫开发模式由"输血"向"造血"转变

针对一些历史上形成的与市场经济发展不相适应的传统观念、习俗、宿命论，以及"等、靠、要"思想等因素是导致包括凤凰县"两山"贫困地区致贫的重要影响因素，是打赢脱贫攻坚战的瓶颈，因此，破解制约脱贫攻坚瓶颈的关键，在于扶贫同扶志、扶智相结合，补齐"精神短板"，建立正向激励机制，激发包括贫困人口在内的所有村民的内生发展动力，有效巩固脱贫成果。

1. 注重扶贫同扶志、扶智相结合，进一步发展贫困地区文化教育事业，实施"文化建设"工程，建立"乡规民约"，摒弃与市场经济、现代文明发展不相适应的传统习俗，补齐"精神短板"，实现"精神脱贫"。

具体而言，其一，基于中央政府对深度贫困地区高度关注、高度支持的背景，大力发展文化教育事业，实现深度贫困地区文化教育的超常规发展，提高贫困村民素质，使之成为"有文化、懂技术、会经营、能脱贫"的新型村民。值得注意的是，从上表6-3可以发现，追高来村不仅贫困人口受教育水平较低，非贫困人口受教育水平与贫困人口的差异并非很大。这从一个方面说明，要实现包括追高来村在内的深度贫困地区整体稳定脱贫，防止新增贫困，或脱贫人口返贫，必须在精准扶贫、精准施策的同时，普遍提高村民的文化教育水平。

其二，实施"文化建设"工程。一方面，坚持以政府为主导，加强农村文化基础设施建设，尤其要加强对深度贫困地区农村文化设施和文化

---

① 李静：《增强内生动力，打破贫困的代际传递》，光明网，http://theory.gmw.cn/2018-02/23/content_ 27774562.htm。

活动场所的建设。另一方面，建立"文化常下乡""文化常在乡"的长效机制，满足村民日益增长的精神文化娱乐需求。再一方面，要以创建文明村、文明户等为载体，积极引导村民崇尚现代文明，移风易俗，形成文明健康的生活方式和社会风尚。

其三，建立"乡规民约"，摒弃与市场经济、现代文明发展不相适应的传统习俗。例如贵州省安顺市平坝区乐平镇的塘约村，在实施精准扶贫战略时，不仅实施各种扶贫项目，实现了村民的"物质脱贫"，还针对村里存在的滥办酒席，不赡养父母，不讲诚信等陈规陋习，建立了相关的"乡规民约"，实现了村民的"精神脱贫"。该"乡规民约"包括九条规约，称为"红九条"："除婚丧嫁娶外，其他任何酒席都不得操办。村民也不得参与除婚丧嫁娶外任何酒席的请客和送礼，以及为操办酒席者提供方便……"违反规定的村民纳入"黑名单"，取消享有的荣誉称号及部分优惠政策，直至考察合格后，才能消除"黑名单"，继续享有该村村支两委提供的服务和国家的优惠政策。① 类似塘约村这样的"乡规民约"，不仅提高了村民的文明意识，还大大减少了村民的非理性消费，增加了村民的生产、投资资金，进而提高了村民生产经营能力，促进了村民的"物质脱贫"。

2. 建立正向激励机制，激发包括贫困人口、边缘贫困人口的内生发展动力，推动扶贫开发模式由"输血"向"造血"转变。

具体而言，其一，需要创新扶贫工作的方式方法，多采用劳务补助、生产奖补、以工代赈等正向激励机制，让贫困群众在劳动参与中增强自我发展能力、树立"我能依靠自己脱贫"及"我能依靠自己致富"的信心，教育引导贫困人口、边缘贫困人口靠自己的辛勤劳动改变贫困落后面貌。

其二，需要加强"党建扶贫"作用，一方面，驻村党员干部和村支两委要深入贫困群众，对接贫困群众需要，积极帮助贫困群众谋思路、找门路、挖穷根，让贫困群众看到脱贫希望、找到致富出路；另一方面，强化党员干部带头示范效应，让党员干部带着贫困群众干，激发贫困群众的干劲、志气，让贫困群众在党员干部的带动下实现勤劳致富。

其三，将产业扶贫项目向贫困人口和边缘贫困人口倾斜，推动扶贫开发模式由"输血"向"造血"转变。加快贫困人口、边缘贫困人口脱贫致富，"输血"等外部力量的帮扶不可或缺，但"造血"能力的提升，才

---

① 参见王宏甲《塘约道路》，人民出版社 2016 年版，第 6—36 页。

能保证他们能持续、稳定脱贫、不返贫。而产业扶贫是提高贫困人口"造血"能力的最佳途径。产业扶贫包括贫困人口受益直接的农业产业扶贫、企业就业扶贫，也包括近年来新兴的旅游扶贫、光伏产业扶贫、电商扶贫等形式。

第七章

社会结构转型背景下的凤凰县教育事业

百年大计，教育为本。少数民族地区的教育事业直接关系着当地的经济发展和社会的团结稳定。作为一个少数民族地区，凤凰县虽然存在自然条件恶劣、交通不便、经济发展落后等种种不利条件，但近十年来，经过凤凰县社会各界的共同努力，其教育事业取得了长足的发展，获得了可喜的成绩。本章试图透过社会结构转型这样一个大的背景，分析社会结构转型背景下凤凰县教育事业取得的成绩及存在的问题。文章中，首先描述了凤凰县社会结构转型的特点，接下来分析凤凰县教育事业发展过程中取得的成绩：各级各类教育稳步发展、职业教育驶向快速发展的"高速路"、开展关爱保护农村留守儿童工程、教育脱贫工作成效显著、民办教育不断发展，办学形式不断完善、信息化教育逐步推进，接着分析了社会结构转型期凤凰县教育发展中存在的问题，最后针对凤凰县教育发展中存在的问题提出具有针对性的对策和建议。

一 凤凰县教育事业发展的背景

(一) 问题的提出

当前中国社会正处于急剧的社会结构转型期，这种转型具有高度的复杂性、长期性和艰巨性，并且面临着很多难以预测的变数，少数民族地区也并不例外。在城市化和现代化加速推进的背景下，少数民族地区的社会结构也在发生变化。凤凰县是以苗族、土家族为主的少数民族聚居区，也是我国著名的文化旅游景区。依托丰富的民族文化旅游资源，通过政府推动、企业运作，发展文化与旅游业相结合的产业道路，凤凰县的旅游业经济迅速发展。在旅游业的带动下，凤凰当地人口与外界的联系不断增多，极大地改变了当地百姓的生产和生活方式，推动着当地社会结构的转型。首先，产业结构实现了从以传统农业生产为主导到以旅游产业为主导的转变。2003 年以前，凤凰县三次产业增加值的比例稳定在 10∶9∶11 左右，到 2015 年三次产业增加值的比例为 6.5∶8∶35.5。[①] 其次，就业结构发生变化。劳动人口逐渐向第二、第三产业转移。三次产业就业人口的比例由 2001 年的 76.65∶4.85∶18.5 变为 2013 年的 58.52∶9.39∶32.09。[②] 再次，凤凰县的社会流动日益加速。一方面，凤凰县旅游产业的发展为当地居民提供了大量的就业和创业机会，也吸引了大量的外地人来凤凰投资创业。尤其是在以宾馆、餐饮业为主体的行业中，外来人口占了大多数。另一方面，凤凰县本地人口向外流动现象也非常突出。2013—2014 年初，对凤凰县米良乡全乡、麻冲乡 4 个村、山江镇 5 个村、腊尔山镇 7 个村、两林乡 3 个村等的调查显示，每个村的青壮年外出劳动力占85%以上，全家出去的占 10%左右。[③] 最后，家庭结构转变。苗族传统上实行幼子居住制，即老人与最小的儿子居住。因此主干家庭和核心家庭是主要的家庭结构形式，只在家庭的某个特殊时期或短暂时期出现过联合家庭的形式。但是，随着凤凰县旅游经济的加速发展，人口流动也日益频繁，家庭结构在不同时间和空间里不断地被分裂和重组。青壮年劳动力外出务工的增加，导致隔代家庭大量出现，在一些村庄里，基本只剩下留守的老人和儿童。

在社会结构转型的过程中，教育作为一个重要的社会子系统，它不可避免地被社会结构转型的大浪潮所裹挟。作为社会整体结构的一个元素，它始终以开放系统的特点，保持与社会系统间的能量交换活动。一方面，教育以其独特的方式，从不同的层次和侧面，为社会进步提供动力和刺激；另一方面，社会也从整体和特定的方面，对教育的运行和发展施加影响，提出要求。教育与社会环境之间始终保持着一种张力，也始终存在着减缓矛盾以求平衡的能量交换过程。

---

① 比值根据《凤凰统计年鉴（2003）》《凤凰统计年鉴（2015）》数据计算得出。
② 比值根据《凤凰统计年鉴（2001）》《凤凰统计年鉴（2013）》数据计算得出。
③ 数据来源于凤凰县民宗局，资料提供时间：2016 年 6 月 22 日。

（二）相关研究回顾

社会结构转型是我国改革开放 30 多年来最为重要的社会变迁，这种变迁为教育事业的发展提供了总体性的背景，产生了全局性的影响，因此，关于社会结构转型与教育事业发展问题的研究应受到重视。笔者通过中国知网，输入关键词"社会结构"与"教育"进行筛选查询，共获取信息 62 条（截至 2016 年 12 月）。其中对少数民族地区的社会结构转型与教育发展的研究更是少数。通过梳理相关著作和文章，笔者总结出当前社会学界关于社会结构与教育问题的三种不同研究取向。第一种强调社会结构对教育的制约以及教育对社会结构的被动适应，主要代表人物有古典社会学家斯宾塞、涂尔干以及经典社会学家帕森斯。他们从结构功能主义理论视角对教育问题进行研究。其主要观点是，社会是我们分析和认识人类社会生活的基本单位，教育只是一种与其他社会组织、社会现象相互联系的局部活动，教育是在其与社会整体相协调的条件下存在和发挥作用的，因此，只有把教育与社会整体联系起来，才能正确认识教育、实施教育。他们都强调社会结构对教育的制约作用，强调教育与社会结构相互协调的客观必然性。第二种观点认为社会结构与教育是一个相互制约、相互作用、相互影响的过程，教育并不是被动地适应社会结构的变化。苏联社会学家费里波夫认为社会的社会结构，社会的整个社会关系体系，会直接或间接地反映在教育的发展过程中；同时教育对于社会结构也不是消极的，而是能够给它以积极的影响，但是这种影响的方向及其程度，仍然是起主导作用的社会关系与社会结构所决定的。中国台湾教育社会学家林清江，曾经探讨过社会结构变迁与教育问题。他将教育与社会结构变迁的基本关系归纳为三种类型。一是，社会结构变迁对教育发生影响，使教育采取一种新的姿态，来适应社会变化。例如，工业化引起职业结构的变化，促进职业教育的发展，教育结构的改变。二是，教育是社会结构变迁的动因，在某些领域和某些方面，教育的作用可以引起一定的社会变迁。他认为，教育的这种作用，更多地表现于社会意识形态方面的变迁，最突出的表现是教育目标的作用。三是，在某些方面，教育是一定社会结构变迁得以产生的必要条件。这种关系主要表现于社会经济方面。例如，改革教育结构，发展中等教育和职业技术教育的直接目的是为了提高社会劳动生产力的水平，但是，在人们由于接受了教育而提高劳动能力的同时，也提高了自己的精神生活需求，带来了生活方式的改变，形成了一种新的社会文化风貌。此时教育的作用，就是这种文化变迁的必要条件。① 卫道治研究了教育与社会变迁的关系。他认为社会结构的变迁，即社会的政治、经济变迁以及产业化运动、技术革命给社会带来了深刻的变革，因此也给教育的功能等带来了巨大的变化。另一方面，教育也是社会变迁的主要动因和有力杠杆。② 第三种取向侧重于研究社会结构转型过程中教育发展的具体问题，例如民办教育问题、教育改革问题、教育公共性建构问题等。学者刘剑虹，以温州市为例，研究了社会结构转型背景下的民办教育发展问题。③ 苏君阳认为在社会结构转型时期，教育公共性的内涵发生变迁，市场参与教育公共性建构的可能性会越来越大。④ 王有升认为在社会结构发生深刻变革的同时，学校教育也正在发生或面临着深刻的转型性变革，而在这一过程中，新教育理念将会起到引领性作用。⑤

以上三种研究取向，可以进一步归纳为宏观和微观两种研究范式。前两种是从宏观的角度研究社会结构与教育之间的关系，忽视了社会结构转型背景下的教育发展出现的新特征；而后者则是从微观的角度探讨社会转型背景下教育发展过程中的某一侧面，缺少对教育问题的全面把握。本章尝试将宏观和微观视角结合起来，研究凤凰县在社会结构转型过程中教育的整体发展出现的新特点、新趋势，以期对转型期教育发展的全局有一个综合性的了解和把握。

（三）研究的意义、思路和方法

少数民族地区教育事业的良好发展离不开相关的科学理论和技术的指导。少数民族地区具有独特的地理环境、经济发展模式、民族文化传统、生活方式、宗教习俗等，这些决定了必须要有与其相适应的教育办学模式、课程设置、教学管理等。当前凤凰县的产业结构、家庭结构、收入水

---

① 参见林清江《文化发展与教育革新》，台湾五南图书出版公司 1979 年版，第 87—89 页。

② 参见卫道治、沈煜峰《教育与社会变迁》，《武汉大学学报》（社会科学版）1988 年第 4 期。

③ 参见刘剑虹、舒志定、杨宇等《民办教育与社会结构的转型——浙江省温州市民办教育分析》，《教育研究与实验》2003 年第 3 期。

④ 参见苏君阳《社会结构转型与教育公共性的建构》，《教育研究》2007 年第 8 期。

⑤ 参见王有升《论学校教育实践的生成与变革逻辑——一种社会学分析》，《教育研究》2008 年第 2 期。

平、社会流动等方面都发生了很大变化，这些变化必然会对教育事业的发展产生深刻影响。对转型期教育发展的研究具有重要的理论意义和实践意义。从理论意义上来讲，本次研究可以深入了解当前凤凰县在社会转型背景下教育事业发展的特点。通过分析其背后的原因，探讨社会结构转型对教育发展的影响，可以进一步充实和丰富学术界相关领域的研究。从实践意义上来说，通过对凤凰县本地教育事业发展的深入研究，可以更好地服务于凤凰县教育发展实践，对凤凰县未来教育事业的发展具有指导意义。

本章主要是在社会转型这样一个大的背景下，研究凤凰县教育事业的发展的新特点。文章首先对凤凰县的社会转型和教育发展情况作了概括性介绍，分析转型期凤凰县教育的新特征，并深入挖掘其背后的逻辑因素。对于转型期的凤凰县来说，只有对教育发展过程中出现的新特点及其原因有一个清楚的认识，才能够更好地抓住发展机遇，实现教育事业科学的、可持续的发展。

本次研究主要采用座谈会和个案访谈相结合的方法。首先，采用政府部门座谈会的方式，以期对凤凰县教育事业发展情况有一个整体把握。其次，通过走访各个中小学，与当地的教师、学生家长进行个案访谈，了解当前凤凰县教育事业发展中的特点和问题。最后，在查阅以往相关文献的基础上，结合访谈所得资料，深入分析在社会转型背景下凤凰县教育事业发展出现的新特点及其原因。

二　社会结构转型中教育事业的发展现状

20 世纪以来，凤凰县委、县政府对教育事业的重视程度不断加大，把教育事业放到了与建设历史文化名城相匹配的高度上，从教育资金投入、教师队伍建设、办学模式多元化、办学条件改善方面均做了大量工作，并且取得了显著成效。2001 年，教育事业发展的财政支出为 3874 万元，教育投入占全县 GDP 的 4.6%。[①] 到 2015 年，凤凰县教育事业经费支出为 49528 万元，教育投入达到了全县 GDP 的 6.9%。[②] 在教育投入力度逐年加大的基础上，凤凰县的师资队伍也不断壮大。2000 年，凤凰县教职工总数为 3592 人。幼儿园教职工 340 人，其中含专任教师 291 人；小

---

① 参见《凤凰统计年鉴（2001）》，凤凰县统计局。
② 参见《凤凰县"十二五"教育工作总结》，凤凰县教体局。

学教职工 2042 人，其中包含专任教师 1920 人；普通中学教职工 959 人，其中专任教师 809 人；职业中学教职工 251 人，包含专任教师 192 人。[①]到 2015 年，凤凰县各级各类学校教职工总人数达 5782 人。其中小学教师 1866 人，其中含专任教师 1824 人；普通中学教职工 1541 人，其中含专任教师 1390 人；中等职业学校教职工 171 人，其中含专任教师 139 人。幼儿园教职工 802 人。[②] 在办学模式方面，作为以社会力量兴办教育为主要形式的民办教育不断发展壮大，民办教育机构数量明显增长，教育质量稳步提升。2002 年，凤凰县共有各级各类学校机构 354 所，其中民办学校 15 所，所占比重为 4.2%。[③] 到 2015 年，凤凰县共有各级各类学校机构数 349 所，民办教育机构 59 所，所占比重为 16.9%。[④]在办学条件方面，2005 年，凤凰县中小学学校占地面积为 1870344 平方米，校舍占地面积 399608 平方米，生均面积仅有 6.4 平方米。各类中小学共有计算机 1783 台，图书 532985 册。[⑤] 到 2009 年，中小学学校占地面积达到 2143162 平方米，校舍占地面积 394632 平方米，生均面积 7.0 平方米。各类中小学共有计算机 2176 台，图书 604331 册。[⑥] 2015 年，凤凰县各级各类学校占地面积为 153.8 万平方米，其中小学学校占地面积 54.24 万平方米，校舍建筑面积 20.26 万平方米，增加实验室、图书室、微机室、语音室、体育馆等设备设施；普通中学占地面积为 90.39 万平方米，校舍建筑面积 23.54 万平方米，同时配备有教室、实验室、图书室、微机室、语音室、体育馆等各类设备设施。[⑦] 在升学率方面，2000 年，凤凰县学龄前儿童入学率为 98%，小学入学率为 85.3%，普通中学的升学率为 89.3%，高中及职业学校的升学率仅为 31.7%。[⑧] 到 2016 年，凤凰县学龄前儿童的入学率达到 100%，小学入学率 100%，普通中学的升学率 105.1%，高职学校的升学率达 63.4%。[⑨] 可以说，凤凰县教育发展到今天，正处在一个面临机遇和挑战的转折点上。社会结构转型期，凤凰县教育的发展必然

①　参见《凤凰县国民经济统计资料（2000 年）》，凤凰县统计局。
②　参见《凤凰统计年鉴（2015）》，凤凰县统计局。
③　参见《凤凰统计年鉴（2002）》，凤凰县统计局，百分比根据该年年鉴数据计算得出。
④　参见《凤凰统计年鉴（2015）》，凤凰县统计局，百分比根据该年年鉴数据计算得出。
⑤　参见《凤凰统计年鉴（2005）》，凤凰县统计局。
⑥　参见《凤凰统计年鉴（2009）》，凤凰县统计局。
⑦　参见《凤凰统计年鉴（2015）》，凤凰县统计局。
⑧　参见《凤凰县国民经济统计资料（2000 年）》，凤凰县统计局。
⑨　参见《凤凰统计年鉴（2016）》，凤凰县统计局。

会出现不同以往的特点，同时也会面临困难和挑战。

（一）职业教育驶向快速发展的"高速路"

地区经济结构和经济发展水平的变化会对职业教育的数量和结构提出相应的要求，进而从根本上推动职业教育的进一步发展。有学者认为，社会结构变迁是农村职业教育兴衰的主要动因。[①] 当前，凤凰县的经济结构逐渐从以农业为主转变为以旅游业为主，三次产业增加值比例从 2003 年的 10∶9∶11 变成 2015 年的 6.5∶8∶35.5。在旅游业发展的带动下，凤凰县的就业人口也逐渐向第二、第三产业转移。三次产业就业人口的比例由 2001 年的 76.65∶4.85∶18.5 变为 2013 年的 58.52∶9.39∶32.09。[②] 经济结构的变化以及旅游业的迅速发展，使对旅游开发、旅游管理、工艺刺绣、工艺美术、酒店管理等专业型人才的需求大量增加。在这一背景下，凤凰县对职业教育发展的重视程度不断加大，通过采用召开研究职业教育发展专题会议等措施，加快推进凤凰县职业中专学校建设。2002 年，凤凰县有 2 所职业中学，在校生人数 628 人，教职工 135 人，专任教师 104 人。[③] 2015 年，凤凰县的 2 所职业中学已经拥有教职工 171 人，专任教师 139 人，在校生人数达 1091 人。[④] 2015 年，完成了全县 400 名中职招生任务，中职学校与普通高中招生比例已接近 1∶1。

近年来，凤凰县对职业教育发展的重视程度不断加大。首先，通过编制凤凰县职业教育的发展蓝图，进一步明确了凤凰县职业教育发展计划实施的时间、目标、任务。一方面，加大资金投入，改善中职学校办学条件。2016 年凤凰县政府将职业教育经费纳入财政预算，落实了县内人口人均 1 元的职教经费和城市教育费附加的 30% 按时足额拨付，并通过多方筹措资金，先后投入职业教育经费 2 亿元，新建校园 1 所，占地面积 182 亩，建筑面积 4 万余平方米，新增实训基地 2 个，新增体育场馆 1 处，新增设备价值 4500 多万元。2016 年 11 月，凤凰县职业中专学校实现了整体搬迁，办学条件得到了前所未有的改善。另一方面，重视招生工作，扩

① 参见张力跃《困境和突围：从国际经验认知和解决我国农村职教的路向问题》，《职教论坛》2010 年第 1 期。

② 比值根据《凤凰统计年鉴（2001）》《凤凰统计年鉴（2003）》《凤凰县统计年鉴（2013）》《凤凰县统计年鉴（2015）》数据计算得出。

③ 参见《凤凰统计年鉴（2002）》，凤凰县统计局。

④ 同上。

大办学规模。成立高中阶段教育招生工作领导小组，建立了招生责任制，统一规划，加强管理，落实措施，通过实施加强宣传、转变观念、营造氛围和实行目标管理、绩效考评等举措，不断扩大学校办学规模。2016 年，凤凰县中职招生达到 700 余人。截至 2017 年 3 月，凤凰县职业中专注册学生达 1600 人，在校学生达 1020 人。①

其次，依托凤凰旅游文化产业，对接县域经济发展。根据县域经济转型期所需人才的要求，凤凰县职中在原有工艺美术、计算机应用、运动训练等专业基础上，优化专业设置，新增了旅游服务与管理、美发与形象设计、学前教育、汽车运用与维修 4 个专业，同时依靠移动"互联网+"的社会大环境，将计算机应用专业与电子商务相结合，打造精品课程，助力精准脱贫，实现培养人才为县域经济发展服务。另外，凤凰县职中推行"非物质文化遗产进校园，民间技艺进课堂"工程，把非物质文化遗产的技艺传承引进课堂，开设了民族雕刻、民族染织、苗族银饰制作、芭茅草粘贴画等选修课程，建设非遗大师工作室，请各级各类非遗传承人进课堂讲课、传授技艺，让学生从思想上、心灵上愿意做非遗文化的传承人。近年来，学校为社会培养了各类专业人才 3 万多人。②

再次，凤凰县高度重视职中师资队伍建设，着力提高职业教育师资水平。2016 年县财政安排教师培训专项经费 17 万元，加强校长及管理干部培训工作，组织教师参加国家、省、州等各级各类培训共 162 人次。同时，鼓励和支持教师积极考取相应专业技能等级证书，促进教师一专多能，不断提高"双师型"教师的比例。2016 年，县政府还将外聘老师工资 65 万元列入财政预算，提供各种优惠条件聘任优秀人才，提高来自企业生产、科研第一线具备实践经验的专业教师的比例，带动和促进职业学校教学技能和教学水平的提高。通过请名师或企事业单位一线技术能手到校培训指导、到企业生产一线锻炼、校本培训等形式，对 50 多名专业教师开展了专业技能轮训。③

最后，实行联合办学，订单办学，校企合作，重点抓毕业生就业。凤凰县职业中专把学生就业作为扶贫工作的核心来抓，利用现代传媒把职业

①　参见《凤凰县职业教育总结》，凤凰县教育发展脱贫工程协调小组办公室，2017 年 8 月 10 日。

②　同上。

③　同上。

教育触角延伸到县外省外，实现联合办学，订单办学，校企合作，先后与凤凰古城公司、凤凰铭成公司、天下凤凰大酒店、重庆旭硕科技有限公司、重庆广达科技有限公司、江苏昆山嘉联益有限公司、江苏昆山华道数据有限公司、上海昌硕科技有限公司、张家界冯氏旅游发展有限公司、张家界圣多明歌国际大酒店、重庆千氏美发美容化妆有限公司、江苏远洋数据、厦门蒙发利科技有限公司、厦门蝶芝恋美容保健公司、贵州铜仁他她婚纱摄影公司等多家企业签订联合办学及就业协议。2016 年，凤凰县职中毕业学生数为 304 人，就业学生数为 298 人，就业率为 98.03%，升入各类高一级学校的毕业生数为 28 人，占就业学生数的 9.40%，其中对口就业率为 70.72%。毕业生的就业去向主要集中在以下几个方面：在各种所有制企事业单位就业的毕业生数为 109 人，占就业学生数的 36.58%；合法从事个体经营的毕业生数为 126 人，占就业学生数的 42.28%；其他方式的毕业生数为 35 人，占就业学生数的 11.74%。①

为了有效整合教育资源，提高职业教育对社会经济发展的服务能力，凤凰县依托县职中建好县职教中心，并建立和完善"政府主导、部门参与、中心实施、群众受惠"的运行机制，积极开展职业技能培训。2016 年，开办了 14 期农村实用技术培训，培训学员 2100 人；培训农民大学生 50 人；完成了建档立卡户职业教育技能培训 418 人；联合湘西职业技术学院、吉首市职业中专学校、怀化工业中等职业学校举办汽车维修、商务礼仪等课程的精准脱贫职业教育技能培训，培训学员 696 人；开展了餐厅服务、初级化妆师和维修电工的职业资格考试培训工作，通过培训考试，使 191 名学员取得执业资格证书；为凤凰县展凤旅游公司 30 名新进员工进行岗前培训。2016 年，全年累计完成精准脱贫职业技能培训 5928 人。目前，县职教中心统筹区域内职业培训项目和经费的比例已经达到 60%以上。凤凰县职教中心已经成为湘西州农村劳动力转移和失业人员技能培训指定机构和凤凰县精准脱贫技能培训基地。②

（二）开展关爱、保护农村留守儿童工程

凤凰县位于湖南省西南边陲，是湖南、贵州、重庆三省市之交的边界

---

① 参见《凤凰县职业教育总结》，凤凰县教育发展脱贫工程协调小组办公室，2017 年 8 月 10 日。
② 同上。

县，是"老、少、边、穷"山区县，属于国家扶贫工作重点县。近年来，凤凰县年输出劳动力在 5 万人次以上。如此庞大的劳动力输出，一方面为凤凰县带回了可观的经济收入，提高了农民的生活水平，加快了经济发展的步伐，为他们的下一代接受教育提供了良好的物质基础；另一方面，家长外出务工，可以接受现代文化的影响和熏陶，增长见识、开阔眼界，从而对他们的下一代产生积极的影响。但是，受到种种原因的限制，大部分的外出务工者都不能把孩子带进城里一起生活，只能把孩子交给长辈照看。因此，外出务工人员不断增加的同时，也衍生出了一个庞大的留守儿童群体。根据调查统计，凤凰县各村均不同程度存在留守儿童①。截至2014 年底，全县义务教育阶段共有学生 46207 人，其中留守学生有 24225人，约占 52.4%。这些留守儿童面临的最大问题就是家庭教育的缺失。因为隔代监护人年纪较大、文化知识水平有限，他们缺少能力和经历去照顾孩子的学习，平时缺少与孩子的沟通和交流。

为此，凤凰县县委专门成立了以分管领导为组长的凤凰县关爱留守儿童领导小组，制定了《凤凰县关爱留守儿童活动方案》，以"家庭主责、儿童优先""政府主动、部门联动""全民关爱、社会参与""健全机制、标本兼治"为基本原则，开展关爱农村留守儿童工作。通过建立一帮一的帮扶制度，实行代理家长制，关照留守儿童日常生活。凤凰县教育局在教育系统中深入开展"关爱留守儿童争当代理家长"的活动，全县 4000多名教职员工与 4000 多名留守儿童结成一对一的帮扶对子。教职员工时常与自己结成的帮扶对子一起交流、谈心、做游戏，为他们购买学习、生活用品，了解他们的生活状况和生活需要，力所能及地为他们解决生活上的实际困难。县工会、县妇联、团县委也在全县范围内开展争当"爱心妈妈""知心姐姐""大手牵小手"等一系列的关爱留守儿童活动。

此外，通过建设少年宫来丰富留守儿童的学习生活。截至 2014 年底，凤凰县已经建成 7 个乡村学校少年宫，各校音乐、舞蹈、美术、体育、科技等活动项目设备一应俱全，并全部免费开放，满足了农村未成年人的多

---

① 《国务院关于加强农村留守儿童关爱保护工作的意见》中将留守儿童定义为"父母双方外出务工或一方外出务工另一方无监护能力、不满十六周岁"。在本章中，将父母外出务工或一方外出务工，由单亲监护的十六周岁以下儿童都算作留守儿童。因为社会学相关研究表明，在儿童时期（3—7 岁），母爱对子女的发育有至关重大的作用，没有母亲的陪伴，儿童会容易出现情绪波动大和不安宁。在少年时期（12—17 岁），由于子女的社会性有所发展，与父亲的关系也越来越重要，在此期间缺少父母任何一方的陪伴，儿童出现越轨的概率都比较大。

彩梦想和活动需求。同时，凤凰县引进了香港阅读梦飞翔项目，积极开展阅读梦飞翔活动，目前香港阅读梦飞翔项目在凤凰县 9 所学校落户，学校积极开展阅读梦活动，极大地丰富了留守儿童的课内外生活。

为了对留守儿童实施人性化、家庭式关爱，县教育局在全县各学区（校）开展了"六个一"关爱活动工程，即一对一固定结对子形式、开通一条家长热线电话或电子信箱、每周末开展一次丰富多彩的校园文化活动、每周开一次心理咨询会、班集体为每一位留守儿童开展一次生日聚会、定期表彰一批品学兼优的留守儿童，从学习、生活、心理等各个方面为留守儿童带来关爱和温暖。

目前，凤凰县已经形成了社会各界齐动员，共同关爱留守儿童的社会氛围。通过媒体网络将贫困留守儿童的个人情况向社会公布，积极联系社会爱心人士帮扶贫困学生。许多爱心人士纷纷解囊，捐款捐物，掀起了关爱留守儿童的工作热潮。2014 年 1 月 2 日，澳门的"同心温暖"工程为两头羊学区 186 名贫困留守儿童捐赠了 2.5 万元的床上用品。2014 年 5 月 27 日，中央人民广播电台民族节目中心专职副书记兰汝生一行来到腊尔山镇苏马河村天半小学，为该村小送去 4 张讲台、课外图书 120 册、学习文具 120 套以及联想电脑 1 台、打印复印一体机 1 台，总价值约为 1.8 万元，为留守儿童送去浓浓的关爱。2014 年 5 月 29 日，湖南电视台《快乐大本营》著名主持人杜海涛及"熊先生家居生活品牌"爱心人士一行 35 人，来到凤凰县黄合乡安井村小学举行爱心公益活动，为贫困学生送去价值约 10 万元爱心礼品和节日的祝福，与孩子们一起庆祝六一儿童节的到来。2014 年 5 月 30 日，湘西州浙江温州商会和州工商联领导、爱心老板到两林九年制学校举行爱心公益活动，捐赠了价值约 10 万元的爱心礼品。据统计，经过媒体网络宣传和牵线搭桥，截至 2015 年底，凤凰县已有 2000 多名留守儿童与社会爱心人士结成对子，获得固定资助。

为了从源头上解决农村留守儿童面临的一系列问题，凤凰县委、县政府在积极推动农民工均等享受公共服务、推进农民工子女就近入学、引导扶持农民工返乡创业就业等方面做了大量工作。首先，进一步加快推进新型城镇化建设，深化户籍制度改革，积极为农民工子女提供更多帮扶支持。大力推进农民工市民化，为其监护照料未成年子女创造更好的条件。支持和帮助农民工携带子女进城定居，使农民工子女在入学、医疗卫生、社会福利、住房保障等方面与城市居民享受同等待遇。其次，凤凰县的公办义务教育学校普遍对农民工未成年子女开放，通过政府购买服务等方式支持农民工未成年子女接受义务教育，完善和落实符合条件的农民工子女在输入地参加中考、高考政策，全面落实农民工子女就地就近入学政策，帮助其真正融入城市生活。此外，凤凰县各级部门全面落实国务院、省政府和州政府关于支持农民工返乡创业就业的一系列政策，从源头上逐步减少留守儿童数量。积极承接经济发达地区产业转移，开展就业和创业技能培训，强化农村基本公共服务，提高农村各种公共服务资源投放规模和利用效率，吸引更多的农村外出务工人员返乡创业就业。

（三）教育脱贫工作成效显著

凤凰县委、县政府在上级党委、政府以及教育行政部门的领导下，以教育精准脱贫为抓手，全面推动教育大建设、大改革、大发展，着力缩小城乡教育差距，推进教育均衡发展，保障建档立卡户、城乡低保户子女"有学上""上好学""都上学"，切实阻断贫困代际传递，办好人民满意的教育。

第一，按照"改造薄弱校、做大名牌校、做强中心校"思路，紧扣"建成一所、达标一所"目标，重点加大乡镇中心学校建设及边远薄弱学校改造力度，扩充基层教育优势资源，优化基层教育办学条件，提升农村教育供给能力。截至 2017 年 8 月，累计投入 6 亿元，完成了 36 所中心完小及 40 所村小合格校建设和 110 个教学点维修改造工程。完成了薄弱学校改造建设项目 266 个，拆除危房 1200 多平方米，扩建校舍面积 26 万余平方米、塑胶化改造操场 8 个、修缮学校围墙 16800 多米。完成了 36 所乡镇中小学和 21 所村小食堂建设及 26 所农村学校食堂标准化装备与学校食品储存库建设，中心完小以上学校实现了食堂集中供餐。完成了 14 所学校 313 个班级班班通建设。[①] 音乐室、美术室、理化生实验室等各种功能室一应俱全，图书、艺体卫生器材、基本满足学生需求。课桌、学生床位全部更新，实现了一人一套课桌椅、一人一个床位，全面消除了 D 级危房和"大通铺"现象，城乡之间、校际之间办学条件差异进一步缩小。

第二，坚持优化城镇办学条件，解决贫困学生"上好学"问题。2013 年，出台了《中共凤凰县委、凤凰县人民政府关于教育发展的若干

---

① 参见《凤凰县教育发展脱贫工程情况汇报》，凤凰县教体局。

意见》，确立了"三年见成效、五年大翻身、十年大发展"的阶段性目标，铺开了城乡教育布局调整的宏伟蓝图。截至 2017 年 8 月，已投资 14 亿元，完成了皇仓中学、县一中、箭道坪小学整体搬迁和崇文中学、文昌阁小学、文昌阁幼儿园、县幼儿园等扩建工程；顺利完成了思源学校、南华中学、职业中专、沱江小学等 4 所现代化学校新建工程，新增城区学位 5600 个，新生班额基本控制在规定的范围之内。镇筸九年制学校、渭阳九年制学校、沱江小学第三期工程、思源学校扩建、华鑫中学扩建、三中扩建、阿拉第二小学建设以及沱江幼儿园、城北幼儿园、棉寨幼儿园、渭阳大道幼儿园等 7 所幼儿园建设正在加快推进，到 2019 年将全面建成投入使用，城区学位将达 32000 个，基本实现 85%以上的学生进入城镇优质学校就读。同时，加快学校撤并，集中优势资源办学。2016 年，将都里中学、齐良桥中学并入了思源学校，竿子坪中学并入了三拱桥中学，撤并 30 人以下教学点 39 个；2017 年秋季将高级中学搬迁到南华中学、二中搬到高级中学原址、箭道坪小学一年级和幼儿园搬到二中原址，麻冲中学和落潮井中学并入二中，官庄中学、林峰中学、水田中学并入思源学校，全力保障城乡孩子"上好学"。①

　　第三，坚持提升教师能力水平，解决贫困学生"有人教"问题。建立完善教育人事管理、教师调动等规章制度，合理配置城乡中小学教师资源，有效缓解农村小学教师老龄化、教师结构性缺编等问题。不断创新完善教师引进机制，出台教师引进优惠政策，根据凤凰县教学阶段性需要，分类别、分层次、有针对性地引进教育专业人才，每年整合 400 万元专项资金，用于骨干教师及优秀教师引进工作，确保建设一支"结构合理、素质优良"的师资队伍。近三年来，面向社会共计招聘教师 53 人、引进教育部属免费师范生 20 人，特岗计划招聘 96 人，免费定向培养农村教师 204 人，累计培训教师共 21866 人次，创建名师工作室 7 个，县级学科带头人 270 人，县级培训师 64 人，大力培植了乡村骨干教师，极大程度缓解了教师紧缺问题。此外，逐步优化教师激励机制。按照"按劳分配，以绩定酬"原则，建立教师激励分配机制，完善教师绩效考核内容，逐步拉开教师绩效奖励发放差距，充分撬动教师主动教学积极性。实施教师职称"评""聘"分离科学机制，切实消除部分教师在获取高级职称后，

---

①　参见《凤凰县教育发展脱贫工程情况汇报》，凤凰县教体局。

教学积极性不高现象。同时，实施农村教师岗位津贴。自 2013 年起，根据学校交通便利、办学条件等有关情况，按照"300 元/人·月、400 元/人·月、800 元/人·月、1000 元/人·月、1200 元/人·月"标准，分等次发放农村教师津补贴。2015 年又与乡镇工作津贴叠加，如今农村教师最高可拿到 1700 元/月补贴，部分教龄长的村小教师年收入近 7 万元。农村教师岗位津贴制度的实施，有效地提高了教师工作积极性，促进了师资均衡配置和农村教师队伍的稳定。[①]

第四，实施教育信息工程，解决贫困学生"学得好"问题。加大教育信息化工程投入力度，有序推进教育信息化"三通两平台"工作。到目前为止，完成 135 个教学点及 168 个教室数字教育资源建设任务，实现全县中心完小以上学校光纤宽带网络全覆盖，顺利开通全县 3400 余名教师网络学习空间。[②] 箭道坪小学成为国家首批教育信息化创新应用试点学校及湖南省教育信息化国培基地，创新探索的"1+N"网络共享课堂成为湖南省教育信息化重点项目，入选了中央电教馆全国 16 个经典案例，初步形成了以城镇学校为中心，通过网络直播与农村学校，实现教育资源共享的全新机制，有效解决了农村优质教学资源的严重不足问题，教育资源现代化、信息化、均等化进程不断加快。

第五，完善教育惠民政策，解决贫困学生"都上学"问题。健全贫困学生资助政策体系，提升基础教育普及程度，采取"免学费、补生活费"等多种方式，加大优抚资金发放力度，制定贫困学生优惠政策，全面实行凤凰籍建档立卡、城镇低保等贫困对象适龄子女，学前至高中（中职）阶段减免学费，分别按照每人每期"学前 500 元、小学 750 元、中学 1000 元、中职 1250 元"给予生活困难补贴；对贫困大学新生，按"专科 4000 元/人，本科 6000 元/人"给予一次性资金补助；对农村特困大学新生按"省外 1000 元，省内 500 元"给予入学路费补贴；按本、专科不超过 8000 元/年，研究生不超过 12000 元/年，实施大学生生源地信用助学贷款。从 2017 年秋季学期开始，对接受职业学历教育的建档立卡农村贫困家庭子女除享受国家规定的"免""补"政策外，叠加给予的扶贫助学补助金（雨露计划）由原来每生 2000 元/年的标准提高至每生 3000 元/年，其中中职教育连续补助二年，高职教育连续补助三年，五年

---

① 参见《凤凰县教育发展脱贫工程情况汇报》，凤凰县教体局。
② 同上。

制中高职教育连续补助四年；同时每年本级财政预算安排资金1400万元，分学期据实免除农村户籍在读高中学生学费、课本费、住宿费以及农村户籍在读高中学生和义务教育学生的教辅资料费，打造"无费一中"。据统计，2016—2017年春季学期累计发放各类资助款7092.438万元，惠及学生77994人次，其中，2016年发放资助款4586.886万元，惠及学生46567人次；2017年春季学期发放资助款2505.552万元，惠及学生31427人次。同时，积极引导中华社会救助、坤叔助学团、上海大眼睛等近30个社会团体，到凤凰县捐资助学825万元，惠及学生3120人。① 为了进一步推进教育公平，不仅让农村的孩子有学上，让他们更顺利地进城读书，也要帮助城镇贫困户解决子女入学问题，从2017年9月起，凤凰县开始实施农村贫困户、城镇低保户、残疾人儿童免费读书政策，从幼儿园、小学、初中、到高中，不用自己承担一分钱，所有费用均由政府承担。

（四）民办教育不断发展，办学形式不断完善

与10年前相比，凤凰县的办学形式也越来越完善，民办教育迅猛发展。2002年，凤凰县社会力量所办学校只有1所。截至2015年底，凤凰县拥有民办教育机构62所，其中民办幼儿园54所，民办中小学5所，民办非学历培训机构3所。民办教育机构共有教师634人，教学班级413个，学生11031人。全县有3所高中，民办高中占了2所，学生3050人，占高中学生总数的40%；54所民办幼儿园有幼儿6281人，占在园幼儿总数的61.6%。民办教学的发展，更好地满足了当地人民的教育需求，解决了一大批学生上学难的问题。为了更好地发展民办教育，凤凰县把民办教育纳入县域经济社会发展规划和教育事业发展总体规划，在人力、物力、财力和政策上给予大力支持。累计对华鑫高级中学、文昌中学、育英民族学校、民办幼儿园等民办教育事业投入达3个亿。实施了华鑫高级中学等学校扩建工程，完成文昌中学整体搬迁。除重点扶持民办高中和幼儿园外，累计投入民办教育机构的资金达8260.1万元，扶持民办教育机构的硬件建设、教学奖励、学生资助、师资援助、教师培训等。投入32万元为全县48台校车免费安装了学生用车北斗监控系统。为了进一步优化对民办学校的服务与管理，落实民办教育优惠政策，出台了《凤凰县关

---

① 参见《凤凰县教育发展脱贫工程情况汇报》，凤凰县教体局。

于进一步规范民办教育机构管理工作的实施意见》，支持各类办学主体通过独资、合资、合作、股份等多种方式办学，在信用引导、贴息支持、金融借贷、税务等政策优惠上给予了大量的倾斜，并设立民办教育专项发展基金，用于支持民办教育发展。同时，民办学校在建设费、用地、生源招录等方面享受与公办学校同等优惠政策；民办学校的学生资助纳入同类公办学校学生资助体系，助学金、奖学金、困难补助以及办理助学贷款等与公办学校学生享受同等待遇，如从贫困生资助专项资金中，每年安排30万元用于资助华鑫学籍贫困的在校生，帮助其完成学业，从2015年起每年预算50万元用于教育管理与师训；每年拨给文昌中学30万元教学奖，用于提高教学质量。积极利用各单位、社会力量加强对民办教育的支持力度，及时加强对民办教育的宣传和推介，宣传民办教育先进典型，努力营造有利于民办教育发展的舆论环境。通过发展民办教育来满足社会对优质教育资源的多元化需求。

（五）信息化教育逐步推进

2012年以来，凤凰县的信息化教育工作也逐步开展，并且得到越来越多的重视，凤凰县委、县政府不断加大教育信息化工程投入力度，有序推进教育信息化"三通两平台"工作。2012—2014年，凤凰县累计投入2238万元，新建电脑教室107个、班班通275套、多媒体教室42个、电脑1500台，安装校园监控系统6套，完成168个教学点数字教育资源全覆盖建设。2015年投入4315.75万元，全面推进"三通两平台"建设工程，建设中心机房，改进和完善全县55所学校的宽带网络，实现100兆光纤进校园；完成全县696个教室的信息设备建设；新建和改建46所学校安全监控；新建电子备课室34个、电脑教室11个，配置电脑940台；为县高级中学等3所学校建设录播教室各1个；投入230万元，按5万元/台的标准奖补校车46台，投入50万元，安装了校车监控管理系统；为全县所有义务教育学校配备内网专用财务电脑设备；为全县所有学校改进和新建防雷建设，实现强弱电三级防护；投入32万元为全县48台校车免费安装了学生用车北斗监控系统。到目前为止，完成135个教学点及168个教室数字教育资源建设任务，实现全县中心完小以上学校光纤宽带网络全覆盖，顺利开通全县3400余名教师网络学习空间。箭道坪小学成为国家首批教育信息化创新应用试点学校及湖南省教育信息化国培基地，创新探索的"1+N"网络共享课堂成为湖南省教育信息化重点项目，入选了中央电教馆全国 16 个经典案例，初步形成了以城镇学校为中心，通过网络直播与农村学校，实现教育资源共享的全新机制，有效解决了农村优质教学资源的严重不足问题，教育资源现代化、信息化、均等化进程不断加快。凤凰县作为一个少数民族地区，教育发展面临着自然环境恶劣、交通不便、教学资源相对匮乏、师资力量不足等多种问题，通过发展信息化教育，将信息技术与教育教学全面深度融合，对促进凤凰县教育的均衡发展，提高教育的公平性无疑具有重要作用。

三　社会结构转型中凤凰县教育发展存在的问题

（一）学前教师编制不足、师资力量较为薄弱

截至 2015 年底，凤凰县入园幼儿总数 13171 人，按照《教育部关于印发幼儿园教职工配备标准（暂行）的通知》规定的 1∶9 核算，需配备幼儿园教职工 1389 人，但目前仅有幼儿园教职工 802 人，其中专任教师 300 人，拥有合格学历的幼儿教师仅有 267 人，尚需配置幼儿教育人员 600 多人。随着凤凰县经济社会的发展，城镇化进程不断加快，凤凰县入园幼儿人数猛增，预计 2017 年幼儿入园总数将会突破 15700 人，需要配备保教人员 1745 人。但是，由于政策盲点和其他原因，凤凰县学前教育师资编制的问题一直没能得到解决。对此教育局的相关工作人员也表示非常无奈。访谈中，一位姓龙的工作人员这样说道："我们县里现在有一万多个幼儿，但是只有 27 个编制，那么现在那么多的幼儿又需要那么多的老师，都是临时聘用一些人员具体做这些事情，所以临时聘用比较多，给我们的稳定，幼儿教育这一块的稳定带来很大的麻烦。每年都有大量的临时聘用人员上来找我们，要求解决相应的一些待遇，包括几金几险，因为现在我们农村学前教育的收费还是很低的，按照上面的政策，谁聘用谁负责，但是到了下面的学校他解决自己的工资都成问题，所以现在我们教育这里根本没有资金购买这个几金几险，所以这些老师是极不稳定的。有很大的不稳定因素，经常上访。我们县里边也比较清楚这个情况，也在积极地想办法解决，现在还没有一个比较好的办法。"目前，凤凰县全县在编幼儿教师仅有 27 人，其他均为临时聘用或代课教师。临时聘用或代课教

师的工资待遇、养老没有保障，这些问题给幼儿园的管理带来较大压力，再加上民办园兴起，各种趋利行为倍增，办学行为难以规范，存在着严重的幼教小学化现象，严重影响学前教育的健康发展，同时编外人员的不定期上访，也给凤凰本地的社会稳定埋下隐患。

（二）乡村学校基础设施薄弱

当前，凤凰县乡村地区学校的师资力量较为薄弱，由于教师编制不足，无法按照 1∶23 的标准配备教师，很多学校都是一校一师，无法开设音、体、美等课程，加上大多数教师多为当地"民转公"教师，这些教师年龄较大，学历较低、知识结构陈旧老化，多数教师都是凭借日积月累的教学经验开展工作，他们教育理念较为落后，创新性不够，主动性不强，工作积极性不高，教学工作缺乏生机活力，严重影响了教育质量的提高，成为制约凤凰县教育发展的一个短板。另外，虽然凤凰县政府逐步加大了对农村地区包括追高来村的教育投入力度，加大了对农村地区基础教育设施的建设，但城乡之间的教育差距依然很大。凤凰县城的学校一般具有较好的硬件设施：如网络化教学、多媒体教育、体育器械等，并且这些学校的图书馆拥有更多的藏书，学校食堂的伙食和卫生条件也都比农村地区好。而乡村地区的学校，其配套设施与县城存在明显差距，教学用具普遍不足，缺乏文体器材及必要的实验设备，教学设施更新缓慢。访谈中，我们了解到，目前凤凰县农村地区大部分学校没有塑胶跑道，绝大多数还是土质操场，还有很多学校是平房，一些体育器材、图书馆等设施配备更是无从谈起。

（三）学校后勤服务人员配备不足

当前，教育发展进入新常态是凤凰县根据上级党委政府战略判断所形成的共识。新常态下，教育领域综合改革向纵深推进、优质教育资源进一步科学合理配置、城乡差距与校际差距逐步缩小、农村学校标准化建设不断地深入推进，农村寄宿制学校不断增加，农村非教学工作量大幅度增大，原有的教育编制计划已不能满足新常态下教育发展的需要。食堂工友、安全保卫、生活辅导、心理健康辅导、医疗卫生、后勤管理等工作岗位迫切需要增加人员。截至 2015 年底，凤凰县现有义务教育寄宿制学校45 所，寄宿学生 19334 人，需要配备食堂工友 200 人、安保人员 100 人、生活辅导老师 120 人、心理健康辅导 85 人、医疗卫生人员 50 人、后勤管理人员 50 人。但是学校没有专项经费聘请这些后勤服务人员，只能由科任教师兼任。导致教师工作压力大、责任大、负荷重，难以集中精力搞好教学，严重影响教学质量的提高。

（四）教育发展资金拨款不足

当前，凤凰县正在大力实施教育项目建设，努力解决农村学生有学上和上好学的问题。但是工程项目太多，建设规模太大，加上凤凰县是山区县，地貌复杂，设计、地勘、监理、投标、质查、"三通一平"等实际投入比计划高出太多，地方配套资金难以及时到位，在很大程度上迟滞了项目建设的进度。另外由于经费缺乏，大多数学校的后续配套设施也不够完善。凤凰县实施义务教育经费保障机制以来，按照生均拨付公用经费的规定，规模较小的学校获得的经费非常有限，很多规模较小的农村学校仅够维持办公费、水电费等最低限度的日常开支，不能满足实际发展需要，更谈不上改善办学条件，一些 300 人以下的学校运转非常困难。此外，农村寄宿制学校寄宿条件不完备，学生管理成本较高。加上现代教育设施的投入和使用，使得信息化运作的维护成本不断增加，生均公用经费标准的提高跟不上教育发展需求的步伐，很多学校运转困难，无力他顾。

四　促进凤凰县教育事业发展的对策与建议

（一）加强教师队伍建设，提高教师整体素质

针对当前凤凰县教育发展过程中存在的师资编制缺少、教师福利待遇偏低等问题，政府应该结合教育部出台的《幼儿教师配备标准》，人社、编制部门需要及时出台与国家学前教育办学方向配套的幼儿教师编制相关文件，按要求增加幼儿园教师编制，按人事编制规定配置幼儿教师和保育员。此外，必须要进一步加强凤凰县师资队伍的建设水平，提高教师队伍整体素质。具体来说，可以从以下三个方面做工作。第一，要能够留得住本地人才。健全教师的薪资待遇、养老保障、医疗保障以及职称评定和晋升机制等。在保障教师的物质利益的同时，还要加强对教师精神生活的关心，让他们感受到温暖和归属感。第二，要加大对现有教师的培训力度。

培训要从教师的需求和专业发展的实际出发，努力创造机会，为教师提供更多的培训。建立教师培训激励机制和考核机制。尤其是要重视农村地区的教师培训工作，进一步加大对农村地区教师培训工作的经费投入，提高农村地区的教育教学质量，缩小城乡教育发展差距。第三，要制定优惠政策，引进外来优秀人才，充实凤凰本地的师资力量。考虑到凤凰的自然条件差、经济发展落后、交通不便、一些偏僻地区生活条件艰苦等不利因素，需要政府部门的行政干预，制定一些特殊的、优惠的、具有倾斜性的政策，使外地优秀人才流向凤凰。如给予到凤凰工作的外地教师适当的生活补助，补助要随着工作年限、职称状况以及当地经济发展的变化及时做出调整，吸引更多的优秀人才为凤凰县教育事业的发展贡献力量。

（二）加强基础设施建设，提高办学质量

鉴于目前凤凰县农村学校基础设施落后的现状，必须要加强农村学校基础设施建设，在现有基础上，继续扩大投资力度，尽快改变农村地区学校基础设施滞后的现状。继续深入实施农村学校危房改造工程、农村寄宿制学校建设、农村中小学教育信息化工程，努力为农村师生提供一个安全、舒适的教育教学环境，缩小城乡教育差距，促进教育公平。此外，要注意到因为城市化发展带来的生源流动和分布变化问题，对城乡教育布局要有一个总体规划、合理布局、协同推进，扩大优质教育资源的辐射范围，加强教学信息资源配备使用，着力解决随迁子女就学等问题。

（三）完善后勤管理，提高服务质量

后勤工作是学校工作的重要组成部分，也是一项复杂的工程，所以必须要实行科学化、精细化、规范化的后勤管理，抓好学校后勤保障与管理工作，为学生提供一个健康、平安、文明、舒适的学习生活环境。后勤管理工作的好坏还会直接影响到其他教学活动的开展，其重要性不言而喻。拿食堂问题来说，如果一个学校食堂员工配备不足，就直接影响到学生是否吃的健康。工作人员可能会因为工作量大、任务重，在工作中就会出现糊弄、应付的心理。比如菜没有洗干净、餐具上还留有污渍。一个食堂就应该配备多个员工，并且形成明确的分工。例如负责清洁的、负责炒菜的，还有负责监督的。并且食堂的工作人员也应该要做到持证上岗，进

而形成一种制度。此外，后勤中还有一块重要的安保工作，如果安保人员配备不足，就会给学生的安全带来隐患，这些都是不可忽视的。所以，当前迫切需要增加学校后勤人员的编制，保证每个学校配备充足的后勤人员，并且分工明确，避免一人兼任多项工作。这就需要对学校的后勤工作有一个准确的定位，从而保障学校的各项工作有条不紊地展开。当然，后勤人员的配备是建立在增加教育经费投入的基础之上，但同时必须要注意合理地、科学地安排教育经费的使用，在后勤管理工作中做到精打细算、开源节流。

（四）增加教育投入，鼓励多元化办学

首先，必须建立一个合理的教育经费分配和筹措机制，提高国家到地方各级财政投入中教育经费投入所占的比例。国家层面要切实加大对少数民族地区教育经费的转移支付力度，及对口支援、专项资金、生活补助的投入力度。目前，中央应明确财政转移支付中用于教育的比例，并确定各少数民族地区义务教育成本标准，使教育拨款有章可循，同时要完善拨款体制和程序，建立各级政府分担义务教育成本的规范化的财政转移支付制度。[1] 要保证国家对少数民族地区教育专项资金足额、及时发放。其次，要完善教育资金投入政策，改变过去单纯的由政府投资的模式，鼓励和吸引社会资本加入，形成国家、地方、社会、外资、学校、集体与个人的多元经费投资模式，进一步提高非财政性教育经费占教育总经费的投入比例。针对目前少数民族教育地区办学主体单一的现状，可以鼓励多元办学模式，为社会资本办学提供政策支持，尝试采用"公建民营""民办公助"等办学模式。所谓的"公建民营"指的是政府委托民间资本来经营自己以公共权力所包揽的设施和事业。"民办公助"指的是民间组织或机构兴办的事业和设施，政府给予一定的财政补助。二者的主要区别在于，前者的设施或事业的主体是政府，而后者是民间机构。这两种社会公共利益事业的建构模式最初就发端于教育领域。这两种办学方式以产业化、市场化的方式加速了社会资本的力量在教育领域的生长。在"公办民营"办学模式中，因为是政府承担了财政大头，所以办学者就有了更充分的资金提升教学资源、提升教师队伍整体素质和福利待遇，进而可以促进教育

---

① 参见金东海《少数民族地区教育经费投入不足问题及对策研究》，《西北师大学报》（社会科学版）2002 年第 6 期。

管理理念的创新、教育管理质量的提高。而在"民建公助"主要是由社会资本出资，政府作为辅助，这样就大大缓解了政府的财政压力，同时政府提供相应的补贴，又可以进一步吸引社会力量办学，可谓"四两拨千斤"之计。

第八章

凤凰县医疗模式的发展变迁

党的十八大提出了 2020 年全面建成小康社会的宏伟目标，医疗卫生服务体系的发展面临着新的历史任务，要在"病有所医"的基础上持续取得进展，实现优化医疗卫生资源配置，构建与国民经济和社会发展水平相适应、与居民健康需求相匹配、体系完整、分工明确、功能互补、密切协作的整合型医疗卫生服务体系，在 2020 年实现基本建立覆盖城乡居民的医疗卫生制度和人民健康水平持续提升的目标。[①] 民族地区的医疗卫生状况关系到各民族地区人民的健康和其他各项社会事业的发展，是民族地区现代化建设的重要内容，也是民族地区社会发展的重要标尺，必须予以重视。对少数民族地区医疗卫生事业发展状况的研究，可以准确把握当前医疗卫生事业发展中取得的成绩和问题，为制定下一步医疗卫生的相关政策提供理论指导和借鉴，同时，也可以丰富医疗卫生领域的研究成果。凤凰县在经济社会转型过程中，居民的生产方式、生活方式、收入水平都发生了很大变化，城市化进程不断加速。在这样的背景下，凤凰县的医疗卫生体系发生了怎样的变化？是否如医学人类学家所言是一个多元医疗模式共生的状态？本章尝试对此进行分析，探讨多元医疗模式在凤凰县的发展情况，揭示其背后存在的历史和现实因素。

[①] 《国务院办公厅关于印发〈全国医疗卫生服务体系规划纲要（2015—2020 年）〉的通知》，中华人民共和国中央人民政府网站，http://www.gov.cn/zhengce/content/2015 - 03/30/content_ 9560.htm。

一　凤凰县医疗模式变迁的研究背景

（一）问题的提出

医疗体系概念是人类学家为了认识人们在特定场景如何处理健康与疾病问题而发展出来的概念模式，[①]它是指包括对疾病的认知、解释、命名、分类、评价、预防、治疗等过程的一套信仰与行为。[②]不同的医疗体系体现了不同的医疗观念。查尔斯·古德（Charles E. Osgood）曾指出，在一个社区当中普遍存在着大众的、传统的和专业的三种医疗体系相互区别又相互交叠的现象。[③]当前，学术界对我国多元医疗模式的研究，已经形成的共识是，在中国，多元医疗模式主要表现为西方生物医疗、中国传统医学、民族医学（其中包括民俗治疗和宗教治疗）三种医疗模式的共存。[④]但在对少数民族地区的多元医疗体系进行探讨时，出现了两种不同的研究路径，一种是侧重经济学的视角，强调人们基于社会地位、经济基础等外部条件选择不同的医疗模式；另一种是从传统与现代、科学与信仰的角度，探究不同医疗体系背后的文化认知体系的关系与异同。在这两种研究视角中，人被置于不同的医疗体系下，被当作被动接受不同治疗方式的客体，人的能动性被忽视了。[⑤]

本章主要以湘西土家族苗族自治州凤凰县为调查点，凤凰县是以苗族、土家族为主的少数民族聚居区，也是我国著名的文化旅游景区，在2001年被成功纳入国家历史文化名城。凤凰县依托丰富的民族文化旅游资源，通过政府推动、企业运作，以文兴旅、以旅促文，逐渐开辟出一条文化与旅游相结合的产业道路，旅游经济迅速发展。旅游经济的发展，进

---

① 参见张有春《一个乡村治病过程的人类学解读》，《广西民族大学学报》（哲学社会科学版）2011年第4期。

② 参见徐君、李沛蓉《医学人类学视野下的民族地区医疗体系》，《西南民族大学学报》（人文社会科学版）2008年第4期。

③ 参见［美］乔治·福斯特、安德森《医学人类学》，陈华、黄新美译，台湾桂冠图书股份有限公司1992年版，第55页。

④ 参见和柳《历史、文化与行动中的医学多元——对一个纳西族村落疾病与治疗的人类学考察》，《广西民族大学学报》（哲学社会科学版）2011年第4期。

⑤ 参见张实、郑艳姬《治疗的整体性：多元医疗的再思考——基于一个彝族村落的考察》，《中央民族大学学报》（哲学社会科学版）2015年第4期。

一步加速了凤凰县的现代化和城市化进程，改变了凤凰当地百姓的生活方式、价值观念。在这样一个背景下，凤凰县的巫术、苗医、现代医疗三种医疗模式会发生什么样的变化？是如医学人类学家所预言的那样，即非西方医疗体系被西方医疗体系所取代，还是呈现出多元医疗模式共生的状态？巫术和苗医是否伴随着现代化进程销声匿迹？现代医疗是否已经成为当地的主导医疗模式？当地居民又是如何对三种医疗模式进行选择的？本章尝试对上述问题进行分析。

（二）研究述评

国外学者在 100 多年前就开始关注西方生物医学之外的其他医疗体系。对于存在的多元医疗体系，不同学者有不同的划分方法。其中最早对医疗体系进行分类的可以追溯到英国医生兼人类学家里弗斯。他在 1924 年出版的《医学、魔法与宗教》一书中将人类的世界观分为巫术的（magic）、宗教的（religious）、自然论的（naturalistic）三种类型，认为每种世界观都会衍生出一套相对应的病因学观念，并且因为病因学观念的不同而形成不同的治疗方法。里弗斯把医学分为原始医学和西方生物医学两大体系。原始医学是在魔法的和宗教的世界观基础上形成的，而西方生物医学则建立在现代医疗科学基础上。他认为从魔法到宗教最后到科学，是人类医学知识不断科学化和理性化的过程。里弗斯将当地医疗与文化联系起来，认为原始医疗和信仰都是文化的一部分。

到 20 世纪四五十年代，文化相对论及解释人类学等思潮逐渐兴起，"原始医学"概念因其自身带有的进化论色彩受到了越来越多的质疑，逐渐被"民族医学""民间医学""传统医学"等概念所取代，用来指西方生物医学之外的其他医学。福斯特与安德森把西方与非西方医学体系进行了"现代"与"传统"的划分，在此基础上将非西方的病因观念分为拟人论和自然论两种。另一位美国医学人类学家亚瑟·凯博文（Arthur Kleinman）在 *Patients and Healers in the Context of Culture* 一书中则将一个文化内的医疗体系分为三部分：大众的（popular）、专业的（professional）和民间的（folk）。大众医疗指的是非专业、非专家的大众舞台，以家庭、社区为主的医疗；专业医疗是指具有医师或护士执业资格，运用现代的医疗设备，主要指西医，而中医等其他医学，仅起补充或替代作用；民间医疗有神圣和世俗之分，前者指道士、巫师等，而后者指草药、郎中等。中国台湾学者张珣根据人们对疾病产生原因认识的异同，将医学划分为西方医学与民俗医学两大类。其中民俗医学是指非西方的、原住民的从信仰体系以及经验科学中发展出来的，一整套对疾病与患病的认知体系，其中包括对疾病的命名、分类、病因、治疗、预防等过程。在这一定义下可以进一步区分出不同的医疗体系。在民俗医疗体系中，分为拟人论体系（personallistic）和自然论体系（naturalistic）两大类。张珣认为拟人论体系中将疾病解释为中间力量的干预，即人（巫师）、非人（鬼、祖先、邪恶的灵魂）或是超自然力量（神或其他拥有神力的物质）。人之所以生病就是受到这些超自然力量的侵犯或惩罚；而自然医疗体系则认为疾病并非源于超自然力量的惩罚，而是受别于自然的力量或是诸如冷、热、潮、湿、风等，或是人体内部的不平衡所导致的。① 刘小幸参照古德和克莱曼等人的分析框架，通过对大小凉山的彝族进行长时间观察研究，将诺苏地区的医疗实践分为专业、传统及民间三类，它们分别对应着医院、仪式、草药三个具体的治疗模式。

参考亚瑟·凯博文、张珣以及刘小幸等人的理论模式，根据凤凰县当前存在的多元医疗模式的现状，笔者将可供凤凰县居民选择的医疗资源归结为三类：民间医疗、自然医疗和现代医疗，它们分别对应着巫术、苗医、西医。关于多元医疗模式的未来发展趋势，不同学者有不同的观点。福斯特与安德森预言，随着第三世界社会的现代化，非西方医学模式终将会被西方医学模式所取代，萨满、巫医与其他治疗师终将让位于医生、护士与专家。② 而也有学者认为，在医疗层面上，当前国家力量对农村社会的渗透仍然是有边界的，以正式医疗系统为其物化代表的现代医疗与以非正式医疗系统为其物化代表的民间医术（包括巫医）之间的较量尚未完结。③

（三）研究的思路和方法

在现代化进程加速推进的背景下，分析民间医疗（巫术）、自然医疗

① 参见张珣《疾病与文化——台湾民间医疗人类学研究论集》，台湾稻乡出版社 1989 年版，第 7—10 页。
② 参见［美］乔治·福斯特、安德森《医学人类学》，陈华、黄新美译，台湾桂冠图书股份有限公司 1992 年版，第 55—60 页。
③ 参见杨善华、梁晨《农民眼中疾病的分类及其"仪式性治疗"》，《社会科学》2009 年第 3 期。

（苗医）、现代医疗三种医疗模式在凤凰县的发展情况，及凤凰县当地居民对三种医疗模式的选择，揭示其背后存在的历史和现实因素。少数民族医疗卫生问题是一个交叉学科，可以从不同的学科角度，使用不同的方法进行研究。本章主要运用社会学、医学人类学等相关的理论和研究方法，来探讨凤凰县多元医疗模式共存的现状。在研究过程中，综合运用深度访谈、个案研究等实地调查方法，并结合文献分析方法进行研究。在研究前期阶段，笔者查阅了关于少数民族地区医疗卫生研究的相关文献，对其进行收集和整理，了解凤凰县苗族传统文化、医疗卫生发展历史及凤凰县医疗卫生的相关政策，为进一步调查研究做准备工作。在实地调研阶段，主要采用了座谈会、个案访谈、文献法等研究方法，全面系统地了解凤凰县医疗卫生的服务的发展状况，丰富调研内容，提高调查研究的准确性和可靠性。通过查阅当地档案馆的文献资料，进一步收集和掌握 2000 年以来凤凰县医疗卫生的发展情况。

二　凤凰县医疗模式的发展演变

（一）理性科学文化出现之前：以巫术为主流医学

人类在解除疾病的过程中发明了巫术，而医学也正是起源于巫术和宗教。当先民们头脑里产生了"万物有灵"的观念，确信那些存在于自己周围的各种看不见的鬼神时刻都与人发生某种联系，给人造成吉凶祸福之后，为了抵抗鬼神给人施加的影响，增强对鬼神的控制能力，于是，那些所谓能卜知鬼神，并能对鬼神施加影响的巫师就出现了。巫师和巫术的产生，正是原始先民的需要。[1] 在苗族人看来，人之所以会生病，和神灵、巫蛊、鬼怪有很大的关系。他们认为，神灵有两类：一类是神，一类是鬼，人们万万不能得罪或者是敷衍它们。"每当人、畜犯病或出现某些诡异的事情，或者是庄稼患了某种疾病时，苗民就认为这是鬼怪所致，而请鬼师侦察。待鬼师确定是某一群恶鬼作祟之后，就按例准备牺牲供奉。"巫师便是这种宗教文化的传承者。社会学家迪尔凯姆在讨论传统社会和现代社会时，将传统社会的主要特点归结为机械团结，而机械团结是以社会

---

① 参见贵州百科信息网，http://gz.zwbk.org/MyLemmaShow.aspx? lid=5953。

成员共有的宗教信仰作为社会整合或群体联系的纽带。社会成员在情感、意愿、信仰方面都是高度同质的。类似的，在传统的苗族社会，宗教和巫术充斥在社会生活的各个层面，巫师在百姓当中享有非常高的名望和声誉，因此，巫师也被赋予了医治疾病以外的其他社会职能，即社会整合和维持社会秩序，并且巫师还具有很高的权威和社会地位。巫师参与到苗族人民的婚、丧、嫁、娶等各个生活领域中。可以说，巫师是苗族人民生产生活习俗的传承者和维护者。在科学理性出现之前，巫术是人们生产生活的一个重要支柱，是当时社会的主流医学模式。而巫术的产生和发展，也为现代民族医药学的形成提供了可借鉴的前提。

（二）巫医合一：苗医与巫术互相融合

凤凰县是一个以苗族为主体的多民族聚居的边远山区，其境内民族医药活跃、历史悠久。在商代前后，就有很著名的苗民给人施诊看病。据资料记载，奴隶社会前后，苗医就已产生和流传。但是因为历史上的苗族缺乏文化，故而大多用传说来叙述自己的历史。传说在湘鄂川黔边区的民间有一位药王爷爷，苗族医药就是从药王爷爷那里传下来的。药王是个周身透明晶亮，形如玻璃的圣人。身上长有双翼，头上长着角，能飞善行，终日来往于西门山之中，为苗民"岔锐岔嘎"（苗语即寻方找药）；每尝一味草，便见其在体内变化或行窜，行至哪里就为治疗哪个部位的疾病。有这样的童谣传说："药王药王，身如星亮，穿山越谷，行走如常，食果饮露，寻药找方。"[1] 可见，苗族医药的传说与神农尝百草的传说基本相同。

苗医的发展，历史上就出现了"有病早治，无病早防"的以"预防为主"的观念。苗医历来就强调身体保健，其主要保健法就是常习的各种拳、刀、棍等武术，尤其是苗族医生，几乎每个人都会一两套。所以苗族医学中有着浓厚的"医武一家"的特点。另外，在苗族的医学史上，巫与医是长期并存的。其原因主要有以下三点：其一，因为古代科学不发达，无法解释一些自然现象、生理现象和病理变化，所以巫便有了作祟余地；其二，巫也在用药物为人治病，容易为人们所接受；其三，巫有自己独特的治病方法——精神疗法，这也是巫的立足根本。巫医善用精神治疗和草药治疗，这对苗医产生了较大影响。例如"捷乃术"，苗语常称为

---

① 　参见欧志安《湘西苗医初考》，《中南民族学院学报》（自然科学版）1984年第2期。

"车人术"。只有巫医、巫师们掌握，医者很少会用。"捷乃术"很早就被巫师们神话了，百姓们也认为巫医会勾引人的灵魂四处游散，使人获得"如登仙界，同归家乡"的梦境。这种现象在科学落后的古代，是难以理解的。但今天的科学发展证明，"捷乃术"是一种名副其实的苗医医疗法，就是现代医学的引导催眠术，即催眠疗法。[①] 苗医主要分为两大类：一类是硬功夫，一类是软功夫，相当于常说的硬气功和软气功。硬功多用于骨科，软功多用于外科。苗药则分"冷药""热药"两性，又分酸、甜、辣、麻、涩、辛、淡等七味。苗医用药时坚持"热药治冷病"，"冷药治热病"的原则，苗医在诊断上强调"望、听、闻、脉、摸"的五法诊断。

苗医经过多年的传承和发展，逐渐成熟，已经成为凤凰当地百姓的主要医疗模式之一。目前，苗药应用的比较成熟的领域有以下几个。一是用苗药"凤凰蛇药"治疗毒蛇咬伤。龙家医疗后继者龙文超长期致力于对"凤凰蛇药"的研究。用苗药白辣蓼草、罗柱叶下风，来治疗毒蛇咬伤。此项医疗技术，在1979年经省级专家鉴定，获得了湖南省重大科技成果奖。二是用苗药"九木香制剂"治疗慢性支气管炎。由龙文超主持的该项科研成果，获得湖南省重大科技成果三等奖，湘西州科技成果一等奖。该药物经临床验证，对治疗支气管炎的有效率达88.78%。三是对苗医药开发的研究。欧志安在70—80年代一直坚持广泛收集和整理苗医苗药，主持编写了《湘西苗药汇编》《湘西苗医外治法》《苗医史考》等著作。四是用苗药"复方牵牛子胶丸"治疗癫痫病。五是用苗药苦莎药治疗肠道疾病。[②]

此外，凤凰县于2009年建立了湖南省首家苗族医院——凤凰苗医医院。该院主要以治疗疑难特慢病为主。目前，该医院分设门诊部和住院部。其中，门诊部面积850平方米，医护工作人员15人，病床30张，设有苗族医药研究所、内科、外科、中医科、苗医科、心脑血管病专科、糖尿病专科、肝病专科、医院检验科、影像科等配套设施。住院部占地面积650平方米，医护工作人员13人，病床30张，设有内科、外科、类风湿病专科等。

为了加强对农村民族传统中医药的开发和利用，不断充实和培养中医

---

① 参见欧志安《湘西苗医初考》，《中南民族学院学报》（自然科学版）1984年第2期。

② 参见张继德《挖掘整理研究民族医药创新体会》，凤凰县老科协。

药技术人员，凤凰县狠抓县中医院中医科和乡镇卫生院中医科建设，于2011 年编写了《苗药大全》，大全共收集 1443 种苗药，在每味药物中均注明拉丁学名，对其性味、功效等进行详细的注释。从 2012 年 4 月 19 日开始，投入 75 万元，组织开展中医药、民族医药资源普查工作，普查工作历时 1 年零 2 个月，从 2013 年年初开始，进入业内资料整理阶段，历时 6 个月，共采集与压制植物标本 1226 个采集号，3678 份标本，上台纸3138 份（735 个品种，其中重点 110 种、普通品种 625 种，药材标本 139种）；完成样地 42 个，样方 210 套，1260 个样方；普查了 24 个乡镇（355 个自然村），重点普查 201 个自然村，非重点 83 个自然村，占全县普查面积的 80%；完成栽培品种调查 6 个、药材收购站 4 个（阿拉营镇、茶田镇、新场乡、吉信镇）；走访民间医生 40 余人次，收集单验方 500 多个，上交国家 840 多份植物标本，省中药资源普查办 700 多份，影像数据资料 300G，同时对重点药材的品种发布进行了标注，有效地保护了凤凰县野生珍稀药材资源。[1]

（三）以现代医疗为主，巫术、苗医多元医疗模式共存[2]

在医疗层面上，当前国家力量对农村社会的渗透仍然是有边界的，以正式医疗系统为其物化代表的现代医疗与以非正式医疗系统为其物化代表的民间医术（包括巫医）之间的较量尚未完结。对非正式医疗系统的求助背后是农民面对生活时的冷峻的理性。[3] 在笔者调查的凤凰县，巫术、苗医仍有生存空间，但现代医疗已经发展成为主流医疗模式。尤其是进入21 世纪以来，凤凰县的现代医疗卫生事业发展迅速，现代医疗水平有了明显提升。地处凤凰县不同经济发展水平、自然地理环境的各个地区几乎可以看到现代医疗的影子。近年来，通过不断深化医疗卫生体制改革，凤凰县医疗卫生综合服务能力明显增强，较好地满足了人民群众的医疗卫生保健需求，可以说，凤凰县的医疗卫生事业已经进入了一个新的发展时期。

---

① 参见凤凰县卫计委《2012—2013 年度工作总结》。
② 参见《凤凰县国民经济统计资料（2000）》《凤凰统计年鉴（2001—2015）》。
③ 参见杨善华、梁晨《农民眼中疾病的分类及其"仪式性治疗"》，《社会科学》2009 年第 3 期。

1. 医疗卫生服务体系逐步完善

21 世纪初，受当时社会经济发展水平的制约，再加上人群居住相对分散、交通不便，医疗卫生服务半径太大，导致整体医疗水平偏低，这一点可以从当时凤凰县医疗机构的发展情况中得到印证。2000 年，凤凰县共有医疗机构数 34 个，其中县人民医院 1 家，县中医院 1 家、乡镇卫生院 31 家、妇幼保健站 1 家。① 随着旅游经济的兴起，当地的经济发展水平得到较大提升，各级政府对医疗卫生事业的投入力度也不断加大，凤凰县的医疗卫生事业步入了一个新的发展时期。目前凤凰县已经逐步形成了以非营利性医疗机构为主体、营利性医疗机构为补充的多元化办医格局。截至 2015 年，全县卫生机构总数 574 个，已经拥有县级公立医院卫生单位 3 家、乡镇卫生院 26 所、诊所 36 个、村卫生室 340 个。全县医疗机构床位 1571 张，其中，公立医院 610 张（占全县 38.83%），乡镇卫生院 609 张（占全县 38.77%），民营医院 329 张（20.94%）。全县每千常住人口床位数 4.32 张。此外，社会资本办医迅速发展，有为民同济医院、红十字会医院等民营医院 7 家。2015 年，全县医疗机构总诊疗人次为 104.7 万，其中，公立医院 33.6 万人次，乡镇卫生院 15.4 万人次，民营医院 3.4 万人次，诊所 12.8 万人次。②

2. 医疗卫生服务水平不断提高

2000 年，凤凰县大部分医疗机构的建筑及设备都比较落后和陈旧，尤其是一些乡村卫生室的设备基本上是老三件：体温计、听诊器、血压计，并且药品配备的并不齐全，医疗人员的技术水平普遍偏低，很难满足凤凰县居民的医疗服务需求。到 2015 年，凤凰县医疗卫生服务水平无论是从设备设施方面，还是医疗人员服务水平上都有了一个质的提升。2014—2015 年，中国初级卫生保健基金会一次性向凤凰县捐赠价值 3027.86 万元的医疗设备，包含 DR、彩超等设备，这些医疗设备全部投入使用，有效改善了基层的医疗条件，使乡镇卫生院基本医疗设备配置基本达标。此外，2014—2015 年，湖南省开展的"万名医师支援农村卫生工程"中，凤凰县人民医院、凤凰县民族中医院通过与省级医院对接和交流，聘请专家重点对重症病房、胸外科、感染科、骨科等科室进行对口

---

① 参见《凤凰县国民经济统计资料（2000）》，凤凰县统计局。
② 参见《2015 年全县卫生机构及医疗服务基本情况》，凤凰县卫计委。

支援帮扶，使凤凰县县级医院的医疗技术水平有了较大提升。在乡村医疗卫生的建设方面，通过开展县级医院对口支援乡村医疗卫生项目，县人民医院、中医院、妇幼保健院总共派出 26 名职称较高的医务人员，负责承担对凤凰县、乡、村卫生院的对口支援工作，使基层医疗队伍的技术水平和管理水平都得到了较大提升。

3. 人才队伍建设成效显著

2000 年凤凰县共有专业医疗技术人员 858 人，其中中医师 50 人、西医师 232 人、中药师 9 人、西药师 16 人、中医士 10 人、西医士 144 人、护士 55 人。[①] 为了进一步充实医疗队伍人才，更好地为凤凰百姓服务，"十二五"期间，凤凰县共引进大专以上专业技术人才 15 名，面向社会公开招聘专业卫生技术人员 257 名，充实到乡（镇）卫生院。2015 年共签订农村订单定向免费培养医学本科生 8 人；实行乡村医生本土化培训 6 人；组织 327 名村医参加华医网视频培训课程。通过开展专家指导、高学历人才引进、骨干培养、乡村医务人员培训、城市卫生支援基层卫生、卫生人才进村等活动，提升了凤凰县基层医疗队伍的服务能力和水平。截至 2015 年底，凤凰县卫生机构总的人员数达 1872 人，其中卫生技术人员数 1262 人，执业医师 286 人、执业助理医师 161 人、注册护士 408 人、药剂师 76 人、技师 88 人、村卫生室的乡村医生和卫生员人数达 401 人。[②] 医疗技术人才数量的增长、结构的优化为促进凤凰县医疗技术发展提供了坚实的人才支持，更好地满足了凤凰县人民的医疗卫生需求。

4. 基本药物制度惠及民生

为了进一步解决基层医疗改革面临的问题，不断完善医疗卫生服务体系，自 2011 年 6 月 20 日起，凤凰县实施了基本药物制度，基本药物包括 505 种，其中国家基本药物 307 种，省增补品种 198 种。全县 26 个基层医疗卫生机构所有药品均实行了零差率销售，不允许药品加成或者是变相加成。2014 年，所有基层医疗卫生机构药品均网上集中采购，采购药品 389 个，品规 478 个。乡镇卫生院药品零差率实施前的 2010 年，门急诊次均费用 87.37 元，其中药品费用 65.48 元，诊疗费用 21.89 元；住院次均费

---

① 参见《凤凰县国民经济统计资料（2000）》，凤凰县统计局。

② 参见《凤凰统计年鉴（2000）》《凤凰统计年鉴（2003）》《凤凰统计年鉴（2014）》《凤凰统计年鉴（2015）》，凤凰县统计局。

用705.93元，其中，药品费用575.27元，诊疗费用130.66元。2015年门急诊次均费用68.38元，其中药品费用36.71元，诊疗费用31.67元；住院次均费用689.13元，其中药品费用489.97元，诊疗费用199.16元。[①] 通过5年的基层医疗卫生机构的改革，药品费用和住院次均费用逐渐降低，老百姓得到了真正的实惠。

5. 公立医院改革有序推进

凤凰县2015年初成立了以县长为组长的县级公立医院改革领导小组，以卫生局牵头，各相关部门为成员的凤凰县公立医院改革办公室，并制定下发了《凤凰县县级公立医院改革实施方案》。经州物价局审核批准后，凤凰县于2015年6月1日全面启动县级公立医院综合改革工作，县人民医院、中医院取消药品（中药饮片除外）加成，实行药品零差率销售，大型医疗设备检查（CT、核磁）价格下调10%，共计让利病人1693.33万元。具体来说，一是门诊费用降低。县人民医院及中医院2015年6—12月次均门诊费用分别是129.03元、116.19元，较2014年6—12月次均门诊费用137.7、125元分别下降8.67元、8.81元。二是住院费用降低。县人民医院及中医院2015年6—12月次均住院费用分别为5218.83元、3702.31元，较2014年6—12月的次均住院费用5505.6、3936元分别降低了286.77元、233.69元。三是大型设备检查费用降低，通过"大型设备检查费用下调10%"，进一步规范大型设备检查的收费。四是药占比降低，县人民医院及中医院2015年6—12月药占比分别为35.96%、35.04%，较2014年6—12月同期的38.4%及39.0%分别下降了2.44及3.96个百分点。五是就医人数上升，2015年6—12月两家医院增加门诊病人17039人；县人民医院及中医院2015年6—12月住院增加住院病人1519人。[②] 公立医院改革的推进，破除了以药补医机制，通过提高医疗服务价格和本级财政补偿，合理弥补了公立医院政策性亏损。

6. 开展对建档立卡贫困对象的"一站式"医疗救助工作

为了切实减轻建档立卡户的医疗费用负担，逐步解决农民"因病致贫、因病返贫"的问题，2017年5月以来，凤凰县各级医疗机构切实落

---

① 参见《2015年凤凰县医药卫生体制改革相关工作情况汇报》，凤凰县卫计委。

② 同上。

实建档立卡贫困对象"先诊疗、后付费"政策，按照"医院垫付、集中支付、内部结算"原则，在县城乡医保中心的服务大厅及县内各定点医疗机构设立"建档立卡贫困对象医疗救助服务窗口"，一站式完成医疗补偿、大病保险和医疗救助，实现了建档立卡贫困对象的所有医疗救助在"一站办结"，确保经医保补偿、大病保险、医疗救助后，建档立卡贫困对象住院总费用报销比例达80%以上的目标。对建档立卡贫困对象实施一系列的住院优惠政策，如药品零差率、大型设备检查费下调10%、取消起付线、保外费用减免10%等。实行"先诊疗、后付费"制度，实行"绿色通道"入院，出院再结算。在医疗救助报销方面，对在县域内定点医疗机构住院的建档立卡贫困对象，住院医疗总费用经医保补偿未达到90%的，由经治医疗机构在"建档立卡贫困对象医疗救助服务窗口"按照"住院医疗总费用×90%-医保补偿-大病保险"标准予以垫付。对在县域外定点医疗机构住院的建档立卡贫困对象，住院医疗总费用经医保补偿未达到80%的，由救助对象带资料到县城乡医保中心的服务大厅办理救助相关事项，由医疗救助按照"住院医疗总费用×80%-医保补偿-大病保险"标准打入救助对象的医保卡。对在县外非定点医疗机构住院的建档立卡贫困对象，由救助对象带资料到县城乡医保中心的服务大厅先办理医保补偿，然后由医疗救助再按照"住院医疗总费用×80%-医保补偿-大病保险"标准打入救助对象的医保卡。对于救助报销结算方式，县域内"一站式"服务结算，由县城乡医保中心、大病保险及医疗救助机构于次月将在县域内定点医疗机构住院的月垫付费用拨付给定点医疗机构。如果因为特殊原因，大病保险及医疗救助未能及时报销，则由县城乡医保中心根据建档立卡贫困对象住院应该享受的大病保险及医疗救助金额予以先行支付，然后再内部结算。

（四）多元医疗模式下凤凰县居民的医疗选择实践

乔治·福斯特（G. M. Foster）曾提出"采用医疗习俗的等级观念"。在他看来"当先前只依靠或者主要依靠土俗医疗模式的民族，在可以得到新型的医疗保健包括科学医学时，他们要做出的基本决定不是接受新的体系，或者坚持旧的体系的问题。相反的是，他们现在有各种各样的选择，这些选择可能或者几乎总是以环境为基础（即：对手边特定的问题，似乎是最合适的行动过程）加以应用的，从而构成了面对着多种的医疗方式，当地人们如何选择的问题"。① 也有学者认为几乎每个社会都存在其自成一格的多元医疗模式，不同的医疗模式存在并存的可能性，但是其被采用和选择的机会并不均等。② 随着现代科学医疗的发展，凤凰县居民的医疗观念和健康观念逐渐改变，并且伴随着旅游经济的快速发展，当地居民与外界的接触机会越来越多，他们无论是在经济收入水平还是在生活方式、医疗观念方面都有了很大的改变，现代医疗越来越被当地居民所接受。但是由于地理因素、文化传统等一些主客观因素，传统的巫术和苗医并没有消失，而是在一定的空间里继续存在，当地居民会根据自己的条件和需求来选择不同的医疗资源，形成了三种医疗模式相互区别又相互交叠的现象。

案例一：吴××，男，41 岁，凤凰县腊尔山镇追高来村人，初中文化，平时以务农为主，身体较好，只是经常会出现牙痛的症状。每当牙痛时，他不会去村卫生室，也不选择去镇里或是县里的医院治疗，而是用当地特有的一种巫术治疗法。先找来一根铁钉，然后将铁钉钉入墙中，以此种方法来缓解牙齿的疼痛。

案例二：龙××，女，71 岁，凤凰县麻冲乡竹山村人，儿女均外出打工，常年和老伴两个人生活在一起。因年纪较大、身体不好，平时只从事一些较轻的农活。老人患有风湿病，但从未去医院治疗过，一直都是从村里的老苗医那里拿些草药来治疗。

案例三：龙××，男，42 岁，凤凰县腊尔山镇追高来村人，常年在外务工。在 2015 年不幸发生了交通事故，腿部多处骨折，后被送到医院进行医治。在医院治疗后，骨折处被打了钢钉，为了加速痊愈的过程，龙某选择出院，去老苗医那里进行治疗，从老苗医那里拿回一些药酒，每天进行擦拭。龙某某说，苗医药治疗骨折效果是非常好的，他们这里的人在发生骨折时，一般不选择去西医那里治疗，而是用苗医的药酒，擦几天就好了。

案例四，××，女，38 岁。凤凰县腊尔山镇追高来村人，接受过高等教育，并拥有博士学位，她还有两个姐姐，也都接受过良好的高等教育，

---

① 参见［美］乔治·福斯特、安德森《医学人类学》，陈华、黄新美译，台湾桂冠图书股份有限公司 1992 年版，第 12—56 页。

② 参见刘绍华《医学人类学的中国想象》，《广西民族大学学报》（哲学社会科学版）2006年第 3 期。

毕业于国内名牌大学。2014年其母亲不幸患病，三姐妹先是将老人送往医院接受治疗。但同时，她们也选择用当地特有的巫术治疗法。当被问道：你认为这种巫术治疗真的有用吗？你真的相信巫术治疗吗？她这样回答道：我们之所以也选择了巫术治疗，并不是相信巫术治疗一定会有用，只是我们从小生长在这里，对这种东西还是会有一些敬畏的，并且老人相信这些，做这些也是求得心理上的一个安慰吧。况且，这样做也没有坏处，双管齐下吧。

此外，笔者通过在凤凰县城以及村落内与35名当地居民的访谈中得知，在面对"您生病的时候第一选择是去医院还是采用苗医、巫术等治疗方法"问题时，90%以上的人会回答去医院，并且认为现代医疗拥有先进的科学技术，疗效快。通过再次追问"您不会选择苗医进行治疗吗"，发现他们会根据具体的病情选择不同的治疗方法。在患有急性病时，95%以上的人选择去医院接受治疗。而在患有慢性疾病、风湿骨病、跌打损伤等病症时，超过半数的人会选择用苗医进行治疗，并且他们均表示，苗医药治疗此类疾病的疗效远远好于西医。可以看出，在凤凰县当地居民中，现代医疗已经越来越深入人心，但是苗医和巫术仍然有存在的空间，并发挥着现代医疗无可替代的作用。正如案例四中显示的那样，即使选择了西医的治疗方式，但他们也并不排斥巫术的治疗方式，不仅老年人对巫术有一种特殊的信任感，并且年轻人也不排斥此种治疗方式。但是这并不意味着愚昧、迷信、无知，对于他们来说，接受巫术是建立在以现代医疗为主要治疗方式的基础之上的，而巫术在这一过程中可以发挥着增强康复信心、慰藉患者心理的作用。也就是说，在现代医疗不能满足患者需求的情况下，巫医就成为他们治疗疾病的一种替代性选择，可以说，这是一种效用最大化的"理性选择"。

三　凤凰县医疗模式变迁的原因分析

科克汉姆将西医之外的其他医疗模式的存在归因于宗教信仰、经济因素、现代医学无法治疗、就医便利性。而凤凰县的情况就更为复杂。从宏观上来讲，凤凰县医疗模式的变迁是现代化进程不断加速的结果。另外，当地居民对某种医疗模式的选择，既是考虑到不同病情和病症，以及疗效等因素，又是受到了当地地理条件、风俗习惯、民族文化等因素的影响。

（一）结构驱动力：现代化进程的不断加速

凤凰县医疗模式的变迁，并不是其自身的主动变革，而是在现代化进程中外来文化与现代文化强势侵入的结果。面对现代化进程不断加速的现实，凤凰县的居民不得不接受并逐渐调整以适应新的变化和环境。可以说，凤凰县医疗模式从巫术到巫医合一再到以现代医疗为主，多元医疗模式共存的变化过程，正是现代化进程不断推进的结果。近年来，凤凰县在旅游经济的带动下，居民的生产方式、生活方式、收入水平、受教育程度、思想观念等方面都发生了很大变化。越来越多的人改变了传统的以农业为主的生产方式，转而从事到与旅游业相关的第三产业中。传统的农业生产方式最重要的特征就是将人束缚在土地上，社会流动性很低。而旅游经济的发展则会加速社会的流动，人们纷纷从农村流入到城市谋求生存。一方面，提高了他们的经济收入水平，为他们接受现代医疗提供了经济基础；另一方面，外出打工开阔了他们的眼界，他们可以受到更加先进和科学的知识文化熏陶，视野和见识更加开阔，也有更多的机会接触到现代科学医疗知识，进而更新自己的思想观念，寻求更加科学合理的治疗方式。此外，随着收入水平的提升和思想观念的更新，他们的下一代接受教育的比例相应提升，受教育水平逐渐升高。下一代接受到的科学文化知识会形成"文化反哺"，将科学知识教给他们的父辈。这些都会增加他们对现代医疗的认同，在患病时越来越多的人会首先考虑用现代医疗的科学方法去医治。同时，巫术和苗医在现代化的进程中也被赋予了新的功能。当下，凤凰县的旅游经济迅速发展，巫术和苗医也被赋予了越来越多的娱乐和旅游作用。赶尸在凤凰县已经被开发为极具特色的旅游文化欣赏节目，苗医药被越来越多的苗民作为当地的土特产去推销。从中我们可以看出，在现代化进程中，传统因素和现代因素并不是截然对立的。

（二）功能驱动力：三种医疗模式的功能互补

人们在面对疾病带来的危机时，并不是拘泥于医学的理论解释，用理论指导实践，而是从实用主义角度求医问药，并在不同医学信息之间自由穿梭，以使病人的身体症状、疾病内因与外因都得到处理。① 张实认为，多元化的医疗模式之所以能够在民族地区得以存在并稳定地保留下来，其原因在于它能够在多个层次满足当地人们"看病"的要求。② 对于凤凰县的居民来说，他们所选择的任何一种治疗模式都有其特定的作用和功能，都是他们为了缓解病痛、治愈疾病而使用的一种方法。这三种医疗模式并不完全矛盾或冲突，因为它们都在发挥各自特有的功能。虽然现代医疗逐渐成为主流医疗模式，但它有自身的弊端，如治疗费用较高、医生服务态度不佳、医务人员不懂少数民族语言，难以与病人沟通、医生较多地使用现代医学词汇，以致病人难以理解、病人缺少对医护人员的信任等，而巫术和苗医恰好在某一方面弥补了现代医疗的不足。对于凤凰县的苗族以及其他少数民族民众而言，现代医疗毕竟是一种"陌生的"外来力量，③ 而包括各种仪式在内的巫术和苗族医药则已经深深地融入他们的日常生活之中，成为他们解决自身各种病痛和苦难的熟悉并且有效的手段，他们在仪式中出生，在仪式中成长，在仪式中离开，各种仪式伴随着他们的整个生命历程。不可否认，这些仪式对他们心理和精神的慰藉都具有无可替代的作用。如果说，现代医疗对于他们来说是一种医学知识的话，那么巫术和苗医便是他们的一种生命信仰和精神依托，巫术和苗医在精神慰藉方面发挥的重要作用可以弥补现代医疗的缺陷和不足。三种医疗体系各有利弊，相互补充。正如医学人类学家克雷曼所言，道德与宗教为人们解决病痛和苦难提供意义和精神上的支持。而在现代社会，为苦难和病痛提供精神支持的道德和宗教已经逐渐式微，大部分患者在无意义的痛苦的深渊中挣扎，而现代医学在生物医学模式下不能或不愿意为病人提供精神支持。不可否认，现代科学医疗技术发展迅速，西医的 X 光、CT、B 超、彩超等先进科学的检查和治疗手段都是巫术和苗医无法企及的，但是现代医疗费用高，并且它更多的是关注人的疾病（disease），一种生理学上的失常或病理，而忽视了人的病患（illness）和患病（sickness），即人的主观状态

---

① 参见张有春《一个乡村治病过程的人类学解读》，《广西民族大学学报》（哲学社会科学版）2011 年第 4 期。
② 参见张实、郑艳姬《治疗的整体性：多元医疗的再思考——基于一个彝族村落的考察》，《中央民族大学学报》（哲学社会科学版）2015 年第 4 期。
③ 参见徐义强《近四十年来台湾医疗人类学研究回顾与反思》，《世界民族》2014 年第 4 期。

和社会状态。① 也就是说，现代医疗过分追求先进的检查手段和治疗技术，缺少对病人的心理关怀和社会关怀，它远远没有解决人们的所有健康问题。②

在凤凰县的一些地区，一些老年群体，在患有某些疾病，尤其是一些无法治愈的癌症时，会更加相信巫术的作用。他们对巫术有一种特殊的情感和信任，就像前面提到过的案例，有一些病人即使选择西医进行治疗，但同时也会用巫术进行治疗。老人在用巫术对疾病进行治疗时会有一种安心、放心和踏实的感觉，因为他们相信巫术治疗法，在用此种方法治疗疾病时，会使他们保持一种比较乐观的心态，增强他们战胜疾病的信心。人的心情和精神状态在战胜疾病过程中的作用也是不可忽视的。此外，针对现代医疗存在的费用高的弊端，苗医又可以很好地弥补其不足。苗医是苗族人民的技艺，是以治病救人为目的而采用的行为手段。一方面，在治疗的过程中，苗医药确实有缓解疼痛、治愈疾病的功效。尤其是针对一些慢性病、骨科病，与西医相比，苗医有着更好的疗效，当地人在患有此类病症时往往会选择苗医。另一方面，凤凰县贫困人口较多，尤其是在一些经济落后、交通不便的乡村地区，居民经济收入较低，无力承受西医高昂的治疗费用。而苗医生看病几乎不收任何费用，所用的药都是采自山上，没有任何成本，有些病人为了表示对苗医生的感谢之情，会送一两只鸭子，不需要花费过多的其他费用，并且苗医生都是居住在当地的村子里面，病人看病就医极为便利。

除上述提到的精神慰藉、经济实用的功能外，在凤凰县，巫术医疗还有其独特的功能——娱乐功能和经济价值。近年来，巫医的娱乐功能正不断凸显。随着凤凰县旅游经济的迅速发展，苗族地区与外界的联系日益增多，神秘的苗族巫术也吸引了越来越多的世界各地的游客。当地的旅游部门也充分地利用起这些苗族巫术文化，开发各种旅游项目，如踩火犁、赶尸等项目，在充分发挥巫术的娱乐功能基础上，巫术也创造出了越来越多的经济价值。

---

① 参见段忠玉、李东红《多元医疗模式共存的医学人类学分析——以西双版纳傣族村寨为例》，《学术探索》2014年第9期。

② 这里的健康概念指的是世界卫生组织（WHO）1978年对健康做出的定义：健康不仅是人身体生理健康，而且是人在当时的心理状态和社会环境中都处在一个较完满的状态。也就是说，人的健康不仅包括生理健康，还应该有心理健康和良好的社会适应能力。

　　再有，巫术和苗医还承担着文化传承的功能。苗族有着悠久的历史和丰富多彩的文化，然而因为没有文字，所以对其历史和文化的考究只能借助于远古神话、民间传说以及生活习俗、社会风尚等"活化石"，苗医和巫师就是这样的"活化石"。他们大多对本民族的文化历史有着全面的了解，能够讲述本民族的传说、民间故事和一些重大历史事件。此外，苗族医药是中华民族中草药医药宝库中的一个重要组成部分。凤凰县是苗族的主要聚居地之一，在与疾病做斗争的过程中，智慧的苗族同胞总结和积累了丰富的防治疾病的经验和独特秘方，并形成了富有民族特色的医药文化。但是近年来，凤凰县关于苗族医药的保护却并不十分到位，苗医药在传承过程中也遇到了种种问题，面临失传的危险。而通过一代一代苗医的传习，这些宝贵的苗医药知识就由此传承下来。

（三）文化驱动力：一种民族文化和历史记忆

　　在医学人类学家看来，所有文化都会涉及对疾病的起因、诊断及治疗的方法。也就是说，每一种文化都有独特的对待疾病的世界观，都会演变出一套不同的疾病解释及治疗方法体系。[①]　因此，我们不能就疾病论疾病，而是应该把它放在当地的文化体系中来分析和理解。[②]　在分析不同地区居民的行为方式时，人类学家常用的两个概念是"文化主位"和"文化客位"。所谓的主位研究是指研究者不凭借自己的主观判断，而是尽可能地用当地人自身的观点和视角去理解该文化的研究方法，即从"内部看文化"。而客位研究是指研究者以文化外来观察者的角度建构理论体系，从外部看文化、理解文化。而在对待居民对不同医疗模式的选择问题上，我们不能总是站在客位的立场上去品头论足，而是应该用主位文化的观点，充分考虑到当地的民族文化，尽可能地以一个本地人的身份来看待当地文化和周围的环境。正如医学人类学家所认为的那样：在一种文化内，总是有它比较独特的医疗文化与行为选择，而且因为疾病与人类如影随形、无所不在，故而关于疾病的文化部分也往往是此种文化中比较核心的部分。透过对某一种文化中医疗医学文化的检视，通常可以获得瞭望该

[①]　参见张实、郑艳姬《治疗的整体性：多元医疗的再思考——基于一个彝族村落的考察》，《中央民族大学学报》（哲学社会科学版）2015年第4期。

[②]　参见段忠玉、李东红《多元医疗模式共存的医学人类学分析——以西双版纳傣族村寨为例》，《学术探索》2014年第9期。

文化模式的一个绝佳通道，进而迈向对该文化系统的整体理解。[①] 苗族人民在长期的社会生活中会孕育出自己的一套价值观念、思维方式、精神信仰，进而形成了独特的精神文化和行为文化。苗民历来相信万物有灵、鬼神之说，但是在他们看来鬼神不分，无论是魔鬼、祖灵或是神祇都被称为鬼。[②] 这就产生了苗族人民在医学信仰中的多元性，即他们既相信现代科学医疗，同时又依赖苗医和巫术。杨善华等人认为，不管是选择现代医疗模式，还是选择大仙（巫术）的治疗模式，都是儿女表达孝心的途径和方式，所体现的都是乡土社会伦理上的意义，是对家中病人和其他亲属的责任，同时也是一份对自己生活于其中的村庄社区的责任。[③] 巫术和苗医对于苗族人民来说是民族文化和历史记忆的一部分，它们背后隐含着苗族人民特殊的精神信仰和疾病观念，我们不能把巫术医疗简单地理解为封建落后、愚昧无知、经济滞后、缺医少药，而应该从苗族人民的信仰传统、知识体系等方面全面、科学、合理地去理解。

四　结论与讨论

福斯特与安德森预言随着第三世界社会的现代化，非西方医学模式终将会被西方医学模式所取代，萨满、巫医与其他治疗师终将让位于医生、护士与专家。通过对湘西土家族苗族自治州凤凰县的调查，我们却发现了与福斯特和安德森的预言相反的现象：在凤凰县是三种医疗模式互动和共存的。由于凤凰县旅游经济的发展，其现代化的进程不断加快，现代医疗观念和医疗技术都对当地居民产生了深刻的影响，并逐渐在三种医疗模式中占据主导地位，但巫术和苗医并未消亡，它们与现代医疗模式互相补充，当地民众基于实用的原则和自己的需要，在不同情况下会选择不同的医疗模式，有时还会同时选择多种医疗模式。一方面，当前现代医疗中还缺乏对病人精神层面的关照，并且治疗费用较高，使一些贫困地区的居民难以承受。而巫术和苗医价格低廉，可以减少病人的医疗开支。另一方

---

① 参见徐义强《近四十年来台湾医疗人类学研究回顾与反思》，《世界民族》2014 年第 4 期。

② 参见段忠玉、李东红《多元医疗模式共存的医学人类学分析——以西双版纳傣族村寨为例》，《学术探索》2014 年第 9 期。

③ 参见杨善华、梁晨《农民眼中疾病的分类及其"仪式性治疗"》，《社会科学》2009 年第 3 期。

面，巫术治疗方法虽然存在着非科学的一面，但是它能够深入病人的心理层面，在一定程度上满足病人的某种需求，并且费用很低，这也正是现代医疗所不具备的。在全球化和现代化不断发展的今天，或许我们应该去进一步反思各种亚文化医疗方式在未来的发展方向，不能一味地否定传统的治疗模式，对这些传统的治疗模式我们应该抱着一种取其精华，去其糟粕的态度，不断吸收传统治疗模式中合理和积极的一面，并将其引入现代医疗模式中，来更好地满足当地居民的医疗需求。同时，对那些宝贵的民族医药文化，必须要加大保护和传承力度，发展具有民族特色的医疗模式，进而建立多种医疗模式的良性互动机制。

第九章

凤凰县社会救助制度与实践

21 世纪以来，凤凰县在政治、经济、文化和社会等方面均获得较快发展，并在旅游业发展、扶贫开发、民族文化保护和民生建设等方面取得巨大成就，但不容忽视的一个事实是凤凰县的贫困问题依然严峻。近几年，通过开展产业扶持、技能培训、资金援助和劳务输出等措施已经帮助部分贫困户脱贫，但由于凤凰县有一定比例的无自理能力老年人、残疾人、孤儿等弱势群体存在，且这部分人大多无劳动能力，无法通过相关部门的帮扶措施脱贫。还有部分家庭和个人出现因病致贫、因病返贫的情况，暂时的就医压力使得这部分家庭和个人无法摆脱贫困的境地，只能依靠国家的社会救助制度将这部分人"兜"起来。经过几十年的发展，凤凰县的社会救助制度逐步发展完善。到目前为止，凤凰县基本形成了以城乡低保制度为核心，以临时应急救助为补充，与医疗、住房、教育、司法等分类专项救助制度配套的社会救助体系框架，这不仅从制度层次上赋予了国民基本生活保障的权益，而且在扶老、助残、救孤和济困等方面发挥着越来越大的作用。

一 我国社会救助制度的建设历程

社会救助是劳动者在其不能维持最低限度的生活水平时，根据有关法律规定，有权要求国家和社会按照法定的标准向其提供满足最低生活需求的资金和实物援助的一种社会保障制度。通过社会救助，使那些无生活来源的人，因遭受自然灾害生活一时困难的人，生活在法定最低生活水平线以下的人等，获得最起码的生活保障，其保障水平低于社会保险和社会福利。[1] 目前，凤

---

① 参见章晓懿主编《社会保障概论》，上海交通大学出版社 2010 年版，第 50 页。

凰县已基本建立起包括"三大类、九小项"①的社会救助体系，就各项制度在社会救助制度体系中所占的位置来说，城乡最低生活保障制度和农村五保供养制度（简称五保供养制度）是社会救助制度中发展较完善也是最为基础的两项制度，两项制度均是为社会中最贫弱的人群提供最低限度的保障，以起"兜底"的重要作用，其在整个社会救助体系中占有重要地位，通过考察研究这两项制度一定程度上能够管窥社会救助的发展情况。鉴于此，本章将着重探讨凤凰县的城乡低保制度和五保供养制度。

城乡低保制度包括城市低保制度和农村低保制度。城市低保制度产生于 20 世纪 90 年代中国社会发生巨大变化的时期，当时国家采取了许多强硬的改革措施，其中包括为了减员增效而大量出售国有企业和国企裁员，造成大批工人下岗，随之而来的是日益严重的城市居民间的贫富分化。②1993 年 6 月 1 日，上海市政府宣布建立"城市居民最低生活保障制度"，由此拉开了中国社会救助制度改革的序幕。1995 年，这项制度为民政部所认可，民政部下决心将其推广到全国。1997 年这项制度再次上升为国务院的一项重要决策，国务院发布《国务院关于在各地建立城市居民最低生活保障制度的通知》，要求在 20 世纪末全国所有的城市和县治所在的镇都要建立这项制度。1999 年国务院出台了《城市居民最低生活保障条例》，标志着这项制度已经成为中华人民共和国的一项正式的法律制度和长期的基本国策。③

随着城市低保制度建立、发展和逐步完善，城市的贫困问题得到了一定程度的缓解，但是在我国的广大农村地区还有大量的贫困人口存在，对农村贫困人口进行救助的任务迫在眉睫。参照城市低保制度，部分省市积极筹备建立农村低保制度。1996 年，民政部办公厅下发《关于加快农村社会保障体系建设的意见》，《意见》指出：农村最低生活保障制度是对农村家庭人均纯收入低于最低生活保障标准的农村贫困人口按最低生活保障标准进行差额补助的制度。此时，上海、北京、广东、辽宁等省市纷纷

---

① "三大类，九小项"的社会救助体系中，"三大类"包括：长期生活类救助、专项分类救助和临时应急救助；"九小项"包括：最低生活保障制度、五保供养制度、医疗救助制度、住房救助制度、教育救助制度、法律援助制度、救灾救济制度、流浪乞讨救助制度和临时救助制度。

② 参见赵文英《徘徊在"人民"和"人口"两个不同的概念中——最低生活保障的实地调查研究》，《开放时代》2011 年第 1 期。

③ 参见唐钧《城乡低保制度：历史、现状与前瞻》，《红旗文稿》2005 年第 18 期。

提出了"整体推进城乡低保制度建设"的政策设想。① 2005 年 10 月 11 日，在党的十六届五中全会上通过的《中共中央关于制定国民经济和社会发展第十一个五年规划的建议》中要求有条件的地方要积极探索建立农村最低生活保障制度。② 2007 年 7 月 11 日，国务院颁布了《国务院关于在全国建立农村最低生活保障制度的通知》，标志着农村最低生活保障制度在我国正式建立起来。

相较于城乡低保制度来说，五保供养制度在实施的时间上更早，我国在农业合作化时期即已形成了五保供养的雏形。我国五保供养制度的发展大体经历了三个阶段：1956—1978 年主要依靠集体公益金运行，由生产队或生产大队组织实施的集体供养模式；1979—2001 年是以村提留和乡统筹为其经费和实物来源的集体供养模式；2002 年以来是以国家财政供养为主，集体保障、土地保障和社会帮扶为辅的现代社会保障模式。③ 笔者所调研的凤凰县已于 2002 年 6 月根据农村税费改革精神，将全县五保对象供养纳入财政预算，实行以县统筹。

在全国社会救助制度逐步完善的背景下，笔者欲了解包括城乡低保制度和五保供养制度在内的各项社会救助制度在凤凰县的实施状况，在实施过程中产生了什么样的效果，出现何种问题，以及导致这些问题出现的原因是什么。2016 年 7 月，笔者对湖南省湘西自治州凤凰县的社会救助情况进行了为期 21 天的调研，本章所呈现的内容即是对凤凰县社会救助中的城乡低保和五保供养制度实施情况进行调研的部分成果。

二　凤凰县城乡低保和五保供养制度实施情况

最低生活保障制度，是指国家和社会为生活在最低生活保障线以下的社会成员提供满足最低生活需要的物质帮助的一种社会救助制度安排。最低生活保障的根本目标，就是运用国家财力帮助那些低于当地最低生活保障线的贫困人口摆脱生活困境，使其达到最基本的生活水平。最低生活保障通常被看作社会的"最后一道安全网"，最低生活保障包括城市居民

---

① 参见唐钧《城乡低保制度：历史、现状与前瞻》，《红旗文稿》2005 年第 18 期。
② 参见新华网，http://news.xinhuanet.com/politics/2005-10/18/content_ 3640318.htm。
③ 参见宋士云《新中国农村五保供养制度的变迁》，《当代中国史研究》2007 年第 1 期。

最低生活保障和农村居民最低生活保障。①

（一）凤凰县城乡低保制度实施情况

经过 20 多年的建设和发展，凤凰县初步建立起城乡低保制度体系，形成了较为完备的管理系统，无论在城乡低保的业务管理方面还是资金管理方面，均形成一些制度化、规范化的管理方法和模式。

1. 凤凰县城乡低保制度的建立

1997 年 9 月 2 日，国务院颁布了《国务院关于在全国建立城市居民最低生活保障制度的通知》，要求 1998 年底以前，地级以上城市要建立起这项制度；1999 年底以前，县级市和县政府所在地的镇要建立起这项制度。各地要根据当地实际情况，逐步使非农业户口的居民得到最低生活保障。② 根据中央规定，1998 年凤凰县民政局新一届局长上任，开始着手探索建立城市居民最低生活保障制度，研究制订实施方案，采取调查摸底，了解和掌握城镇居民基本生活水平，拟定最低生活保障线标准为 104 元。③ 1999 年 9 月 28 日，国务院颁布了《城市居民最低生活保障条例》，进一步规范城市居民最低生活保障制度，保障城市居民基本生活。④ 与此同时，凤凰县全县全面实施城市低保制度，全县第一批低保人数为 447 人，其中包括全县农村 9 所敬老院入院老人和 1996 年县福利厂停产 32 名生活无着落的职工。城市最低生活保障线为 104 元/月，月人均补助 40 元。⑤ 自此，凤凰县城市低保制度全面实施，为有困难的城镇贫困居民提供最低生活保障。

凤凰县在实施农村低保制度之前即已开始对农村贫困人员开展救助工作，这项制度就是农村特困户救助制度。2003 年 4 月，凤凰县正式启动农村特困户救助工作，对全县农村人均年收入低于 600 元的特困户进行调查摸底，全县共有 7621 户 32259 人，建立了特困户家庭档案。下半年对 2255 户 6500 人开始进行救助，人均标准为 5 元，并分批进行发证，年底

① 城市居民最低生活保障简称城市低保，农村居民最低生活保障简称农村低保，下文如未有特殊说明，均用简称。

② 参见《国务院关于在全国建立城市居民最低生活保障制度的通知》，1997 年 9 月 2 日。

③ 参见凤凰县民政局《城乡低保工作纪实》。

④ 参见《城市居民最低生活保障条例》（中华人民共和国国务院令第 271 号）。

⑤ 参见凤凰县民政局《城乡低保工作纪实》。

第一批发证的有 1145 户 3265 人。2004 年凤凰县扩大农村特困户救助范围，12 月在第一批发证的基础上，第二批又扩大了 1085 户 3263 人，年底全县农村特困户救助共为 2230 户 6518 人。农村特困户救助坚持"动态管理，凭证救助"的原则，2006 年 11 月，全县退出救助 480 户 1440 人，新纳入 481 户 1443 人。年底农村特困户救助对象为 1084 户 3252 人，人均补差 15 元。① 在凤凰县实施农村低保制度之前，农村特困户救助制度在对农村贫困人群的救助上发挥很大作用，有效缓解了农村特贫困人员的贫困程度。

2006 年 11 月 15 日，湘西自治州政府发布了《湘西自治州人民政府关于印发湘西自治州特困家庭医疗救助暂行办法和湘西自治州农村最低生活保障制度实施办法（试行）的通知》，要求在全县建立农村低保制度。② 凤凰县于 2007 年 1 月正式启动农村低保制度，并实现了从农村特困户救助制度向农村低保制度的顺利过渡。2007 年 3 月 5 日，凤凰县人民政府办公室印发了《凤凰县农村居民低保工作实施方案》（简称《农村低保实施方案》）和《凤凰县农村居民最低生活保障制度实施细则》（简称《农村低保实施细则》）给相关部门，这两个文件对农村低保的保障原则，保障范围、对象及标准，资金来源及管理监督，组织领导和实施步骤等做出详细规定。③ 自此，凤凰县农村低保制度在全县范围内全面展开。按照"低标准起步，分类施保"的原则，凤凰县农村低保重点对象是农村常住特困农业人口，年人均纯收入 600 元以下，第一批纳入农村低保的有 2783 户 8003 人。④ 凤凰县农村低保制度的建立为农村贫困居民建立起常态化的救助机制，在解决部分农村贫困人口的贫困问题，保障其基本生活上发挥了重要作用。

2. 凤凰县城乡低保的业务管理

凤凰县城乡低保各项工作由凤凰县社会救助管理局负责开展实施管理，凤凰县社会救助管理局隶属于凤凰县民政局。凤凰县社会救助管理局

---

① 参见凤凰县民政局《凤凰县民政局大事记》。

② 参见《湘西自治州人民政府关于印发湘西自治州特困家庭医疗救助暂行办法和湘西自治州农村最低生活保障制度实施办法（试行）的通知》，2006 年 11 月 15 日。

③ 参见《凤凰县人民政府办公室关于印发凤凰县农村居民低保工作实施方案的通知》，2007 年 3 月 5 日；《凤凰县人民政府办公室关于印发凤凰县农村居民最低生活保障制度实施细则的通知》，2007 年 3 月 5 日。

④ 参见凤凰县民政局《城乡低保工作纪实》。

负责组织落实与城乡低保相关的法规、规章及政策；管理分配全县城乡低保救助资金，并监督检查其使用情况，建立资金发放检查制度；制定全县城乡低保工作计划和规范性文件；依法监督、检查城乡低保工作开展和落实情况等。① 凤凰县社会救助管理局主要是从县一级层面开展与城乡低保相关的各项工作。

2014 年 4 月 11 日，为了加强基层社会救助工作的力度，凤凰县在乡镇民政办成立了社会救助工作站（39 个）、在社区（居委会）成立了社会救助服务中心，以配合县社会救助管理局做好城市低保、农村低保、城乡医疗救助、农村五保、敬老院建设和临时救助等工作。② 新工作机构的设立，大大提高了凤凰县城乡低保各项工作的办理效率，将低保各项工作进行分配分工，各司其职，大大提高了负责城乡低保工作人员的办事效率。

为进一步规范城乡低保工作，提升社会救助服务水平和质量，切实保障城乡特困居民的基本生活，凤凰县民政局根据上级精神和县实际情况，制定了"城市居民最低生活保障工作程序图"和"农村最低生活保障工作程序图"（见图 9-1 和图 9-2）。

3. 城乡低保资金的管理、发放及监督

为规范民政专项资金的管理和使用程序，确保民政专项资金管理使用的安全有效，凤凰县专门出台了《凤凰县民政专项资金管理办法》（以下简称《民政资金管理办法》），《民政资金管理办法》对城乡低保资金的用途，资金的分配、管理和使用以及资金的监管做出详细规定。

（1）城乡低保资金的用途及发放

《民政资金管理办法》规定城市低保资金主要用于保障无生活来源、无劳动能力又无法定赡养人、抚养人以及其家庭成员人均收入低于户籍所在地城市低保标准的城市居民的基本生活。农村低保资金主要用于保障共同生活的家庭成员，且年人均收入低于户籍所在地农村居民最低生活保障标准的农村居民的基本生活。

城乡低保资金的发放需要经过一系列程序。由于城乡低保资金与其他民政专项资金一起审批，所以需先确定各项民政专项资金的分配方案。首

---

① 参见凤凰县人民政府网站，http://zwgk.fhzf.gov.cn/web44/site/articles/11136/2016-11/38672.html。

② 参见《凤凰县民政局关于成立社会救助工作站（服务中心）的通知》。

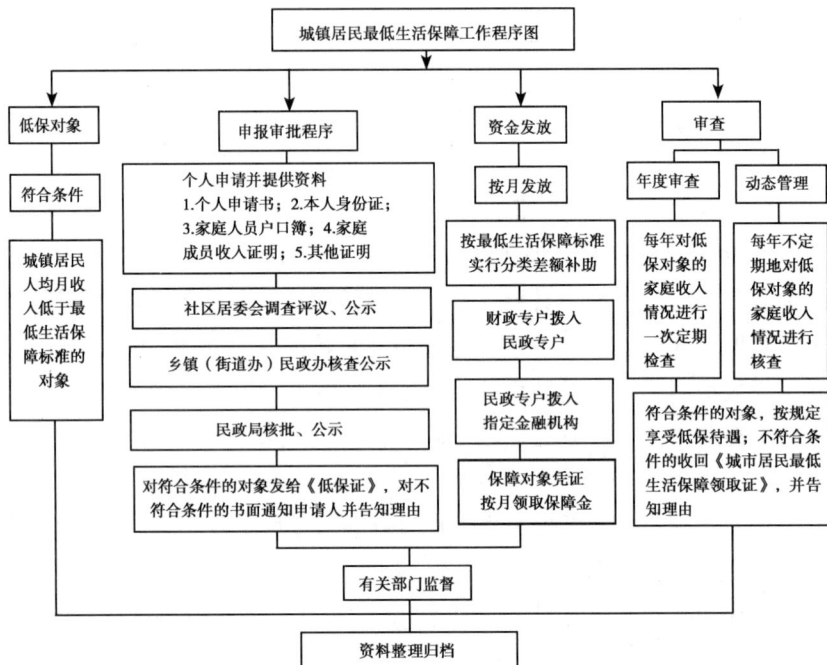

图9-1　凤凰县城市居民最低生活保障工作程序

先，民政局依据上级拨付的资金情况，由相关业务主管股室提出分配意见和依据，根据各项资金的相关规定和各类保障人数、补助标准等测算所需资金，研究资金分配方案。资金分配方案确定后，资金分配方案由县民政局、县财政局联合发文。从发文到资金的发放还要经过一系列的审批签批。各类民政资金下拨均按照资金分配方案实施，严格审核审批程序。县民政局采取会签方式，先由资金下拨业务股室负责签核，然后报分管业务股室副局长、分管财务副局长和局长审批，最后纪检组长监督核实签批方可下拨。民政专项资金，包括城乡低保金和五保金，均通过《湖南乡镇财政补贴平台》，以财政"一卡通"的方式从民政专项资金账户直接打到补助对象的"一卡通"存折。

（2）城乡低保资金的管理及监督

凤凰县规定包括城乡低保资金和五保资金在内的民政专项资金，均为专款专用，专账核算，只能按指定用途和为指定的对象发放，不能擅自挪用，并且还要进行公示公开。在民政专项资金的监管上，凤凰县财政局与民政局共同负有对民政局专项资金进行监督管理的责任，定期对资金发放

```
                        ┌──────────────────────┐
                        │农村最低生活保障工作程序图│
                        └──────────────────────┘
```

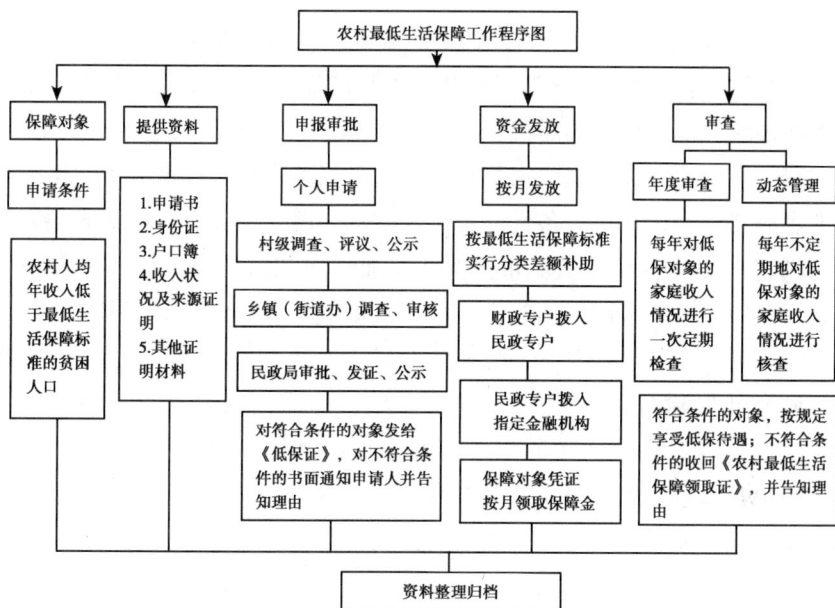

图 9-2　凤凰县农村居民最低生活保障工作程序

使用情况进行跟踪检查。发现问题及时纠正，问题严重的按规定报县纪检监察部门及时处理。除上级有明确规定外，县民政部门不准在民政专项资金中提取任何工作经费。同时，县审计和监察部门负责对民政专项资金的管理使用情况进行监督。审计部门定期对民政专项资金的管理使用情况进行专项审计，并将审计结果报告县人民政府。县监察部门要对民政专项资金的管理使用情况开展专项执法监察，及时纠正查处民政专项资金管理使用中的违纪违规行为。①

4. 城乡低保对象的认定和管理

凤凰县城市低保对象认定工作每年开展一次，一般为每年的上半年进行认定。对于城乡低保对象的认定和审批，凤凰县出台的相关制度文件中均有明确规定，并形成了较为规范化的操作规程。

（1）城乡低保对象的范围、认定与审批

《凤凰县城市居民最低生活保障制度实施细则》（以下简称《城市低保实施细则》）对城市低保的保障范围做出规定："凡我县所有非农人

---

① 参见《凤凰县人民政府办公室关于印发凤凰县民政专项资金管理办法的通知》。

口，共同生活的家庭成员人均月收入低于本地城市居民最低生活保障标准的，均属保障范围。"①《农村低保实施细则》对农村低保的保障范围做了规定："凡持有本县农业户口，其共同生活的家庭成员人均纯收入低于户籍所在地农村低保标准的居民，可申请享受农村居民低保生活保障待遇。对因残、因病或天灾人祸致人均纯收入低于当地农村居民最低生活保障标准的农村居民，以及符合条件的独生子女户、两女结扎户，应优先纳入保障范围。"② 凤凰县出台《城市低保实施细则》和《农村低保实施细则》，对城乡低保对象的范围做出规定，为城乡低保对象的认定工作提供指示和指导。

城乡低保对象的认定程序基本一致，均需经过"申请—评议—审核—审批"四个阶段，只是在某些方面存在细微差别。第一步是申请，城市居民是以家庭为单位由户主向居住地社区/居委会提出书面申请，并提供家庭成员相关证明材料，农村居民向村委会提出书面申请，并提供相关材料。第二步是评议，城市低保主要由社区居委会负责。社区居委会通过入户调查和邻里访问等方式，详细了解申请人的家庭收入等状况，并召开社区低保听证会评议，对符合条件的在辖区内张榜公布 7 日无异议后，填写《凤凰县城市居民最低生活保障申请审批表》，签署初审意见并将申请审批表和相关证明材料报乡镇人民政府。在农村，村委会接到个人申请和证明材料后，对申请人的家庭收入和实际生活情况进行入户调查，并由村民评议小组进行民主评议后张榜公示，对无异议的填写《农村居民最低生活保障审批表》，签署评审意见后将申请审批表和相关证明材料报乡人民政府。

然后是审核阶段，主要由乡镇人民政府负责。乡镇政府对上报的城乡低保申报材料进行仔细审核，对符合条件的张榜公示 7 日无异议后，签署审核意见并将申报材料报县民政局。最后是审批环节，县民政局接到乡镇人民政府上报的申请表和相关材料后，认真审核上报的材料，入户抽查核实，提交局务会做出审批决定，并再次张榜公示 7 日无异议后，即认定此申请人为低保对象，由乡镇代发《湖南省城市居民最低生活保障金领取证》（申请农村低保的为《湖南省农村居民最低生活保障金领取证》）。③

---

① 参见凤凰县民政局《凤凰县城市居民最低生活保障制度实施细则》。
② 同上。
③ 参见凤凰县民政局《凤凰县民政局社会救助政策宣传材料（城市低保和农村低保）》。

当每一步发现申请人不符合申请条件的，均要告知其本人。

（2）城乡低保对象的动态管理

凤凰县城乡低保管理实行动态管理制度。《城市低保实施细则》中规定享受城市低保待遇的家庭人口和收入状况发生变化时，按原来审批程序，及时为其办理提高、降低或者终止低保待遇的变更手续，并在其低保证和《城镇居民最低生活保障审批表》以及家庭信息中进行相应变更和登记；终止享受低保待遇的，收回低保证。[①] 同时，在农村低保工作的管理上，《农村低保实施细则》规定加强动态管理，对生活困难的对象及时纳入保障范围，对生活状况好转不符合条件的对象及时取消其农村低保待遇，做到应保尽保、应退尽退。[②] 为更好地实施对城乡低保对象的动态管理，凤凰县专门制定了《动态管理制度》，对城乡低保的申请、复核、户籍联查、公示转移接续档案分类管理等内容做出明确规定。由于采取动态管理，凤凰县每年均会对城乡低保对象进行审核调整，所以凤凰县城乡低保对象人数每年都会发生变动。

5. 凤凰县城市低保人数基本稳定

1999—2015 年，凤凰县城市低保人数从 447 人增加到 6583 人，增长了 13.7 倍，自 2002 年以后，凤凰县城市低保人数维持在 7000 人左右（见表 9-1）。自 1999 年开始实施城市低保制度起，第一批城市低保对象有 447 人。从 1999—2002 年，城市低保人数年增长率非常高，均在 50%以上。1999 年由于凤凰县城市低保制度刚开始实施，相关制度还不成熟，各项工作还不完善。为了加快城市低保工作的步伐，实现"应保尽保"，2000 年 6 月到 7 月，从凤凰县有关单位抽调 120 人组成调查组，对城市低保户进行核实、调整和扩面，共调查走访了 7843 户 27451 人。通过调查核实，低保对象由原来的 447 人增加到 840 人。[③]

表 9-1　　　　凤凰县城市低保人数和增长率（1999—2015）

年份	保障人数（人）	增长率（%）
1999	447	—
2000	840	87.92

① 参见凤凰县民政局《凤凰县城市居民最低生活保障制度实施细则》。
② 同上。
③ 参见凤凰县民政局《凤凰县实施城乡最低生活保障纪实》。

年份	保障人数（人）	增长率（%）
2001	1290	53.57
2002	6670	417.05
2003	6687	0.25
2004	7071	5.74
2005	6705	-5.18
2006	7274	8.49
2007	7638	5.00
2008	8066	5.60
2009	8306	2.98
2010	6887	-17.08
2011	7562	9.80
2012	7260	-3.99
2013	7485	3.10
2014	6446	-13.88
2015	6583	2.13

资料来源：根据凤凰县民政局提供的《凤凰县民政局大事记（1989 年 1 月—2010 年 12 月）》、《凤凰县实施城乡最低生活保障纪实》和《凤凰县民政局工作情况（2012—2015）》整理和计算而来。

2001 年 11 月，根据湖南省委、省政府和湘西州委、州政府有关低保对象扩面摸底工作会议精神，凤凰县民政局于 11 月 1—23 日组织干部职工 26 人对全县各乡镇居委会、行政、企事业单位、社会团体等 86 个城镇户口困难对象，做了一次全面的调查摸底和核实。全县共有 6071 户 13824 人（含已保的 1290 人）符合城市居民最低生活保障条件。由此可以看出，2001 年凤凰县城市居民的贫困人数非常多，离"应保尽保"目标的实现还有很大距离。

2002 年是凤凰县城市低保增长率最快的一年，达到 417.05%。2002 年 12 月，为认真贯彻落实全国、省、州低保扩面工作会议精神，县乡（镇）两级成立了低保工作领导小组班子，采取"层层签订责任状，一级抓一级，一级对一级负责"的办法进行落实。截至当年 12 月 12 日，全县共落实低保对象达 6670 人，比上年实保增加 5380 人，所以出现本年度城市低保增长率达 417.05% 的现象。同时，自 2002 年起，低保经费纳入本级财政预算，为低保经费来源提供了有力保障。

此后，凤凰县城市低保对象人数呈现缓慢稳定增长的态势，但 2010 年再次出现负增长。2010 年 6 月，凤凰县以社会救助"阳光行动"为契机，在全县范围内组织开展了城乡低保和农村五保对象清理核查工作。凤凰县人民政府办公室制定了《凤凰县城乡低保、农村五保对象核查清理活动实施方案》以指导对 2010 年 6 月以前已享受城乡低保、农村五保待遇的对象进行清理核查。通过核查，不符合条件的城市低保户 565 户 1612 人，农村低保户 56 户 360 人，由县民政局下发"停止保障通知书"。此次，"阳光行动"对城乡低保和五保户的清查力度较大，清除了城乡低保和五保中的"人情保、关系保、权力保"等现象，有效加强了动态管理制度的实施，提高了社会救助各项制度的公平。

2012 年，凤凰县城市低保人数再次减少，增长率为-3.99%。原因是 2012 年国家审计署于 3—4 月份对凤凰县城乡低保资金的管理使用情况进行全面审计，并对不符合城市低保条件的低保户进行清理，共有 538 户 1647 人退出低保（此次退出的 1647 人不同于 2012 年，比 2011 年减少人数 302 人，由于城市低保实施动态管理，2012 年对不符合条件的城市低保对象调出的同时，也会把符合条件的对象纳入城市低保），因此出现本年度低保人数减少的现象。2014 年，凤凰县城市低保人数再次出现大幅度下降，增长率为-13.88%。本年度 7—9 月份，凤凰县深入开展社会救助"阳光行动"，清退城市低保对象 409 户 1291 人，农村低保对象 13120 户 34990 人，按照"入户调查、民主评议、张榜公示、审核审批"的程序，全面进行清理核查，做到应保尽保，有退有进，推动城乡低保公开、公平、公正。

图 9-3 更直观地展现出凤凰县历年城市低保对象人数的变动情况。除了 2005 年、2010 年、2012 年和 2014 年凤凰县对城市低保对象进行大规模清理，人数有所减少以外，其他年份城市低保对象人数均增加。2001—2002 年凤凰县城市低保人数迅速增加，2008 年人数达到顶峰为 8306 人。总体来看，自 2002 年以后，凤凰县城市低保人数维持在 7000 人左右，上下浮动不大。

6. 凤凰县农村低保人数迅速增加

2007—2015 年，凤凰县农村低保人数从 8003 人增加到 34936 人，增加了 3.4 倍（见表 9-2）。凤凰县自 2007 年建立农村低保制度以来，农村

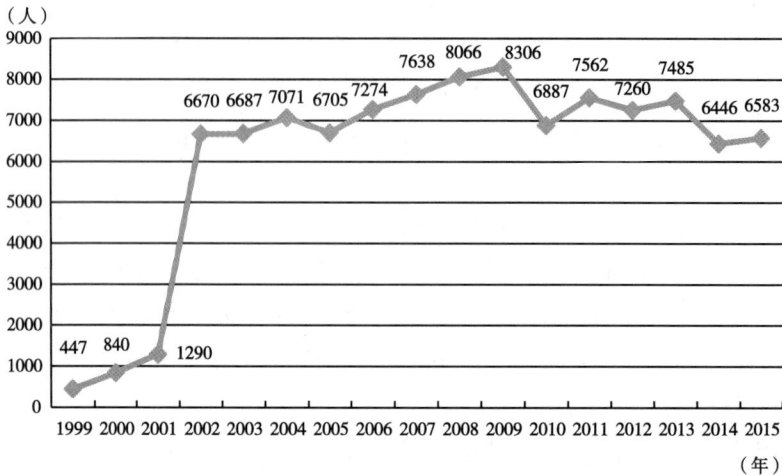

图 9-3　凤凰县历年城市低保对象人数（1999—2015）

资料来源：根据表 9-1 数据计算制成。

低保制度稳定发展，低保人数迅速增加，其中有两次大的飞跃。在凤凰县农村低保工作正式启动时，第一年审核纳入农村低保的对象有 2783 户 8003 人。2008 年 6 月，为健全城乡低保制度对农村低保进行扩面，6 月底完成对农村低保扩面 2021 户 5824 人的审定，全县农村低保累计达 4805 户 13832 人，首次突破一万人，占农业人口的 4.4%。

2010 年 6 月，以"阳光行动"为契机，在全县范围内组织开展了城乡低保、农村五保对象清理核查工作。通过核查，不符合条件的农村低保户 56 户 360 人，由民政局下发"停止保障通知书"。同时，根据动态管理原则，将符合条件的农村低保对象纳入低保范围，本年度低保对象人数有 4761 户 21075 人，首次突破两万人，低保人数增长率为 52.92%。

表 9-2　　凤凰县农村低保对象人数及增长率（2007—2015）

年份	低保人数（人）	增长率（%）
2007	8003	—
2008	13832	72.84
2009	13782	-0.36
2010	21075	52.92
2011	21381	1.45

年份	低保人数（人）	增长率（%）
2012	34285	60.35
2013	34697	1.20
2014	35052	1.02
2015	34936	-0.33

资料来源：根据凤凰县民政局提供的《凤凰县实施城乡最低生活保障纪实》和《凤凰县民政局工作情况（2012—2015）》整理和计算而来。

2012 年凤凰县农村低保对象人数再次出现跨越式增长，凤凰县人民政府发布《关于同意提高城乡低保、农村五保最低生活保障线标准的批复》，进一步提高凤凰县农村最低生活保障标准。随着农村低保标准的提高，农村低保对象人数相应扩大，截至年底，凤凰县农村低保对象有34285 人，比上年度低保对象人数增加了 60.35%，切实扩大了凤凰县农村低保的覆盖面。随着农村低保标准的逐步提高，以及动态管理原则的实践，凤凰县的农村低保制度覆盖面越来越广，将更多收入低于低保标准的贫困群体纳入低保的保障范围，解决其生活困境，维护其生存生活的基本权益。

（二）凤凰县五保供养制度实施情况

五保供养制度是针对农村中缺乏或丧失劳动能力、无依无靠、没有生活来源的老、弱、孤、寡、残疾人员，由乡、村两级组织负责向其提供保吃、保穿、保住、保医、保葬和保教 6 个方面援助的一种社会救助制度。[1] 在所有的社会救助项目中，凤凰县的五保供养制度建立时间最早。五保供养建立的最初目的是对农村的鳏、寡、孤、独等人员提供最基本的生存生活所需要的物质和资源。随着时代和社会的发展，其内涵也更加丰富，五保供养制度也更加完善。

1. 五保供养对象、供养内容及供养形式

自农业合作化时期凤凰县即已建立五保供养制度。2011 年 10 月 17日，凤凰县民政局发布《凤凰县民政局关于规范农村五保供养工作的通知》，对农村五保供养对象、供养内容及供养形式做出明确规定。供养对

---

[1]　参见郑功成主编《社会保障学》，中国劳动社会保障出版社 2005 年版，第 280 页。

象为老年、残疾或者未满 16 周岁的村民，无劳动能力、无生活来源、无法定赡养、抚养、扶养义务人，或者其法定赡养、抚养、扶养义务人无赡养、抚养、扶养能力的，享受农村五保供养待遇。五保供养主要包括在吃、穿、住、医、葬方面给予的生活照料和物质帮助等方面内容。并且对五保供养对象中未满 16 周岁或者已满 16 周岁仍在接受义务教育的对象给出特殊规定，要保障他们依法接受义务教育所需的费用。凤凰县的五保供养主要是五保老人的供养，五保老人供养主要采取在当地敬老院集中供养和在家分散供养两种形式。

2. 五保供养的申请、审核和审批

五保供养申请遵循自愿的原则，并且要按照一定的程序进行。首先，符合条件的村民自愿向村委会提出书面申请（因年幼或者智力残疾无法表达意愿的，可由村民小组或者其他村民代为提出申请），如实填写《农村五保供养对象审批表》，提供居民户口簿、身份证及其他相关证明材料。村委会在收到村民申请后，召开村民代表会议对申请人进行民主评议，将申请人的家庭情况和评议结果在本村范围内公示 7 日，无重大异议的在《农村五保供养对象审批表》上签署评议意见，连同申请人的户口簿、身份证复印件及相关证明材料上报乡（镇）人民政府（民政办）审核。然后，乡（镇）人民政府收到村委会上报的申报材料后，对申请人情况进行调查核实，在《农村五保供养对象审批表》上签署意见，做出审核决定。对审核合格的，将审核意见和有关材料报送县民政部门审批。最后，县民政部门在收到乡（镇）报送的审核意见和有关材料后，组织人员进行审查、复核和审批工作，并委托村委会在村务公开栏公示 5 天。对经公示无异议的，在《农村五保供养对象审批表》上签署意见，颁发《农村五保供养证书》，从批准之日当月起发给五保供养金。① 每一个环节都要进行严格审核，如果发现不符合条件的，要将结果及原因以书面形式告知申请人。

3. 五保供养工作的管理

凤凰县对五保供养对象实行动态管理，每年的第三季度，由民政部门对全县五保供养对象进行一次全面核查，对已死亡及不再符合农村五保供养条件的对象，取消其农村五保供养待遇，从第四季度停发供养金。对符

---

① 参见《凤凰县民政局关于规范农村五保供养工作的通知》。

合五保供养条件的对象，按照申请、审核、审批程序在 10 月底前完成所有手续，从第四季度收到供养金享受五保待遇。

《民政资金管理办法》对五保供养资金的用途，资金的分配、管理和使用以及资金的监管做出详细规定。五保供养资金主要用于农村五保对象的吃、穿、住、医、葬等方面的保障需要。五保供养资金的发放程序与城乡低保资金的发放程序相同，需要经过确定分配方案，审批、签批和发放等一系列程序。五保资金为专款专用，专账核算，只能按指定用途和指定的对象发放，不能擅自挪用，也要进行公示公开。同样是通过《湖南乡镇财政补贴平台》，相关部门将五保金以财政"一卡通"的方式从民政专项资金账户直接打到五保对象的"一卡通"存折。① 通过制度化规范化的程序和手段对五保供养工作进行管理，有效规避中间环节容易出现的不规范现象，同时确保五保供养补助金的及时发放，保证了五保供养工作的实施效率，提高五保供养制度的实施效果。

4. 2002 年以来五保供养总人数保持不变

2000—2015 年，凤凰县五保供养总人数从 994 人增加到 1059 人；集中供养人数从 87 人增加到 358 人；分散供养人数从 827 人减少到 701 人（见表 9-3）。凤凰县五保供养总人数在 2002 年迅速增加，首次突破 1000 人，此后几年维持在 1000 人左右，五保供养总人数维持在一个较稳定的水平，总人数没有出现太大变动。而集中供养和分散供养人数则出现较大变动。其中，集中供养人数呈现先上升后下降的趋势。自 2000 年到 2010 年，凤凰县五保集中供养人数呈上升趋势，从 2000 年的 87 人增加到 2010 年的 517 人。自 2010 年以后，五保集中供养人数则呈下降趋势，从 2010 年的 517 人减少到 2015 年的 358 人。与此相对应，分散供养人数呈现先下降后上升的趋势。自 2002 年到 2010 年，凤凰县五保分散供养人数呈下降趋势，之后则呈现上升趋势。凤凰县五保供养总人数每年维持在 1000 人左右的水平，以 2010 年为分界线，凤凰县集中供养人数先增加后减少，分散供养人数先减少后增加（见表 9-3和图 9-4）。

---

① 参见《凤凰县人民政府办公室关于印发凤凰县民政专项资金管理办法的通知》。

表 9-3　　　　　　　　凤凰县五保供养总人数、集中供养
　　　　　　　　　　　人数和分散供养人数（2000—2015）

年份	五保供养总人数（人）	五保供养人数（人）	
		集中供养人数（人）	分散供养人数（人）
2000	994	87	827
2001	883	93	790
2002	1208	89	1119
2003	1135	103	1032
2004	1120	101	1019
2005	1056	270	893
2006	1104	337	767
2007	1062	288	774
2008	1047	389	696
2009	1032	414	618
2010	1063	517	546
2011	1082	462	620
2012	1097	416	681
2013	1064	365	699
2014	1048	368	680
2015	1059	358	701

资料来源：根据《凤凰县民政局大事记（1989 年 1 月—2010 年 12 月）》和《凤凰县国民经济和社会发展统计公报（2011—2015）》整理而来。

三　凤凰县城乡低保和五保制度的实施效果

凤凰县的城乡低保和五保供养制度在实施过程中取得良好效果，城乡低保标准逐步提高，补助水平逐步上升，规范的资金分配程序提高了救助资金的发放效率，有效的家庭收入核算办法提高了核算的精确度等。这些不仅使得对救助对象的“瞄准”更为精确，确保“应保尽保”，而且确保救助资金使用效率的最大化，切实提高了城乡低保和五保供养制度的实施效用。

（一）凤凰县城乡低保标准逐步提高

1998 年，凤凰县开始着手探索建立城市低保制度，当时拟订的城市

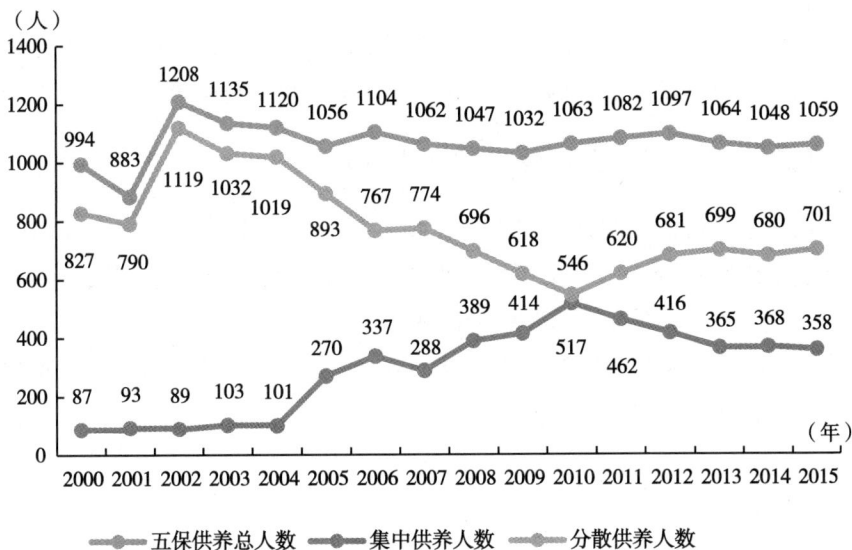

图 9-4　凤凰县五保供养总人数、集中供养人数和分散供养人数

资料来源：根据表 9-3 数据制成。

低保线标准为 104 元。2001 年湘西州除吉首市外，其余县的城市低保标准均提高到 156 元，与州保持一致凤凰县也将城市低保标准提到每人每月 156 元。① 2007 年凤凰县农村低保建立之初将农村低保标准定为每人年均 600 元。② 2011 年 5 月，凤凰县人民政府办公室发布《凤凰县人民政府办公室关于提高城乡低保农村五保最低生活保障线标准的通知》，将凤凰县城乡低保线标准做出调整："（一）城市低保最低保障线由原每人月均 156 元提高到每人月均 200 元；（二）农村低保最低保障线由原每人年均 600 元提高到每人年均 1080 元。"③ 由此，凤凰县自 2011 年起城市低保标准为每人月均 200 元，农村低保标准为每年人均 1080 元。2014 年 3 月 21 日，凤凰县人民政府对民政局《关于调整城乡低保、农村五保最低生活保障线标准的请示》做出批复，将凤凰县城市低保标准调整为 330 元/

---

①　来自凤凰县民政局。

②　《凤凰县农村居民低保工作实施方案》规定根据特困群众调查和救助资金的实际情况，凤凰县农村低保保障对象暂定为特困户。实际上，此时凤凰县的农村低保制度还是以前的农村特困户救助制度，两项制度还处在一个制度转换的过渡阶段。

③　参见《凤凰县人民政府办公室关于提高城乡低保农村五保最低生活保障线标准的通知》，凤政办发〔2011〕11 号。

月，农村低保标准调整为 165 元/月。① 于是，自 2014 年以后，凤凰县城市低保标准为每人月均 330 元，农村低保标准为每人月均 165 元。由此可以看出，凤凰县城乡低保的保障水平逐步上升，兜底能力逐步提高。

（二） 凤凰县城乡低保补助水平逐步上升

凤凰县城市低保制度自实施之日起，实行差额补助②的办法，《城市低保实施细则》规定：城市居民最低生活保障制度是指对家庭成员人均月收入低于当地最低生活保障线标准的城镇居民实行差额救助的社会救济制度。③ 凤凰县城市低保补助水平从 2003 年的 42.3 元增加到 2014 年的236 元，增加了 4.58 倍（见表 9-4）。

表 9-4 　　　凤凰县城市低保人均补助水平 （2003—2014）

年份	2003	2004	2005	2006	2007	2008
人均补助（元）	42.3	47.5	61	86	86	117
年份	2009	2010	2011	2012	2013	2014
人均补助（元）	116	115	176.27	230	251	236

资料来源：根据凤凰县民政局提供的《凤凰县实施城乡最低生活保障纪实》和《凤凰县民政局工作情况（2012—2014）》整理计算制成。

总体来说，凤凰县城市低保补助水平逐步上升。2011 年 12 月 10日，凤凰县民政局发布《凤凰县民政局关于 2012 年城乡低保分类施保的通知》，规定从 2012 年 1 月起，凤凰县城市低保严格实行分类施保，并对城市居民低保对象分类、施保标准及保障对象范围做了详细规定。城市低保分为四类，一类补助标准为每人每月 330 元，二类为 260 元，三类为 230 元，四类为 200 元。2017 年 6 月 26 日，凤凰县民政局发布了《凤凰县民政局关于实施城乡低保金、农村五保供养金提标的通知》，对城镇低保补助标准进行分类提标，一类调整为每人每月 420 元，二类为每人每月 320 元，三类为每人每月 240 元，四类为每人每月 210元（见表 9-5）。

---

① 参见《凤凰县人民政府关于调整城乡低保、农村五保最低生活保障线标准的批复》。

② 低保差额补助是指将申请人的家庭人均月收入补付与当地城市低保标准一样，也就是"差多少补多少"。即低保金额度＝当地城市低保标准－申请人的家庭人均月收入。

③ 参见《凤凰县城市居民最低生活保障制度实施细则》。

自 2007 年凤凰县农村低保制度实施起，农村低保即采用分类施保的原则。凤凰县农村低保共分为三类：一类的保障对象范围为家庭成员中无劳动能力或主要劳动力因故或病已丧失劳动能力或不符合五保条件的孤寡老人和小孩，家庭基本生活难以维持的，补助标准为每人每月 20 元；二类的保障对象范围为家庭成员中无主要劳动力或主要劳动力因故或病已基本丧失劳动能力，不能从事农业生产，家庭基本生活难以为继的，补助标准为每人每月 15 元；三类为家庭成员中虽有主要劳动力但主要劳动力因故或病已基本丧失劳动能力，不便于从事全部农业生产，家庭基本生活难以维持的，补助标准为每人每月 10 元。2012 年凤凰县对农村低保的三类补助标准进行调整，一类调整为每人每月 100 元，二类调整为每人每月 95 元，三类调整为每人每月 90 元。2014 年 11 月 12 日，凤凰县民政局发布了《凤凰县民政局关于调整农村低保救助标准及分类施保的通知》，再次对农村低保补助标准进行上调，一类调整为每人每月 110 元，二类调整为每人每月 100 元，三类保持不变。2017 年 6 月 26 日，凤凰县民政局发布了《凤凰县民政局关于实施城乡低保金、农村五保供养金提标的通知》，将农村低保分为四类，并对农村低保补助标准进行上调。一类为低保兜底对象，每人每月 255 元，二类调整为每人每月 120 元，三类为每人每月 110 元，四类为每人每月 100 元（见表 9-5），由此可以看出，农村低保补助标准逐步提高，可以说凤凰县农村低保保障水平逐步提高。

表 9-5　凤凰县城乡低保分类施保类型、标准和保障范围（2007—2017）

年份	低保名称	类型	标准（元/月）	保障对象范围
2007—2011	农村低保	一类	20	家庭成员中无劳动能力或主要劳动力因故或病已丧失劳动能力或不符合五保条件的孤寡老人和小孩，家庭基本生活难以维持的
		二类	15	家庭成员中无主要劳动力或主要劳动力因故或病已基本丧失劳动能力，不能从事农业生产，家庭基本生活难以为继的
		三类	10	家庭成员中虽有主要劳动力但主要劳动力因故或病已基本丧失劳动能力，不便于从事全部农业生产，家庭基本生活难以维持的

续表

年份	低保名称	类型	标准（元/月）	保障对象范围
2012—2013	城市低保	一类	330	无劳动能力、无生活来源、无法定抚养或赡养的城镇"三无"人员
		二类	260	主要劳动力属重病、重残人员的贫困家庭户
		三类	230	人多劳少、子女读书负担重的贫困家庭
		四类	200	一般贫困户
	农村低保	一类	100	主要劳动力属重病、重残人员的贫困家庭户
		二类	95	人多劳少、子女读书负担重的贫困家庭户
		三类	90	一般困难户
2014—2016	城市低保	一类	330	"三无"人员：无劳动能力、无生活来源、无法定赡养人
		二类	260	重病重残无劳户
		三类	230	负担稍重家庭
		四类	200	一般贫困户
	农村低保	一类	110	重病重残、无劳户
		二类	100	负担稍重家庭户
		三类	90	一般困难户
2017—	城市低保	一类	420	"三无"人员：城镇无劳动力、无经济来源、无法定赡养或抚养人
		二类	320	因重病、重残导致家庭生活特别困难的城镇低保对象
		三类	240	因灾因病因残或因子女入学等原因造成家庭生活较为困难的城镇低保对象
		四类	210	符合低保条件的其他城镇低保对象
	农村低保	一类	255	农村低保兜底保障对象（不含五保老人和孤儿）
		二类	120	因重病、重残导致家庭生活特别困难的农村低保对象
		三类	110	因灾因病因残或因子女入学等原因造成家庭生活较为困难的农村低保对象
		四类	100	符合低保条件的其他农村低保对象

资料来源：参见凤凰县民政局《凤凰县民政局关于2012年城乡低保分类施保的通知》；凤凰县民政局《凤凰县民政局关于调整农村低保救助标准及分类施保的通知》；凤凰县民政局《凤凰县民政局关于实施城乡低保金、农村五保供养金提标的通知》。《凤凰县农村居民低保工作实施方案》由凤凰县民政局提供。

（三）规范的资金分配程序提高资金发放效率

在各项民政专项资金的分配上，凤凰县探索出了一套实用有效的资金分配模式，各项社会救助资金均以专项资金的形式分配和发放，专款专用，专账核算。从专项资金的申请，到审核签批，再到资金的发放，均遵循着一套严格规范的实务流程。凤凰县在各项民政专项资金的管理和使用上明确了各方面责任，同时强调民政、财政、审计和监察等相关部门在资金使用过程中所起的重要作用和担负的重大责任，对出现的相关违法违规现象采取惩处措施。凤凰县一系列措施的制定和实施保障了包括城乡低保金和五保金在内的民政资金的有效运作和使用，避免了贪污腐败和挪作他用等现象的出现。能够快速及时地确保包括低保金和五保金等各社会救助专项资金发放到救助对象的存折上，保证他们能够正常生活，获得有效救助，发挥低保金和五保金的应有效用。

（四）有效的收入核算办法提高核算精确度

对包括城乡低保对象和五保对象等在内的社会救助对象进行认定，需要对其家庭收入情况进行调查了解，家庭收入的核算和确证一直是低保对象认定中的难题。凤凰县进一步规范家庭收入核算工作，除了专门设立了"凤凰县城乡居民收入核对中心"以负责全县的城乡居民收入核算及相关工作。① 民政部门与相关部门还联合制定了统一的家庭收入核算评估办法，这在低保户认定中具有较强的可操作性并有一定的借鉴意义，此办法也会根据市场价格的变化适时进行调整。主要包括入户调查、邻里走访、信函索证和跟踪消费这个方面。入户调查是直接深入申请对象家庭进行调查，核实家庭收入情况以及吃、穿、住和用等实际生活状况，入户调查主要依靠村干部进行。邻里走访则主要是走访村民以及申请对象的邻居，以了解申请对象的家庭收入和实际生活状况。信函索证是一种相对较为间接的了解调查方式，对不便走访的有关人员，通过发信索取有关证明材料，由于这种方式具有一定的隐匿性和间接性，增加了调查材料的可信度。最

---

① 参见《关于设立凤凰县城乡居民收入核对中心的批复》。县城乡居民收入核对中心的主要职责：负责适时拟定低收入家庭认定政策标准和各项工作规程；负责建立管理全县城乡居民家庭经济状况核对信息；负责全县低收入家庭认定工作业务和对乡镇、社区工作人员的业务培训；对全县低收入家庭认定工作进行复查。

后跟踪消费，由乡镇或村委会对申请对象家庭的消费情况进行跟踪，如果实际消费水平高于最低生活保障水平的，则不予保障。凤凰县相关部门根据本县域特点，制定出具有较强操作性的家庭收入核算办法，以指导相关部门、各乡镇街道和各村居开展家庭收入核算工作，有"法"可依，有章可循，提高了核算工作效率，提高了低保对象的"瞄准"度，减少了因相关工作不善带来的资源浪费现象，并且具有较强的借鉴意义。

四　凤凰县城乡低保和五保供养制度实施中存在的问题

虽然凤凰县通过出台一系列政策文件，提高了包括城乡低保和五保供养制度在内的各项社会救助制度的实施效力。由于多方面原因的存在，凤凰县的社会救助制度在实施过程中仍出现多方面问题，其中某些问题与其他地方的问题具有一定的相似性和共通性，部分则是具有县域特色的特殊性问题。

（一）　未能适时调整城乡低保标准

凤凰县自 1999 年建立城市低保以来，低保标准共调整过三次，第一次是在 2001 年将城市低保标准从每人每月 104 元提高到 156 元，第二次是 2011 年将低保标准从每人每月 156 元提高到 200 元，第三次是 2014 年将低保标准调整为每人每月 330 元。农村低保制度自从建立以来低保线标准只调整过两次，2011 年 5 月第一次提标由 2007 年建立时的每人年均 600 元提高到每人年均 1080 元，2014 年第二次提标将农村低保标准定为每人月均 165 元。其实，对于保障标准的调整《城市居民低保实施细则》明确规定：保障标准应根据当地生活必需品的价格变化和人民生活水平的提高适时调整。[①] 对于农村低保标准的调整，相关政策也有这样的规定，根据经济社会发展情况、人民生活水平尤其是物价变动等进行调整。但实际情况却非如此。

表 9-6　　凤凰县 CPI、湘西州 CPI 和全国 CPI（2001—2015）

年份	凤凰县 CPI（%）	湘西州 CPI（%）	全国的 CPI（%）
2001	100. 2	—	100. 7
2002	103. 5	100. 3	99. 2

---

① 　参见凤凰县民政局《凤凰县城市居民最低生活保障制度实施细则》。

续表

年份	凤凰县 CPI（%）	湘西州 CPI（%）	全国的 CPI（%）
2003	99.4	101.8	101.2
2004	108.7	104.2	103.9
2005	102.3	102.8	101.8
2006	102.1	101.5	101.5
2007	107.3	106.8	104.8
2008	107.2①	106.2	105.9
2009	97.0	98.9	99.3
2010	103.8	103.2	103.3
2011	105.0	105.2	105.4
2012	101.9	102.2	102.6
2013	103.5	102.9	102.6
2014②	—	101	102.0
2015	—	101.7	101.4

资料来源：根据《凤凰县国民经济和社会发展统计公报（2001—2013）》《湘西州国民经济和社会发展统计公报（2001—2015）》《中华人民共和国国民经济和社会发展统计公报（2001—2015）》整理而来。

笔者选取居民消费价格指数③这一统计指标来对凤凰县的物价变动情况做一个总体性的说明，并将凤凰县的 CPI 与湘西州全国的 CPI 进行比较。从表9-6可以看出，除2003年、2009年，自2001年以来凤凰县的物价水平总体呈现上升趋势，其中，2004年、2007年、2008年和2011年这四年的 CPI 达到105%以上，物价上涨迅猛。从图9-5可以看出，凤

---

① 此处本是2008年的居民消费价格指数，但是本年度的部分数据缺失，纵观凤凰县历年的居民消费价格指数和商品零售价格指数较为接近，于是用2008年的商品零售价格指数107.24%替代居民消费价格指数。

② 2014年以后凤凰县的 CPI 这部分数据缺失，经凤凰县统计局的副局长解释，这部分涉及专业统计，自从2013年以后凤凰县的抽样点就撤销了，所以自2014年起也就没有这部分数据了。并且，由于凤凰县的经济结构与湘西州其他县的经济结构有很大差异，所以其他县的数据不具有参考价值，所以自2014年起凤凰县的这部分数据空缺。

③ 居民消费价格指数（Consumer Price Index，简称 CPI），是一个反映居民家庭一般所购买的消费商品和服务价格水平变动情况的宏观经济指标。它是度量一组代表性消费商品及服务项目的价格水平随时间而变动的相对数，是用来反应居民家庭购买消费商品及服务的价格水平的变动情况。一方面，同人民群众的生活密切相关，同时在整个国民经济价格体系中也具有重要的地位。它是进行经济分析和决策、价格总水平监测和调控及国民经济核算的重要指标。

凰县的 CPI 与湘西州和全国的 CPI 走势大致相同，在 2011 年以前（包括 2011 年），除了 2003 年和 2009 年，凤凰县的 CPI 均高于全国的 CPI，可以说这几年凤凰县的物价上涨速度高于全国。自 2011 年以后，凤凰县的 CPI 与湘西州和全国的 CPI 基本持平，但均呈上涨趋势。2013 年凤凰县的 CPI 高于湘西州和全国的 CPI，物价上涨更多。虽然凤凰县是国家级扶贫开发重点县，贫困发生率比非贫困县要高很多，但由于近几年凤凰县旅游业的迅速发展，所以凤凰县的物价上涨速度如此之快。自 2000 年确立"一业带三化"的发展战略，大力发展旅游业以来，凤凰县的物价水平迅速上涨。虽然凤凰县的物价每年上涨，但凤凰县的城乡低保标准却没有随着物价的攀升进行适时调整，城市低保 16 年中仅调整了三次，农村低保 8 年间仅调整了两次，这与"保障标准应根据当地生活必需品的价格变化和人民生活水平的提高适时调整"的原则相悖。且这一定程度上是对低保对象权益的损害，社会经济发展和物价水平上升，可低保对象却未能获得更高的补偿标准，这不利于其生活质量的改善和生活水平的提高。

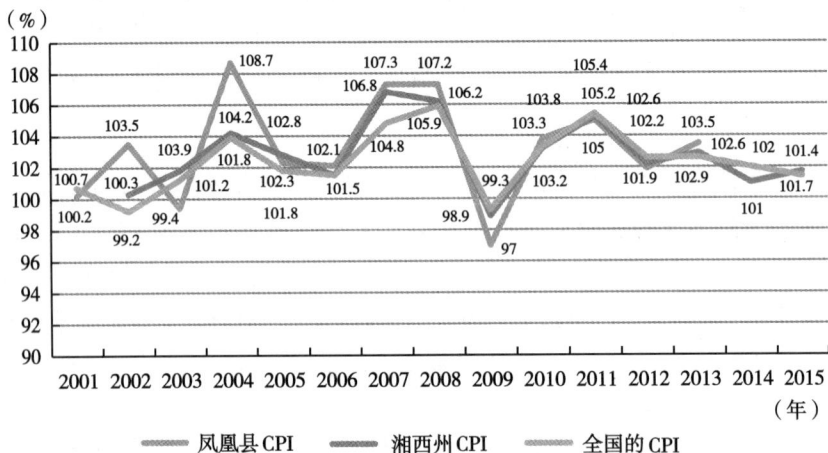

图 9-5　凤凰县 CPI、湘西州 CPI 和全国 CPI 的比较

资料来源：根据表 9-6 数据计算制成。

（二）城乡低保补偿水平较低

从两方面来评判凤凰县城乡低保的补偿水平较低。首先，是从凤凰县城乡低保标准的调整情况来看，因为城乡低保补偿采取补差原则，保障线标准越高，那么补差的力度越大，凤凰县自建立城乡低保制度以来低保标准的调整力度有限；其次，从凤凰县本身的县域特点来看，凤凰县本身就是国家级扶贫开发县，贫困人口众多，总体的贫困程度高。加之凤凰县近十几年大力发展旅游业，以旅游业为支柱产业，发展旅游业能带来经济发展和产值的增加，但是带来的另一个后果是物价水平上涨，居民用于消费的支出越来越多。

从表9-7可以看出，凤凰县城乡居民的消费水平越来越高。居民消费支出的迅速增加与凤凰县旅游业的迅速发展有很大关系。李东和在对黄山市的调查研究中发现，旅游业发展造成目的地物价上涨，这几乎是所有目的地共有的现象。虽然近年来受国家宏观经济形势的影响，黄山市城市居民消费价格指数和城市商品零售价格指数虽然都不断下降，然而同省内其他经济发展水平相似的地区甚至省会合肥相比，黄山市部分物价仍显偏高。虽然物价上升主要是因为旅游者的到来而引起的，但黄山市民却也同样受其影响。[①] 可以看出，黄山市作为旅游城市，其旅游业的发展抬高了当地物价，这对当地居民的日常生活和生活质量带来一定的影响。

表9-7　　凤凰县城乡居民低保标准和消费水平情况（2009—2015）

年份	城市低保标准（元/年·人）	城镇居民消费水平（元/年·人）	消费水平增速（%）	农村低保标准（元/年·人）	农村居民消费水平（元/年·人）	消费水平增速（%）
2009	1872	6155	—	600	2948	—
2010	1872	7314	18.83	600	3200	8.55
2011	2400	8280	13.21	1080	3763	17.59
2012	2400	9173	10.79	1080	4560	21.18
2013	2400	10383	13.19	1080	5280	15.79
2014	3960	11877	14.39	1980	6121	15.93
2015	3960	11934	0.48	1980	7505	22.61

资料来源：根据《凤凰县国民经济和社会发展统计公报（2009—2015）》整理和计算而来。

凤凰县作为旅游县，为详细了解其物价情况，笔者与凤凰县当地的居民进行访谈，访谈资料如下：

这（发展旅游业）肯定有影响了，你像旅游地区的公务员单位上的，还有这个生活补助补贴，我们什么都没有，我们一个月工资两

　　① 参见李东和《旅游业发展对目的地社会影响评价研究——以安徽省黄山市为例》，《黄山学院学报》2003年第1期。

千多块钱，要么就是三千零几。我们到菜市场买菜，一把菜薹，就是五块钱一斤，这旅游人多了就是……按国家的是有旅游城市补贴的，凤凰就是没有。(访谈资料来自扶贫办主任 L[①])

凤凰县的物价和吉首甚至长沙是差不多的，甚至比它们的还要高。以前买个小菜（青菜）一块多钱一斤，现在要几块钱一斤，根本吃不起了。这么高的价格，人家根本不愁卖不出去，都往饭店里送了。以前吃一碗米粉几块钱，现在要十几二十块钱，吃不起。现在搞旅游，来的人多了，但是物价也涨上去了。对我们这些"吃死工资"的人来说，很受影响。(访谈资料来自 X 社区工作人员 W)

我们这的东西贵得要死，随便买个小菜就是好几块钱，再买个米买个盐啥的，钱就没了，政府给的那点钱根本不够吃的。没办法，家里还有俩娃上学，一个月就是好几百，这还得省着花。(访谈资料来自沱江镇 X 社区低保户 S)

从凤凰县扶贫办 L 主任、X 社区工作人员 W 和沱江镇 X 社区低保户 S 的话中可以看出，凤凰县的物价水平总体来说是比较高的，尤其日常生活用品、食品的价格比其他地区（主要指湘西州内其他地区）的价格要高许多。物价上涨，居民用于日常生活消费的支出就会增加，用于饮食、穿衣、出行等方面的支出占家庭总支出的比重较大，这一定程度上解释了凤凰县城乡居民的消费水平大幅上升的趋势。相较而言，凤凰县城乡低保标准较低，从表9-7中可以看出当地城乡居民的消费支出是城乡低保对象每年得到的低保补助金的3—4倍，物价攀升对普通居民（包括访谈中的公务员群体和事业单位工作人员）的日常生活带来影响和困扰，何况城乡低保户和低保家庭。按照现在的低保标准对他们进行补偿，在凤凰县高物价攀升的情况下，无异于杯水车薪，这需要引起有关部门的关注。

（三）五保集中供养率[②]逐渐下降

2000—2015 年，凤凰县五保集中供养率从 8.75% 增长到 33.81%，但近

---

① 文章中涉及具体的地名、人名均用大写字母表示。
② 农村五保供养率为一个地区的五保集中供养人数与分散供养人数的比值，反映一个地区五保集中供养的总体水平，一定程度上反映了一个地区农村养老院、敬老院等机构的建设规模和建设力度等。

几年凤凰县五保集中供养率有持续走低的趋势。2000 年到 2010 年间，除了 2007 年略有下降外，凤凰县五保集中供养率持续增加，由 2000 年的 8.75% 增加到 2010 年的 48.64%，11 年间上升了近 40 个百分点。但自 2010 年以来，凤凰县五保集中供养率呈现持续走低趋势，由 2010 年的 48.64% 下降到 2015 年的 33.81%，下降了近 15 个百分点。所以，以 2010 年为分界点，凤凰县五保供养率呈先上升后下降的趋势。总体来说，凤凰县的五保集中供养率较低，且近几年有持续走低的趋势（见表 9-8 和图 9-6）。

表 9-8　　　　　　　凤凰县五保集中供养率（2000—2015）

年份	2000	2001	2002	2003	2004	2005	2006	2007
集中供养率（%）	8.75	10.53	7.37	9.07	9.02	25.57	30.53	27.12
年份	2008	2009	2010	2011	2012	2013	2014	2015
集中供养率（%）	37.15	40.12	48.64	42.70	37.92	34.30	35.11	33.81

资料来源：根据表 9-3 数据计算制成。

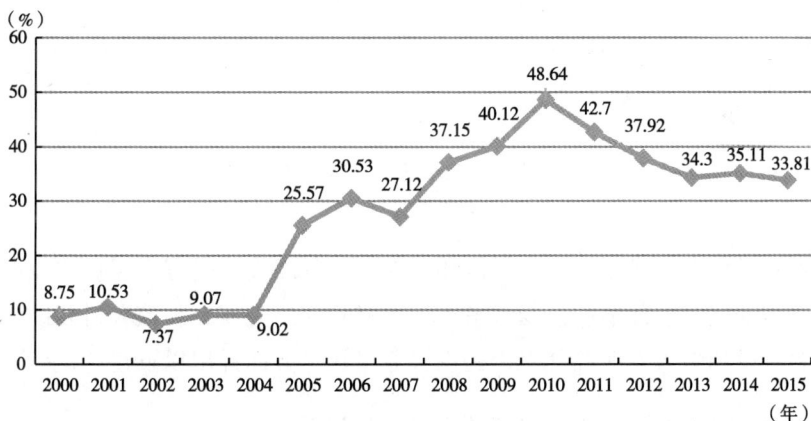

图 9-6　凤凰县五保集中供养率变动趋势

资料来源：根据表 9-8 数据计算制成。

（四）担保人：剥夺五保老人自主选择权

2009 年 3 月 30 日，凤凰县人民政府办公室颁布了《凤凰县农村敬老院管理暂行办法》指出："供养对象入院协议应包括以下内容：村组、亲属及担保人应承担的责任，供养对象财产处置办法，双方权利和义务、违约责任等。"① 进入敬老院的五保老人必须有担保人做担保，担保人的作用是，当他（她）担保的入住敬老院的老人生活不能自理的时候，保证他（她）能来照顾老人，或者将老人接回家养老。如果五保老人没有担保人签字做担保，那么老人就不能入住养老院（这些规定并未在协议中体现出来，但已是不成文的规定，在实际中也是这么执行的）。凤凰县的这种担保人机制②将许多五保老人挡在了敬老院的门外。笔者与 LES 敬老院的入住五保老人 D 交谈，询问他们村有想来敬老院，但是因为没有担保人而不能入住的人多吗？ D 说他们村大约有两三个，都是因为没有亲戚做担保人不能进敬老院。做一个不确切推算，假设一个村有 2 个人，凤凰县有 261 个村（合并后），那么全县就有 522 个人左右。这个数字对一个国家级贫困县来说是非常大的，因为担保人这一"选择"机制的存在，将很多五保老人挡在了敬老院的门外，这与《农村五保供养工作条例》（简称《五保条例》）的精神是相悖的，《五保条例》规定农村五保供养对象可以在当地的农村五保供养服务机构集中供养，也可以在家分散供养，农村五保供养对象可以自行选择供养形式。③农村五保对象自身对五保供养方式的选择遵循自愿原则，但正是这种担保人机制的存在将五保老人自主选择供养方式的权力剥夺，这是凤凰县五保供养制度存在的一大问题。

五　对策与建议

针对以上凤凰县在城乡低保和五保供养制度实施过程中存在的几点问题，从调整救助标准和补助水平，加大财政支持力度，加强农村互助合作机制建设和引入专业社会组织提供服务这几个方面提出以下建议。

（一）适时调整低保标准和补助水平

凤凰县城乡低保标准的调整应与凤凰县的社会发展程度、人民生活水平和物价水平等相一致。同时，还需考虑到凤凰县本身即为国家级贫困县，贫困问题严峻以及凤凰县旅游业发展迅猛，物价上涨较快的现实，要

---

① 参见《凤凰县人民政府办公室关于印发凤凰县农村敬老院管理暂行办法的通知》。
② 这种"担保人"机制不仅仅是凤凰县存在，可能在其他地方也存在。
③ 参见《农村五保供养工作条例》。

适时适度提高城乡低保标准和补助水平。笔者认为政府在这方面负有主要责任，一方面政府需要在调控物价方面有所作为，对凤凰县的物价进行适时适当调控，不至于物价上涨过快给当地居民的日常生活带来很大困惑；另一方面还要大幅度提高城乡低保线标准和补偿标准，以解决城乡低保对象的燃眉之急，保障其正常生活。其实，再进一步思考，如果大幅度提高城乡低保标准，调整后需给低保对象发放更多救助金。但凤凰县本级财政吃紧，本级财政无法投入更多的资金，这恰恰也是低保标准调整速度慢且幅度低的一个重要原因。因此，需要在救助资金来源上开辟更多的渠道。

（二）加大中央和省级财政支持力度

《社会救助暂行办法》中规定：社会救助的责任主体是政府，国务院民政部门统筹全国社会救助体系建设。县级以上人民政府应当将社会救助纳入国民经济和社会发展规划。完善社会救助资金、物资保障机制，将政府安排的社会救助资金和社会救助工作经费纳入财政预算。[①] 由此可以看出，社会救助资金主要来源于财政拨款，在社会救助统筹规划、社会救助管理监督以及救助资金担负等方面政府是责任主体，负有开展社会救助工作的主要责任。每年凤凰县的财政收入有限，对凤凰县社会救助的财政支持力度不足，所以要进一步加大中央和省级财政的转移支付力度，给予凤凰县更多的财政支持。虽然，凤凰县作为国家级贫困县，每年享受许多国家给予的政策优惠和财政扶持，但由于自然和社会等方面因素，凤凰县的贫困状况在短时间内难以消除。社会保障体系的健全和完善，需要更多资金和资源的扶持。不仅要同时提高城乡低保线标准，还要对一些特殊困难群体给予更高的补助和补贴，扩大救助范围，提高救助力度，由于县一级甚至州一级财政能够提供的财政支持力度有限，所以需要国家和省一级财政给予更多的财政扶持。

（三）建立常态化的农村互助机制

凤凰县之所以规定五保老人进入敬老院集中供养必须有担保人做担保，保证当他（她）担保的入院老人生活不能自理时，他（她）能来照顾老人，或者将老人接走回家养老。究其根本原因是凤凰县现有的工作人

---

① 参见《社会救助暂行办法》。

员不能满足对入院五保老人提供各项服务的需要。五保供养制度作为一项福利性救助制度，其包含两个方面的内容，一是资金补助，二是服务提供，服务提供又包含着生活照料和满足精神需求。① 在实施现有的五保供养制度下，资金补助较容易实现，但在服务提供上则很难满足。"无论是集中供养对象，还是分散供养对象，均未得到基本的照护，即便是在被评为省级模范的敬老院里，老人的生活照料也主要依靠自助和院民互助。"② 并且对于分散供养的老人来说，他们在日常生活中遇到困难和问题经常请村里邻居或其他亲戚提供帮助和支持，使他们的问题和困难得以解决。由此，相关部门可以考虑研究制定相关政策制度，使这种互帮互助的服务方式成为一种常态化的互帮互助机制，以弥补农村五保供养人员和农村其他老人在服务获得方面的不足。

（四）引入专业社会组织提供养老服务

2006 年的《五保条例》确立了政府在五保供养工作中的主体责任，同时鼓励社会组织和个人为农村五保供养对象和农村五保供养工作提供捐助和服务。③ 可以在农村引入专业社会服务组织，提供专业的社会服务，鼓励专业服务组织将服务延伸到农村，延伸到五保对象家里，一些必要的支出可以由政府买单，采取政府购买服务或购买项目的形式。据调研，在凤凰县已有一家专业社工机构——绿叶社会工作服务中心，政府可以采取项目打包的形式，将这块服务包给绿叶社工服务中心这样的社会组织来开展服务工作。一方面可以解决五保分散供养老人服务得不到满足的问题；另一方面也可以促进凤凰县专业社会服务组织的发展，培育社会力量，加强社会治理。当然，要先采取试点，待时机成熟，再进一步扩展，由点到面，渐进铺开，最后推广到全县范围内。

自 20 世纪 50 年代建立农村五保供养制度以来，凤凰县的社会救助实践已经走过了 60 多个年头，社会救助制度的有效实施在促进凤凰县的经济社会发展和维护社会稳定中发挥了不可替代的作用。中共中央总书记习近平在主持中共中央政治局就"十三五"时期我国经济社会发展的战略

---

① 参见王先进《五保供养政策的历史传承与制度创新》，《学习与实践》2007 年第 9 期。

② 参见贡森等《农村"五保"供养的体制性问题及对策——以山东省为例》，《江苏社会科学》2004 年第 3 期。

③ 参见《农村五保供养工作条例》。

重点进行第 30 次集体学习时强调脱贫开发工作是我们的一个突出短板，要举全国之力抓好，确保到 2020 年农村贫困人口全部脱贫。[1] 包括城乡低保制度和五保供养制度在内的社会救助制度将在脱贫攻坚进程中作为"社会保障兜底"的重要主体，其进一步的发展和完善将对凤凰县实现贫困人口全部脱贫这一重大课题具有重要的现实意义。

---

[1]　参见新华网，http://news. xinhuanet. com/politics/2016–01/30/c_ 1117944519. htm。

第十章

凤凰县人口流动与苗族婚姻家庭变迁

关于工业化、城市化所引发的人口流动对婚姻家庭变迁的影响，在西方和中国学术界已有诸多的讨论。凤凰苗族同处中国社会变革的统一背景，同时又遭遇凤凰自身改革发展中带来的各种机遇和阵痛。本章探究凤凰特殊发展所带来的人口流动对苗族婚姻家庭产生的影响及其背后的逻辑。笔者发现：一方面，受经济转型和制度等中国宏观结构的影响，与全国总体情况相比，凤凰苗族婚姻家庭变迁呈现出一些共性的东西；另一方面，受凤凰特殊发展和民族文化等因素的影响，凤凰苗族的婚姻家庭变迁又具有自己的一些特色。尽管经济理性占据苗族人行动与策略的很大一部分，他们依然在现代化的冲击下极力传承自己的民族文化，不过这种传统的"回归"更像是苗族人面对现代化冲击的一种策略与回应。

一 凤凰县人口流动与苗族婚姻家庭变迁研究背景

（一）凤凰县的人口流动

1987 年人口小普查中，中国只有 1520 万流动人口。到 1990 年，流动人口（离开户籍所在地 6 个月以上但户口未变动者）规模增加到 3000 万；1995 年，这个数字已经是 5600 万；2000 年人口普查数据显示，中国有 8000 万流动人口。如果包括那些在非户籍所在地不到 6 个月的人，短期移民数约为 1.2 亿。在经济最为活跃的几个地区，如广东、福建、上海和北京，20%—30% 当地居民的户口在外地。[①] 根据国家统计局的数据，

---

① 参见王丰、安德鲁·梅森《中国经济转型过程中的人口因素》，《中国人口科学》2006年第 3 期。

2009 年全国流动人口已经达到 2.11 亿（国家人口和计划生育委员会流动人口服务管理司，2010）。大规模的流动人口，导致了家庭结构和家庭关系的重构。

凤凰县地处湖南西部边缘，云贵高原余脉东侧，属武陵山区，全县长约 70 公里，东西宽 50 公里，面积为 1757 平方公里，辖 24 个乡镇、340 个行政村、9 个居委会、6 个社区，耕地面积 34.36 千公顷。截至 2015 年末，凤凰县总人口为 428294 人，在总人口中，少数民族人口 336136 人，占总人口的 78.5%，其中，苗族 251185 人，土家族 81273 人。

从 20 世纪 80 年代开始，由于人口流动较为困难，农村劳动力转移就业不畅，1982—1997 年，凤凰县根据其特有的农业优势资源，大力发展烟叶产业，以烟叶的种植、加工、生产和销售为主体，凤凰县依托凤凰烟厂这一中型企业，逐渐摆脱贫困，走向富裕。然而，随着国家在烟叶行业方面的政策调整，凤凰烟厂不得不停止生产，传统的烟叶产业退出市场，凤凰县经济开始衰退。在中国整体经济飞跃和区域经济结构变迁的拉动下，90 年代末凤凰县大量的农村青壮年劳动力开始涌入长三角和珠三角地区，开启了凤凰大规模人口流动的序幕。

与此同时，面对外在环境的变化，在经济形势极其艰难的状况下，凤凰县政府依据当地丰富的历史文化资源和自然资源，选择了以旅游产业为核心带动其他产业从而促进经济发展的发展模式。在这一思路的指导下，凤凰县政府于 2001 年成功申报国家历史文化名城。凤凰县经济从此开始转变其发展方式，从原来的以农业为主导转变为以旅游产业为主导的经济发展方式，在这一转变过程中，凤凰县提出并不断地丰富"一业带三化"的发展思路，在发展旅游产业的同时，不断地推进农业产业化、新型城镇化和新型工业化。目前，文化旅游产业已成为凤凰县的主导产业。凤凰的旅游业不仅发展和完善了县域的基础设施建设和交通运输，还带动了餐饮住宿、文化演艺、酒吧商铺、土特产加工、旅游服务等行业的发展。2015 年，以文化旅游产业为主的第三产业占全县 GDP 的 71%、就业人数的 70%。文化旅游产业直接提供就业岗位 2 万多个，间接提供就业岗位 8 万多个。凤凰文化旅游产业的发展为当地居民提供了大量的就业和创业机会，也吸引了大量的外地人来凤凰投资创业。一部分外出务工者从原来的长距离流动转向短距离的县域内流动，由于外来投资者和创业者的大量涌入，凤凰县也在某种意义上从人口输出地转向人口输入地。

2000 年以后凤凰飞速发展的旅游业及其带动的农业产业化、工业化和城市化发展，在加剧凤凰县人口流动的同时也在某种程度上改变了凤凰人口流动的形式和内容：一部分人依然选择长三角、珠三角的远距离流动；而有些人则由原来的远距离流动转变为近距离的县域内流动；还有一些以前从未走出"家门"的人也加入了流动队伍成为新的流动人群，比如年纪大一点的人尤其是妇女以前通常很难在长三角、珠三角找到工作，而现在，凤凰旅游业的发展带动了一批低要求的非正规就业的发展，比如小商小贩、宾馆保洁、餐馆服务、物流派送等，一些以前从没想过出门的妇女、老人也加入了流动的队伍。

有学者经过研究指出，① 凤凰县大部分的青壮年男女大多往广东、浙江、福建等经济发达的东部沿海地区打工，年纪偏大的或拖儿带女不便出去的，有不少在农闲季节到附近的吉首、凤凰等周边县城打短工。2013—2014 年初，对凤凰县米良乡全乡、麻冲乡 4 个村、山江镇 5 个村、腊尔山镇 7 个村、两林乡 3 个村的调查发现，每个村的青壮年劳力外出占 85%以上，全村全家出去的占 10%左右，其中如腊尔山镇岩坎村第 6 组，全自然寨 154 人，目前仅剩下 11 人在家，其余全部外出打工。②

（二）关于流动与婚姻家庭变迁的讨论

关于工业化、城市化所引发的人口流动对婚姻家庭变迁的影响，在西方已有诸多的讨论，经典的家庭现代化理论曾提出工业化和城市化背景下，婚姻、家庭变迁在各个方面的基本表现：①家庭的形成。青年人的婚姻更为自主，嫁妆和聘金的流行程度下降，越来越接近男女双方交换礼物；越来越多的配偶婚龄相当，婚龄差缩小，妇女婚龄提高；父母对子女恋爱择偶的控制权减少，包办婚姻减少。②家庭结构。传统的家庭制度正在瓦解，扩大家庭或者联合家庭向夫妇式家庭或核心家庭转变，大家庭向小家庭转变。③夫妻关系。妇女独立就业的人数不断增加，妇女的权利增多，赢得了越来越多的平等权利，包括在家庭中的平等权利。④亲属关系。③ 共同亲属群体的影响力下降，亲属不再能主宰年轻人的择偶和婚

---

① 参见唐建福《城镇化与苗族文化》，凤凰县民宗局资料。
② 参见凤凰县民宗局资料。
③ 在西方，亲属关系一般指核心家庭之外的家庭关系，包括父母与成年子女的关系。

姻，核心家庭独立于亲属网络之外，与亲属集团保持相对的疏远。[1]

　　然而随着 20 世纪 60 年代，后发展国家不断展现出婚姻、家庭变迁多样化的事实，经典家庭现代化理论也开始自身的反省和修改，开始重新思考传统与现代的关系，传统与现代在对立之外，是否还存在着兼容和合作的可能？进而开始探讨民族、种族、阶级、信仰、文化等因素导致的家庭变迁的不同路径和复杂多样的模式。

　　在这些批判和质疑的基础上，研究者对经典的家庭现代化理论不断地进行修正，提出了发展的家庭现代化理论：在婚姻家庭变迁过程中，传统和现代并不是对立的，而可能是兼容的，有着不同的组合方式。因此婚姻家庭变迁不是单向度一元的，婚姻家庭变迁可能出现不同路径和复杂多样的模式；在现代社会中，亲属网络依旧发挥着积极的作用，核心家庭和亲属网络还是保持着密切的互动。亲属网络还承担着诸如相互支持和非物质性的感情交流等重要功能，但是它已经失去了对核心家庭的控制和支配权力，只是一种互助的源泉；在现代社会中，两性间平等增强，家庭和亲属关系的双系制度得到发展，并替代单系制度。婚姻家庭变迁的推动力，可能不仅仅取决于工业化和城市化本身，文化、观念、意识形态等非经济因素，都可能决定着家庭变迁的方向、路径和模式。[2]

　　随着 20 世纪八九十年代以来，中国工业化和城市化给中国社会带来了巨大的变迁，研究中国的学者开始关注工业化和城市化及其带来的大规模人口流动对婚姻家庭的影响。但由于现代化的概念和理论长期主宰中国有关社会变迁的分析，国内外学者在分析中国婚姻家庭变迁时多采用经典家庭现代化理论的分析路径。比如随着结婚年代的推移，择偶越来越取决于当事人，通婚的半径不断扩大，婚姻的自主性不断增强。妻子和丈夫的初婚年龄呈上升趋势，婚后独立门户的趋势增强；[3] 核心家庭、主干家庭、夫妻家庭是占据主导地位的家庭结构，联合家庭趋于消亡。[4] 空巢家

---

①　参见唐灿《家庭现代化理论及其发展的回顾与评述》，《社会学研究》2010 年第 3 期。

②　同上。

③　参见沈崇麟、杨善华《当代中国城市家庭研究》，中国社会科学出版社 1995 年版，第 16—29、47 页。

④　参见雷洁琼《改革以来中国农村婚姻家庭的新变化》，北京大学出版社 1994 年版，第 183 页。

庭和丁克家庭上升迅速；夫妻关系从"夫主妻从"到"夫妻平权"；① 家庭收入格局向着有利于年青一代的方向转变，使年青一代在自己有关事务上有着更多的发言权，有利于建立平等的代际关系；② 已婚子女与父母共同居住的比例在减少；父母和子女之间存在着经济和非经济的支持；养老的要求同时指向儿子和女儿，性别和角色的区分被取消。③

　　然而随着社会变迁的进一步深入，特别是 2000 年以来，伴随着中国整体经济飞跃和区域经济结构变迁，人口迁移和流动规模呈现爆炸式增长。第六次全国人口普查公报显示，目前中国流动人口已达 2.6 亿人，约占全国人口的 19.5%。其中，外出务工经商已经成为当前中国流动人口中占比最大的原因。如此大规模的人口流动对中国政治、社会、经济、文化等方面产生了重大而深远的影响，也给中国传统婚姻家庭模式带来了巨大的影响和冲击。面对经典家庭现代化理论在解释现代中国婚姻家庭变迁出现的多样性时产生的无力感，研究者开始反思变迁背后的非经济因素。例如政治因素④，区域亚文化因素⑤，社会转型过程⑥，等等。还有一些学者观察到现代中国婚姻和家庭行为中的传统再现现象，采用或提出了一些解释理论和分析方法：比如国家政治权力的解释模式⑦、行动者的主体能动性⑧、传统延续说⑨、家庭经济模式⑩等。

---

　　① 参见沈崇麟、李东山、赵峰《变迁中的城乡家庭》，重庆大学出版社 2009 年版，第 97—98 页。

　　② 参见沈崇麟、杨善华《当代中国城市家庭研究》，中国社会科学出版社 1995 年版，第 54—55 页。

　　③ 参见沈崇麟、李东山、赵峰《变迁中的城乡家庭》，重庆大学出版社 2009 年版，第 121—122 页。

　　④ 参见郭于华《代际关系中的公平逻辑及其变迁——对河北农村养老模式的分析》，《中国学术》2001 年第 4 期。

　　⑤ 参见马春华、石金群、李银河等《中国城市家庭变迁的趋势和最新发现》，《社会学研究》2011 年第 2 期。

　　⑥ 参见唐灿《最近十年国内家庭社会学研究的理论与经验》，《家庭与性别评论》，社会科学文献出版社 2010 年版，第 5—6 页。

　　⑦ 参见王跃生《当代中国家庭结构变动分析》，《中国社会科学》2006 年第 1 期。

　　⑧ 参见边馥琴、约翰·罗根《中美家庭代际关系比较研究》，《社会学研究》2001 年第 2 期。

　　⑨ 参见麻国庆《分家：分中有继也有合——中国分家制度研究》，《中国社会科学》1999 年第 1 期。

　　⑩ 参见阎云翔《私人生活的变革：中国村庄里的爱情、家庭与亲密关系》，上海书店出版社 2006 年版，第 273—275 页。

（三）研究问题、思路与方法

凤凰县同处中国工业化和城市化的整体变迁背景，同时又具有自己独特的县域经济特色。20 世纪 90 年代前期，凤凰县是一个流动不大的地方。20 世纪 90 年代末，伴随着中国整体经济飞跃和区域经济结构变迁，凤凰县农村人口开始大量地外出涌入长三角和珠三角地区务工。2000 年以后，以旅游业为主导的县域经济的快速发展，也给农村剩余劳动力创造了许多就业机会，形成独具特色的县域内大规模短距离流动。这些会给占凤凰人口近 70%的苗族原住民的婚姻家庭产生哪些影响？作为一个历史悠久的少数民族，苗族是如何应对现代化的挑战，其背后的逻辑是什么？

作为一个历史悠久的民族，关于苗族的研究已不在少数，但多是从史学和民俗的角度进行研究，并且苗族是一个不断迁徙变迁、地理跨度长、地域差异大的民族，凤凰地处湘西武陵山区，自明代始，就一直是中央王朝镇守苗汉边界的重要前哨。作为苗汉交融的重要地带，凤凰文化多元交融，具有独特的历史文化底蕴。这些年凤凰旅游业的飞速发展，学界对凤凰的关注在逐渐增多，但学者们多集中于旅游经济的挖掘与发展，社会层面尤其是作为社会重要细胞的家庭一直被忽视。身处苗汉交融重要地带的凤凰苗族其婚姻家庭具有哪些特征，中国的社会转型和凤凰的旅游开发会给凤凰苗族的婚姻家庭带来哪些影响？家庭变迁理论放在凤凰具体的情景中，它会呈现出怎样的一幅景象？哪些是制约凤凰苗族婚姻家庭关系变迁的决定力量，其内在的逻辑是什么？这些都需要结合具体的情境作深入的分析。

鉴于此，本章试从家庭的形成—婚姻的缔结与解体、家庭的外在形式—家庭结构和家庭的主要关系—代际关系三部分分析社会转型和凤凰特有的县域经济对凤凰苗族婚姻家庭的影响。本章的研究思路将遵循社会学传统的分析方法——对凤凰苗族婚姻家庭的现状与变迁做出一个基本的描述，并对这一现状和变迁做出社会学的解释。

发展的家庭现代化理论认为，婚姻家庭变迁并不是单向度一元的，婚姻家庭变迁可能出现不同路径和复杂多样的模式；婚姻家庭变迁的推动力也不是单一的，可能不仅仅取决于经济因素，制度、民族、文化、观念等非经济因素都可能决定着婚姻家庭变迁的方向、路径和模式。在婚姻家庭变迁过程中，传统和现代并不是对立的，而可能是兼容的，有着不同的组合方式。这些复杂的因素在凤凰的发展中都得以呈现，选择凤凰这个婚姻家庭变化背景较为复杂的个案作为深描和分析的个案，不仅可以验证相关的家庭代际关系理论，也可以为相关的政策制定提供支持。

本章使用的资料主要来源于两个阶段的调查：2016 年 6 月 13 日至 20 日，笔者与中国社会科学院"21 世纪初中国少数民族地区经济社会发展综合调查"课题组一行 10 余人，通过政府部门座谈和典型个案访谈等调查方式了解凤凰县的整体发展情况。2016 年 7 月 27 日至 8 月 24 日，在第一阶段调查基础上，根据研究目的，笔者在县城和乡村挑选了一些比较有代表性的个案进行详细访谈，同时深入各种生活场所，如集市、喜宴、家庭等非正式的地点，随生活环境和事件进行各种观察、旁听和闲谈。此外笔者还对相关文献进行分析作为补充。最后所得的访谈资料，为在把握整体性和动态性的同时呈现出现象的多样性和丰富性，使用类属分析和情景分析相结合的方法。

二　凤凰县苗族传统的婚姻家庭

凤凰苗族由于是因历史上受外族驱赶而迁移至此，因此在很长时期内，凤凰县境内的苗族都坚持"族内通婚"的原则。苗族人十分认同自己的传统文化和独特的生活习俗，认为与本族人的结合，语言、习俗、观念等方面没有差别，老少才能相处融洽，家庭才能和谐美满，在结婚对象上，本族人是首要的一个筛选条件。除此之外，身体好、人好、勤快、亲缘广，也是重要的择偶标准。苗族人并没有把财富作为重要的择偶标准，而是看重身体好、亲缘广等有利于家族繁衍和扩大的因素。这可能跟苗族的宗族观念密不可分，每一个家庭都希望自己家族人丁兴旺，劳动力对穷山恶水的苗乡来说是笔重要的财富，人缘广泛也是社会地位高的象征；除此之外，也可能跟当时的社会状况有关，由于受自然等条件的限制，苗乡当时的社会分层现象并不严重。一些条件相对较差的家庭通常是好吃懒做或身体有疾病或残疾的家庭。因此那时虽然也有失婚现象（光棍）的存在，但多出于性格和身体的原因，如性格古怪或身体有疾病残疾等，在村落里只是一个极个别的现象。

在婚姻的缔结过程中虽存在过姑舅婚的形式，但从更大范围来看，凤凰苗族婚姻的缔结是自由的。刘介著的《苗荒小记》里如此描述苗族的自由婚姻："苗女既长，其父兄取放任主义，不予约束，故择偶之权多操于女子。"① 媒妁只是履行对自然恋爱结果的一种追认而已。通常男女双方自主确定关系以后，经男女双方协商，由男方家长找女方父母颇为信任的人充当媒妁前去"讨口风"提亲。凤凰苗族传统的婚姻圈主要由三个圈组成：节日圈、集市圈和亲友圈。青年男女常在各种节日庆典里或在每逢"五天一场"的赶集日，在集市和庆典的边角，寻找相互认识、对歌和约会的机会，在对歌和嬉戏的过程中，若哪位未婚男性相中某位女性，即寻找一个机会将这位姑娘引开，以苗家辞话和山歌表达爱意和倾诉感情，如此两次三番，男女有意后便互赠信物，确定彼此的关系。"赶边边场"是苗族自由缔结婚姻的一种重要方式。周立波在 1939 年的《湘西苗民的过去和风俗》一文中，曾描述过苗族自由恋爱的情形："在宴会上，特别是在椎牛会，或是在赶场中，特别是在清明，青年男女，往往用作山歌和眉目，自由地缔结丝萝。"并指出，"苗族的恋爱是自由而且自然的，山歌是男女相识和相爱的主要媒介"。前面提到，凤凰苗族传统上很重视宗族的繁衍，亲缘广是首选的择偶标准之一，苗族家庭都希望能找到一家家庭和睦、人丁兴旺的家庭作为联姻，亲属和朋友能扩大婚姻圈的范围，也能更为准确地寻觅到这样的家庭，因而除了自由婚姻，通过亲戚朋友介绍最后牵线成功的婚姻也不少。在农业社会里，最主要也是牵涉面最大的流动就是女性的流动，通过出嫁而实现流动的女人掌握着两边家属集团有关婚嫁的大量信息，往往成为以亲戚为基础的婚姻的主要牵线人。有学者分析凤凰苗族在其他地区盛行包办婚姻的背景下仍进行自主婚姻的原因，认为主要有三个：一是苗族人崇拜祖先，认为始祖蚩尤兴起的跳月求偶婚姻习俗，需要世代传承和发扬；二是苗族人婚姻观念坚定，认同只有相互恩爱才能白头偕老，苗族父母也以自己的儿女能歌善舞能够自己找到心仪的人为荣，对儿女自由恋爱，不仅知之不禁，而且积极支持，有的还帮助出谋划策；三是有社会上的支持，在苗族传统较大的村落里都有路边亭、姊妹房、合鼓堂、钟鼓楼、跳月坪、对歌台等，为男女青年提供各种场所，还有苗族各种各样的节日和集会，比如正月调年会、跳花山、三月三、四月八、端午节、六月六、赶秋节和跳香会等，为青年男女提供各种公

---

①　参见刘介《苗荒小记》，商务印书馆 1934 年版，第 57 页。

开交往的时机。① 凤凰苗族的婚姻圈和传统的择偶方式与苗族作为一个迁移民族的历史密不可分，也跟其长期以来形成的生产和生活方式密不可分。

确立好关系后，便是婚姻的正式缔结。同其他民族和地区一样，婚礼和聘礼在凤凰苗族的婚姻缔结中也占据着重要的地位。婚礼标志着向外界宣示婚姻关系被正式确定下来，聘礼的赠送则意味着男方获得女性的家政权利和性交权利，也是婚姻关系的稳定器，彩礼预示着对女方和女方家庭的尊重。因此，苗家人很重视婚礼，在长期的演变过程中形成了一套带有自己文化特色的结婚习俗。不过，苗族聘礼则虽是被重视，但如凌纯声、芮逸夫在《湘西苗族调查报告》中所述："苗人婚嫁亦有买物，但不对婿家索要礼价。苗族女方不仅不向女婿家索要彩礼，还认为向女婿家索要彩礼，并用此来作为置办嫁妆的经费，是一种卑贱的行为。"② 凤凰苗族的聘礼与嫁妆，通常视男女双方的家庭经济状况量力而行，不会随意向对方提出过高的要求。而男女双方家庭尽可能地给予嫁妆和聘礼以示对女方和女方家庭的尊重，双方家庭都尽力为这个小家庭添砖加瓦，希望婚姻幸福稳定。据凤凰县史料记载，古时多以牛、羊、猪等大牲畜为聘礼，后来逐渐变成银首饰和衣物为要件。苗族是一个喜欢银器的民族，银器逐渐演变成聘礼的一个必需品，但通常是少数有钱人家才会送一整套银器，一般的人家会视自己的能力送一些基本的银饰，嫁妆则多为衣服被褥等基本生活用品。

婚礼结束后，夫妻俩开始进入正式的家庭生活。苗族有不落夫家的习俗，但这习俗在凤凰并不普遍，反倒是青年男女自己确定好关系后，女方即到男方家居住，也不进行婚姻登记，直到第一个孩子出生，才举办正式的婚礼，从而出现事实婚姻先于社会婚姻的现象。凤凰苗族一般实行幼子居住制，即老人与最小的儿子居住。多兄弟的家庭，大儿子成家便是原生大家庭分裂的开始，但也有由于经济上的原因，儿子结婚后依然与父母和未结婚的兄弟姐妹居住在一起的，形成一个联合家庭。不过这种家庭形式通常不会长久，大家庭的每一个成员都有责任和义务帮助结婚的兄弟建立他们的新家。这样不断地分裂最后形成一个主干家庭和若干个核心家庭，是凤凰苗族比较传统的稳定的家庭结构形式。在这

---

① 参见隆名骥《苗族婚姻家庭》，线装书局 2010 年版，第 46—49 页。
② 参见凌纯声、芮逸夫《湘西苗族调查报告》，民族出版社 2003 年版，第 181 页。

种稳定的家庭结构形式下，妻子和丈夫，子代和父代之间发生着较为稳定的联系。

夫妻关系上，夫妻双方有各自使用自己姓名的权利，共同赡养男方的父母和抚养子女。妇女在家庭中的地位较高，对家庭生活有较多的发言权，一般安排生产，由男人管理，而家务及经济管理，则由妇女掌管，有关家里的生产生活大事，都是由夫妻商量共同解决。凤凰苗族妇女非常勤劳，除了犁地耕田比较重的体力活外，几乎所有农活都参与，并还要承担家务的责任。在苗族重要的婚嫁和丧葬礼仪上妇女也扮演着重要的角色，比如在婚嫁上，若遇媒人提亲首先要与主妇商量，先由她拟定儿女婚事的取舍然后再去征求父兄们的意见，最后才是综合利弊考虑定夺。在丧事中，由妇女根据情况来裁定来客孝帕的长短。① 但苗族女性也是一种依附的社会角色。由于苗家注重对下一代的教育，苗家女子在出嫁之前，大体是其一生之中，较为快乐轻松的时光。嫁入夫家之后，她就开始主持家庭内部的主要事务，从事重体力之外的一切生产劳动。如果她不幸没有儿子的话，那么，她的两个选项是招女婿或孤独终老。在这一生中，她没有权利继承自己父母的遗产。

凤凰县苗族的婚姻通常比较稳定，这个跟自由的结识方式有关，婚姻建立在自愿的基础之上，从而有一定的感情基础；另一个也可能跟苗族相对闭塞的生活方式和传统的家庭观念有关，苗族已婚妇女很难有机会流动和接触外面的世界，成年忙碌于农活和家庭生活之中，再加上婚姻大多缔结于亲属和熟人之间，来自亲属和社会的压力也让家庭很少偏离"正常的轨道"。

代际关系上，家庭一般由长者掌家，即使长者丧失劳动力但只要神志清醒，遇到农事安排、乡党应酬和重大花销等家庭大事均要征求长者的意见，最后由长者拍板定夺。就餐时，需帮老人和小孩装饭夹菜，如若长者未到，一般要延时等待。生活困难时需保证老幼者的保暖之需。从凤凰县苗家人的居住安排也可看出老人在家庭中的地位，若三代同堂则子辈安排在厨房那侧卧室，以方便早起烧煮劳作，祖辈安排在地楼火塘侧，以方便老人起居取暖，孙辈则住厢房，他们腿脚灵便便于攀爬。父母的财产由儿子继承，通常祖屋留给小儿子做养老的报偿，而田地则按儿子的数量加上

---

① 孝帕长短是衡量内亲外戚之亲疏远近的标志，是苗族家庭关系的重要标志，尺度很不容易把握，很容易引起矛盾。

老人的份额平分，老人的这份份额就是通常所说的养老田，由幼子来继承，女子在家庭财产上没有权利，出嫁的时候送一套嫁妆，富裕一点的也给一点"私房田"，习称"姑娘田"。

三　流动背景下的婚姻缔结与解体

（一）　娶不起的媳妇——婚姻缔结中日益攀升的结婚支出

从苗族人传统的婚姻形式中我们可以看出，虽然传统上凤凰人也重视婚礼和聘礼，但通常会视男女双方的家庭经济状况量力而行，不会随意向对方提出过高的要求。而男女双方家庭也都会尽可能地给予嫁妆和聘礼以为这个小家庭添砖加瓦，让小家庭的婚姻幸福稳定。然而在笔者的调查中，这种更多建立在小家幸福意愿基础之上的嫁妆和聘礼，正在不断地发生着变化，高额的婚姻支出成了苗族人在婚姻缔结中不得不面临的事实和越来越难以承受的家庭负担。

首先是婚礼支出。关于婚姻礼仪的变迁，有研究者认为，整体上来看婚姻礼仪中的婚礼呈现了一种简化的趋势，[①] 但也有学者看到婚礼消费不断上涨、婚礼重视度不断增强，婚姻礼仪传统得以再现的现象，并提出，将中国婚姻礼仪作传统与现代二元对立划分的方法忽略了婚姻礼仪更为复杂的变迁过程和多样化的影响因素。[②]

在调查中，笔者发现，现代凤凰苗族人对婚礼的重视程度并没有随现代化而减弱，相反，随着凤凰旅游业、外出务工和城镇化的不断发展，某种程度上甚至加强了。虽然婚姻登记制度在全县范围内已经基本得到普及[③]，但这种来自国家权力的社会事实婚姻并不能取代婚礼的社会意义。婚礼对大部分人家来说，仍具有特殊的含义，只有举办完婚礼，结婚大事才算完结，双方父母才能真正得以安心。在调查中我们就遇到这样一个个案，女儿在北京工作，嫁的老公也是个外地人，两年轻夫妇已经在北京领了结婚证，但由于工作忙一直未能回老家举办婚礼。最后实在没有办法，

---

① 参见薛亚利《婚姻礼仪：一个多学科的分析框架》，《社会科学》2009年第8期。
② 参见李银河《婚礼的变迁》，《江苏社会科学》2002年第5期。
③ 凤凰苗族人在婚姻登记制度实施很长一段时间里并不实行婚姻登记，而是通过婚礼来确定婚姻的确立。

两人只好在北京补照了一套结婚照，老人自己请人在老家布置了一个新房，将两位新人的结婚照搁置家中，请来亲朋好友欢聚一堂，这才算是女儿婚姻的圆满完结。在计划经济和单位时代被简化的结婚习俗和礼仪又有了复苏的趋势，尤其是在苗族聚居的农村。有学者指出，随着外出打工人数的逐渐增多，苗乡婚礼有逐渐简化甚至被婚姻登记所取代的趋势，[①] 而笔者在凤凰农村的调查中却发现另一种相反的现象——传统结婚礼仪的再现。比如结婚时要请八字、算吉日，男方带着大量的聘礼去女方家迎亲，女方则自备嫁妆，整装待嫁。结婚之日的早晨，在一系列复杂的仪式之后，新娘由舅子背出家门，女方亲属和男方迎亲的人一起来到男方，白天亲朋好友欢聚一堂把酒叙情，晚上男女双方亲属则比赛苗歌，通宵达旦，很是热闹。婚礼由专门的司仪主持，传统的程序和礼节再次走入现代人的眼帘。年轻人即使在外地打工，在结婚那几日也一定要赶回来，在自己的家乡请上亲朋好友，风风光光地举行自己的婚礼。举办婚礼的费用是一笔不小的开支，包括亲朋好友几顿的酒席费、各种招待费、礼花爆竹费、请歌师司仪摄像费等，费用至少几万到十几万元，有的男方甚至要负责女方家举办婚宴的费用。

其次是聘礼，也即彩礼支出。近年来，有关农村彩礼费用暴涨，农民不堪重负的报道已经屡屡见诸报端。研究者的研究也表明，中国农村地区彩礼具有明显的时代特征，随着时间的推移而急剧增加。比如阎云翔对中国北方下岬村的调查发现，彩礼在 1950—1990 年中华人民共和国成立后的 40 年内提高了 140 倍；孙淑敏在中国西北部甘肃省赵村的调查结果显示，彩礼在 1970—1990 年的 20 多年的时间里上涨了 70 倍。[②] 进入 21 世纪以来，彩礼飞涨趋势更加明显，农村地区彩礼金额增加数十倍甚至百倍。[③] 城市的家庭调查同样显示了逐年增长的趋势。[④] 凤凰县也是如此。尤其是在苗族聚居的农村，习俗性支出加上现代性支出，[⑤] 增长的幅度和

---

① 参见向轼《当代湘西苗族婚恋习俗的变迁及其原因探析》，《长江师范学院学报》2014第 1 期 30 卷。

② 参见孙淑敏《对甘肃东部赵村彩礼现象的研究》，《社会学》2005 年第 3 期。

③ 参见马继静《农民婚姻支付及其仪式化行为研究》，博士学位论文，南京航空航天大学，2012 年。

④ 参见马春华、石金群、李银河等《中国城市家庭变迁的趋势和最新发现》，《社会学研究》2011 年第 2 期。

⑤ 习俗性支出指传统上规定的那些支出，如银饰等；现代性支出指苗族在与外界的接触中，新产生的一些支出，如手机、金首饰、新家电等。

在家庭总收入中的占比甚至要大于城镇。比如在笔者调查的时段，苗族农村娶个媳妇的聘礼至少得花上将近 20 万，包括至少 8 万以上的现金、6 万—8 万的金银首饰，还有其他一些实物，如鸡鸭、猪、香烟、衣物等。而且笔者发现，越是贫困的农村，在聘礼上的支出越多，所占家庭收入的比重越大。有较高的收入水平、居住环境条件较好、身体健康的男性能在未来的婚姻生活中提供较好的物质保障。基于男性对父母的赡养能力以及婚姻生活的物质水平保障能力的预估，女方家庭对具有较高收入水平、居住环境条件好、身体健康的男性，在婚姻市场要价体系下反而会减少从男方家庭的现金转移数额。这就出现越是贫困的地方或家庭越要用高额的彩礼来应对婚姻市场上的竞争，以弥补自己在婚姻市场上不利境地的现象。相对于彩礼的快速增长，嫁妆的增长幅度却要小得多，且彩礼与嫁妆的数量对比日益显著，彩礼远超过嫁妆。

最后是婚房，除了彩礼，"有新房"也成了许多苗族家庭娶媳妇的重要条件。传统上，分家是凤凰苗族每个大家庭的必然趋势，但独立婚房却不一定是婚姻缔结的必要条件，在没有条件的情况下，凤凰许多苗族家庭通常是先将媳妇迎娶进门，组成一个联合家庭或主干家庭，然后再在此基础上慢慢分裂，分裂过程中，联合家庭的每一个成员都有义务为小家的分离贡献自己的力量，最后形成一个主干家庭和若干个核心家庭。现如今，这种分离被提前至婚姻缔结阶段。有调查显示超过 7 成的女性认为男性必须有房子才能结婚，在全国若干个省份的调查发现，农村婚姻市场已经出现女方要求男方家在城镇购买一套房子等隐性高额彩礼（桂华、余练，2012）[1]。在凤凰，随着旅游业和城镇化的发展，虽然有的女方家庭在婚姻缔结时没有明确提出婚房的要求，但拥有婚房显然已经成为男性在婚姻市场增强竞争力的重要砝码。然而随着凤凰旅游业的不断发展，外来资金的大量注入以及劳动力价格的不断上涨，婚房的成本越来越大。凤凰房价上涨的幅度已经远远超过周边的地区，甚至超过州政府所在地——吉首，婚房成为一笔沉重的家庭开支[2]。

日益攀升的结婚支出成了苗族男方家庭婚姻缔结过程中无法回避的刚性支出。在阿拉镇法院的访谈中，我们遇到这样一个案例。2014 年农历

---

[1] 参见桂华、余练《婚姻市场要价：理解农村婚姻交换现象的一个框架》，《青年研究》2010 年第 3 期。

[2] 农村修建一栋房至少得 20 万以上，县城一套商品房的价格在 40 万左右，不包括装修。

十月，田某（男）经同村村民的介绍，通过 QQ 聊天认识了杨某（女），在网上聊了近一个月后，2015 年正月初二两人正式见面。杨某要求田某为其购买手机及衣物，田某处于大龄及成家心切，便为其购买了价值 2999 元的 OPPO 手机一部及 100 元的电话卡一张，并分别给杨某及其家人送了见面礼合计 5820 元。2015 年正月初六，杨某便要求田某向其父母说亲，杨家向田某要订婚彩礼，包括 30200 元现金、三金①及烟酒、糖果等物品。田某为了结婚四处借钱，按照杨家的要求通过介绍人，将现金 30200 元，及三金、价值 1.3 万元的烟酒、糖果等物品送到杨某家中。杨家回了 1.2 万元钱，实际上拿了 18200 元的现金彩礼和其他物资。订婚后，田某到杨家请求杨家父母选个日子与杨某结婚，但杨家要求田某 19 万元的彩礼、肉 300 斤、精品白沙烟 60 条。田某家中经济困难，实在无法支付这高额的彩礼，多次请求杨家减少彩礼现金的数额，但杨家一家人一口回绝，声称彩礼一分都不能少，否则结婚的事免谈。田某实在无力支付这高额的彩礼，但因订婚花费了大量的金钱，导致家庭经济困难，在多次要求退还彩礼被拒绝后，无奈向人民法院请求判决责令杨家退还其订婚彩礼现金及各项损失 4 万元。

田某是因无力支付高额的结婚支出而被婚姻拒之门外，然而高额的婚姻支出是否就会换来稳定的婚姻？

（二）留不住的媳妇——逐年升高的离婚率

苗族的婚礼、彩礼和聘礼等婚姻支出传统上有着稳定婚姻的功能，男女双方的家庭都尽力为未来的小家添砖加瓦，希望小家家庭稳定。然而，随着凤凰旅游业的发展以及国内民工潮所带来的大规模人口流动，婚姻的花费并不与婚姻的稳定性成正比。相反，笔者发现，越是用高额婚姻支出换来的婚姻越可能缺乏感情的基础，从而越容易受各种外界因素的干扰。据凤凰县民政局婚姻登记中心数据，凤凰县的离婚率呈逐年上升的趋势，2003 年 1 月 1 日到 12 月 31 日，全县登记离婚的对数为 31 对，而 2015 年，增长至 649 对。其中各乡镇人民法院民事庭的立结案也显示，2014—2016 年，离婚纠纷占民事案件一半以上。

农村女性主导离婚的现象尤其值得关注。具体表现为：①离婚的提出

---

① 金戒指、金项链、金耳环。

者以中青年妇女为主，年龄集中在"70后"和"80后"群体。②离婚的原因以男方经济条件差为主。当然夫妻离婚往往是多种原因糅合而致，如俩人经常吵架、感情不和，但通过追问其背后的深层次动机发现，很多夫妻经常吵架或感情不和，大多是男方经济条件差所致。而且值得注意的是，现在男方家庭条件差或贫穷，并不是指绝对贫困，而往往是男方家庭条件或收入与外界或村庄其他人相比处于中下层，无法满足妻子吃穿用消费攀比或城市生活方式追求的需求所致，也就是常说的相对贫困。③离婚时绝大部分有孩子，但女方大多不要求孩子的抚养权，孩子一般判归男方，离婚后女方就摆脱了对孩子的抚养责任，或再嫁或外出打工，孩子则由爷爷奶奶来带。④相较于城市中大多数夫妻双方自愿的协议离婚，男性在离婚中大多是被迫的，男性一般是不愿意离婚，因为男方在迎娶中已经花费了大把的费用，离婚将面临失婚或为再次迎娶花费的风险，而妇女离婚的态度通常非常坚决，女方提出离婚的原因常以男方经济条件差或假以感情不和为由，离婚时女方通常放弃孩子的抚养权，有的甚至没有办理离婚手续，就突然不辞而别。

笔者在调查中就遇到这样的个案，两夫妇还来自同一个村，夫妻俩已经生育了一儿一女，年龄大的不到5岁。结婚时两夫妇曾在村里举办了隆重的婚礼。听当事人给笔者回忆：儿媳和儿子一起在外打工，一天早上儿媳去上班就没有再回来，去儿媳打工的工厂去打听，连剩下的工资也没有领，而儿媳事先没有任何要走的迹象。儿媳至今未归，孩子的父亲继续在外打工，两个孩子则由50多岁的爷爷奶奶留在家里看护。另一个个案夫妇俩也是同村的，夫妇俩已经生育了一个儿子，孩子5岁，儿媳也是打工时跟别人走了。接受访谈的婆婆告诉笔者，她也不知道儿媳妇去了哪，"虽然是同村的，别人不说，我们也不好问"。婆婆告诉笔者：儿媳妇在娘家有重要红白喜事的时候还是会回来，也会给孩子带来一些衣物和玩具，但每次都是托别人送过来，自己从来不来看孩子；儿子前段时间在外打工，现在在学车，凤凰旅游业发展起来了，准备就在附近跑点运输，这样方便照顾家里、孩子。在笔者乡村一级的干部座谈中，乡村干部也普遍反映，随着农村外出打工，女性主导离婚的现象已变得越来越多。相较于城市社会由于感情破裂、性格不合、婚外情等个体性因素导致的离婚，农村的婚姻家庭嵌入在城乡二元结构和村庄熟人社会中，农村离婚率攀升产生的社会震荡更大，更值得关注。这种现象给农村熟人社会结构、家庭结构和老年的养老都带来了不可忽视的影响，也形成了一群新的失婚群。

凤凰县逐年上升的离婚率跟国家制度和凤凰社会的变迁有着密不可分的关系。从国家层面来看，国家主导的婚姻制度的变迁，将婚姻自由和无过错离婚原则写入法律，相应地我国行政和司法体制也逐渐退出婚姻调解，履行形式主义婚姻登记制度。① 现代社会大众舆论与法律制度对离婚宽容度的提高，极大地缓解了离婚当事人所面临的各种压力，离婚变得日益简单容易；② 从社会层面而言，在向城市不断地流动的进程中，传统的村落共同体和家族社会结构趋于解体，传统的村落社会规范和家族权威丧失了社会干预的合法性。婚姻开始"去公共化"，成为两个人之间的私事。婚姻逐渐被看成结成婚姻关系的个体自身的私人行为，与以往相比，家庭或家族对婚姻的干涉作用明显降低，比如上面的个案，明明是住在同一个村，婆婆却无法也不能去打听媳妇的去向。③ 由于国家制度和村落社会的变迁，婚姻的稳定失去了安全阀，导致离婚率逐渐上升；从个人层次来看，现代人的个体意识在不断地增强。费孝通认为传统婚姻的意义在于确立双系抚育和社会结构中的基本三角，男女之间的婚姻关系是一桩公共事件，婚姻的功能服务于家庭传宗接代的价值目标，夫妻情感在其次。④ 然而工业化和城市化的不断深入，给个体带来更为广阔的流动空间，人们在获得丰富的物质生活的同时，个体也获得了更为充分的自由发展空间。时代变革孕育出了新的行为模式、新的生活方式和新的婚姻价值观念，⑤ "家本位"向"个人本位"价值变迁，婚姻的功能弱化，而个体性需求的满足凸显。⑥ 陈讯认为婚姻的价值从"双系抚育"向"个体性生活体验"转变，传统婚姻逐步瓦解和自由浪漫型婚姻形成，婚姻成为追求个人幸福生活的一种手段。由于过高的婚姻期待和不负责任的个人主义价值，孩子不再是家庭的稳定器，婚姻出现伦理性危机。⑦ 不过，这些还不足以解释

---

① 参见陈柏峰、董磊明《治理论还是法治论——当代中国乡村司法的理论建构》，《法学研究》2010 年第 5 期。

② 参见李迎生《现代社会中的离婚问题：成因与影响》，《人口研究》2007 年第 1 期。

③ 参见尚会鹏、何祥武《乡村社会离婚现象分析——以西村为个案》，《青年研究》2000年第 12 期。

④ 参见费孝通《乡土中国》，上海人民出版社 2010 年版，第 445—452 页。

⑤ 参见叶文振、林擎国《当代中国离婚态势和原因分析》，《人口与经济》1998 年第 3 期。

⑥ 参见徐安琪《青年夫妇离婚增多原因分析》，《上海青少年研究》1986 年第 11 期。

⑦ 参见王会、欧阳静《农村青年"闪婚闪离"现象及其原因探析》，《中国农村观察》2012 年第 3 期。

凤凰农村中出现的女性主导离婚的现象；这一现象还跟农村的阶层分化和社会流动有着密不可分的关系。凤凰县这些年的旅游产业发展和农村外出务工加速了凤凰的社会流动，促进了农村内部与外部的阶层分化。在传统的村落共同体和家族社会结构趋于解体，婚姻开始"去公共化"的情境下，女性受个体化的驱使，选择"向上婚"作为追求个人幸福生活的重要手段。

过去夫妻都是努力在村庄过日子的竞赛中提升家庭的社会地位，为家庭的发展而一起奋斗，夫妻之间闹矛盾或离婚常常是由于一方偏离了家庭目标的轨道。而现在婚姻则成为中青年妇女实现社会向上流动的一种手段，即妇女希望通过"嫁得好"而直接实现社会地位的提升。而若发现"嫁得不好"就可能离婚。

（三）婚姻缔结和解体过程中的失婚群体

从上面的分析中我们可以看出，随着凤凰人口流动的加剧，在婚姻的缔结和解体的过程中，一面是日益高涨的婚姻支出所形成的"娶不起媳妇"的现象；另一面则是逐渐攀升的离婚率，尤其是村庄里的男性家庭面临娶妻难和婚后家庭维系难的双重危机。在这两个过程中，形成了一个日益壮大的失婚群体。

乡村社会中的失婚现象一直存在，但数量和原因却今非昔比，以往失婚现象往往是跟失婚者的性格和身体因素有关。而现在更多的则是跟阶层分化和社会流动有关。20 世纪后期凤凰打工经济的兴起以及 21 世纪初凤凰旅游经济的大力发展，加大了苗族婚姻的通婚半径，使传统的族内婚姻融入村外、乡外、县外或全国的婚姻大市场中，随着这种融入的日益加深，以农村社会（特别是经济自然条件一般的农村社会）为主体的婚姻流入与流出比例发生了微妙的变化，即经济发达、环境良好的农村，婚姻流入者多于流出者；经济不发达、环境恶劣的农村，婚姻流入者少于流出者。于是，婚姻市场的均衡被打破，经济自然条件一般的农村在婚姻大市场中处于劣势，这些地方经过多年的婚姻流动，就出现一个庞大的失婚群体，这个群体比整体人口结构失调比例更加严重。婚姻资源竞争的必然结果便是婚姻分层，而婚姻分层的形成与扩展进一步引发了男性青年农民之间婚姻资源的差距，婚姻分层进一步固化。在这个过程中，乡村社会形成了一个庞大的失婚群体，他们在婚姻中的弱势地位引发了乡村整体生活的连锁反应，日益形成了具有鲜明时代特征和整体特征的"光棍危机"。

凤凰的失婚群体主要呈现出以下特征：首先，失婚者的数量明显增加。2000 年之前，经济自然条件一般的乡村社会光棍是极个别的人，往往一个村庄有 3—5 个这种特殊的光棍。之后，这个数字有上升并徘徊的趋势。而 2010 年之后，乡村社会——尤其是经济自然条件差的地区——的光棍（30—45 岁）突发增长，在凤凰县腊尔山苗族聚居的地区，有个村庄竟然出现 30 多个光棍。农村社会 1980 年前后出生的男性农民成为光棍危机的主要承受者。其次，失婚发生的原因也发生了明显的变化。以往，经济条件极差、父母双亡、相貌丑陋、身体残疾、精神疾病等是光棍的主要原因。现今，财富占有成为核心，超过其他的标准。以前男青年只要身体健康、人忠厚老实，就可能通过农村正常的婚配途径进入婚姻，而现在财富成了首要的标准，相反，如若男青年相貌一般，但只要家境条件好，就可能在婚姻市场中处于优势地位。在调查中，我们遇到两姐妹同时嫁入同一叔伯兄弟家庭的案例。夫家在凤凰县阿拉镇一个靠运输致富的村落里，这些年凤凰县旅游业的大力发展，外来游客的大量涌入给凤凰的运输业带来了巨大的红利，夫家除了拥有几条炙手可热的汽车线路牌外，还拥有几栋楼房和几辆小车。姐姐与姐夫是在县城打工时认识的，姐姐嫁过去以后，看到夫家如此好的家境，就尽力给妹妹创造各种机会。妹妹最后终于成为姐夫叔叔家的儿媳妇。村里人都赞许这是一桩千年修来的好婚事。最后，离婚也成为失婚的重要成因，有一部分人是因为离婚而成为失婚者。比如前面笔者提到的两个个案，妻子都是在孩子很小的时候就离开了家。在乡村干部的座谈会上，乡村干部也反映这种"重返光棍"的现象已不在少数。在某个村的调查中，笔者就发现了三个这样的案例，男青年婚后时间不长（0—8 年）便离婚了，离婚理由多样：性格不合、家庭矛盾、外出流动、生活习惯等，但究其根本的原因，是流动过程中碰到了更好的对象，新对象家的地理位置、家境和经济条件通常优于前者。离婚事件中，女性几乎没有任何损失，她们很容易就能够再次找到对象，也有可能嫁入条件更好的人家；而男性则是全盘皆输，因为结一次婚往往已经耗费了家人外出打工所有辛苦的收入和老人大半辈子的积蓄，有的甚至是为了娶个媳妇负债累累，很难再支付再婚的支出，而且离婚之后孩子往往都会留给男方，这更增加他们婚配的困难，于是他们被丢入失婚者的大军中。笔者在凤凰县山江镇某村碰到这样一个案例，孩子已经快 8 岁，母亲是县城人，孩子2—3岁的时候母亲便离婚回到县城，虽然父亲也才30出头，但村里人告诉笔者："这情况再娶不是件容易的事啊……他家里还有个28岁的弟弟至今都没有娶到媳妇呢。像他这样，年纪大了，还拖着个孩子，哪个肯嫁，现在的年轻姑娘都嫁到好人家或外地去了，连离过婚的媳妇都很抢手啊。"

这一群体关于婚配的社会路径越来越窄。恋爱、婚姻与家庭是改善人的生活和社会支持网络的主要构成元素，尤其对于熟人社会的农村，缔结婚姻和组建家庭对于人的意义更为重大。以往，失婚者多生活在村里，他们尽管地位边缘，但仍能被村庄社会所接纳，是村庄社会的有机组成部分。而今的失婚群体数量庞大，在村庄却很少能发现这些失婚者的身影，他们常年在外务工。面对固化的婚姻分层，他们不知道如何在村庄中塑造自己的社会性身份，于是总是逃避在外。这必将给其个人、家庭、社区及社会带来多重负面影响。在乡村干部的座谈会上，乡村干部也向笔者反映，这部分人已成为他们在乡村社会治理工作中比较害怕面对的人群。"这部分人要不长期游手好闲找不到人，要不一副一人吃饱全家不饿的态度，是我们农村工作中最怕碰到的人群，他们由于在经济上和家庭上与别人的巨大反差，很容易跟社会形成敌视和对立的情绪，而且也没啥后顾之忧，啥也不怕，有些制度放在别人那里很容易就执行了，在他们那里就执行不了，我们也没办法，有时只能去找他们家族中比较有威望的人去协调解决。"然而随着村庄或家族文化的日渐式微，这部分人所受的约束可能只会越来越小，尤其是这部分人正逐渐走向老年，他们的养老问题也将成为未来乡村治理的一个难题。

加速经济发展，扩大本土就业渠道，增加这部分人的收入，改善他们的生活条件，建立健全社会化养老保障；同时社会给予这一人群更多的关注，多给他们创造一些择偶交往的机会，可能是解决这一问题的当务之急。

四　流动背景下的家庭结构与代际关系变迁

（一）流动的家庭结构

1. 形式上的主干家庭和核心家庭

凤凰苗族传统上实行幼子居住制，即老人与最小的儿子居住。因此主干家庭和核心家庭是主要的家庭结构形式，只在家庭的某个特殊时期或短暂时期出现过联合家庭的形式。如大儿子已经结婚成家，但由于家庭经济困难或其他原因，大儿子没有独立门户，甚至到了二儿子结婚，大家还依然住在一起。但这种家庭毕竟是少数和短暂的，为了避免家庭矛盾等，老人和年轻人一般都会想尽办法让成家后的人独立门户。随着计划生育的实行，凤凰苗族的家庭规模有缩小的趋势，但从家庭结构的外在形式来看，核心家庭和主干家庭仍是该地的主要家庭结构形式——独立出去的儿子与自己的妻子及子女组成核心家庭，老人与留在家中的儿子一家组成主干家庭，并且仍多保持幼子居住制的传统。在调查中，我们发现已经有少数几个老人不与任何儿女居住而独自居住，但这仍然是非常稀少的现象，大多数老人仍是与儿女们住在一起。选择这种居住形式的原因是多方面的，有经济上的原因，也有文化观念上的原因：在贫困的农村，独立门户是家庭一项重大的经济支出，一些大家庭为了分家往往使所有家庭成员长期背上沉重的债务负担，另外，老人与年轻一辈住在一起在经济和生活上也可以相互照应；除此之外，也有文化观念上的原因。在访谈中，老人这样告诉笔者，"老人如果不与儿女们住在一起，别人会笑话的，会说你儿女不孝，家庭不和睦等等"。一家人"相安而居"是家庭人丁兴旺与和睦的象征，在仍很注重面子的苗族地区，人们很在意这种外来的评价。由此，从长期来看，核心家庭和主干家庭仍是凤凰苗族常见的家庭结构类型，其他形式的家庭结构较为罕见，人们仍很难接受传统之外的家庭结构形式。

2. 流动对家庭结构的影响

不过，随着苗族人口流动的加剧，这种形式稳定的家庭结构背后隐藏的流动性及其对家庭关系的影响也不可忽视。比如笔者在凤凰县城调查时碰到的一个个案。小儿子在县城汽车站旁承包了一家家庭旅馆。按照苗族传统的居住制，小儿子结婚后与父母住在一起。2000 年前后，小儿子夫妇一直在浙江打工，父母则在家一边干农活一边帮着照顾三个孩子。2008年小儿子在浙江打工的时候不慎把腰扭伤，落下不能干重活的毛病。凤凰旅游不断火起来后，城里的就业机会不断地增多，一来考虑到承包家庭旅馆不需要太重的体力劳动，二来也想把乡下的孩子带到城里以接受比较好的教育。大女儿此时已经考到离凤凰县不远的怀化医专就读，小儿子夫妇把剩下的两个孩子都接到城里来上学，妻子每天忙着在车站附近揽客，打扫宾馆卫生。小儿子为了尽可能地多挣钱，又白天黑夜地跑起了黑摩的生意，旅游旺季的时候一天能挣上几百元钱。小两口为了腾出更多的精力挣钱，把乡下的母亲接到县城来帮忙照顾孩子，一家五口挤住在一个狭窄的出租房里。父亲由于过不惯城市里的生活，一个人留在乡下，种些菜，时不时进城来给孩子们送些新鲜的蔬菜，单程的车程不超过一个小时。而在旅游淡季，小儿子夫妇不太忙或孙子们放假的时候，母亲也会自己回去看看老伴，或带孙子们回乡下小住一段时间。

像这样的家庭，在人口登记时属于主干家庭的范畴，但由于外出务工、子女的教育等原因，家庭结构在不同时间和空间里不断地被分裂和重组。像笔者碰到的这个个案，小儿子结婚和生育时，两代人共同组成一个主干家庭；两夫妻去浙江打工，老家留下一个隔代家庭，在打工地浙江，小两口则独自组成一个夫妻家庭；2008 年，小两口回到县城，原来的主干家庭形式在不同的时间和空间里变动更大。这种不断变动的家庭结构形式在凤凰苗族地区已不鲜见。尤其是凤凰旅游业的发展创造了很多临时性的就业机会，增加了短距离流动的数量和频次，使家庭的这种特征变得越为明显。

这种不断变动的家庭结构形式，家庭生命周期理论已难以给予充分的解释。与不同家庭生命周期代际居住安排通常具有不可逆性和不可变性不同，这种代际居住安排的变化通常是灵活和短暂的，过一段时间又可能恢复到家庭生命周期的一般形态上去。也就是说，这种代际形态变化更像是某一家庭生命周期内代际形态的再分化。在苗族农村，人们一方面持有经济理性——外出务工以争取家庭经济利益的最大化；另一方面又时刻不忘苗族民族文化中的家庭责任，虽然形式分裂，但原生的主干家庭始终存在，原生的主干家庭成员在任何需要的时候都会毫不犹豫地伸出援助之手，比如笔者碰到的这个个案，母亲在孩子需要的时候会毫不犹豫地撇下老伴进城帮助小儿子；而有次婆婆生病住院，媳妇也停了几天业去照顾生病住院的婆婆，这是苗族世代相传的一种家庭责任。这种不断变化的家庭结构形式比较类似于国外学者所说的"潜在的亲属矩阵"（latent kin matrix）——"一种不断转移的，但却随时可以激发和加深亲密亲属关系的网络。"① 这种亲属矩阵的特点在于对其成员需求的反应力。

在这一流动的家庭结构中，作为家庭关系基本轴的代际关系也在发生

---

① M. W. Riley, "The Family in an Aging Society: A Matrix of Latent Relationships", *J. Fam Issues*, 1983, 4: 439-454.

着变化。

（二）代际关系变迁与养老

1. 流动、分家与父权的式微

在父系的家庭制度中，代际关系主要包括亲子关系、婆媳关系和祖孙关系，涉及两个或两个以上主体之间各种资源（包括物质、情感、时间等）双向支持和交换。其中，亲子关系是最重要的，它决定着家庭（族）的生存和延续，是家庭的主轴，由此衍生和推展的宗族、亲缘群体构成了中国传统社会基本的人际关系结构。

在传统的家族之中，家长（父祖，老人）掌控着家族中的所有权力和所有资源，决定着所有家族成员的命运，以及每个家族成员能够获得什么样的资源，获得多少资源。老人可以用这些资源和子辈孙辈进行物质和情感的交换，而年青一代如果要想获得老年人的财产，就不得不尽赡养老人的义务，回报父母的养育之恩。

凤凰苗族传统上也是如此，家庭一般由长者掌家，即使长者丧失劳动力但只要神志清醒，遇到农事安排、乡党应酬和重大花销等家庭大事均要征求长者的意见，最后由长者拍板定夺。父母的财产由儿子继承，通常祖屋留给小儿子做养老的报偿，而田地则按儿子的数量加上老人的份额平分，老人的这份份额就是通常所说的养老田，由最后负责养老的幼子来继承。

调查时凤凰苗族的分家制度依然非常地传统。女儿是分不到任何家产的，包括土地和房产。自1981年4月份分产到户，实行家庭联产承包责任制后，这里的田地再没有被重新分配过。老人掌握着家中房产和地产的分配，在资源缺乏的贫困农村，这种权力是相当重要的。村里的老人告诉我们，1981年分田地的时候，是按家庭人口来算的，女儿也算一份，但在分家的时候，女儿是没有份的。通常的做法是，老人按照儿子的多少再算上自己，把田地平均分配。如果这个家庭有三个儿子，加上老人，就是四份。老人把所有的田产集中起来平均分成四份，每个家庭各一份。老人老时谁赡养老人，老人身后就会把老人这份遗产和老屋留给赡养他的儿子。这种分法一般在分家时就基本确定由谁来赡养父母。凤凰苗族大多数人与小儿子居住，村民说，这种居住传统可能与小儿子最后成家有关。一般小儿子都是最后才成家立业，老人要照顾未成家的小儿子，慢慢地就形成老人与小儿子居住的传统。在这种分家制度下，老人通常由最后得到老人那份田产和老屋的儿子赡养，老人与这个儿子住在一起，该儿子承担主要的赡养义务，包括精神和物质方面，老人身后的田产和房产也由这个儿子继承。其他的儿子通常只是在逢年过节时给老人一点钱或在生病时筹一些钱表表孝心。这种孝心似乎是自愿的，不受"责任"的约束，如果其他的儿子做得很好，别人会夸他们很有"孝心"，要是做得不好，别人好像也无可厚非。但不管是哪种形式，大家的权利和责任都是十分明确的，这种权利和责任在分家时就已经十分明晰，大家各自享受自己的权利履行自己的义务。

这些年来，随着苗族年轻人外来经济资源的不断增加，老人手中拥有的资源的重要性在不断地受到挑战，老人在农村经济中的作用在不断地缩小。传统的分家制度虽然没有发生改变，但人们已经慢慢不看重这种分家带来的利益，与此相连，人们似乎也更容易淡忘自己的赡养义务。在调查中，笔者也发现一些好的方面，例如有的家庭子女外出打工，经济改善了，加上受外面思想观念的影响，更能够履行分家制度之外的责任，比如女儿也在赡养中扮演越来越重要的角色。但分家决定赡养义务的旧传统依然在这里大部分地保留着，并起着重要的作用。苗族人的观念正处于传统和现代的交会处。

在过去，苗族老人掌握着家中的经济大权，掌握着家中所有的消费与礼情。该去谁家看谁，谁应该随多少礼，今年挣的钱该怎样花，明年的农作物该怎样耕种，等等，都是老人说了算。在以经验为基础的农业社会里，老人在家中的经济地位和经济贡献是非常明显的。大家都认可这一点，没有人向这种权威提出挑战，年轻人都承认和遵守这一权力规则。

而近些年来，外出务工与凤凰旅游业所带来的流动以及农村产业化和城镇化的发展，村里人不再固守原有的经济结构——有的年轻人贷款买车跑起了运输；有的年轻人在县城里做起餐饮或旅馆之类的生意；有的则流入长三角和珠三角地区的工厂或工地里打工挣钱。经济的发展使人们不再像过去那样单纯地依靠经验，年轻人的知识和灵活应变的能力开始逐渐显示出优势来。家中的许多决策权开始逐渐转向年青的一代。

随着外来经济资源的不断增加，老人手头所拥有的资源在总资源中所占据的比例越来越小。以前，凤凰苗族绝大多数是老人掌管家庭，大家挣到的钱都交给老人保管，老人来决定这些钱如何使用。现在年轻人外出打工的越来越多，挣回不少钱，再加上受到外界消费观念的影响，越来越多的年轻人不愿如实地把钱交到老人的手里。用年轻人的话说"我要买什么东西就偷偷地买了，也不告诉他们价钱，免得他们念啰唆，大家都搞得不高兴"。而老人这边，也开始慢慢适应这种现状，但这种适应似乎更多地是出于一种无奈。一位老人在访谈中这样告诉笔者："老人还是不要把管家权放出来的好，否则到时就得看年轻人的脸色了，可现在又有什么办法呢，老人又找不到几个钱，年轻人的钱你也管不了，不如想开点，啥事也别管，够吃有住就行了。"

随着掌家权的让渡，凤凰苗族老人在家庭中的决策权和发言权也在日益下降。没了经济权，在许多经济开支方面，年青一代不再像过去那样去征询老人的意见。在传统的以经验为主的农业社会里，苗族老人在家庭经济中的贡献是非常明显的，而且除了经验，老人手里还有一些诸如房产、地产之类的经济资源，所以老人在家中是做得了主的。随着劳动力市场的开放和农村经济的搞活，年青一代的经济优势逐渐凸显出来，老人在家中的地位逐渐下降。与传统的"男主外，女主内"的性别角色分工相连，媳妇在家庭中的地位也在不断地上升。

2. 流动对传统家庭养老模式的影响

这里老人的寿命一般较长，平均寿命80岁左右，这可能跟这里的山水有关，与该县相邻的一个县是全国有名的长寿县——麻阳。一般情况下，女性的寿命要长于男性的寿命。在苗族农村，一个人一生的劳动时间是非常长的，从10来岁一直到70多岁。在村里，六七十岁的老人基本上还是家里的主要劳动力，依然干着所有的农活，承担犁田和收稻谷等繁重的体力劳动，除非这家人的经济状况很好，或者家中的劳动力非常多。到了七八十岁，老人才不再从事繁重的体力劳动，但一般老人不愿意给儿女增加负担，依然会给家里做一些力所能及的事情，如照看孩子，料理家务，等等。老人只有老的动不了了，或重病在床时才需要年轻一辈的照料，这段时间一般不会太长，村里人告诉我们一般不会超过一两年。老人的这一特点，让有些年轻人感到赡养老人并不是一件太难的事。在问及如何给老人养老时，村长对我们说："老人好像不需要养老，平时，对老人没有什么孝不孝的，老人什么都能做，啥也不缺，只有重病时才能看出孝子来。"

和城市之"老"始于社会保障制度和离退休制度所规定的年龄的

"社会老"不同，也和人口学家利用 60 岁或 65 岁作为老的起点的"年纪老"相异，凤凰苗族人对老的界定更趋向一种"功能老"。在凤凰苗族农村，老年人绝不是一个完全依附他人的"弱势群体"形象，他们在家庭生活、经济生产、社区公益等方面，仍扮演着重要的作用。在城里老人已经颐养天年的时候，这里的老人仍是起早贪黑，忙着田间、地里和家里的活——锄草、耕种、收割、喂猪、放牛、做饭、洗衣、带孩子、买卖农作物……年复一年繁重的劳动似乎让老人每天都过得非常充实，有的老人甚至忘了自己的年龄。调查中，在问及老人的年龄时，许多老人都得按照自己的属相掐着年轮算半天。在问及需求时，许多老人回答说："人老了，得口饭吃得个地方住就行了。"

在苗族村民眼中，老人的养老问题似乎不存在，这从一个侧面反映了苗族老年人在年老时面临的现实境地。那么凤凰如此大的流动是否会改善苗族老年人的生活？有学者认为，流动改善了家庭经济，作为家庭中的一员，老人也必然成为受益的一方。但养老不仅指老年人物质生活的需要、也包括年老或生病时的日常生活的照料以及精神上的慰藉。相较于流动前，这里老年人的生活究竟发生了哪些变化？

（1）家庭资源的代际分配—向下倾斜的代际关系

总体来说，纵向比较，相对于老人自己这个年龄群体，老人的经济状况和生活水平比流动之前有了一定程度的提高，但如果做横向比较，相对于别的年龄群体，老人则仍处于一种相对贫困之中。

在访谈中，当问及外出打工的主要原因时，中青年给出的最多理由是："孩子上学，家中盖房，孩子将来娶媳妇等等，让家人过得更好等等。"老人似乎总是被大家遗忘。当然，年轻人外出打工，带回更多的打工收入在一定程度上也会改善老人的生活，年轻人提及的家人也包含老人在内。但在调查中，我们发现，老人在这种新的家庭决策中总是受益最小的一方，在某些方面这种家庭决策使老人陷入了更深的贫困。

首先，打工收入的主要家庭开支。通过调查，笔者发现，这里外出打工收入的最大家庭开支是孩子教育、建房和结婚。其中最大的开支是建房，在山区，修一个一般的房屋至少也需要 10 来万元。在村里所见到的修得漂亮的，外面贴着明亮的瓷砖的砖瓦房 90% 以上都是用打工收入修建起来的，而且多半是家庭孩子多，外出打工人数多的家庭修建起来的。其次最大的家庭开支是结婚的开支。如前所述，凤凰苗族越来越重视婚礼和聘礼，结一次婚至少需要 10 万以上的费用。有的人为了结婚负债累累，不得不婚后外出打工。再次是孩子的教育。随着孩子数量的减少和对教育的重视，孩子教育支出在家庭支出中所占的比例也在逐渐增加。打工的父母，在外出打工、家庭经济改善后，给孩子的零花钱越来越多，有的还给孩子在校外租房子住。在乡村中小学的调查中，孩子迷恋于网吧和其他奢侈品消费，已成为农村孩子教育的一大问题。此外，随着外出收入的增加，年轻人开始接触和使用高档消费品。这些消费品也日渐在家庭开支中占据主导地位。

其次，家庭支出中老人所占的比例。与老人自己这个群体作比较，相对于流动前，大部分苗族老人的生活有了提高，但相对于其他的年龄群体，老人则处在一种隐性的不平等和相对贫困之中，老人并不能平等地享受经济和社会发展所带来的成果。在调查中，笔者没有发现老人没饭吃和没地住的极端例子，但相对于其他年龄群体，笔者明显感到一种差距和不平等。许多家修建了新房以后，老人或依然住在原来破旧的房子里，或在新房里占据最小、最差的一间。老人从来享受不了那些外来的高档消费品，电视里放的都是一些年轻人的节目，老人很难沾上边。外出父母给孩子大把大把的零花钱，而老人，一年到头最多能拿到几百元钱的"孝顺"钱，其中大部分最后还都用回到家庭的正常开支上。老人的医疗费可以说是家庭用在老人身上的最大开支，但这种支出相对于别的支出也是有限的。乡卫生院的医生告诉笔者，自打实施医保以后，老人的就医问题较以前好多了，但上了千元的治疗费，家庭还是会有犹豫，但如果是孩子，家庭就是卖屋卖米也会去治疗。

（2）家庭劳动分工——相对于流动之前，老人的家务和农务劳动负担更重了

前面说过，在凤凰县苗族农村，六七十岁的老人基本上还是家里主要的劳动力，80 岁以上的老人才开始逐渐远离主要的农活，做一些辅助性的劳动，如拾拾柴，放放牛或做做家务等。山区老人的劳动负担本来就比其他平原地区老人的劳动负担要重，流动没有减轻，反而加重了这里的老人的劳动负担，特别是那些子女都外出打工的家庭。老人不光要承担以前由全家人共同承担的家庭劳动，还要承担隔代的抚养工作。"养了孩子还要养孙子"成了当前非常流行的一句话。当然，目前一种新的现象也正在升起，一些外出打工的人把打工挣来的钱寄回家，请人去做一些比较重

的体力活，如耕田和收割等。但老人平时的劳动仍是繁杂的，再加上许多老人从家庭经济出发也常常舍不得花这笔费用，总是尽一切所能去做各种劳动。所以花钱雇人依然是这里少见的现象。当城里老人在颐养天年的时候，凤凰的苗族老人还在用自己年迈的身体挑起家庭生活的全部重担。当农村中青壮年劳动力大量流向城市，他们成为维持乡村基本生活的中间力量，所有空出的社会角色（管理者、联络者、劳动者、照料者等）都需要老人来承担。

（3）相对于流动之前，老人的精神生活更加地贫乏

心理学的一些研究分析表明，亲情之间的情感交流需要的满足可以心情舒畅，体内生化代谢和神经内分泌调节处于良好水平，使老人身体健康、延年益寿。相反，如果缺乏这种亲情间的交流就会产生孤独、苦闷、寂寞等消极情绪，加速老年人生理上、心理上的衰老，甚至会诱发抑郁症、心脑血管疾病、老年性痴呆和其他的精神、心理疾病。然而随着农村青壮年人口的大量外流，"空巢孤养"——大量青壮年外出务工将年迈的父母留在农村和"拆开分养"——一位老年留守老家，照看老屋和农活，一位进城去帮助儿女成为凤凰苗族老人精神赡养的两类主要问题。尤其是"拆开分养"更削弱了家庭的精神支持功能，使配偶的作用也变得非常有限。流动有时还加深了家庭矛盾，如观念的改变，夫妻关系不和，离婚，等等，加重了老人的思想和精神负担。在调查中笔者发现，外出打工的人更容易与老人产生观念上的分歧，之间共同的话题更少。在访谈中，年轻人也理解老人的辛苦和不易，但却因外出流动、迫于生计等各种客观原因而忽视对老人的精神慰藉。

不过虽然作用有限，家庭仍然在养老中扮演着主要的角色。这里除了家庭养老，其他的养老形式很少。一位村长告诉笔者："现在都以各自的小家为单位，大家都忙着抓经济，哪有时间去管别的事或别人家的事，现在村民大会根本开不起来，有事只能挨家挨户通知，修条路连人都招不齐。"在问及如果某个家庭出现不尊老爱幼的现象，村委会会怎么办时，村长直言不讳地回答"现在谁会去管这事，这是别人家的事，别人家里人会骂你的，十分严重时最多让妇女主任去劝劝"。笔者想让村长带着去几个各具典型的老人家里看看。村长马上表态只能带笔者去几个情况比较好的家庭，要不别人家的年青一代会有意见的，走后不好交代。

政府层面，与苗族老人养老有关的政策主要有农村合作医疗、五保

户、低保户和新型农村养老保险政策。农村合作医疗确实给老人带来了好处。在乡医院的访谈中，乡医生告诉我们，现在看病的老人比以前多多了。但由于现有的医药费太贵，经济贫困等原因，老年人还是看不起病。新型农村养老保险制度建立之初，凡是年满 60 岁的老人，都能享受每月 50 元的基础养老金。此后，凡是交满 15 年及以上养老保险费的老人，也都能享受每月一定金额的养老金。只是每月 50 元（或调整后的不足 100 元）的养老金究竟能在多大程度上解决老人的养老问题也是一个值得研究的问题。五保户的标准非常严格，只有无儿无女户才能够算得上，有的老人女儿远嫁在外，又没有儿子，与五保户的境遇没有太大的区别，但却算不上五保户。敬老院基本每个乡都有，但登记在册，入住率却极低。笔者在调查中碰到一个个案，儿子和女儿都去世了，只剩下老头一个人。村委会看见老人孤身一人很可怜，帮他争取到一个五保户的名额。结果老人的侄儿子却站出来反对，原因是把老人算作五保户送到敬老院，等于说他们家族无人，并承诺老人动不了的时候，他会管的。这位老人一直一个人孤独地居住，每天干着力所能及的农活。

五　凤凰县人口流动与苗族婚姻变迁的讨论

中国的工业化、城市化以及现代化进程给中国城乡社会的家庭结构和家庭、婚姻制度带来了巨大的影响：传统的家庭婚姻观念正在经受着更加追求个性和自由的个人主义的冲击，结婚率、生育率下滑，离婚率上升，婚姻制度在发生着变化，重要性在下滑；传统的大家庭模式越来越被以核心家庭为主的多样化的小家庭模式所取代，与此相一致，以父辈为权威的大家庭制度越来越多地让位于以子女为中心的小家庭制度，人口老龄化进程的加速与家庭制度的演变共处一时，使养老问题愈加凸显。[①]

凤凰苗族同处中国社会变革的统一背景，同时又遭遇凤凰自身改革发展中带来的各种机遇和阵痛。20 世纪 80 年代以来，在改革开放的大背景下，凤凰经过艰辛的探索，依托当地的自然资源和社会资源，找到了一条适应自己经济发展的道路——以种植和加工烟叶为核心产业的经济发展道路，不仅给凤凰县的人民创造了大量的就业机会，也带动了农村产业的发

---

① 参见唐灿《最近十年国内家庭社会学研究的理论与经验》，《家庭与性别评论》，社会科学文献出版社 2010 年版，第 6—27 页。

展。在这样的背景下，凤凰县人口的流动性不是很大。然而，随着国家在烟叶行业方面的政策调整，凤凰烟厂不得不停止生产，凤凰县经济开始衰退。在中国整体经济飞跃和区域经济结构变迁的拉动下，20世纪90年代末凤凰县大量的农村青壮年劳动力开始涌入长三角和珠三角地区，开启了凤凰大规模人口流动的序幕。与此同时，在经济形势极其艰难的状况下，凤凰县政府依据当地丰富的历史文化资源和自然资源，选择了以旅游产业为核心带动其他产业促进经济发展的发展模式。在这一思路的指引下，凤凰县政府2001年凤凰古城成功申报国家历史文化名城，从此，凤凰县经济发展的动力由以农业为核心的第一产业逐步转变为以旅游业为核心的第三产业，基于悠久的历史文化资源，凤凰县的旅游产业不断地发展，在"一业带三化"发展战略思想的指导下，全县的工业化、农业产业化和城镇化也相应发生了改变，经济社会实现了跨越式发展，给当地人创造了许多就地就业的机会，一部分人从原来的长距离流动转向短距离的县域内流动，由于外来创业投资者的大量涌入，凤凰也从某种意义上从人口输出地转向人口输入地。①

　　发展的家庭现代化理论认为，婚姻家庭变迁并不是单向度一元的，婚姻家庭变迁可能出现不同路径和复杂多样的模式；婚姻家庭变迁的推动力也不是单一的，经济因素、制度、民族、文化、观念等非经济因素都可能决定着婚姻家庭变迁的方向、路径和模式。凤凰苗族作为一个历史悠久的民族，凤凰县这一特殊的发展经历会对其婚姻家庭产生哪些影响？其背后的逻辑是什么？经济的、制度的、文化的和民族的因素各在其中扮演什么样的角色？经过个案访谈、座谈和文献分析，笔者发现如下两方面。

　　一方面，受经济转型和制度等中国宏观结构的影响，与全国总体情况相比，凤凰苗族婚姻家庭变迁呈现出一些共性的东西：比如受流动的影响，凤凰苗族的婚姻半径在扩大，越来越多的年轻人外出打工，青年人的婚姻变得更为自主；受国家主导的婚姻制度变迁的影响——将婚姻自由和无过错离婚原则写入法律，履行形式主义的婚姻登记制度，离婚当事者的压力大大减小，离婚变得日益简单，凤凰的离婚率逐渐上升；

---

① 随着凤凰旅游业的逐渐扩大，就业和创业机会不断增多，许多外县、外地区甚至外省的人都来凤凰经商、打工和创业，笔者没能从官方数据中看到相关外来人口的详细情况统计，但从实地调查中，可以感到这部分人已经不少，从某种意义上来讲，凤凰也是一个劳动力输入地。这一部分人数量不少，且背景各异，其生存状况及融入问题值得关注。

受经济发展和流动所引发的婚姻挤压与婚姻分层的影响，凤凰的旅游产业发展和农村外出务工加速了凤凰的社会流动，促成了农村内部与外部的阶层分化，凤凰的婚礼支出越来越高，离婚者和失婚者越来越多；受计划生育政策的影响，凤凰的生育率大大下降，家庭规模缩小；在向城市不断流动的进程中，传统的村落共同体和家族社会结构趋于解体，传统的村落社会规范和家族权威日益丧失其社会干预的合法性，婚姻家庭开始"去公共化"，老年人的权威地位下降，年青一代的权力上升，人口老龄化进程的加速与家庭制度的演变共处一时，使得凤凰苗族的养老问题也愈加凸显。

　　凤凰苗族的婚姻家庭变迁首先来自宏观层面国家经济和社会制度的转型；接着其所处的村落社会也开始发生了相应的变迁，在向城镇不断地流动的进程中，传统的村落共同体和家族社会结构被重新解构，婚姻家庭逐渐被看作个体自身的私人行为，传统的村落社会规范和家族权威丧失了社会干预的合法性；最后婚姻家庭的主体——个体也发生了巨大的改变，工业化和城市化的不断深入，给个体带来更为广阔的流动空间，人们在获得丰富的物质生活的同时，个体也获得了更为充分的自由发展空间。"家本位"向"个人本位"价值变迁，婚姻家庭中的个体性需求凸显。在传统的村落共同体和家族社会结构趋于解体，婚姻开始"去公共化"的情境下，女性受个体化的驱使，选择"向上婚"作为追求个人幸福生活的重要手段，使离婚者和失婚者数量日益增多。

　　另一方面，受凤凰县特殊发展和民族文化等因素的影响，凤凰苗族的婚姻家庭变迁又具有自己的一些特色。2000 年以后凤凰飞速发展的旅游业及其带动的农业产业化、工业化和城市化发展，在加剧凤凰人口流动的同时也在某种程度上改变了凤凰人口流动的形式和内容：一部分人依然选择长三角、珠三角的远距离流动；而有些人则由原来的远距离流动转变为近距离的县域内流动；还有一些以前从未走出家门的人也加入了流动队伍成为新的流动人群。在调查中，笔者发现，流动与否、何时流动、去哪流动并不只取决于经济的发展，也是重视家庭责任的苗家人家庭策略的结果，比如年轻的、刚成家的没有孩子和老人牵绊的通常会选择远距离流动，而孩子要上学或老人年纪大一点身体状况不是太好的则多选择县内流动。尽管经济理性占据苗族人行动与策略的很大一部分，他们依然在现代化的冲击下极力传承自己的民族文化。比如，凤凰苗族人的幼子居住制依然顽固得保持着，婚姻的缔结中甚至可以清晰地看到传统的"再现"与"回归"。个体化理论认为个体日益从外在的社会约束中脱离出来（这些约束包括整体的文化传统和其中包含的一些特殊范畴，如家庭、血缘关系和阶级地位），并不意味着传统和社会群体就不再发挥作用，如果它们成为个体可资利用的资源时，传统和社会群体就依然重要。不过与传统社会不同的是，现代社会的个体不再相信他们应该为保持传统（如维持家庭血脉）而奋斗；相反，个体选择一些传统来为他们自己的生活服务。① 凤凰苗族这种传统的"回归"与"再现"究竟是纯粹意义上的传承与复兴，还是苗族人面对现代化冲击的一种策略与回应，是一个非常值得深究的问题，笔者未来将对这一现象进行进一步的探讨。

凤凰以旅游业为主导的发展模式使凤凰县的经济和社会实现了跨越式的发展，给当地人创造了许多就业岗位和创业机会，繁荣了县域经济和提高了人们的生活水平。但其中的一些社会问题也不可忽视，比如，频繁的流动对农村传统村落文化和家族社会结构的解构作用以及由此引发的养老问题；流动所形成的婚姻挤压和婚姻分层给婚姻家庭稳定性造成的影响；外出流动对儿童教育的影响；等等。政府在发展经济之外还应多关注婚姻家庭及与之相关的养老、儿童教育、失婚等问题。

---

① 参见阎云翔《中国社会的个体化》，上海译文出版社 2012 年版，第 328 页。

第十一章

凤凰县社会组织发展：产业、文化与社会资本

为深入贯彻党的十八大和十八届二中、三中、四中、五中全会精神，进一步加强社会组织建设，激发社会组织活力，2016 年 8 月，中共中央办公厅、国务院办公厅印发《关于改革社会组织管理制度促进社会组织健康有序发展的意见》，指出：以社会团体、基金会和社会服务机构为主体组成的社会组织，是我国社会主义现代化建设的重要力量。党中央、国务院历来高度重视社会组织工作，改革开放以来，在各级党委和政府的重视和支持下，我国社会组织不断发展，在促进经济发展、繁荣社会事业、创新社会治理、扩大对外交往等方面发挥了积极作用。同时也要看到，目前社会组织工作中还存在法规制度建设滞后、管理体制不健全、支持引导力度不够、社会组织自身建设不足等问题，从总体上看社会组织发挥作用还不够充分，一些社会组织违法违规现象时有发生。当前，我国正处于全面建成小康社会决胜阶段，改革社会组织管理制度、促进社会组织健康有序发展，有利于厘清政府、市场、社会关系，完善社会主义市场经济体制；有利于改进公共服务供给方式，加强和创新社会治理；有利于激发社会活力，巩固和扩大党的执政基础。① 本章基于对凤凰县社会组织的相关调研，在介绍当前凤凰县社会组织发展基本状况的基础上，通过对相关个案的描述来探讨凤凰县不同类别社会组织的发展现状、发展水平，指出不同类别社会组织所面临的共同困境与挑战，并通过总结凤凰县社会组织发展特点与不足，以期对其未来的发展提出建设性的意见与建议。

---

① 参见《关于改革社会组织管理制度促进社会组织健康有序发展的意见》，中国社会组织网，http://www.chinanpo.gov.cn/1201/97998/index.html。

一　凤凰县社会组织的发展背景

（一）问题的提出

20 世纪 80 年代以来，一场全球性的"社团革命"（associational revolution）悄然兴起，从发达国家到发展中国家，民众正在创建各种各样的社团组织、基金会，开展人道服务。中国的社团发展得益于改革开放政策的实行，在中国经济、政治、社会生活发生巨大变化的同时，社会组织的发展开始走向正轨。社会组织是由公民自愿组成，利用社会资源为社会提供服务，且不以营利为目的的团体组织。社会组织在我国作为官方用语的提出是在十六届六中全会，在此之前官方一直将社会组织称为"民间组织"，通常我国的社会组织分为社会团体、民办非企业单位和基金会三类。进入 21 世纪以后，我国的社会组织更是发展迅猛。截至 2016 年 9 月，全国在民政部门登记注册的社会组织总数已经达到 66.2 万多个，1988 年时仅有 4446 个，28 年的时间里增长了近 150 倍。与此同时，社会组织的服务领域日益扩大，服务内容日益增加并不断深化。

凤凰县位于湖南省湘西州南部，地处武陵山区，属于湘西土家族苗族自治州，是一个以苗族和土家族为主的少数民族聚居的贫困山区县。21 世纪以来，凤凰县在政治、经济、文化和社会等方面发展态势良好，并在发展旅游业、扶贫开发、民族文化保护、民生建设等方面取得巨大成就，学界也对其展开了积极的研究探讨。但是，作为联结各方的中介体，学界对凤凰县社会组织发展研究甚少。因此，目前凤凰县的社会组织发展水平如何？有哪些特点，出现了什么问题？未来的发展方向是什么？本章基于对凤凰县社会组织的相关调研，对以上问题进行分析与讨论。

（二）文献回顾

早期学者对于社会组织的定义是一种非常宽泛的概念，实际上已经囊括了政府、企业和其他各种类型的组织。然而随着人类政治、经济的不断发展和变化，政府和企业逐渐从社会组织的概念中分离出来，成为独立的概念。而社会组织则更加强调除政府和企业之外的组织形式。目前，学术界对于社会组织这一概念还没有非常统一的界定，由于研究角度的不同，对社会组织的叫法也多种多样，比较常见的称谓有：非营利组织、非政府组织、第三部门、私人志愿组织，独立部门、公民社会组织、公益团体、慈善组织等。在党的十六届六中全会之后，特别是十七大之后，中国学者渐渐达成了共识，并使用社会组织这个名称来统一代表非政府组织、非营利组织、第三部门、民间组织等各类组织。

社会组织有广义与狭义之分，广义的社会组织是指除党政机关、企事业单位以外的社会中介组织。狭义的社会组织是指有各级民政部门作为登记管理机关，纳入登记管理范围的社会团体、民办非企业单位、基金会这三类组织。这里我们主要是涉及狭义的社会组织概念。在我国，社会组织既具有西方国家非营利组织（NPO）或者非政府组织（NGO）的某些特征，又具有中国特定的国情和制度赋予的特点。总体来看，社会组织具有以下基本特征：不以营利为目的；不同于政府机构与市场组织；有特定的使命与目标；其行动不是追求剩余利润的分配，而是为了完成其特定使命。①

我国学界对于社会组织的研究，主要集中在两方面：一是对社会组织与政府关系的研究；二是对社会组织行动策略的研究。陈为雷指出，目前学者对社会组织的研究不断深入，而且可以明显地发现一条社会组织研究旨趣，即从关系研究向行动策略研究的转向。② 关于对社会组织与政府关系的研究，除了对市民社会理论与法团主义理论等主导理论范式的解释及其在中国适用性的讨论，我国学者还提出了许多有影响力的本土概念，如社会中间层③、官民二重性④、分类控制⑤、行政吸纳社会⑥等。这些本土概念是对我国政府与社会组织关系的概括与升华。同时，也有学者从我国已有的政府与社会组织关系的理想类型为出发点，探讨中国社会组织与此关系类型的契合度，或者是从组织现象入手通过构建理论来解释社会组织

---

① 参见王浦劬、[美] 莱斯特·M. 萨拉蒙等《政府向社会组织购买公共服务研究：中国与全球经验分析》，北京大学出版社 2010 年版，第 6 页。

② 参见陈为雷《从关系研究到行动策略研究——近年来我国非营利组织研究述评》，《社会学研究》2013 年第 1 期。

③ 参见王颖等《社会中间层》，中国发展出版社 1993 年版，第 275—279 页。

④ 参见孙炳耀《中国社会团体官民二重性问题》，《中国社会科学季刊》1994 年第 6 期。

⑤ 参见康晓光、韩恒《分类控制：当前大陆国家与社会关系研究》，《社会学研究》2005 年第 6 期。

⑥ 参加康晓光、卢宪英、韩恒《改革时代的国家与社会关系——行政吸纳社会》，王名《中国民间组织 30 年——走向公民社会》，中国社会科学出版社 2008 年版，第 332—336 页。

与政府的关系。

　　关于对社会组织的行动策略研究，往往是与社会组织面临的困境结合起来进行讨论的。这是因为社会组织在面临制度、资源等困境时所采取的行动，是学者对社会组织行动策略讨论的重点。当前我国社会组织所面临的各类困境中，主要包括制度困境和资源困境①。这主要是对在民政部门正式登记注册的社会组织行动策略的探讨。我国还存在很多社会组织，他们并没有在民政部门登记注册，称为"草根 NGO"，这类社会组织的行动策略研究②是目前研究最多的，也最具代表性。同时，许多学者也对我国官办社会组织的行动策略展开研究③，以及对其他类型社会组织的行动策略的研究。

　　笔者认为，目前中国社会结构急剧变迁，社会组织改革内容不断深化，行动策略研究必然成为社会组织研究的主流方向，但基于中国特定的国情和制度特点，关系研究仍然是社会组织行动策略研究时难以避开的节点，凤凰县内社会组织的情况就是如此。基于对凤凰县社会组织的相关调研，笔者发现凤凰县内各类社会组织与政府关系密切，具有典型的官民二重性特性。为了进一步展现凤凰县的民间组织特点，笔者又分析了县内最具凤凰特色的三个社会领域内的社会组织，指出了在当前凤凰县旅游发展背景下各类组织的发展困境与行动策略。

二　凤凰县社会组织的概况

（一）凤凰县社会组织的兴起

　　凤凰县内第一个社会组织成立于 1998 年，起步时间相对较晚。经过长期的发展，凤凰县的社会组织已涵盖了农业、经济、教育、旅游、文化、科技、体育、志愿服务等行（事）业，主要是以社会团体和民办非企业单位的形式为主，尚无基金会。目前，凤凰县仍沿用"民间组织"

---

　　① 参见邓莉雅、王金红《中国 NGO 生存与发展的制约因素——以广东番禺打工族文书处理服务部为例》，《社会学研究》2004 年第 2 期。

　　② 参见张紧跟、庄文嘉《非正式政治：一个草根 NGO 的行动策略——以广州业主委员会联谊会筹备委员会为例》，《社会学研究》2008 年第 6 期。

　　③ 参见邓宁华《"寄居蟹的艺术"：体制内社会组织的环境适应策略——对天津市两个省级组织的个案研究》，《公共管理学报》2011 年第 3 期。

来统称社会组织。为了更好地对社会组织进行管理，2000 年凤凰县民政局挂牌成立了凤凰县民间组织管理局，并配备了电脑、摄像机、照相机等办公设备，每年从财政批拨一定的办公经费，以保证其工作的正常运转。凤凰县民间组织管理局依据我国的《社会团体登记管理条例》和《民办非企业单位登记管理条例》对县内的民间组织进行登记与监督管理，凤凰县的民间组织同时还受到其业务主管单位、挂靠单位的业务指导管理。

凤凰县民间组织管理局在对民间组织历年的年检过程中，将县内的民间组织分为社会团体、民办非企业单位、农村专业经济协会三部分进行考察。截至 2016 年 5 月，在凤凰县民政局登记注册的民间组织共有 156 个，其中社团组织 60 个，民办非企业单位 78 个，农村专业经济协会组织 18 个。县内民间组织的从业人员 10297 人，其中社会团体 10171 人，民办非企业单位 126 人。其中建立党组织的民间组织共 10 个，具体包括县个体劳动者和私营企业协会、县离退休教师协会、县古城商会、县民间工艺及旅游产品开发协会、县夜市协会、县养殖协会 6 个社会团体，县少林武术学校、县文昌实验中学、县畅安驾校、县阿拉民族医院 4 个民办非企业单位。[①] 需要指出的是，在社会团体中，2010 年以前，农村专业合作社属于社会团体这一类别，2010 年以后农业合作社划归经济管理局管理，并在那里登记注册。现在，农村经济组织在民政部门登记注册的是农村专业经济协会。

（二）凤凰县社会组织的概况

随后政府先后出台了各项鼓励社会组织发展的政策，以及以旅游为主的第三产业带动全县经济发展，凤凰县社会组织也逐渐发展起来。由于凤凰县社会组织在民间组织管理局成立之前存在多个登记、主管以及指导部门，很多资料无法搜集，同时，出于时间原因，诸多数据也无法获得。根据凤凰县民间组织管理局的存档资料，历年来，凤凰县民间组织的数量如图 11-1 所示：

图 11-1 中我们可以看到，凤凰县的民间组织在 2004—2011 年发展平稳，增速缓慢。2012 年，由于民办非企业单位的快速发展，凤凰县民间组织的发展进入新的发展期。2012—2016 年，凤凰县民间组织的发展势

---

① 参见凤凰县民间组织管理局《凤凰县社会组织党组织建设工作分析报告》（2016 年 3 月 4 日），凤凰县民间组织管理局资料。

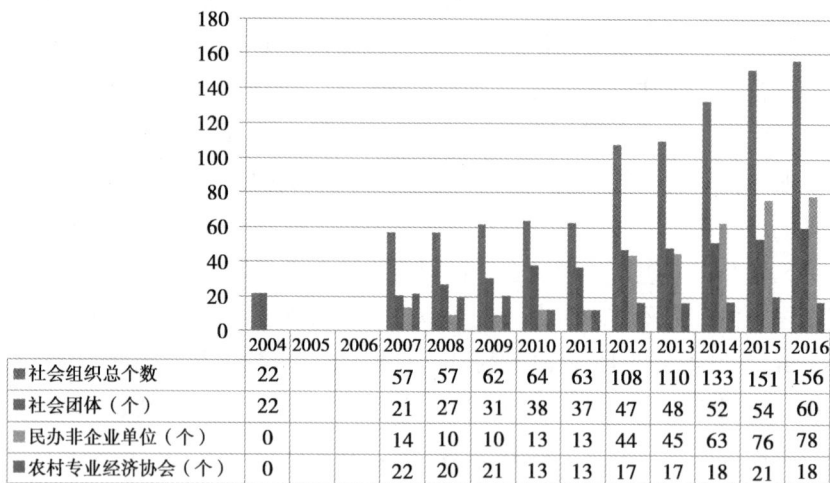

图 11-1　凤凰县社会组织数量

资料来源：根据《凤凰县民间组织管理局年检报告（2004—2016 年）》整理。

头良好，社会团体与民办非企业单位涉及的社会领域也日趋繁荣活跃。

　　凤凰县的社会团体中，主要是以行业协会以及文化领域方面的学术协会为主。2000 年以来，凤凰县大力发展旅游业，着力打造"凤凰古城"的旅游名牌。旅游产业的兴起带动了观光农业、生态农业、旅游品加工业迅猛发展，推动了现代农业、新型工业化快速发展，旅游相关产品开发势头良好，凤凰姜糖发展成上亿元的大产业，苗族银饰、蜡染、扎染等特色旅游商品的规模和效益快速增长，与之相关的行业协会逐步发展起来，如古城商会、旅游商会、酒吧行业协会等。这些行业协会是由县内的做生意的群体，为方便与政府沟通，组织成立的社会团体。凤凰县是苗族聚集区，苗族文化的保护与传承，是学术协会共同的目标。近年来，凤凰县也发展了许多新的社会团体，如志愿者协会、海外联谊会等。凤凰县是一个贫困县，多数社会团体都将贫困救助作为组织主要的活动内容，如凤凰县海外联谊会的成立，就是搭建海外资金支持凤凰的发展，进行贫困救助。

　　2012 年，教育部印发《关于鼓励和引导民间资金进入教育领域促进民办教育健康发展的实施意见》，这一政策文件的出台大大推动了凤凰县民办非企业单位的发展，由 2011 年的 13 个民办非企业单位，增加到 44 个，并逐年上升。凤凰县新增的民办非企业单位主要是以民办学校、民办医院、民办幼儿园这几类为主，其中民办幼儿园的发展最为迅猛。目前，县内的幼儿园在民办非企业单位中占比约 2/3，各个乡镇，甚至村内都有民办幼儿园。这些民办幼儿园建地规模大，标准比较高，设施完备，部分是与县级幼儿园同级，公办幼儿园虽然师资力量比较强大，但是基础设施弱于民办幼儿园。目前，幼儿园规格越来越高，发展越来越快，市场基本处于饱和状态。虽然民办幼儿园属于非营利的组织，但是还需要收取一定的费用，才能维持下去。民办医院，凤凰县目前注册的有 4 家，规模相对较大，但是设施并不完善，在医治病例方面存在局限性，很多病无法治疗，主要靠服务求生存。民办的医院有自己的惠民政策，对病重的家庭，免费提供交通费，住院时免费提供午餐的优惠政策。

2004 年，国家提倡发展农村类专业经济组织，新修订实施的《农业法》规定"国家鼓励农民在家庭承包经营的基础上自愿组成各类专业合作经济组织"，从法律上明确了发展农村专业合作组织的方向和基本原则。党的十六届三中全会《决定》明确指出："农村集体经济组织要推进制度创新，增强服务功能""支持农民按照自愿、民主的原则，发展多种形式的农村专业组织"。凤凰县积极响应号召，鼓励、培育农村经济专业组织。最开始是以农村合作社的方式，2010 年以后在民政部门登记的是协会，协会发展壮大以后，再改为合作社。目前凤凰县注册的农村专业经济协会共 18 个，分布地域主要集中在农业支柱产业已基本形成规模的竿子坪、廖家桥、阿拉、水田、林峰等乡镇，涉及柑橘、蔬菜、畜牧、花卉等产业，协会的性质均为科技类组织。近年来，水果产业发展迅速，猕猴桃、野生葡萄、柚子等嫁接技术成为协会的新贵。

三　产业、文化与社会资本：凤凰县社会组织的主要类型

根据组织性质，凤凰县的民间组织主要分为社会团体和民办非企业单位两类，从上述讨论中我们可以看到凤凰县民间组织近年来取得长足发展。为了进一步展现凤凰县的民间组织特点，我们分别在凤凰县的产业、文化、社会资本三个领域发掘最具凤凰特色的组织作为代表来详细介绍。以这三个领域为重点，是因为它们之间相互联系，共同构成了凤凰县的组织全貌。目前，凤凰的产业支柱是旅游业，是整个凤凰的经济支柱，是凤

凰发展其他事业的基础。凤凰的文化是包含着融合了军事文化、历史名人文化以及苗族民族风情文化的特色风貌，是凤凰文化旅游的独特资源，可以说凤凰旅游的重头戏就是文化，凤凰的文化资源是凤凰发展的根本，是我们讨论凤凰任何发展都离不开的背景。社会领域，主要是指凤凰县的社会资本，在历史文化中得以积累，产业发展中逐步壮大的，同时它为凤凰的新发展积聚力量。因此，凤凰的文化是凤凰旅游产业发展、社会资本积累的基础，旅游产业的发展进一步促进了凤凰文化的传承与保护以及社会资本的扩大，社会资本的积累为旅游产业与凤凰文化的再发展增添力量，而社会组织则是联系三者的中介。

（一）产业类的社会组织

凤凰县地处湘西武陵山区，起初是以种植和加工烟叶为核心产业的，20 世纪 90 年代中后期，由于国家在烟草行业方面的政策调整，90 年代末，凤凰县内最大的烟厂解散，失去了支柱产业，凤凰的经济发展开始变得艰难。为了改变形势，1999 年 4 月，凤凰县县科级以上干部深入讨论后，凤凰县确定了今后的发展以旅游业为主，从 2000 年开始，凤凰的旅游开始大步发展。在湖南黄龙洞股份有限公司的打造下，围绕着名人故居、古建筑、古城墙和城门、古老的青石板街道和吊脚楼等历史遗迹的古城游，逐渐成为凤凰旅游的名牌。根据《凤凰年鉴（2005—2015）》的资料显示，凤凰县旅游产业对 GDP 的贡献率在 2005 年时只有 17.14%，2008 年时达到最高峰 83.05%，自 2009 年开始，旅游产业对 GDP 的贡献率逐渐稳定，2015 年凤凰县旅游产业对 GDP 的贡献率为 53.09%。显而易见，10 余年以来，凤凰县经济发展的一半功劳得益于旅游产业的发展，因此，旅游产业已经成为凤凰的支柱产业。旅游产业的发展同时带动了与旅游相关的社会组织的发展，例如古城商会、姜糖协会、娄邵商会、腊味协会等，这些商会是凤凰旅游产业的直接产物。

如：古城商会成立于 2002 年，是凤凰县成立较早且较具代表性的商会组织，它既是凤凰旅游发展的产物，也是凤凰旅游产业发展的见证者。最初发展旅游时，凤凰古城内是没有人做生意的，住户也相对零散，古城内只有 4 家店铺。为了进一步发展，凤凰县政府开始鼓励县内在古城有住房、有技术的居民，请他们一起来发展旅游产业，这些因为烟厂解散后的下岗人员，失去了生活来源，开始在古城内做生意。随着在古城内的商户越来越多，这些做生意的人也想有一个集体，有能与政府沟通的渠道，在商户裴志远的组织下，工商联的协助下，古城商会由此建立。古城内从最初的4家商铺，发展到如今的3000多户商铺，成为一个庞大的行业协会。为了方便管理，以及更加规范，古城商会在工商联的帮助下，于2007年进行改革，重新划分。新建凤凰县旅游行业商会，并下设有酒店分会、酒吧分会、旅行社分会、购物分会、客栈分会、餐饮分会等6个分会。最初的古城商会得到保留，行业领域限定在购物领域。目前，古城商会设有会长1人，会长下分设13个副会长，每个副会长负责一个街道，并做好联络工作。现在的古城商会，会员共180户，均为在古城内做生意的商家。

凤凰旅游业的发展，不仅推动了本地商会的发展，还带动了异地商会组织的发展，例如娄邵商会。由于旅游业带来了大量的流动人口，因此凤凰对服务业的需求空前加大，外地商户看到凤凰的商机，纷纷来此创业。大部分来凤凰创业的人中，娄底和邵阳籍最多，为了这个庞大的群体更好地投身凤凰，在县工商联的推动下，这些娄底籍、邵阳籍的工商界人士发起组建了娄邵商会，挂靠在县工商联名下，成为凤凰服务业的最大供货商集体，所从事的行业主要涉及地产开发、资本运营、水暖、建材、批发、物流等领域。

近年来，凤凰县为了进一步开发旅游资源，推动全域旅游思路，实施"旅游+"发展战略，其中"推进一批旅游+现代农业示范园、标准园建设乡村游"成为发展的亮点，同时带动了农村专业经济协会的发展。例如大坡村，自2011年以来，围绕高山野生葡萄产业，构筑了集葡萄采摘、休闲、旅游于一体的发展思路，先后成立了大坡村宏旺葡萄协会、大坡村宏旺野生葡萄专业合作社，并以合作社为主导，创立了"合作社+基地+农户"的发展模式，带领村民致富。

旅游产业的发展是这些产业类社会组织兴起的直接原因，组织成员的内在需求则是组织产生与发展的直接动力。满足成员需要，扩大成员的利益，是社会组织的基本功能。早在20世纪50年代，美国著名社会心理学家马斯洛提出了"五层宝塔"式的需要理论，他将人的需要从低到高分为五种层次的基本需要：生理需要、安全需要、爱和归属的需要、尊重的需要和自我实现的需要。马斯洛从心理学和哲学的角度出发，将这五层需求划分为两类，一是生存型需要，生理、安全和社交需要都属于这一层级；二是发展型需要，尊重和自我实现的需要属于这一级。在马斯洛看来，这五层次之间是由低到高，依次递进的关系。马斯洛同马克思一样，把生存需要看作人类需要的基础，只有生理安全上的满足才能使人成其为现实的人，只有人成为活生生的现实的人，才有机会开展其他各种文化精神等有关人的发展的活动。低层次的生理的安全的需要得到满足了，人们才有可能提出爱和归属的需要，进而才有尊重和自我实现需要的提出。但这并不意味着前一层需求得到满足后人类就不再需要这一需求，而是当前一层次需要满足后，他的激励作用就会降低，进而其他层次的需要的激励作用成为主导地位。

生存的需要首先是由经济类型的组织满足的，即我们这里所讲的产业类社会组织。例如古城商会最早成立时就是为了帮助会员学会做生意。为了更好地发展旅游，发展经济，古城商会多次组织会员去外地考察学习。2011 年，古城商会组织二三百人到张家界考察学习如何发展旅游。2013 年，凤凰推行一票制后，凤凰古城的客流量下降，生意艰难，为了更好地发展，古城商会再次组织商户去横江古商城考察，学习当地的旅游策略，经过实地考察，商家逐渐接受一票制。如今，政府取消了一票制，生意却没有想象中好做，古城商会今年将带领商会成员再次前往乌镇考察学习。再如农村专业经济协会的成立目标就是帮助农民生存。社会组织满足成员生存需要还表现在维护组织成员的权益，满足其安全的需要，例如娄邵商会将聚集在凤凰的娄底、邵阳商户集合起来，建立一个集体，方便与政府沟通、与社会沟通，便于维护家乡人的权益。2013 年，凤凰古城推行一票制后，导致客流量下降，商户利益受损，各商会的会员不停地向商会反映问题，商会负责人积极与政府沟通，并及时向会员传达政府的意见，安抚会员情绪。而发展的需要，内容则更加的广泛，包括个人素质的提高、社会交往的范围扩大、社会地位的提升等。居民有了更高层次的需求，更加主动积极地投身社会服务事业中，加入志愿者队伍，实现自我发展的目标。如各商会的成员积极参与商会开展的公益活动，加入公益队伍。古城商会每年为贫困学生捐助学费。2011 年，向云芳会长为一个贫困大专生一年捐助 5000 元，第二年，在工商联发动后，商会内部十几个会员决定每人为一个贫困大学生捐助 3000 元。

社会组织作为政府与社会的桥梁，同时是政府创新社会管理的一种方式。王颖等（1993）① 认为社团组织的功能源于不同的社会需求，一是基于成员需要，执行为成员谋取利益的服务功能；二是基于政府的需要，履行服从国家利益的管理职能。管理功能具体表现为政府助手、社会沟通、社会公益等职能。产业类的社会组织是凤凰县非公有制经济的主要直接参与者，他们也积极地间接参与政府管理。例如，各商会骨干经过层层推选，在工商联的推举下，作为工商联界的代表成为凤凰县的政协委员、人大代表。古城商会的会长向云芳女士是凤凰县 2007—2012 年的政协委员，2012—2016 年的人大代表，她曾代表古城商会多次向政府提出关于停止继续开发南华山景区的提案。向云芳在访谈中介绍到：2001 年 12 月，凤凰县政府将包括凤凰古城在内的 8 个景点承包给湖南黄龙洞股份有限公司，积极地开发县内景点。旅游公司与县政府在规划旅游路线时，主张修一条穿洞的绕城线，建立从城北到南华山的隧道。出于对古城的保护，商会因此向政府建议不打隧道。并且地下有铀矿，破坏地皮后，地下会有放射性气体，不利于凤凰发展。同时，商会骨干多次建议政府进行绿色工程，尽可能地保留公地以栽树栽花。在古城商会的不懈努力与建议下，以前南华山两边是房子，现在政府已经开发做绿化。古城商会的成员用自己的实际行动积极地参与对古城的保护，守护着这片土地。

娄邵商会不仅大力参与凤凰县的经济建设，为凤凰的旅游产业发展添砖加瓦。在与政府的关系中，积极地发挥其参政议政、做好政府助手的职能，加强社会沟通。我们可以从娄邵商会发文的入会十大好处，明确地了解娄邵商会与政府及商会会员的关系：其一，加强党政多联系，正确舆论来引导，促进事业大发展，避免多走弯路；其二，交际平台非常好，人脉网络很广泛，结识更多好朋友，互帮互助共勉励；其三，整合资源办大事，促进事业常升级；其四，信息灵通眼千里，反馈及时耳顺风；其五，红白喜事都帮忙，开业庆典常捧场；其六，矛盾纠纷能化解，赈灾救难常行善；其七，搭建招商大桥梁，牵起引资红纽带；其八，婚姻收入可证明，政审邮电可盖章；其九，社团领袖发源地，亿万富翁之摇篮；其十，入党大门常敞开，红顶商人百世芳。②

产业类的社会组织近年来也越发地开始注重自身的公益目标。例如古城商会，早在 2007 年，凤凰县堤溪沱江大桥垮塌时，古城商会发动会员

---

① 参见王颖等《社会中间层》，中国发展出版社 1993 年版，第 128 页。

② 参见娄邵商会《娄邵商会入会十大好处》，娄邵商会资料。

积极捐款一万多元，商会的会长、副会长连续一个星期去前线支援，协助抢救伤员，并为抢救在前线的武警人员送水、送口罩、手电筒、手套、毛巾，用自己的实际行动贡献一分力量。2008 年汶川地震时，古城商会的会长、副会长、直委（理事），集体出动搞捐赠活动，为此，他们走遍了整个古城的每一家店面。同时也设立两个固定的捐赠点，后来会员又主动第二次来到固定地点捐款，总共收集 6 万多善款。2014 年，凤凰发生"7·15"水灾，古城恰巧是受灾最为严重的地区，向云芳会长主动跟县长建议，由她领取一定的物资，并发动古城商会内所有的副会长、直委将领取的水跟食物，直接送到受灾群众的门口，积极开展自救。在过去的几年里，娄邵商会也一直践行着自己的公益追求。娄邵商会的公益发展，分为两个方面，一方面是积极参与政府组织的各项公益活动，如 2011 年商会成立后每年由工商联牵头的对口扶贫工作，即针对某一群体、村落等进行帮扶；另一方面是商会内部自己举办公益活动，回馈凤凰县内的山区贫困的学生、教师群体。需要指出的是虽然娄邵商会对会员收取一定会费①，但多数善款都是来自会员的爱心捐助。

（二）文化类的社会组织

文化是凤凰旅游产业发展的基础，县内文化类的社会组织主要是基于对民族文化的传承与保护。凤凰是以苗族为多数的少数民族聚居县，境内主要少数民族为苗族和土家族，尤以苗族文化风情浓郁。苗族文化由来已久，在凤凰有一批致力于从事民族民间文化研究的本土学者，他们因为共同的兴趣聚集在一起，组建了凤凰本土的苗学会，对凤凰的历史文化、民族文化进行了深入的研究。苗学会成立于 1999 年，挂靠于县民宗局，是凤凰县最早成立的文化类社会组织。近年来，在县文联、文化局等单位的推动下，凤凰县诗词楹联学会、老干部书画协会、民族工艺美术家协会、民间文艺家协会等协会相继成立，不断丰富壮大凤凰的文化类社会组织。随着旅游业的逐步深入，频繁的人员流动，为凤凰带来世界各地的客商，现代文化、外来文化与本土文化交流融合，推动了酒吧行业协会、"凤凰之声"民族艺术合唱团等社会团体的成立与发展。

与产业类的社会组织不同，文化类的社会组织的建立基于成员的共同

---

① 娄邵商会根据会员的职务收取会费，一般会长 5000 元，副会长 2000 元，会员 500 元，收费时间根据商会的需要来筹集。

兴趣爱好，主要是用于满足成员的发展需求。例如，一直以研究苗族文化见长的学术性社团苗学会，是由爱好民族民间文化研究的社会各界人士组织成立的，它自成立伊始就专注于苗学的传承、交流与发展。现任苗学会会长的吴曦云先生在访谈中提到，苗学会的会员均是来自凤凰各行各业的有志于研究苗族文化的社会人士，成员中既有苗族，也有土家族和汉族，他们均为凤凰本地人，并且均是兼职参与苗学研究。进入苗学会的标准，是可以参加苗族的民族活动，如唱歌、苗族鼓舞等。按照苗学会的章程，入会的会员需要缴纳会费，2013 年，吴曦云会长取消了会员缴纳会费的要求，目前苗学会的活动经费来自政府拨款。他介绍到，作为一个学术社团，苗学会目前更加致力于组织成员的自我发展。为了将苗学会打造为专业的学术团体，经集体讨论，苗学会的组织目标中添加了更多的学术目标，从 2013 年开始，学会开始以苗学研究为己任，致力于对凤凰苗族文化的研究与保护，每年发行一本苗学会论文集。论文主要还是关于苗族文化的，比如苗族音乐、文化等各方面。在学会中每个会员都有其自己的方向和课题，以会员自己的调研考察为主。比如会员龙建杰，苗族人，在凤凰民族中学担任音乐老师，他自己利用业余时间去山寨里收集整理苗族儿歌。在苗学会中，很多人关注于历史的大歌或情歌，儿歌就没人重视，但儿歌能看出苗族人从幼儿开始怎么教育后代，以及其内容所反映出的生活理念。再如凤凰民研所所长唐建福，他主要是研究苗族的姓氏，为此，他走访凤凰的所有苗寨，一个一个村寨地去考察、收集资料。[①] 这也说明，一个好的组织领导人对社团组织发展有重要的推动力。

除此之外，凤凰县苗学会的会员在协会内的社会交往范围也逐渐得到扩大，主要是通过与外地苗学会的交流活动实现的。如凤凰苗学会赴云南省红河州参加第二届苗族国际花山节；参加贵州省兴仁县"八月八苗族风情节"活动，活动结束后奔赴广西河池地区走访广西红苗；组织周思言、龙建芳参加浙江省江山市廿八都古镇民谣音乐节活动；应广西壮族自治区南丹县大厂镇官山村苗族群众之邀请，凤凰县苗学会组织都里乡古双营村苗鼓师傅龙榜金、隆红友夫妻两人前去传授苗族传统鼓舞；派唐建福参加贵州省苗学会年会，并在会上作了《在城市化势态下苗族精英更应该坚持自己的文化自信》的经典发言；等等。

---

① 此段内容主要来自吴曦云的访谈，2016 年 6 月 29 日。

凤凰县苗学会发展较好，在四川、贵州、云南、广西等有苗族的地区影响较大。学会每年的固定活动包括组织学术讲座、发动会员写文章并出论文集，以及与各地苗学会的联谊活动。例如 2014 年 7 月 5 日，受凤凰县苗学会邀请，株洲作家协会著名作家、《湘西往事——乾嘉喋血祭》作者李学亮先生来到凤凰，为凤凰县苗学会会员和社会各界人士等 40 多人举办《我与湘西往事》的讲座。鉴于凤凰苗学会的社会影响力，外地的苗学会组织也心系凤凰，如 2014 年 7 月 14—16 日，凤凰县境内大范围受灾，广西河池市的苗族同胞自发组织捐款 8700 元，私人委托凤凰县苗学会帮忙散发到受灾群众手中。

（三）社会资本类的社会组织

凤凰县内社会资本类的社会组织多为近年来兴起的，主要是以非营利性社会组织为代表。虽然兴起时间较晚，但是凤凰县内的民间组织，蕴含着丰富的社会资本。所谓社会资本，有些学者所侧重的社会资本的概念主体是个人，如科尔曼认为：社会资本是个人拥有的表现为社会结构资源的资本财产，由构成社会结构的要素组成，主要存在于人际关系和社会结构之中，并为结构内部的个人行动提供便利。[①] 另一些学者认为社会资本的主体还包括企业、社团、社区等行动主体。如布迪厄认为：社会资本是资本的三种基本形态之一，是一种通过对"体制化关系网络"的占有而获取的实际的或潜在的资源的集合体。这种"体制化网络关系"是与某个团体的会员制相联系，获得这种身份就为个体赢得"声望"，进而为获得物质或象征的利益提供保证。[②] 普特南则更直观地表述：社会资本是一种组织特点，如信任、规范和网络等。像其他资本一样，社会资本是生产性的。它使得实现某种无它就不可能实现的目的成为可能，并能够通过推动协调的行动来提高社会的效率。[③] 尽管不同学者的角度不同，但是关系、网络、信任都是他们所强调的社会资本的要素。

凤凰县内的社会资本类组织既包含个人所拥有的社会资本也包括团体

[①] J. Coleman, "A Rational Choice Perspective on Economic Sociology", in N. Smelser and R. Swedberg (eds), *The Handbook of Economic Sociology*, Princeton University Press, 1994.

[②] P. Bourdieu, "The Forms of Capital", in J. G. Richardson (eds), *Handbook of Theory and Research in the Sociology of Education*. New York: Greenwood Press, 1986.

[③] R. Putnam, *Making Democracy Work: Civil Tradition in Modern Italy*. Princeton: Princeton University Press, 1993.

的信任、规范、网络等社会资本。通过个人社会资本建立的社会组织，首先是凤凰名人效应带来的。凤凰的旅游以文化旅游为核心，凤凰旅游的起步最初是从国外学者对沈从文的研究开始的，以及民国总理熊希龄，画坛英杰黄永玉，这些名人资源所隐含的社会资本为凤凰民间组织的发展带来契机。如黄永玉的女儿与凤凰老家寨的妇女之家开展的蓝草计划的公益项目，扶持农村妇女就业，保护家乡的苗绣文化。凤凰县海外联谊会，其会员均为华人、华侨以及他们的亲属或家属，将美国的项目，特别是基金会的项目，带到凤凰，搭建了海外资金支持凤凰发展的平台，争取到了"仁德助学金"项目落户凤凰，支持凤凰的教育事业发展。

通过信任、规范、网络等团体社会资本建立的社会组织，如凤凰青年志愿者协会，它是由凤凰县团委牵头成立的，在它的带领下，协会将组织目标定位于爱心救助、志愿服务两个领域，并在《凤凰县青年志愿者章程》框架下开展活动。爱心救助方面的活动，主要是希望工程，即针对凤凰本地的中小学生、大学生提供相应的物质上以及心理上的支持。志愿服务领域，主要是对凤凰县的志愿者队伍的壮大，以扩展志愿服务的范围。一是吸纳发展县内其他机关事业单位作为志愿者队伍的延伸载体，建立了凤凰公安志愿者协会、凤凰司法志愿者协会、凤凰卫生志愿者协会、凤凰教育志愿者协会；二是致力于凤凰县社区志愿者队伍的发展，目前，凤凰县有包括古城社区志愿者服务工作站、南华社区志愿者服务工作站在内的7个社区基本建立了规范的社区志愿者服务站。

普特南认为社会资本的主要范式是民众参与范式。该范式主要研究作为社会资本的民众参与对政府、组织、社区等活动的影响。普特南指出：社会资本指的是个体之间的联系，亦即社会网络和由此而形成的互惠及互信的规范。当民众参与嵌入一个互惠社会关系密集的网络时，社会资本的力量才最大。也就是说，密集的社会网络提供了民众参与而构成集体资本的条件。当个体成为一个组织的成员时，社会资本才能有效形成。同时，社会资本又是社会组织的特征，例如，信任、规范和网络，它们能够通过推动协调的行动来提高社会的效率。普特南高度强调密集的公民参与网络的作用，他认为：人们在所参与的社会网络中能够相互学习和强化互惠，在其中，沟通和集体行为的模式得到了推动，它可以使参与者社会化到普遍化互惠规范。一个社群中这样的网络越密集，它的公民就越可能为了共同利益而合作；体现于公民参与网络中的社会资本，支持了政治和经济的运行，其结果是促进强社会、强经济和强国家的形成。① 例如凤凰县绿叶社会工作服务中心，它是以社区为依托、以社会工作机构为载体开展活动的社会组织。与凤凰青年志愿者协会主要依托官方资源不同，绿叶社会工作服务中心更加的民间化，更多的是依托社会资源服务于社会。在绿叶社会工作服务中心指导下，新田垅社区建立网格化管理，根据社区具体情况把辖区划分为13个网格，现社区共有三长115人，其中，网格长13人，街巷长43人，楼栋长59人。绿叶社会工作服务中心也积极构建机构的志愿者队伍，目前机构的志愿者有100多人，主要是由专业社工、心理学专家、律师、警官、医生志愿者和有公益情怀的教师以及退休老人志愿者等组成。通过实践，绿叶社会工作服务中心在社区内再孵化了4个社会组织，分别是正能量宣传队、青春加油站、群众之家以及夕阳红乐园。同时，绿叶社会工作服务中心已经建立了社会工作站管理制度、志愿者管理制度、家庭教育管理制度、婚调工作制度4大制度体系，站内工作人员与志愿者在规章制度下开展工作，成员自觉内化为行动的准则，精诚合作，相互协调，提高工作效率，服务社会。

（四）凤凰县各类社会组织的发展特点与存在问题

1. 凤凰县各类社会组织的发展趋势

近年来，旅游业的不断发展，进一步推动了凤凰县各类民间组织在各个社会领域的繁荣活跃，其发展特点主要表现如下。

第一，组织类型以旅游和文化为主。目前，旅游业成为凤凰县经济的支柱产业。旅游业的发展，带动了与旅游相关的行业协会的发展。最早的如古城商会、姜糖协会、蜡染扎染协会、银器银饰协会，以及近年来的旅游品牌发展协会、旅游行业商会、旅游外语协会、湖南湘西腊味协会等。旅游业的发展同时带动了观光农业、生态农业的发展，也推动了乡村游进一步发展。农业协会开始致力于发展观光采摘等旅游项目。凤凰县作为中国历史文化名城，"中国三大古城"之一，凤凰县的旅游发展，主要是以凤凰的文化为依托。致力于凤凰文化的传承与发展的有苗学会、凤凰县诗词楹联学会、民族民间医药研究会、民间文艺家协会等。在凤凰县内登记的社团组织中，有近2/3的社会团体与旅游和文化有关。

---

① 参见张广利等《社会资本：渊源·理论·局限》，《河北学刊》2003年第5期。

第二，各行业协会积极参与县内经济建设。经济是社会组织成立和发展的基础，经济发展落后，这必然成为社会组织发展的短板，也是当地公民加入社会组织的障碍。近年来，凤凰县社会组织的成立目的开始向会员或成员福利方向发展，注重发挥民间组织人才优势、资源优势、基层优势，着力培育和发展农村专业经济合作组织。全县农村专业经济协会的兴起，对农村经济的发展已发挥了重要的不可替代的作用，例如成立于2004年的南长城绿色果业协会，2007年时协会已有会员500户2250人，其中种植水果面积10亩以上的大户460户2070人，加工大户10户45人，营销大户30户135人。自协会成立以来，共为647户会员农户贷款23万元，同时还为211户特困会员农户解决贷款利息9347元。协会带动了该镇水果累计开发面积24843亩，其中椪柑12680亩，橙柚4166亩，猕猴桃6000亩，梨子706亩，桃子465亩，李子443亩，其他水果383亩。人均收入由1993年人均621元，提高到1050元，激活了一方经济。①

第三，公益精神迸发，各类组织的救灾救困事业大放异彩。社会组织是介于政府与企业之间的中介组织，肩负为社会服务的使命感，具有为社会和公民提供公共物品和公共服务的功能，这是政府与企业所无法替代的。因此，社会组织不论是外在组织目标和内在组织精神都应该具有相当的公益性，以公益性作为组织行动宗旨才能获得更好的发展和更多的公信力。尽管凤凰县内多数组织为政府领导的社会团体，部分社会组织的成立目的是为了组织内会员的福利，但目前凤凰县的大部分社会组织开始设立本组织的公益性组织目标。凤凰县是湖南省灾情频发区之一，近年来，各组织积极参与到救灾事业中。例如，2007年的"8·13"堤溪沱江大桥垮塌事件中，县个协自律协会、县虹桥商会、县古城商会、县夜市行业协会等民间组织，积极组织会员到事故现场慰问官兵、参与抢救、为营救工作提供了有力的后勤保障。据统计，全县民间组织由于宣传到位，组织得力，会员共捐献资金6.5万元，物资折币2.2万元。2014年的"7·15"特大水灾，古城被淹，受灾比较严重的主要是在沱江河两边经营的商户，这些商户也是古城商会的会员。古城商会首先开展自救，其次是配合政府部门参与抗洪抢险。最后他们组织自己的会员，为受灾严重的捐款捐物。

---

① 参见凤凰县民间组织管理局《凤凰县民间组织工作情况汇报》（2007年），凤凰县民间组织管理局资料。

凤凰县是国家级贫困县，为响应国家的精准扶贫政策，各组织积极联络贫困救助点，对贫困的农民进行慰问，送春节温暖包，等等。

第四，志愿服务兴起。志愿服务（Voluntary Service）是指公民个体或社会群体基于普遍的社会道义精神，自觉实施或自发组织实施的、向公共社会或者社会他者无偿奉献时间、精力、甚至财力的援助性服务和责任承诺。① 志愿服务是公民参与社会生活的重要方式。志愿者（Volunteer）是志愿服务的主要执行者，它是指不以物质报酬为目的，利用自己的时间、技能等资源，自愿为社会和他人提供服务和帮助的人。② 当今世界大部分非营利组织都在吸收和使用志愿者，志愿者在非营利组织中占有特别突出的地位。近些年我国的非营利组织得到了迅速的发展，志愿者人数不断增加，凤凰县的志愿服务事业也逐渐稳步发展，各行业协会积极吸纳组建自己的志愿者队伍，参与志愿服务事业。

2. 凤凰县各类社会组织发展中面临的主要问题

尽管凤凰县近年来各类民间组织得到长足的发展，但在发展过程中依然面临着许多共同的问题，具体包括：

第一，以政府主导为主，缺乏独立性。主要表现在：一是社会组织的运作缺乏独立性。尽管近年来，凤凰县的社会组织运作方式发生了变化，从单一的政府主导，变化为政府主导和组织成员自发两种形式，有了一定的进步。但是在民政部登记注册的社会组织主要是以官办为主，民办较少，主要是依靠行政的力量自上而下的推动，以政府的行政意向为主导，无法形成自有的运作方式。二是组织资金缺乏独立性。社会组织的资金来源应该属于自筹，目前凤凰县的社会组织资金来源多依赖于政府拨款，资金来源为自筹资金的，其中大部分是农村各种行业协会。同时，凤凰县内只有少数组织有个人或者企业、单位对其进行资金捐赠。

第二，凤凰县是国家级贫困县，社会组织的发展受到经济发展基础、经济规模总量、产业结构等因素的制约，总体经济发展落后，社会组织的资源占有量较少，从事社会组织工作的专职人员较少，多为政府行政人员监管，目前社会组织发展所以依赖的志愿者难以满足社会服务的需求。

第三，监管困难。目前，凤凰县的民间组织监管困难，主要是由外部

---

① 参见万俊仁《志愿服务的现代意义》，《精神文明导刊》2010 年第 8 期。
② 参见北京市人大常委会《北京市志愿服务促进条例》，北京市人大常委会网站，http://www.bjrd.gov.cn/zdgz/lfgz/lfgs/201211/t20121130_ 73742.html。

和内部两方面原因造成的。在外部管理方面，社会组织一般由业务主管单位、挂靠单位、登记管理机关三家共同管理。业务主管单位与挂靠单位对组织进行业务指导，登记管理单位对组织进行登记与年检。已在凤凰县民政局注册登记的社会组织，所挂靠的业务主管部门皆为行政事业单位，无法为社会组织的日常活动进行指导和修正，民间组织管理局对当地社会组织缺乏系统的管理规章制度和有效的管理措施，无法对当地社会组织进行深入的监督和指导。而社会组织内部，组织自身在财务、人员、信息等管理层面缺乏完整的制度，没有固定的办公与活动场所，多数社会组织没有完善的信息公开制度，社会组织成员缺乏参与意识，没有明确的公益目标。因此，目前凤凰县的社会组织处于管理的真空状态。

第四，组织机构不健全。从2015年凤凰县民间组织年检的情况分析，156个民间组织中，组织机构健全，活动经费充足，会务和业务活动比较丰富活跃，运作比较规范有序，活力和凝聚力比较强，作用比较突出的约占30%；属于一般状态的约占65%；属于较差的约占5%，有的社团会务和业务活动很不正常，甚至全年都没有开展活动；有的社团没有独立开设银行账户，活动经费在业务主管单位实报实销或由有关单位临时资助，缺乏正常经费来源，不具备法人社团的基本要求；有的民办非企业单位一年的业务活动很少，个别甚至全年没有开展业务，财务决算也很不完善、不规范。[①]

第五，民众对社会组织的认知偏低。凤凰居民对社会组织的认知程度较低，社会参与意识不强，政府和社会对社会组织的支持虽然有所加强，但支持依然有限，社会组织因此获得社会资源的难度较大。

四　凤凰县旅游开发背景下不同社会组织发展

当前，旅游业成为凤凰的产业支柱，是整个凤凰的经济支柱，是凤凰发展其他事业的基础，也是我们讨论凤凰县发展的时代背景。凤凰县旅游业的发展，带动了县内一大批社会组织的成立与发展壮大，在县内有近2/3的社会团体与旅游和文化有关。旅游开发的背景下，凤凰县内的各类社会组织既存在共性，也面临着各自的发展困境，产业类的社会组织相较

---

① 参见凤凰县民间组织管理局《凤凰县民间组织2015年年度检查情况分析报告》，凤凰县民间组织管理局资料。

于文化、社会资本类的社会组织，因借助政府对旅游业的政策支持，相对拥有更多的机遇。但是凤凰县丰厚的文化底蕴，在旅游业的带动下，必然为文化类社会组织的发展带来新的生机。社会资本类的社会组织起步相对较晚，如何借助旅游业为其发展增添力量，是其面临的一大挑战。

（一）官民二重性：凤凰县各类社会组织的共同特征

社会组织的本质是民间组织，即对其民间性程度的考察。根据非营利组织的创立与政府的关系，可以将其分为官办社团、民办社团、半官半民社团三类。无论与政府关系如何，作为社会的管理者，尤其在中国的改革过程中，政府是必然与几乎一切社会组织发生联系的，完全与政府无关的社会组织是不存在的。① 所谓的官民二重性，简单地说，就是社会组织所具有的半官方半民间的特征。社团的存在不是独立的，而是依赖于党政组织、企事业单位和其他民间力量，表现出较强的"官方"与"民间"的二重性。② 这是在我国社会转型的大背景下，社会组织所具有的典型特征。

通过以上对凤凰县内主要社会组织类型的讨论，可以发现，凤凰县内的社会组织不是单独存在的，这三类组织均表现出较强的"官方"与"民间"的二重性。凤凰县民间组织的官民二重性，其对"官方"的依赖，主要表现在两个方面。其一，社会组织挂靠党政单位。这种挂靠制最初是在学会体制中实行的，20 世纪 60 年代前就已存在。1998 年 10 月 25日，我国国务院颁布并实施了《社会团体登记管理条例》，其中明确规定我国的社会组织接受民政部门与业务主管单位双重领导，即民政部负责社团的登记工作；业务主管单位，即政府部门负责对社团日常活动的指导、监督。挂靠制度使社团与党政部门保持着一种特殊密切的关系，为社团创造了作为联结党政组织与社团成员的纽带条件，以壮大自己的力量，扩展管理权限。目前凤凰县的民间组织依然延续着挂靠制，实行业务主管单位、挂靠单位、登记管理机关三家共同管理的模式，其中业务主管单位与挂靠单位对组织进行业务指导，登记管理单位对组织进行登记与年检。在凤凰县民政局注册登记的社会组织，均有挂靠单位，所挂靠的业务主管部

---

① 参见陆明远《中国非营利组织的"官民二重性"分析》，《社团理论研究》2004 年第6 期。

② 参见王颖等《社会中间层》，中国发展出版社 1993 年版，第 278 页。

门皆为行政事业单位，例如古城商会、娄邵商会等挂靠在县工商联，绿叶社工直接挂靠在民政局，医院学校等民办非企业单位则挂靠在卫生局、教育局。其二，表现为党政干部兼职或被聘任为社团领导职务。目前在凤凰的民间组织中，鉴于条例规定，党政干部直接兼职或被聘任为社团的领导的现象已经很少，主要是采取跨部门兼任，或者领导退休返聘。但在社区或农村专业经济协会中，也不乏这样的现象存在。如绿叶社工的负责人实际也是新田垅社区的街道主任，廖家桥镇菖蒲塘村果树开发专业技术协会的会长同时也是该村的村委书记等，以及如消费者权益保护协会、计划生育协会、职工技术协会等惠及社会大众的行业协会中。同时，出现了组织内部主要工作人员与政府部门工作人员高度重合的现象，如青年志愿者协会的主要负责人均为县团委的工作人员等。

　　王颖等提出，民间性是一个综合概念，可以通过四个维度：组织形成过程、社团主要领导的产生、社团主要领导的身份、经费来源加以分析。[①] 从凤凰县社会组织的形成过程来看，由原来的政府自上而下推动转向现在的政府、企业、社区、个人多元共建发展，越来越多的社会组织是通过自我发展逐渐成立的，如湖南湘西腊味协会，最初是由几个大学生为了将家乡的腊味推广出去，借助淘宝这个销售平台创业，有了一定实力之后，创办了协会。目前，县内社团领导的产生主要是通过选举，但并不是公开竞选，而是推选。如马上面临换届的古城商会，访谈中向云芳会长提到她已经有了会长人选，只要在换届大会时，选举通过就可以上报工商联了。社团内的主要领导身份，一般是积极活跃的会员组成，但也不乏上述兼任或聘任的现象。社团的经费来源，目前凤凰县内的多数社会组织并不收取会费，社会捐赠等社会支持十分有限，主要还是依靠政府财政。

　　凤凰县社会组织的官方性与民间性并不是一个单纯的彼此抑制、敌对的关系，官民二重性长期地存在于凤凰县的社会组织中，既是其最大的特点，也是其最大的优势，是它在未来的发展中必须面对的，处理好这两种属性的关系，即政府需求与社会需求如何结合在一起，并形成社团组织的基本职能，是一个十分复杂的过程。社会组织所特有的官民二重性，使得政府与社会组织在公共服务生产中普遍采取合作模式，因为从根本上看，中国的社团组织在观念、行为、目标上与政府具有相当的一致性。例如

---

① 参见王颖等《社会中间层》，中国发展出版社 1993 年版，第 70—71 页。

2014年凤凰的"7·15"特大水灾中，社团组织与政府合作解救受灾群众，在一票制实行过程中，商会组织作为政府与会员沟通的桥梁，上传下达，稳定会员情绪，帮助政府做好管理工作。在政府购买社会组织服务方面，社会组织将政府需求与社会需求有机地结合在一起，使彼此的需要都得到满足。

（二）旅游开发背景下凤凰县各类社会组织的发展困境与行动策略

虽然凤凰县内的各类社会组织存在着共性，但是他们在发展过程中也有各自的机遇与困境，并在这些条件下采取权宜行动，以不断地使自身发展壮大。目前来说，相较于社会资本类社会组织，凤凰县的产业类社会组织与文化类社会组织的发展更显成熟。

产业类社会组织在县内发展良好，凤凰县政府对旅游业的大力支持，相关政策的积极引导是其发展面临的重大机遇。旅游业是凤凰县的支柱产业，作为旅游产业直接产物的社团、行业协会纷纷成立，一定程度上营造了凤凰县社团林立的繁华局面。产业类社会组织主要由凤凰县内的个体工商户组织，他们对于发展凤凰经济做出了许多贡献，政府也更加支持其发展。但政策的相对倾斜，使得组织原本的官民二重性中对"官方"更加的依赖，导致组织自身独立性较差。例如县个体劳动者和私营企业协会，它主要是在工商局的推动下，由县里的个体经商的商户组织成立的社会团体，因为工商局的支持，在县内一直发展得很好。但是由于凤凰县的部制改革，自工商局与技术质量管理局、医药局合并以后，个协与其衔接不理想，因此管理人员涣散，又恰逢个协换届，现在已经无人理事，目前各项工作基本处于停滞状态。

文化类社会组织的发展壮大，首先受益于凤凰本身的文化底蕴。苗族文化古老神秘、苗族人民能歌善舞，历史名人更为凤凰的发展增添了新的魅力。而各类技艺技术传承人、有志者对凤凰文化的传承与创新，也为凤凰的协会带来新的生机。文联主席在访谈中向我们介绍到，凤凰有各类文化艺术团体113个，涉及文学、诗歌、戏剧、舞蹈、民间工艺美术、摄影和民族文化等多个领域，其次，旅游业的发展，进一步推动了凤凰县文化类社会组织的发展，各类民俗活动在旅游区内寻找到新的生机。虽然县内各类文化团体较多，但是作为社会团体注册的社会组织却十分少。这主要与双重管理体制有关，这种管理体制使得社团成立的门槛过高，很多团体难以达到社团注册的资产要求。同时双重管理主体不仅手续烦琐，进程缓慢，很多社团组织甚至难以找到挂靠单位。其次，文化类社会组织面临着"后继无人"的尴尬境地。例如苗族传统的蜡染扎染、银器锻造技术，传承人员有限，在人力与财力的双重压力下，蜡染扎染协会、银器银饰协会等纷纷注销。

社会资本类社会组织在凤凰的发展，目前仍处于起步阶段。这类社会组织成立时间较晚，但是组织自身设置相对规范，影响其内部发展的主要因素在于专业人才缺乏，服务水平有待提高。例如志愿者培训、专业社会工作队伍的建设，工作人员不仅要有过硬的专业知识理论，而且需要有专业的实践经验，理论与实践的结合，更利于完善组织的整体功能。外部环境对其发展的影响主要表现在两个方面：一方面是凤凰县政府虽然鼓励支持其发展，但是支持力度有限，社会组织更多的是依靠民间资源来发展社团；另一方面虽然县内民间资源较为丰富，但实际的社会捐助等社会支持有限，这与凤凰县的产业结构有关，旅游产业带动了县内个体工商户的壮大，工业相对困乏，没有大型的企业，因此缺乏有能力的捐助主体。同时，凤凰县是国家级贫困县，县内总体上来说人民生活水平不高，有限的收入也决定了大多数人对于社会公益是处于"精神支持"的层面。

五　新的发展，新的方向

经过不断的努力，凤凰县的社会组织进入了加速发展的阶段。具体而言：首先是社会组织数量的突飞猛进，且涉及行业领域宽泛，已经基本覆盖了凤凰的农业、经济、教育、旅游、文化、科技、体育、志愿服务等各行各业。其次是对组织质量的严格把关，对于不成熟、资金不够、人数不多的组织不予注册，争取培育有能力的社会组织，打造凤凰的精品社会组织。加快社会转型，积极参与政府同工，从纯粹官办社团到目前明显带有的官民二重性特征的社会组织，凤凰县社会组织的发展基本完成了质的飞跃。从整体来看，凤凰县的社会组织已经开始进入社会组织的中期发展阶段，尽管发展很缓慢，却是一个良好的开端。当然，我们也发现，结合自身的社会转型程度，逐步向民间性过渡，不断地提高自身服务水平，满足成员的内在需求，发挥组织职能，要实现这一转变，凤凰县社会组织还有很长的路要走。为此，凤凰县的社会组织在今后的发展过程中首先要建立正确的组织目标与组织使命。一个杰出非营利组织的主要特征是：它具有明确界定的，并为所有成员认同和珍惜的使命。① 社会组织成立伊始，首先要有明确的组织使命和组织宗旨，这是组织成立的关键，而组织公信力，则是社会组织得以立足和发展的根本。公信力缺失的根源是诚信意识的缺失，因此，凤凰县内的社会组织本身及其内部成员都应当把树立组织公信力作为组织行为中的一个衡量指标。社会组织的另一特质是其非营利性，社会组织及其成员在日常运行和发展过程中都应该时刻注意维持自身的良好公益形象，才能使公众对于社会组织有良好的信任感和亲近感。

　　社会组织的蓬勃发展，并承担一定的社会职能是公民社会的内在特征，经过近年来的不断发展，凤凰的民间组织已经有了较为鲜明的志愿服务理念、公益发展目标和深厚的群众基础。当然，在发展的过程中，总会出现各种问题，这需要政府、社会组织、民众积极参与进来，协同解决。对于拥有丰富文化历史资源以及社会资源的凤凰，社会组织的蓬勃发展，志愿服务力量的快速发展，民众的全方位参与，公民社会的进一步完善，是凤凰社会组织发展未来的目标。目前，"小政府，大社会"的新型治理模式是现代国家的发展趋势，社会组织在其中被赋予更多的发展空间。社会组织是为公民提供公共服务，公民参与到社会组织进行社会管理，是公民社会发展的必要条件。因此，政府应当加强公民参与意识的培育，宣传社会组织的作用，鼓励公民参与到社会组织的建设和发展中。同时，凤凰县政府应该积极地引导和帮助凤凰县内社会组织发展，完善社会组织的自治化，使其承接政府职能。凤凰县政府要引导社会组织健康有序发展，进一步加强规范管理，建立健全以法人治理为核心、公信力建设为目标的法治规制。其中包括健全各类型社会组织法人治理制度、信息公开制度和联合监管制度，形成民主自治、社会监督、政府监管的综合治理机制；出台各项培育扶持措施，激发了社会组织协同社会管理的正能量。例如，目前凤凰县建立"三社联动"的工作机制，以社区为平台，以社区居委会为枢纽，以社会组织为支撑，以专业社会工作服务为提升，通过政府购买服

---

① 参见尉俊东等《非营利组织人力资源构成、特点与管理——对我国非营利事业单位人事改革的启示》，《科学学与科学技术管理》2005 年第 12 期。

务、民间运营等方式，实现社区居委会、社会组织和社工人才的有效联动、互相促进。这或许是凤凰未来政府积极引导的新方向。我们相信未来的凤凰社会组织发展将会提供更多更好的社会服务，为凤凰带来更大的贡献。

第十二章

凤凰县旅游产业发展与
社会结构变迁

凤凰县旅游资源丰富，2001 年凤凰古城被列为"国家历史文化名城"，旅游产业快速崛起，当年共接待中外旅游者 57.6 万人次，到 2015 年，中外游客达 1200.02 万人次，游客人数增长 20.8 倍。凤凰县依托旅游资源优势，坚持"一业带三化"县域特色经济发展道路，即以旅游业带动新型城镇化、农业产业化、新型工业化，实现经济的持续稳步增长，2013—2015 年，全县生产总值分别增长 13.10%、13%、12%。经济结构与社会结构密切相关，凤凰县旅游经济发展对社会结构变迁产生重要影响，从个体的角度看，旅游经济发展对居民的就业、居住、收入、消费、价值观念和行为取向产生重要影响；从整个县域角度看，它影响甚至改变了县域内的产业结构、就业结构、社会流动机制、社会阶层结构，社会也逐渐分化，社会结构出现新的特征，并由此而带来了社会异质性的增加和不平等程度的变化。

一 问题提出和文献综述

(一) 关于社会结构的文献综述

1. 社会结构理论的综述

早期社会科学家孔德通过借鉴生物学的概念，把社会与生物有机体类比，社会结构被比作生物有机体的骨骼。在涂尔干社会分工的研究中，社会结构被看作社会关系的组合形式，社会分工的发展带来社会团结性质的改变，强调社会整体层次的需求，内部组成部分的相互依赖是通过共有的规范模式来维持的。结构功能主义代表帕森斯主张从功能需求的角度来理解社会结构，从功能的实现来确证结构实体的存在，把社会看成不同部分之间的功能联系①。

从社会网络的角度解释社会结构。英国人类学家拉德克利夫·布朗师承涂尔干，在他看来，人们被一种复杂的社会关系网络联系在一起，而这种关系网络就是社会结构。社会结构的延续不像建筑结构的静态存在，而是一种动态的，有时是渐进的，有时具有突发性。但总的社会结构形式却在一个或长或短的时期内保持相对稳定②。费孝通先生在《乡土中国》中把中国社会结构的特点形容为"差序格局"，社会关系是逐渐从一个一个人推出去的，是私人联系的增加，社会范围是一根根私人联系所构成的网络，好像把一块石头丢在水面上所发生的一圈圈推出去的波纹。社会关系网络也成为研究和分析中国社会结构的一个重要角度。

涂尔干、布朗和帕森斯均对布劳的宏观社会结构理论产生影响，在布劳看来，社会结构被定义为一个社会的人口在多维空间中的社会地位上的分布。社会结构可以通过结构参数来描述。结构参数是刻画个人属性的特征变量，它们影响人们的角色关系和社会交往，从而引起社会地位的分化，例如教育、职业。结构参数基本分为两类：类别参数和等级参数。类别参数将人口划分成有着不同界限的亚群体，群体间没有内在的级序，例如性别。等级参数是根据某种地位级序来区分人们的。异质性是指人口由类别参数所表示的各群体之间的分布。不平等性是指由等级参数所表示的地位分布。③ 个人的社会属性是复杂而非单一的，复合参数是指类别参数和等级参数的相交叉和加强，社会属性间的相互关联程度，对群体和阶层的整合、社会流动和结构变迁都有较大影响。

布劳对社会结构的阐释都受涂尔干的影响，注重研究社会结构如何决定人们的行动，这忽视了个人在社会生活中的能动性和个人对社会结构的创造性。吉登斯的结构二重性理论认为，以社会行动的生产和再生产为根

①　参见周怡《社会结构：由"形构"到"解构"——结构功能主义、结构主义和后结构主义理论之走向》，《社会学研究》2000 年第 3 期。

②　参见［英］拉德克利夫·布朗《原始社会的结构与功能》，潘蛟等译，中央民族大学出版社 1999 年版，第 211—229 页。

③　参见［美］彼得·布劳《不平等和异质性》，王春光、谢圣赞译，中国社会科学出版社 1991 年版，第 5—187 页。

基的规则和资源同时也是系统再生产的媒介①。社会结构既是由人类的行动建构起来的，同时又是人类行动得以建构的条件和中介，人具有能动性的同时也受客观存在场景的制约。对于个人而言，结构不是外在之物，而是作为记忆痕迹，具体体现在个体的社会实践活动中。②

2. 国内关于社会结构的研究

以上的理论分析，是关于社会结构的一般宏观描述和抽象分析。国内关于社会结构的研究，受美国主流实证主义社会学研究的影响，阶层分析成为研究中国社会结构变迁的主要视角。随着改革开放的深入和经济体制改革，国家权力对社会控制的减弱，市场经济兴起，我国的社会结构正在发生重要变化，与改革之初相比，当前的社会阶层结构开放程度有所提高，这是研究者的共识，但针对中国的社会结构变迁趋势，研究者从不同研究角度得出不同的判断。

陆学艺主编的《当代中国社会结构》中认为社会结构是一个国家或地区的占有一定资源、机会的社会成员的组成方式与关系格局，其中关系格局是指占有一定资源、机会的社会成员在社会行动中所形成的稳定的网络，所以，社会结构被看成社会关系的组合形式③，这点和涂尔干、布朗、费孝通关于社会结构概念的讨论有异曲同工之妙。他认为，当代中国社会的阶层分化越来越趋向于表现为职业分化，并受到组织、经济、文化三种资源占有状况的影响，现代化社会结构趋向于中产阶层的增加。

近几年，关于富二代、官二代、贫二代成为坊间热议话题，这背后透视机会不平等带来的阶层利益冲突，表明阶层间的垂直流动减缓，普通民众社会地位的向上流动越来越困难，家庭背景等先赋因素对社会流动的作用日益强化，后致性作用减弱，社会封闭性增强，阶层固化引起社会学界的讨论。无独有偶，李路路研究发现目前中国社会结构已经出现明显的阶层分化，阶层地位越来越明确，各阶层边界越来越清晰，阶层利益越来越凸显④，当前的社会矛盾和社会不平等与阶层化相关联。孙立平同样认为

---

① 参见［英］安东尼·吉登斯《社会的构成》，李康、李猛译，生活·读书·新知三联书店 1988 年版，第 81—82 页。

② 同上书，第 89 页。

③ 参见陆学艺主编《当代中国社会结构》，社会科学文献出版社 2010 年版，第 10—30 页。

④ 参见李路路《社会结构阶层化和利益关系市场化——中国社会管理面临的新挑战》，《社会学研究》2012 年第 2 期。

在不同的阶层和群体之间缺乏有效的整合机制，城乡之间出现断裂①，阶层之间的流动减少，阶层之间的边界开始形成，社会结构的定型化过程开始出现。② 与上述的阶层流动趋缓，阶层边界日益明显，社会结构定型化相比，李培林认为城乡之间和职业之间的社会流动仍在快速进行，一个新的、庞大的所谓"白领"阶层正在形成③，这与陆学艺对社会阶层结构的判断不谋而合。

（二）研究问题、思路和方法

21 世纪以来，凤凰县处在我国社会结构变迁背景下，又具有自己的特点。首先，凤凰县旅游资源丰富，历史文化悠久，民族文化多元，旅游经济是凤凰县社会结构变迁的重要变量，在这，强调旅游经济发展的作用并不排斥其他因素的影响，只是将旅游业视为主要因素之一。其次，我们不能忽视这样的客观现状，凤凰县位于湖南省的西部，地处武陵山脉南部，云贵高原东侧，湘西土家族苗族自治州境内南部，经济社会发展相对落后，属于湖南省贫困县，近 70% 的人口生活在农村，又是多民族聚居区。以上两点的特殊性，使凤凰县的社会结构的变迁表现出若干不同于一般发展进程的特点。针对以上国内学术界的争论，本文想通过描述分析凤凰县社会结构变迁的状况，探索其背后的动力机制的变化。

在具体操作中，尝试从四个方面考虑这个问题。首先笔者借鉴陆学艺对社会结构的定义和分析框架，结合所能获得的材料，将社会结构具体化为包括作为基础要素的人口结构、体现生存活动方式的就业结构、收入分配结构和消费结构、体现社会地位格局的社会阶层结构。从社会关系的角度思考凤凰县社会流动机制的变化和社会阶层结构的变迁，来回应上述国内关于社会流动、社会阶层边界问题，进而总结凤凰县社会结构的特点。

其次，引入布劳关于社会结构的不平等和异质性的分析理论，从数量的角度分析凤凰县旅游经济发展带来的异质性和不平等的变化，进而思考社会团结和社会整合程度的变化。从城镇化、职业结构两个类别参数分析凤凰县社会异质性的变化。从社会阶层结构、收入分配结构和消费结构三

---

① 参见孙立平《我们在开始面对一个断裂的社会?》，《出版参考》2003 年第 17 期。

② 参见孙立平《社会结构定型与精英寡头统治的初步凸现》，《新远见》2008 年第 11 期。

③ 参见李培林《我国社会结构转型进入新阶段》，河南日报网，http://www.henandaily.cn/content/xxi/baijia/2017/0306/36744.html。

个等级参数分析社会不平等程度的变化。

在研究方法上，由于缺乏相应的统计数据和调查分析，加之有些数据是为了其他的目的而收集，所以很难准确描述凤凰县社会结构的详细演变过程，例如，凤凰县目前社会中间层、社会底层的比例如何难以回答。现根据历年的《凤凰统计年鉴》《湘西统计年鉴》数据资料和座谈、访谈所得的质性材料，将对 21 世纪以来凤凰县社会结构变迁及其社会发展意涵做一鸟瞰式的考察与讨论。

二　人口结构

人口结构是社会结构的基础要素，它与就业结构、社会阶层结构、收入结构和消费结构有内在的关联。人口问题不仅是人口数量的问题，更多是人口结构的问题，涉及人口内在的年龄、性别和空间分布等因素的结构变换。计划生育政策推行以来尤其 21 世纪，凤凰县的人口年龄结构、性别结构和空间分布等人口特征相比较之前都发生了巨大的变化，这种人口结构的变化无不带有经济社会发展和相关国家人口政策演变的印记。

（一）出生率、死亡率和自然增长率

2002 年以来，凤凰县人口出生率和自然增长率总体上呈上升趋势。凤凰县人口死亡率基本稳定在 5.80‰至 7.14‰，在人口死亡率大致稳定的情况下，人口再生产主要取决于人口出生率的变化。2002—2009 年，人口出生率仅上升 0.45 个千分点，上升速度缓慢，自然增长率则一直保持在 5.30‰—7.04‰的水平。2011—2015 年，人口出生率和自然增长率都有所回升，出生率均在 14.40‰以上，最高达到 15.96‰，自然增长率相应提高，最高达到 9.54‰。出生率是研究和分析人口再生产趋势的重要依据。2015 年凤凰县总人口 428294 人，比 2002 年增加 57778 人，人口增长 15.59%。出生率的上升会对妇幼保健、社会福利、文化教育等相关事业产生影响。

凤凰县出生率和自然增长率均高于湖南省全省水平。出生率水平取决于妇女总和生育率和人口的性别年龄构成。而妇女总和生育率受社会政策环境、经济条件的影响。《湖南省人口与计划生育条例》对湘西土家族苗族自治州的生育政策做了明确规定：城镇居民一对夫妻生育一个子女；夫

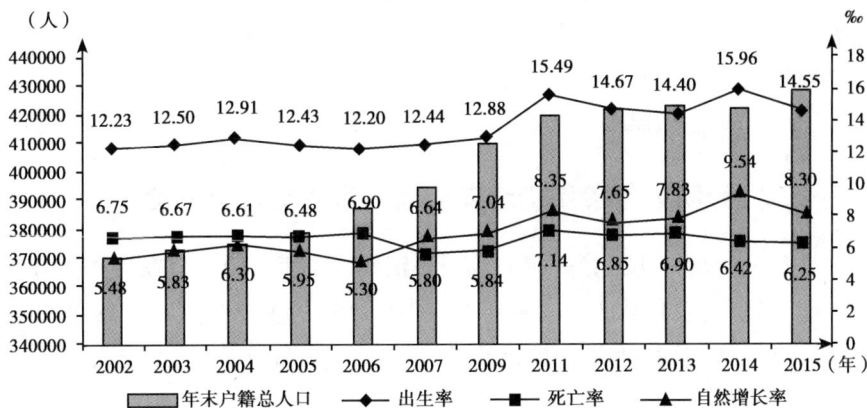

图 12-1 凤凰县出生率、死亡率、自然增长率变化情况

资料来源：《湘西统计年鉴（2002—2013）》和《凤凰统计年鉴（2014—2015）》，2010年数据缺失。

妻双方系农村居民，只有一个子女且为女孩的，可以要求再生育一个子女；夫妻均系少数民族，一方是农村居民的，可以要求生育第二个子女；夫妻均系农村居民，双方或者一方是少数民族的，可以要求生育第二个子女。凤凰县由苗、汉、土家等28个民族组成，2015年，少数民族人口约占全县总人口的78.60%，从户籍角度看，8成以上的居民为农村居民。这种多民族聚居和城镇化率较低的特征使得凤凰县有较多的人符合生育第二个子女的条件，这是凤凰县人口出生率较高的原因之一。

农村高人口出生率会影响到农村居民的收入水平和消费水平以及地区经济社会发展。根据其他民族地区的研究发现①，结合凤凰县的实际情况，可以推演出凤凰县农村户籍人口的总和出生率高于城镇户籍人口，加上农村人口基数大，农村人口增长较快，这直接影响农村居民的收入水平和消费水平，扩大城乡差距，增加社会不平等程度。当然，农村人口增加也有积极的一面，农村人口流向城市，为城市的发展提供劳动力，延缓社会的老龄化速度等。

全面放开二孩生育政策对凤凰县人口压力影响不大。2016年，湖南省制定并通过了《湖南省人口与计划生育条例》，提倡一对夫妻生育两个

---

① 参见王延中主编《社会保障绿皮书：中国社会保障发展报告（2017）》，社会科学文献出版社2017年版，第215页。

子女。卫计委工作人员介绍，在放开二胎政策之前，卫计委做了调研，全县符合生育二孩政策的一共 3721 人，对可以生育的女性的生育意愿调查，其中马上生仅占 31%，不一定要生的 29%，"90 后"的人不想生，"70后"的人想生但不能生。[①]

（二）劳动力年龄结构趋向老化，进入老龄化社会

人口的年龄结构是指一定时点、一定地区各年龄组人口在全体人口中的比重。凤凰县自 2003 年以来，人口年龄结构的主要特点是：18 岁以下和 18—35 岁以下人口比重逐渐下降，35—60 岁和 60 岁及以上人口比重逐渐上升（见表 12-1）。

2003—2015 年，凤凰县 18—60 岁劳动年龄人口占总人口的比重维持在 60% 左右，劳动力人口规模相对比较大，劳动资源比较丰富。但劳动力年龄构成有一个明显的特征：低年龄组 18—35 岁劳动力呈下降趋势，高年龄组 35—60 岁劳动力呈上升趋势。2015 年，18—35 岁人口 118713人，占总人口的 27.72%，与 2003 年相比，下降 3.74 个百分点；35—60岁人口 140910 人，占 32.90%，与 2003 年相比，上升 3.2 个百分点（见表 12-1）。高年龄组的劳动力人口比重的不断增大显示出凤凰县劳动力人口的平均年龄上升，劳动力年龄结构趋向老化。这对居民的职业获得和行业的发展产生不利影响。

表 12-1　　　　　　　　2003—2015 年凤凰县年龄结构[②]　　　　　　单位:%

年份	18 岁以下	18—35 岁	35—60 岁	60 岁以上
2003	26.79	31.46	29.70	12.04
2004	25.45	31.23	31.32	12.27
2005	24.13	31.06	32.16	12.65
2006	23.83	30.59	32.40	13.19
2007	23.29	30.70	32.48	13.53
2008	23.72	30.42	32.08	13.78
2009	23.99	30.20	31.95	13.86

---

① 根据与凤凰县卫计委工作人员于 2016 年 6 月 16 日的座谈资料整理得出。

② 表中年龄段的划分来自《凤凰统计年鉴》，年鉴中并没有对年龄段给出说明，例如，18—35 岁，没有说明是否包括 35 岁，按照作者自己的理解，应该含有 18 岁但不包括 35 岁；35—60 岁年龄段应该是含有 35 岁，但不包括 60 岁；60 岁以上应该包括 60 岁。

续表

年份	18 岁以下	18—35 岁	35—60 岁	60 岁以上
2010	23.94	29.47	32.10	14.49
2011	23.02	29.43	32.80	14.75
2012	23.01	29.43	32.80	14.76
2013	20.36	28.98	33.76	16.90
2014	20.94	28.77	33.53	16.77
2015	22.54	27.72	32.90	16.84

资料来源：根据《凤凰统计年鉴（2003—2015）》计算。

按照联合国的传统标准，一个地区 60 岁以上老人达到总人口的 10%，该地区被视为进入老龄化社会。根据这一标准，在 2003 年，凤凰县 60 岁以上人口在总人口中所占比例达到 12.04%，已是老龄化社会。2015 年，凤凰县 60 岁及以上老年人口 72117 人，占县总人口的 16.84%，同时期，全国 60 岁及以上老年人口占 16.1%，湖南省占 17.17%，凤凰县老年人口比例高于全国水平，低于湖南省水平。2015 年 60 岁及以上老年人口比例比 2003 年上升 4.8 个百分点，2003—2009 年，60 岁以上老年人所占比重从 12.04% 增加到 13.86%；2015 年，这一比重增加到 16.84%，2009 年之后，老年人口的增长速度加快，说明老龄化的速度相对加快。

2015 年，凤凰县城镇居民可支配收入 19035 元，农村居民纯收入 7288 元，同时期，全国城镇居民人均可支配收入 31194.8 元，农村居民人均可支配收入 11421.7 元，凤凰县居民可支配收入低于全国水平。所以，凤凰县的人口老龄化是在经济发展水平较低、人均可支配收入不高、社会和医疗保障体系仍不完善的情况下到来的，呈现了"未富先老"的特征。

（三）　出生性别比失衡

性别结构是人口结构的基本构成，它反映了在一定地域范围内和时间内，人口总数中男女两性人口的性别分布和比例关系。以下介绍的性别结构主要包括总人口性别比、出生人口性别比，它们影响家庭的稳定和社会的长远发展[①]。

---

①　参见湖南省第六次全国人口普查办公室编《迈向小康社会的中国人口（湖南卷）》，中国统计出版社 2014 年版，第 40 页。

　　21 世纪以来，凤凰县总人口性别比略有上升。总人口性别比反映的是总体人口中男性人口与女性人口之比，通常表示为每 100 名女性对应的男性人数，它的数值正常变化范围在 95—105 之间。2002—2014 年，凤凰县总人口性别比在 107—109 之间，高于全国平均水平 105。

　　出生人口性别比远高于正常值。按照国际上长期的观察，在没有人为因素干扰的情况下，生男生女完全由人的生理因素决定，出生人口的性别比较稳定，一般正常范围在 102—107 之间。自 2002 年以来，凤凰县出生人口性别比持续偏高，均在 110 以上，整体走势呈上升态势，2006 年达到第一个高峰值 124.05，2012 年达到第二个高峰值 131.38。2011 年之后，维持在 120，偏高于正常值。

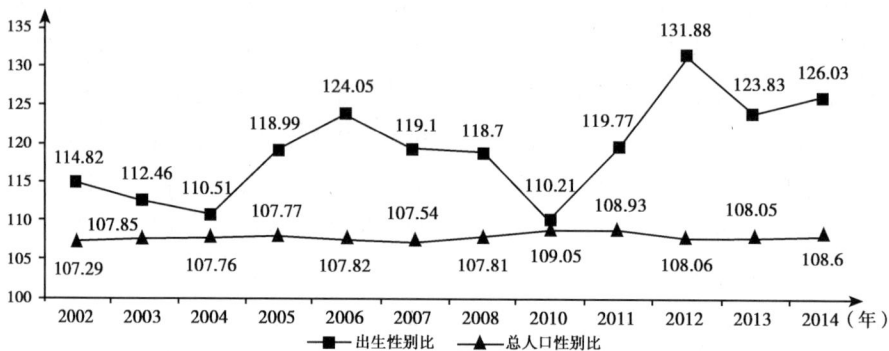

图 12-2　2002—2014 年历年来出生性别比变化情况

资料来源：根据《凤凰统计年鉴（2002—2014）》计算，2009 年数据缺失。

　　出生性别比失衡问题是一个涉及面广、影响深远、干预过程异常艰难的重大人口问题，政府为解决此问题，依法整治"两非"行为、强化出生实名登记、规范医疗服务和开展关爱女孩行动等一系列社会干预行为。2008—2015 年，全国出生人口性别比呈逐年下降趋势，从 2008 年的 120.56 降至 2015 年的 113.51。

　　为什么凤凰县出生人口性别比依然严重偏离正常值呢？首先出生性别比受到生育政策和地区社会经济状况的影响，凤凰县偏居西部，经济社会发展相对滞后，城乡经济水平及结构发展不均衡，居民收入水平均低于全国水平，这间接影响居民对男孩的偏好。其次，凤凰县城镇化水平较低，有 8 成人口为农村户籍，凤凰县地形复杂，部分村庄的海拔较高，生活环境相对封闭，传统的生育观念，如"传宗接代""养儿防老"等传统观念根深蒂固，农村地区性别偏好的变迁速度相对较慢。

再次，凤凰县作为多民族聚居区，以苗族和土家族为主，苗族依然盛行重男轻女的生育观念，医疗卫生的发展和 B 超技术的普及，使得人为选择生育性别从意愿变成现实，为出生性别比综合治理工作带来阻力。凤凰县卫计委的工作人员介绍，少数民族生活聚集区的生活文化环境是如果不生个儿子，和别人吵架都吵不赢，别人会说他绝后，加上农村地区养老保障制度不健全，养儿防老的观念比较普遍。有意进行生育性别选择的人会选择到民营医院或者附近的怀化市、铜仁市的医院做 B 超或人工流产，即便是有人举报，因为没有病历、缴费收据等证据，难以指认哪个医生做的，给我们的工作造成困难。①

除此之外，我们也应该看到，目前从家庭的私领域到社会的公领域，无论从孩子的姓氏继承、财产继承、婚配模式都是以男性为主导的，在这种情况下，为了使生育价值最大化，个体在生育中有着强烈的男孩偏好，这种性别偏好既是传统性别秩序作为结构性安排对个体生育观的形塑，也是居民生育中的无奈选择。②

（四）家庭规模小型化，结构核心化

21 世纪以来，凤凰县家庭人口规模不断缩小。2000 年以来，凤凰县家庭户的平均人口持续减少，一人户、二人户和三人户的比重持续上升，五人户及以上户的比重持续下降。2002 年，城镇家庭户平均人口 4.14人，2007 年，户均人口下降到 3.84 人，2012 年，下降到 3.51 人，四人户的比重不断下降。然而，农村家庭户中四人户比重在不断上升。从家庭结构类型看，核心家庭占据主导地位。从凤凰县统计局 2012 年的家计调查的数据分析结果看，城镇以核心家庭为主，农村两代组成的核心家庭和三代同堂的主干家庭各占 45%。此外，女性在家庭决策中的权力地位上升，夫妻倾向共同管理家庭日常生活。

凤凰县家庭规模、结构和权力的变化，既是受国家计划生育政策演变的影响，也与改革开放以来经济社会发展水平密切相关。计划生育政策是对家庭规模的变化最为突出的国家政策，城镇家庭严格执行独生子女政

---

① 根据与凤凰县卫计委工作人员于 2016 年 6 月 16 日的座谈资料整理得出。
② 参见张红霞《转型期生育的性别偏好与农村传统性别秩序》，《武汉冶金管理干部学院学报》2014 年第 1 期。

策，农村家庭符合少数民族要求和农村户籍条件允许生育二胎，使得农村家庭人口规模大于城镇。然而，政策并不能完全解释家庭规模和结构的变化，经济和社会发展因素仍然发挥着不可忽视的影响。

家庭被视为社会的细胞组织，人口流动也对凤凰县的家庭稳定带来一些挑战。由于劳动力和年轻女性流向东南沿海城市，导致农村留守儿童、空巢老人和大龄未婚男青年增多，带来许多社会问题和矛盾，需要给予高度重视。课题组走访的竹山小学，当地的学生99%是留守儿童，父母外出打工，留下孩子与老人生活。

（五）民族结构基本稳定

21世纪以来，凤凰县民族人口数量基本稳定，苗族人口相对增加，汉族人口相对减少。凤凰县由土家族、苗族、汉族、满族、侗族、壮族等28个民族组成的少数民族聚居区，属于武陵山片区。2015年，少数民族人口共336136人，占全县总人口的78.60%，苗族是凤凰县人口数量最多的民族，有251185人，占总人口的58.65%；汉族其次，有92158人，占21.52%；土家族第三位，有81273人，占18.98%；其他少数民族包括回族、满族、侗族、壮族等，有3678人，占0.86%（见图12-3）。与2001年相比，2015年的苗族和土家族在人口数量和所占比重均有增加，其中苗族人口增加54303人，增长27.58%，增长幅度最大，汉族人口数量有减少趋势。

（六）城镇化程度较低，县城内人口异质性增强

2000年以来，凤凰县城镇化率逐渐提高，但城镇化程度低于湖南省和全国水平。2002—2015年，全县城镇人口从63798人增加到115330人，城镇化率从17.22%提高到31.71%（见图12-4）。然而，2015年全国城镇化率56.1%，湖南省50.89%，城镇化率远低于湖南省和全国水平。自然环境的制约、工业基础薄弱和农业人口比例大等原因的影响也使得凤凰县在短时间内很难提高城镇化水平。

文化旅游产业对凤凰城镇化发展发挥了巨大支撑作用，城镇综合承载能力不断提升。旅游业发展推动了餐饮业、住宿业、交通运输业等相关行业的发展，在该过程中产生的聚集和扩散效应带动人口、资本、产业等要素向旅游中心地集中，于是带动区域内城镇人口的积累和城镇空间结构的

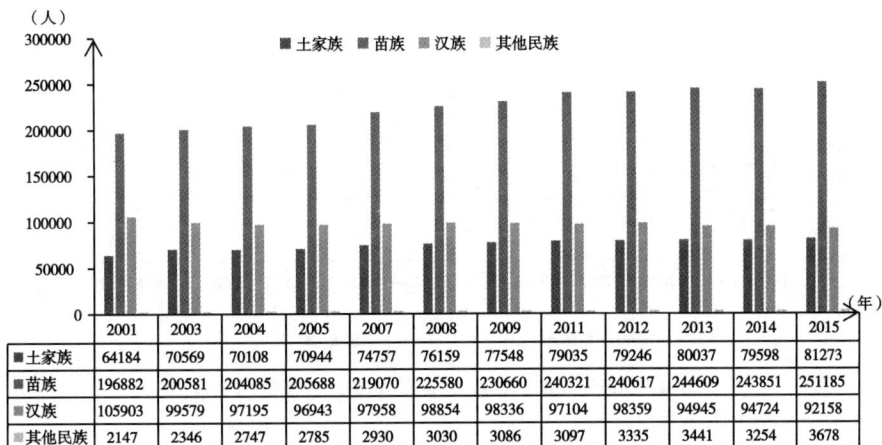

（人）	2001	2003	2004	2005	2007	2008	2009	2011	2012	2013	2014	2015
■土家族	64184	70569	70108	70944	74757	76159	77548	79035	79246	80037	79598	81273
■苗族	196882	200581	204085	205688	219070	225580	230660	240321	240617	244609	243851	251185
■汉族	105903	99579	97195	96943	97958	98854	98336	97104	98359	94945	94724	92158
■其他民族	2147	2346	2747	2785	2930	3030	3086	3097	3335	3441	3254	3678

图 12-3　2001—2015 年凤凰县民族结构构成

　　资料来源：根据《凤凰统计年鉴（2001—2015）》计算，2002 年、2006 年和 2010 年数据缺失。

扩大。随着凤凰县的全面发展，路网、管网、电网等城镇基础设施进一步夯实；教育、卫生、社会保障等公共服务体系进一步完善，沱江镇被定位为县域政治、经济、文化中心以及重要的交通、旅游中心，城镇功能逐渐完善。同时周边的廖家桥镇、阿拉营镇、三江镇等建制镇在中心城镇的辐射和带动下，近几年得到良好发展，承接了由于城镇规模扩大，中心城区向外转移的工业、教育等职能。[①]

　　城镇化水平滞后于经济社会发展进程。2002—2015 年，凤凰县城的经济结构的非农化率（即非农产业增加值占生产总值的比重）从 72.11% 变动为 87.49%，非农化率与常住人口城镇化率之比分别从 4.19∶1 变动为 2.76∶1，两者之间的偏差虽然收缩不少，但仍然很大。如果依据户籍人口计算城镇化率，则同期户籍人口城镇化率从 10.91% 上升到 17.51%，经济结构非农化率与户籍人口非农化率之比仅从 6.61∶1 变动为 5∶1，结构偏差缩小幅度很小，表明制度性城镇化滞后更加突出，凤凰县城乡空间结构变动与经济发展及其结构变动不相适应，社会空间结构内部的不协调性以及它们与经济结构变化的偏差比较大，这对其他方面的结构调整产生了阻碍作用。

---

　　① 参见王兆峰、龙丽羽《民族地区旅游业发展驱动城镇化建设的动力机制研究——以湖南凤凰县为例》，《中央民族大学学报》（哲学社会科学版）2016 年第 5 期。

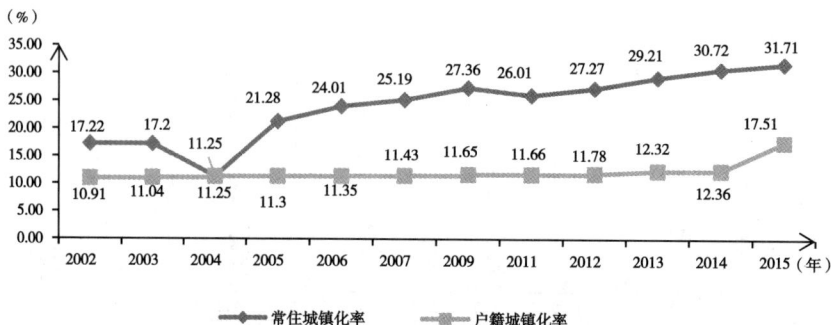

图 12-4　2002—2015 年凤凰县两种统计口径的城镇化率

资料来源：根据《湘西统计年鉴（2002—2012）》和《凤凰统计年鉴（2013—2015）》计算，2008 年和 2010 年数据缺失。

在考察城乡结构问题时，还有一个很重要的方面值得注意，这就是按常住人口统计的城镇化率与按户籍人口统计的城镇化率之间的差距呈现明显的扩大趋势。从图 12-4 中可以看到，基于常住人口的城镇化率基本是逐年上升的，但基于户籍人口的城镇化率则上升很少，结果是两种口径的人口城镇化率之间的差距基本呈逐年拉大趋势。此外，进城务工人口由于未能解决户籍身份问题，难以享有与城镇人口同样的社会福利和社会保障。①

常住城镇化率的统计中除了包括城镇户籍人口，还包括在县城内生活的外地商户、外来务工人员、来自凤凰农村的务工人员。例如，娄邵商会包括来自娄底和邵阳的做建材、房地产的商户和务工人员。在凤凰古城里做家庭客栈和酒吧生意的商户和员工中也有很大一部分来自外地。酒店、家庭客栈和餐馆的多数员工是来自本地农村。除此之外，还有游客，他们虽然不列入统计中，但游客数量和需求的变化也影响了商户、员工和本地居民生活的方方面面，这增加了不同群体接触和交往的机会，增强了游客与本地人互动、不同职业间的互动，政府与当地居民的互动等，有愉快的合作，也有利益的摩擦和冲突，这些都增加了凤凰县的群体异质性。

---

① 参见陈光金《中国大陆社会结构转型与社会发展相关问题讨论》，会议论文。

三　就业结构和职业结构

就业结构又称社会劳动力分配结构，一般是指国民经济各部门所占用的劳动数量、比例及其相互关系，具体体现在就业人口在三次产业之间分布的变化。凤凰县第一产业就业人口减少，第三产业就业人口增加，这种就业人口规模在产业和职业分布的变化增大了社会的异质性。

21世纪以来，凤凰县第三产业就业人口的快速增长，就业结构不断调整，职业结构趋向高级化。2013年，凤凰县全县就业人口25.77万人[①]，比2001年增加4.96万人，增长23.83%，就业人口总量增加。2013年末，凤凰县第一产业就业人口15.08万人，与2001年相比，减少0.87万人，农业从业人员虽然逐渐减少，但依然占5成以上；第二产业就业人口2.42万人，增加1.41万人；第三产业就业人口8.27万人，增加4.42万人，第二、第三产业分别增长139.60%和114.81%，第三产业就业人口快速增长。三次产业就业人口的比例由2001年的76.65：4.85：18.5调整为2013年的58.52：9.39：32.09（见图12-5）。劳动力实现了从第一产业向第二、第三产业的转移，使得全县就业人员在三次产业间的分布进一步调整。

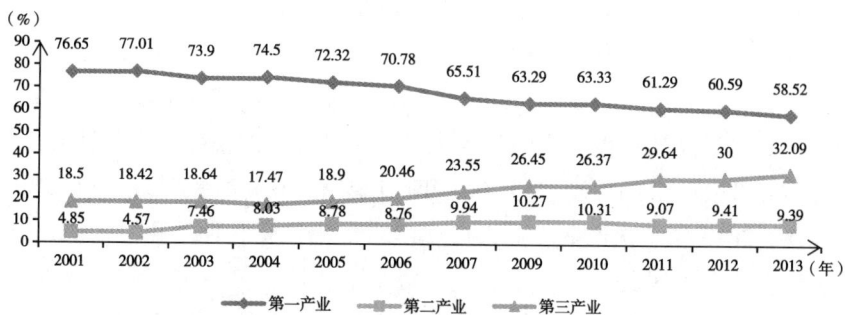

图12-5　2001—2013年凤凰县三次产业就业人口比例变化情况

资料来源：根据《湘西统计年鉴（2001—2013）》计算，2008年数据缺失。

进一步看，2013年在8.27万第三产业就业人口中，2.87万人从事住

---

① 此数据根据《湘西统计年鉴（2013）》中关于按照三产业就业人数的三者相加得出。2001年的数据也是根据《湘西统计年鉴（2001）》中关于按照三产业就业人数的三者相加得出。2013年的数据减去2001年的数据得出就业增加数。

宿和餐饮行业，2.27 万人从事批发和零售业，0.86 万人从事交通运输、仓储及邮电业，这 3 个行业的就业人口之和占 72.55%。从职业结构的角度分析，与旅游业密切相关的专业技术人员、办事人员、住宿和餐饮、批发和零售业等从业人员不断扩张，传统服务业的职业类型所占比重上升较快。与旅游业相关性较小的服务业就业人口增长缓慢，例如，2013 年，从事信息传输、计算机信息服务和软件的从业人员仅有 700 人。

就业结构与产业结构存在偏差。2013 年，第一产业的增加值占 GDP 的比重仅为 13.5%，但是从业人员占全部就业人员的 58.52%，比重相差 45.02 个百分点；第二产业的增加值占 GDP 的比重为 18.1%，就业人员比重为 9.39%，前者超过就业人口比重 8.71 个百分点，第三产业的增加值占 GDP 的 68.4%，就业人口比重为 32.09%，前者超过就业人口比重 36.31 个百分点。

21 世纪以来，传统公有制单位就业人口变化不大，私营单位成为吸纳就业人口的主体。2001 年传统公有制单位就业人口 1.22 万人，2013 年，国有单位 1.13 万人，城镇集体单位 0.05 万人，就业人口变化很小。凤凰县坚持"一业带三化"县域特色经济发展道路，私营经济快速发展，私营经济吸纳就业人员逐年上升，截至 2016 年 3 月，"凤凰县非公有制经济的财政贡献率达 75%，全县非公有制经济企业实际上缴税金占全县实际上缴税金的 65%；非公有制经济从业人数达 4.8 万人，占全县从业人员的 57%"[1]。

职业也是观察社会结构变化的综合测量指标。就业结构和职业结构的变化的深层意涵是凤凰县劳动分工的细化，社会内部组成部分的相互依赖程度增加。例如，旅游发展带动姜糖加工行业的发展和相关就业人口的增加，也间接提高了种姜农户的收入水平。劳动分工的细化改变了社会团结的性质和社会整合的程度。与 2001 年凤凰县有 76.65% 的就业人口从事农业相比，2013 年三次产业就业人口规模的变化和职业种类和结构的提升，从整体上改善了居民的收入水平、消费水平、社会关系网络和社会地位，使得职业与其他因素的叠加改变了人口规模在社会各个维度和等级地位上的分布，增加了社会的异质性和减少了社会不平等程度，这些变化对凤凰县的社会整合和社会秩序均产生影响。

---

[1]　参见《发挥优势、凝聚力量，着力助推新时期工商联工作新局面》，由凤凰县相关部门提供的材料。

四　社会流动

社会流动是指人们在社会分层结构中位置的变化。根据流动的方向，分为垂直流动和水平流动，其中垂直流动根据位置的上下移动，进一步细分为向上流动和向下流动。例如，厨师成为私营企业主，这显然是向上流动。个体社会阶层等级地位的变动主要通过职业流动变化实现，人们通常会比较初次工作的职业地位（初职地位）和现在工作的职业地位（现职地位）的变化，如果没有升降，说明没有发生社会流动，如果变化较小，说明发生了短距离社会流动，如果差距较大或很大（跨越了多个社会等级），那么说明发生了长距离社会流动。

先赋性因素和后致性因素是影响社会流动的重要机制。先赋性因素包括宏观的社会制度、政策的安排和家庭环境背景，后致性因素取决于微观的个人后天努力，它们共同制约个人的发展轨迹。在任何社会内，个人的后天努力都可能促成社会流动，不过在不同类型的社会里流动速率和程度有较大差异。旅游经济带动与旅游直接相关的从业人员超过 2 万人，带动间接相关的从业人员超过 6 万人，与 2001 年相比，城乡之间、中下阶层与中间阶层、中上阶层之间的流动速率加快。

（一）从农业劳动者阶层到私营企业主阶层的向上社会流动

以下用质化、微观的研究路径来丰富我们对凤凰县从个体户到私营企业主的向上社会流动的认识。这 3 名被访者有一些共同的特征：教育程度不高；年龄在 45—60 岁之间；职业经历或者生活经历与从事的行业相关；在创业前的社会地位处于社会下层或者中下层；目前从事的行业与旅游业有直接或者间接关系。

案例 1：妈汝服饰公司主要经营苗族服饰，创始人是一位女性，她曾祖母、祖母、母亲会苗绣，家里曾经营过苗族服饰的家庭作坊，受家庭环境的影响，懂得苗绣技术，后来做了其他工作，凤凰发展旅游之后，发现市场上的许多民族服饰不是苗绣，大多是外地产的，体现不出本地苗绣特色，看到这个商机后，她辞职创业，和丈夫一起开一个卖苗族服饰的小门面，以前的苗族服饰不太符合现在的审美需求，她尝试改进，使它成为民族生活装，随着游客增多，生意也越来越好，成立了公司。夫妻俩有意培养子女，女儿大学学习设计，儿子学习动漫，子女大学毕业后回家帮忙，女儿负责网店和设计，网上销售占 90%。现在公司里的有二十几位女员工，在农村还有 100 多位女员工拿活回家做，她们都会苗绣，今年搬到新建的工业园区，扩大生产。①

案例 2：阿菊是阿菊家政公司的董事长，小时候家庭环境不好，阿菊从 15 岁开始做生意，早上要走 40 里路，到乡里去赶边边场，1982 年，在信用社学做饭，1983 年到烟厂工作，文化低，但工作积极，1998 年下岗。她下岗后，到上海找工作，跟着别人做家政服务，在这之前她的第一任丈夫和最疼爱她的爷爷去世，对她的打击较大。后离开上海，回凤凰自己干，又做家政又洗车，属于个体工商户，第一年生意少，2003 年才做起来，成立有限责任公司。家政服务生意是和旅游一同搞起来了，现在公司有 200 多名员工，这些人原来是下岗职工和老家周边农村妇女，公司享受县工商局和人社局的补贴政策。阿菊本人曾担任过两届湘西州人大代表，一届湖南省人大代表。②

以上两个案例均由个体工商户（以及专业户）转变而成的私营企业主，旅游经济发展对个人的生活造成转折性和持续性的影响，也凸显出个体能动性对于生命发展轨迹的创造性，个人能动性、以往社会资本的累积和对机遇的把握均对他们的事业等发挥了关键性的作用，后致性因素是她们实现向上流动的主要机制。

案例 3：龙先生是政府宾馆的董事长，14 岁的时候，母亲去世，小学二年级毕业，在家务农，20 岁以后到部队当兵，在部队学炒菜的，回来以后经介绍到政府招待所，当时政府招待所需要师傅炒菜，就来这打了 3 年零工，后来得到安置指标。1989 年，招待所因为酒店档次低，生意少，没有生意就承包，但没有人敢承包，龙先生开始接手，他调整房子的布局结构，建房子没钱，找别人垫资，修好房子后找政府帮忙，把房子抵押出去向银行贷款，然后还别人钱，客人的入住环境条件得到改善，随着凤凰县旅游红火起来，宾馆的生意也越来越好，现在筹备在吉首市建一个四星级宾馆，女儿大学毕业后，在政府单位上班。③

他们的成就较少依赖家庭资源，更多是凭借自身的勤奋努力、聪明才

---

① 根据对妈汝服饰公司董事长于 2016 年 6 月 23 日的访谈得出。
② 根据对阿菊家政公司董事长于 2016 年 6 月 30 日访谈得出。
③ 根据对政府宾馆董事长于 2016 年 6 月 27 日访谈得出。

干和凤凰县旅游发展的机遇。龙先生的案例与之前的两个案例相比较，除了共同点之外，他在政府宾馆工作的经验和体制内安置指标，使他能够利用社会关系网络以获取更多的组织资源和经济资源，实现不同社会资本在不同的场域下相互转换。

以上三个案例给我们展现了个体能动性与旅游经济在最近16年的发展长河中如何相互交会，诠释个体的生活轨迹植根于所在的社会特殊历史时期与地域空间，旅游经济作为县域内的客观环境，通过影响个体的生活选择而影响其生命历程的走向，他们三个人的成功是市场经济、社会政策与个体能动性相互作用的结果，说明人具有能动性的同时也受客观场景的制约，诠释结构二重性理论在实践中的应用。人力资本、社会资本及家庭禀赋是个体能力形成的基础，市场经济和旅游业作为外部环境改变了各类要素发挥效用的程度，改变了要素的使用效率，使后致性因素的作用增强，先赋性因素的作用减弱。三位私营企业主，他们实现了从商业服务从业人员阶层向私营企业主阶层的流动，与2001年相比，这三个阶层之间的流动增强，尚未出现固化。

（二）社会资本对不同群体社会流动的影响

以上的分析着眼于制度和个人因素，社会关系网作为非制度因素中影响个人的职业地位获得，当社会关系网络被加以工具性的利用时成为个人的社会资本。不同阶层拥有的社会关系网存在差异，社会资本的功能区别很大。

1. 社会关系网络对农业劳动者阶层和商业服务业从业人员阶层的社会流动的影响

农业劳动者和商业服务业从业人员拥有的组织资源、经济资源、文化资源较少，社会经济地位较低，自身人力资本的缺乏，更可能需要寻求更好的社会关系来获取职位的信息或直接获得工作[①]，因此以地缘和血缘为基础的传统社会关系对他们的职业地位获得和职业流动有重要影响。2005年以前，凤凰县处在市场转型初始阶段，劳动力市场不完善，就业岗位少，农业劳动者和商业服务业从业人员难以通过正式渠道获取就业岗位，加上人力资本缺乏，传统社会关系成为获得职位的重要资本。一位宾馆领

---

① 参见吴愈晓《社会关系、初职获得方式与职业流动》，《社会学研究》2011年第5期。

班介绍了她 2005 年进入宾馆工作的经历："那个时候宾馆少，我是通过熟人介绍过来的，当时没有熟人也进不来。"

信息资源是影响职业获得和职业流动的重要因素，这也是社会关系网络在求职过程中发挥重要作用的关键所在。随着凤凰县经济发展，社会分工越来越细，就业岗位增多，求职渠道也呈现多样化，信息不对称造成的求职阻碍减少。凤凰县就业局工作人员介绍说："目前找工作除了熟人介绍之外，我们有一个职业介绍中心，需要找工作的人到这来登记，企业招人也会到这登记，主要街道有几个广告栏，商铺雇人时，也会在上面写明招聘岗位、招聘要求和工资待遇。"① 职业流动对以地缘和血缘为基础的传统社会资本的依赖性在逐渐减弱。

2. 弱关系对外地个体工商户和私营企业主事业发展发挥重要作用

对于县城内的本地居民来说，亲戚关系、朋友关系、同学关系等较多，因此更好地发挥传统社会关系的效应。对于外地的个体工商户和私营企业主而言，弱关系发挥的作用更大。像家人、亲属和好友等亲密关系属于强关系，而同事、同乡等属于弱关系，弱关系通过在群体或者组织之间建立纽带联系，使不同群体之间相互传递信息和资源。在访谈中，询问被访者在凤凰做生意，亲戚、老友、凤凰县的朋友哪个对生意帮助比较大？有一个在凤凰古城里做银饰生意的个体工商户回答："我老家在江西，是经过湖南的朋友介绍来凤凰县做生意的。我有一个堂哥也在凤凰做银饰生意，偶尔一次我路过他家门口，他好像是怕我看到他做的东西，他工作室里的桌子上放了许多没打磨的手镯，他看到我，赶紧放到抽屉里去，他防备着我，整整两年，我没有去过他家一次。所以我在这的朋友圈子主要是湖南的和本地的朋友。我的生意伙伴也都是凤凰县本地人，我和他们关系很好。"②

中国社会作为情理社会，社会关系、人情和面子在人际交往中发挥着重要的作用。对于外地个体户和私营企业主而言，关系比较亲密的家人、亲属和好友多数不在凤凰县生活，他们为了事业的发展和生活的便利就要建立同乡关系和与本地人的人脉关系，这种弱关系带有特殊的工具性纽带性质，以便信息分享和增加社会资本，达到优势互补。

① 根据对凤凰县就业局长于 2016 年 6 月 23 日访谈得出。
② 根据对纯银坊老板穆先生于 2016 年 7 月 2 日访谈得出。

（三）旅游经济对女性社会流动的影响

旅游业主要围绕游客的食、住、购和娱等需求展开，女性在批发零售贸易、家政、餐饮业和旅游特色商品的生产加工方面有性别优势，这些行业与女性家庭分工角色相关，与女性特质高度契合。因此，旅游业的发展对于女性的职业获得和全面发展具有重要意义。

不同年龄段的女性都可以在服务业找到合适的岗位。旅游服务业可分为"前台"与"后台"两部分，前台服务人员给游客提供面对面的服务，如宾馆前厅接待、导游等，这些前台岗位对从业者的年龄及外形的要求相对较高；而后台服务人员所从事的基本上是一些"粗活"，如厨房帮工、清洁工等，只要身体健康、体力充沛，适合于不同年龄段的妇女。[1] 自 2005 年至 2015 年，凤凰县仅从事住宿和餐饮的从业人员增加 2.57 万人，增长 856.67%，女性从业人员约占总从业人员的 80%[2]，年龄集中在 30—55 岁之间。这些女性主要来自农村和城镇的失业群体，就业使得她们的经济收入提高，社会关系网络拓宽，实现向上的社会流动，但因受教育水平低，从事劳务性工作为主，所以她们只能实现短距离社会流动。

旅游经济的发展对个人和群体的社会流动提供了广阔的空间，个人和群体的社会流动又正在促成凤凰县社会阶层结构的变迁，凤凰县尚未出现阶层固化。旅游经济政策、制度等宏观因素与先赋性、后致性因素、社会资本交织地影响着凤凰县人们社会地位升降的际遇和社会流动趋向，从而改变社会流动的规模、速度、机会甚至路径，改变先赋性因素与后致性因素发挥作用的相对范围和程度。城乡之间、不同阶层、群体和地域间的社会流动加快，改善了社会各个部分之间的结合方式和紧密程度，增加了社会异质性，减少了社会不平等程度。

五　社会阶层结构

社会流动是社会阶层结构变化的充分条件，是构筑社会结构及特征的关键因素。社会阶层结构是最基本的结构，在就业结构、收入结构、城乡

---

① 参见张继涛《乡村旅游社区的社会变迁》，博士学位论文，华中师范大学，2009 年。

② 根据与凤凰县三商会于 2016 年 6 月 28 日的座谈资料整理得出。

结构和消费结构的背后，我们都能看到社会阶层结构的存在。2000 年以来，凤凰县经历着从传统农业社会向现代社会转型、从计划经济体制向市场经济体制转轨的过程，这些转变直接体现在社会阶层结构的现代化变迁上。旅游业的发展不仅对经济增长做出重要贡献，它也推动了凤凰县经济和所有制趋向多元化，带动产业结构转型、就业结构调整和职业结构层次的提升，使得各类职业岗位的从业人员比重出现比较大的变化，影响和改变了各个阶层的比例，形成了多种利益群体。

随着市场化的推进，市场对资源配置的作用增强，以按劳分配为主、各种分配方式并存的利益关系的形成，使得不同职业占有不同的资源和机会，享有不同的综合收益，社会地位分化。正是基于市场经济体制的这种发展，本文采用以职业分类为基础，以组织资源、经济资源、文化资源的占有状况为标准，把社会成员划分成 10 个阶层①。聚焦于农业劳动者阶层、商业服务业从业人员阶层、个体工商户阶层和私营企业主阶层，从数据分析和质性分析的角度探索 21 世纪以来凤凰县社会阶层结构变化的总体趋势。

（一）凤凰县社会阶层结构变迁总体特点

2001 年，农业劳动者阶层规模庞大，社会中间层和上层规模较小，凤凰县的社会阶层结构呈倒"丁"字形。2001 年全县就业人口 20.81 万人，农业劳动者 15.95 万人，占总就业人口的 76.65%，在形状上类似于倒过来的汉字"丁"字形的一横；工业和建筑业的从业人口 1.01 万人，占 4.85%；交通运输、批发、零售以及餐饮业等从业人员 1.46 万人，占 7.02%；金融保险业、地质勘探业等从业人口 1.25 万人，占 6.01%；卫生、体育、教育、文化和科学研究技术等从业人员 0.41 万人，占 1.97%；国家机关、党政机关和社会团体从业人员 0.04 万人，占 0.19%。② 从工业和建筑业从业人员到国家机关等一系列从业人口所占比例非常小，相当于倒丁字形的很长的直柱型群体。

2013 年，凤凰县就业人口 25.77 万人，农业劳动者 15.08 万人，占

①　参见陆学艺主编《当代中国社会阶层研究报告》，社会科学文献出版社 2002 年版，第 3—125 页。这 10 大阶层分别是国家与社会管理者阶层、私营企业主阶层、经理人员阶层、专业技术人员阶层、办事人员阶层、个体工商户阶层、商业服务业从业人员阶层、产业工人阶层、农业劳动者阶层、城乡无业、失业、半失业者阶层。

②　参见湘西自治州统计局《湘西统计年鉴（2001）》，第 99 页。

总就业人口的58.52%，与2001年相比较，这一比例大幅度减小；工业和建筑业从业人口2.42万人，占9.39%；交通运输、批发、零售以及餐饮业从业人员6.18万人，占23.98%；包含国家机关、党政机关、社会团体和教育、卫生等事业单位的从业人员变化不大。[①] 与2001年相比，第三产业从业人员大幅度增加，社会中间阶层规模扩大，社会结构形态形似顶尖底宽的金字塔结构。

以上对行业从业人口比例变化的分析，难以做到精确，略显粗糙。但总体上反映出凤凰县2000年以来社会阶层结构的变化情况。与2001年比，2013年的农业劳动者阶层比例缩小，社会中间层规模扩大，凤凰县社会阶层结构从倒"丁"字形向金字塔形转变。

（二）农业劳动者阶层规模依然较大，商业服务业从业人员阶层规模扩大

21世纪以来，凤凰县农业劳动者阶层规模缩小，但依然是人口最多的阶层。农业劳动者阶层占有的经济资源、组织资源和文化资源都较少，在整个社会阶层结构中的地位较低。2001—2013年，农村劳动力不断流向城市和非农经济部门，第一产业从业人员减少0.87万人，在总就业人口的比重下降了18.13个百分点，农业劳动阶层规模有所减小。农业增加值在国内生产总值（GDP）中所占比重也从2001年的30.02%下降为2015年的12.1%，这从侧面反映出农民阶层较低的收入水平和社会经济地位。

2013年，凤凰县仍有58.52%的就业人口从事第一产业，农业户籍人口仍占8成以上，农村地区较高的生育率和人口基数增加了农业人口的相对规模，抵消了向外流动对农村人口规模的影响，农业劳动者阶层仍是规模最大的一个阶层。随着经济的发展，农业劳动者的数量还将继续下降，但下降速度主要取决于国家层面和凤凰县县域的经济发展以及城镇化进程。

商业服务业从业人员阶层规模壮大。2003—2013年，第三产业中的

---

① 参见湘西自治州统计局《湘西统计年鉴（2013）》，第104页。年鉴中把国家机关、政党机关、社会团体和金融保险业、地质勘探业、教育、卫生等事业单位的从业人员归入其他类别，从表中的国有单位人数1.13万人，城镇集体单位0.05万人，与2001年相比，人口变化较小。

批发和零售业，住宿和餐饮业从业人员分别增加了 1.08 万人和 2.42 万人，其中，住宿和餐饮业增幅达到 537.78%。交通运输、仓储及邮电业从业人员也大幅度增长，商业服务业从业人员阶层在快速壮大。这些从业人员在工作中边学边干，通过自主创业，流向个体工商户阶层和私营企业主阶层，成为凤凰县社会中间阶层。以下从人口特征和职业面临的问题两个方面来分析这个阶层。

从观察和访谈资料看，这个阶层的人口特征有以下几点：女性多于男性，特别是在家庭客栈和酒店、销售、家政公司以及餐饮行业；多为已婚人士，从事商业服务的主要原因是维持家庭生计；35—60 岁年龄段的人员占大多数；初中和小学以下的人所占比例较高。

商业服务业就业人口中多数人没有签订书面的正式劳动合同，属于非正规就业。阶层内部可进一步区分三类群体。①直接管理一线工作人员的监管人，例如领班，他们在本阶层所占的比例比较小，多数签订劳动合同。②从事需要专门技能工作的人员或在稍好环境中工作的人员，例如厨师或导游，他们所占的比例较多，少部分人签订劳动合同。③从事无须专门技能的体力或半体力工作的蓝领员工（如餐厅服务员），他们占的比例最多，多数没有签订劳动合同。

商业服务业从业人员的社会保障程度低。首先是由于商业服务业就业门槛低，市场化程度高、就业形式灵活，员工流动性大，员工自己不愿意签订劳动合同。凤凰古城商会负责家庭客栈的副会长介绍说："我们服务员培训结束之后开始上岗，但最多做两年，就要跳槽，特别是前台，年龄比较小，上手快，经常培训后被别人挖走。2007 年，尝试签劳动合同，结果不行，员工流动太大。"[①] 其次是企业交不起三险一金。阿菊家政服务公司的董事长阿菊介绍说："我们家政服务公司年龄都在 30 岁以上，'40''50'人员占到 1/4，该到退休的年龄，考虑以后的生活保障，所以我现在最大的难处就是交不起养老保险。"[②]

商业服务业从业人员阶层与城镇化水平的关系最为密切。凤凰县服务业发展较快，但尚停留在餐饮业等传统服务业领域，城镇化滞后间接地限制了第三产业的发展。可以预见，随着凤凰县服务行业的产业层次提高和规范化，还将会吸引大量的农业劳动者阶层流入这一阶层，提高城镇化水

---

① 根据与凤凰县三商会于 2016 年 6 月 28 日的座谈资料整理得出。
② 根据对阿菊家政公司董事长于 2016 年 6 月 30 日访谈得出。

平，相当一部分成员将进入社会中间层，实现代内向上流动，从而减少社会底层人员比例和社会不平等程度。

（三）个体工商户阶层规模扩大，私营企业主阶层社会地位上升

2000年以来，凤凰县个体工商户的规模随着旅游发展的推进而不断扩大。截至2016年3月，凤凰县共有个体经济7338家[1]，实际规模比登记数量多得多。经营范围涵盖了批发和零售业、住宿和餐饮业、交通运输等多个行业。这一阶层的主要来源是农业劳动者和商业服务业的从业人员。

凤凰县个体工商户可分为本地商户和外地商户，两者相互学习、竞争。凤凰县旅游开发吸引许多外地商户入驻，外地商户主要从事客栈、酒吧等行业，这部分人租赁当地人的房屋进行商业经营。"这些早期进入的外地人具有资金和先进的管理理念与技术，他们是最开始带动凤凰古城开发的一批人，在凤凰古城的旅游开发中起着重要的作用"[2]，也是旅游经济发展既得利益者。一位商会的副会长介绍说："沱江河两边外地个体商户特别多，在城内街角巷口基本是本地的商铺。河两岸的地理位置好，本地人没有多余钱财投入装修，因此就将房间租出去，一年租金收入7万—8万，多的十几万。有半边街，只有两户本地商家，43户都是外地商户，这个街道是整个凤凰客栈收费率最高，客人最愿意入住的。外地商户比较会做生意，包括网络订房，也是外地人最先开始的，我们后来跟他们学的，现在河两边商铺都搞网络订房。"[3]

个体工商户有扩充和吸纳劳动力的潜力，缓解了社会的就业压力。2010年、2012年，凤凰县共有近200名农民工返乡创业，开办家庭客栈150余家，直接安排就业人员420多人；开办餐馆30余家，直接安排就业人员220多人[4]。这个阶层有一部分人因为某种特长或因为经营得当而

---

① 参见《发挥优势、凝聚力量，着力助推新时期工商联工作新局面》，由凤凰县相关部门提供的材料。

② 参见肖人夫、唐莉霞《从"当地人"利益群体看民族地区旅游开发——以湖南省凤凰县为个案》，《贵州民族研究》2015年第10期。

③ 根据与凤凰县三商会于2016年6月28日的座谈资料整理得出。

④ 参见谢永兴《好风凭借力 凤凰当展翅——湖南省凤凰县就业工作纪实》，《中国就业》2012年第7期。

逐渐积累经济资本和社会资本，扩大经营规模和范围，从而将上升到私营企业主阶层。可见，个体工商户发展得越多、发展得越好，能直接带动凤凰县的就业和经济的繁荣。

私营企业主阶层规模扩大，社会阶层地位上升。随着凤凰县市场经济发展，特别是所有制的变化，对私营经济发展起到推动作用，截至 2016年 3 月，凤凰县拥有私营企业 565 家①，他们是在市场经济发育过程中产生和成长起来的，既是旅游经济发展的既得利益者，也是经济发展的实践者和推动者。私营企业主阶层成员中有一部分是来自产业工人、商业服务人员等，他们通过自身努力实现长距离社会流动，成为私营企业主。在人数上，中小企业的私营企业主构成这一阶层的主体。私营企业主中有一部分人被选为人大代表和政协委员，他们的社会地位、社会声望和经济实力有明显上升。同时，私营企业主关于自身的阶层认同明显提高，认为自己属于凤凰县的中层或中上层。一位家政行业的私营企业主介绍说："我算是归到中层吧，因为做过两届州人大代表、现在是省人大代表，我小时候就想去县里开会、州里开会该多好，现在都实现了，在这方面我在凤凰县城应该是中上层吧，经济地位没有社会地位高，只能算是中层，我现在从事的是微利行业，经济上比不上人家。"②

纵观 21 世纪以来凤凰县社会阶层结构变迁的轨迹，我们看到，城乡之间的社会流动，农业劳动者阶层、商业服务人员阶层、个体工商户和私营企业主之间的流动，从阶层位序和阶层社会生活状况来看，他们属于向上流动，说明凤凰县的社会阶层结构尚未定型化，仍具有非常大的变动弹性，随着城镇化的发展和社会流动的增加，社会阶层结构仍然会发生深刻变化，社会流动与社会阶层结构之间构成互动关系。农业劳动者阶层人口规模有所减少，属于社会中间层的商业服务从业人员阶层、个体工商户阶层和属于中上层或上层的私营企业主阶层规模不断壮大，与 2001 年相比，这些变化增进了阶层内的异质性、减小了社会不平等程度。

凤凰县社会阶层结构的总体特征是从倒"丁"字形社会结构形态转向金字塔形，但还没有形成庞大的社会中间层。城镇化滞后，不利于农业

---

① 参见《发挥优势、凝聚力量，着力助推新时期工商联工作新局面》，由凤凰县相关部门提供的材料。

② 根据对阿菊家政公司董事长于 2016 年 6 月 30 日访谈得出。

劳动者阶层缩小和社会中间层扩张，而城镇化水平与地区经济发展水平相关，作为贫困县的凤凰县还有很漫长的路要走。当然，经济发展水平提高和就业结构调整为社会阶层结构成长创造了条件，但并不必然导致中间层或者白领阶层的增长，它还需要其他的一些条件，比如调节收入差距的社会政策等，这要靠政府"有形的手"运用恰当的社会制度安排，对阶层结构的变化加以调控和引导。

六　收入分配结构

居民收入水平和增长速度是反映居民生活状况的重要指标，同时，它所体现的经济不平等也是社会阶层分化的基础。合理的收入分配制度是社会公平正义的重要体现，党的十八大报告明确指出："必须深化收入分配制度改革，努力实现居民收入增长和经济发展同步、劳动报酬增长和劳动生产率提高同步，提高居民收入在国民收入分配中的比重，提高劳动报酬在初次分配中的比重。初次分配和再分配都要兼顾效率和公平，再分配更加注重公平。"在做大"蛋糕"的同时如何分好"蛋糕"，值得我们研究和思考。

（一）城乡居民收入水平稳步增长，城乡收入差距呈缩小趋势

2000年以来，凤凰县居民的收入水平持续稳步增长，显著地提高了城乡居民的物质生活水平。2015年，城镇居民可支配收入19035.95元，农民居民纯收入7288元，比2003年分别增加14223元和5934元，比2010年增加7911元和3828.35元，与2010年相比，收入分别增长71.12%和110.66%，党的十八大报告提出，到2020年，实现国内生产总值和城乡居民收入比2010年翻一番。从以上居民收入增长幅度变化情况分析，去除价格因素的影响，应该对凤凰县2020年实现居民收入翻番目标充满信心。

城乡居民收入差距趋于缩小。2003—2015年，城镇居民可支配收入从4812元增长到19035元，农村居民纯收入从1354元增长到7288元，城乡居民收入的绝对差从3458元增长到11747元，呈扩大趋势；但城乡居民收入比从3.55缩小到2.61，整体呈缩小趋势。可以说，凤凰县城乡

居民收入差距趋于收敛。这说明凤凰县为缩小城乡收入差距，加强惠农富农政策力度，农民增收效果有所显现。

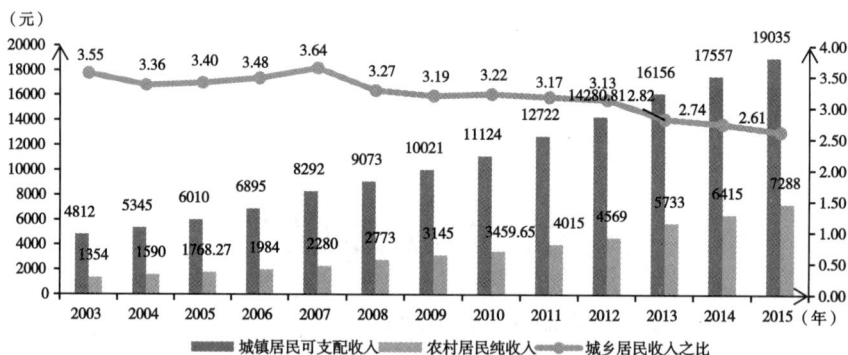

图 12-6　2003—2015 年凤凰县城镇居民可支配收入、农村居民
纯收入和城乡居民收入之比

资料来源：根据《凤凰统计年鉴（2003—2015）》计算。

（二）城镇居民收入水平变迁及影响因素分析

城镇居民可支配收入包括工资性收入、经营净收入、财产净收入和转移净收入①。2003—2015 年，从四大类收入增幅来看，工资性收入和转移净收入稳定增长，构成城镇居民可支配收入的主体。经营净收入和财产净收入绝对值较低。

工资性收入持续增长，城镇居民可支配收入所占比重整体下降。2015年，城镇居民工资性收入 8939.69 元，占城镇居民可支配收入的 46.96%，与 2005 年 3983.16 元相比，增长 124.44%。主要原因是行政事业单位从业人员基本工资和绩效考核奖励上调，凤凰县劳动力成本上升，民营单位从业人员的工资标准逐年上涨。但是，工资性收入在城镇居民可支配收入中的比重呈下降趋势。2004—2012 年，工资性收入在城镇居民总收入的比重维持在 60.45%—68.44%，工资性收入是城镇居民收入的"主力军"。2013—2015 年，工资性收入在城镇居民可支配收入中的比重下降至44.18%—46.96% 之间。在这期间，转移性收入增长较快，导致工资性收入在城镇居民可支配收入中的比重下降。

_____

①　在《凤凰统计年鉴》中 2012 年之前的统计口径是财产性收入和转移性收入，2013 开始调整为财产净收入和转移净收入。

2003—2015 年，经营净收入和财产性收入持续增加，但城镇居民可支配收入的比重较低，且变动不居。经营净收入于 2013 年达到峰值 2606.79 元，自此开始下降，2015 年，经营净收入降至 1238.89 元，占城镇居民可支配收入的 6.51%。经营净收入包括第一产业、第二产业和第三产业净收入。第三产业净收入是经营净收入主要组成部分，2015 年第三产业净收入 1042.7 元，占经营净收入的 84.16%，近 3 年经营净收入下滑的主要原因是第三产业净收入下降。财产性收入的增长主要得益于凤凰县房屋租赁市场的升温。

2003—2015 年，城镇居民转移净收入和其在城镇居民可支配收入中的比重逐年增加。2005 年，转移性收入为 1203.94 元，占城镇居民可支配收入的 20.03%，2015 年转移净收入达到 7537.55 元，占城镇居民可支配收入的 39.60%，转移性收入成为城镇居民收入不可或缺的一部分，制度性保障因素对城镇居民的收入影响比较显著。转移性收入增长分为两个阶段，2012 年之前，转移性收入稳定增长，2012—2015 年，转移净收入快速增长。主要原因是政策性提高城镇居民养老金与离退休金的标准，2014 年城镇居民养老金或离退休金占 6125.26 元，占转移净收入的 84.88%，绝对值比 2012 年增加 3371.6 元，增长 122.44%。

（三）农村居民收入水平变迁及影响因素分析

2003—2015 年，农村居民纯收入构成中，家庭经营性收入和工资性收入是构成农村居民纯收入的主要部分，财产性收入和转移性收入绝对值都较低。但转移性收入在农村居民纯收入中所占比重逐年增加，2014 年和 2015 年分别达到 22.94% 和 23.84%，超过了工资性收入比重。

2003—2015 年，农村居民工资性收入呈"倒 U 形"。2003—2010 年间，工资性收入比重不断增长，其中 2007—2010 年，比重增加较快。主要原因是越来越多的农村富余劳动力向二、三产业转移，加上农民工工资收入不断提高，2008 年外省务工净收入为 230.57 元，2009 年增长到 691.05 元，增幅 199.71%，农村居民工资性收入增长较快。2010—2013 年，工资性收入稳步增长，2014—2015 年工资性收入下降，这 5 年间，它在农村居民纯收入中所占的比重逐年下降，从 2010 年的峰值 42.20% 缩减到 2015 年的 22.06%。这种情况与 2013 年以来全国农民工工资收入增长放缓有关。

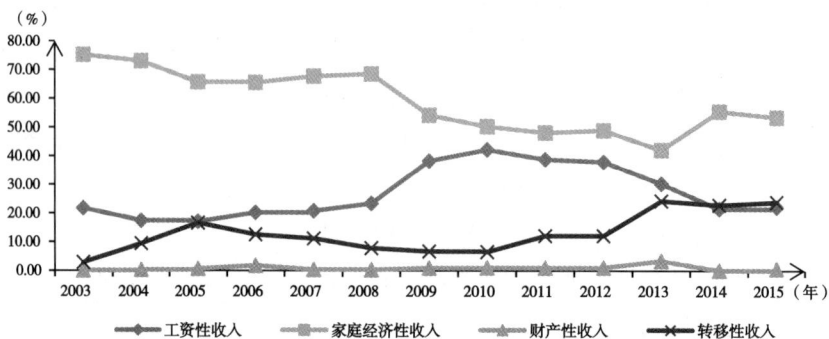

图 12-7　2003—2015 年凤凰县农村居民纯收入构成

资料来源：根据《凤凰统计年鉴（2003—2015）》计算。

　　农村居民家庭经营净收入平稳增长，农村居民纯收入的比重逐年下降。2003 年，经营净收入 1017.78 元，占农村居民纯收入的 75.17%，2015 年，经营净收入 3894.55 元，比重降到 53.44%。2015 年的经营净收入是 2003 年的 3.82 倍，而 2015 年的工资性收入是 2003 年的 5.47 倍。所以经营净收入的增长速度慢于工资性增长。

　　农村居民家庭经营收入重点开始由第一产业转向第三产业。2008 年，在农村家庭经营净收入 1913.01 元中，第一产业净收入为 1720.74 元，第二产业净收入 7.08 元，第三产业净收入 185.19 元，家庭经营净收入主要依靠第一产业。2015 年的家庭经营净收入 3894.55 元中，第一产业净收入为 1762.63 元，第三产业净收入为 2132.94 元，第二产业几乎为零。从这两年的数据比较中发现，在家庭经营性收入中第一产业和第二产业净收入在减少，而第三产业净收入增长 1151.76%，第三产业净收入的增长是农村居民家庭经营净收入增长的主要原因。家庭经营收入是农村居民收入的重要组成部分，在第一产业和第二产业净收入停滞不前，第三产业的净收入快速增长的情况下，在政策上如何提高家庭经营收入中第三产业的收入是着力促进农民增收的思考方向。

　　农村居民家庭经营性收入尤其是农业收入处于较低水平。凤凰县地形复杂，分三级台阶，海拔一般在 500 米以上，季节性干旱频繁发生，因为海拔高，农业机械应用率低，需要投入大量的时间在田间劳作，但是农业生产成本较高，收益较少，使得农村主要劳动力流向沿海城市和凤凰县城以及湘西州。这解释了农村居民家庭经营净收入中第一产业收入减少的现状。

2003—2015 年，农村居民转移性收入和其在农村居民纯收入中的比重逐年增加。2015 年转移收入达到 1737.79 元，比重为 23.84%，超过了工资性收入比重。2010 年之前，转移性收入停留在 250 元以内，2010 年之后，转移性收入快速增长，2013 年迈入新台阶。

这主要有以下两个原因。①外出务工寄回和带回收入增加。2015 年，家庭外出从业人员寄回带回收入 855.47 元，占转移性支付的 43.28%，也主要是这部分的增长，使得转移性收入增加迅速。②农村居民在二次分配中获得的转移性收入增加。2004—2010 年，国家连续出台"一号文件"，取消农业税和农产品特产税，推行退耕还林还草补贴、粮食直接补贴和粮种补贴收入。新型农村合作医疗和新型农村社会养老保险社会保障制度增大了对农村的转移支付。2009 年转移性收入统计中，增加医疗报销费，当年医疗报销费收入 2.86 元，2015 年达到 271.8 元，增长近 100 倍，与村民座谈时，村民对参加新型农村合作医疗比较满意。2012 年转移性收入中增加离退休金、养老金，当年农村居民的养老金 63.97 元。随着老龄化程度加深，农村地区 60 岁以上老人和每月补贴不断增多，2015 年，农村居民离退休金、养老金收入为 692.86 元。

城乡居民收入差距，在我国长期二元经济社会结构下形成，其变化轨迹与我国的经济发展和制度变革相关。凤凰县农村居民以自食其力的"经营性"和"工资性"报酬为主，市场变化对农村居民收入的影响较大，惠农政策补贴对农民收入增长有一定作用，但是影响不明显。

城乡收入结构差异主要凸显在两个方面。首先，农村居民纯收入中工资性收入比城镇居民低很多，2015 年，农村居民工资性收入占城镇居民工资性收入的 17.98%。其次，城乡社会保障体系在覆盖面和内容的不同，是扩大城乡居民收入差距的重要原因。2015 年，在城镇居民的转移性收入的构成中，"养老金或离退休金"的比重占 85.03%，同年，城镇居民的养老金或者离退休金是农村居民的 9.63 倍，与农村居民的转移性收入构成相比，政府的二次分配制度性因素对城镇居民的收入更为显著，这种再分配领域存在的差距，加大了城乡收入分配的不平等程度。

七　消费结构

经济发展和居民收入的增长为居民消费结构变迁提供了物质基础，消费作为社会再生产过程的重要环节，居民消费在很大程度上决定消费水平的总体规模和发展水平，居民消费结构的变迁反过来对社会经济发展的拉动起着重要作用，正确认识和准确分析居民消费特征及变化与影响，记录居民消费结构优化与升级转型，对于加快经济发展方式转变和产业结构调整有积极的研究意义。

（一）城乡居民消费水平提高

收入增长是居民消费结构变迁的动力。2015 年，凤凰县城镇居民的可支配收入达到了 19035 元，人均消费支出 10614 元；农村居民纯收入为7287.92 元，人均消费支出 7505.26 元，城镇居民收入是农民的 2.61 倍，消费是 1.41 倍。城乡居民的收入增长，消费支出也在增长，城镇居民收入增长的一部分可以积累成家庭财富，农村居民收入增长的部分，被不断增长的消费所抵消，难以形成财富的积累，城乡居民逐渐分化为不同社会阶层，消费结构是社会阶层结构的表征，消费层次与社会阶层分化具有内在的关联性。

（二）城镇居民耐用品消费升级，农村缓慢提高

城镇居民家庭生活基本实现了电器化和信息化。2000—2005 年，耐用消费品增长较快，到 2005 年，每百户有洗衣机 92 台，电冰箱 82 台，彩色电视机 120 台，淋浴热水器 72 台，这表明主要家庭电器基本普及，城镇居民家庭的耐用消费品达到较高水平；同时，普通电话 84 部，移动电话 114 部，家用电脑 50 台，城镇居民信息化程度提高；微波炉、组合音响、空调器等成为新的消费热点。2005—2012 年，城镇居民的耐用品消费升级，城镇居民恩格尔系数降至 43.77%，达到小康水平。2012 年，每百户有计算机 80.77 台，照相机 44.23 台，移动电话 276.92 部，接入有线电视网络的电视机 111.54 台，家用汽车 7.69 辆，家用汽车等高档耐用品进入城镇居民家庭。

城镇居民家庭耐用品升级换代的同时，农村居民耐用品消费缓慢提高，说明农民生活状况改善较缓慢。农村居民的消费水平也在不断提高，但是消费增长的速度远远低于城镇居民，截至 2012 年，彩电在农村也基本普及，每百户 102 台，移动电话也达到了 153 部，农村耐用品消费仍然有很大需求潜力，每百户家用洗衣机仅 4 台，家用电脑 6 台，其中接入互

联网的仅 3 台，家用耐用品水平不及 2005 年的城镇居民耐用品水平，2012 年农村居民恩格尔系数为 50.90%。婚丧嫁娶、居住消费、小孩教育和医疗依然是农村家庭消费的重要部分，建新房和买汽车是农村家庭富裕的重要标志。一位苗族妇女的家庭账本折射出农村居民家庭主要生活消费和村里住房消费的变化。

被访者：红白喜事花多少主要看亲戚程度，我们家去年儿媳妇的哥哥请客，我们花了 1 万，其他的白事花了 8000 元。小孩上学一学期花 200—300 元，在城里上幼儿园一学期 2000 元，花钱的主要是红白喜事的钱、小孩上学，我们不出去打工，家里收入不高，儿子结婚时，没有盖新房，冰箱彩电是儿媳妇陪嫁过来的。如果家里有两个人出去打工，一年能挣到 6 万元，可以回来盖新房，村里盖新房要 20 多万，城里买也要 20 多万，家里盖的宽敞，城里只有 80 平方米，村里只有 2 户在城里买房子，有 16 户在村里盖新房子。①

（三）城镇居民服务性消费增长较快，农村居民实际购买力不足，城乡居民消费结构分化

2000 年以来，在消费结构中，城镇居民的居住、交通通信和文教娱乐等服务消费的比重增加。城镇居民的住房消费增长较快，人均居住支出从 2002 年的 293.7 元增长到 2015 年的 2367.4 元，支出比重从 13.53% 增长到 22.30%。服务消费增长也较快，城镇居民的人均交通通信支出从 2002 年的 100.32 元增长到 2015 年的 972.43 元，支出比重从 2002 年的 4.62% 增长到 2015 年的 9.16%；人均教育文化娱乐支出从 2002 年的 316.02 元上涨到 2015 年的 1715.15 元，支出比重从 2002 年的 14.55% 上涨到 16.16%。人均医疗保健支出从 2002 年的 102.12 元上升到 2015 年的 576.52 元，支出比重从 2002 年的 4.70% 上涨到 2015 年的 5.43%。

2002 年时，农村居民的消费结构中，食品支出、住房支出和教育支出占到 70.34%。2015 年，三者所占比重降低到 59.22%。除了食品所占比重大幅度降低之外，教育支出和医疗保健支出所占比重均有所减少。教育支出从 2002 年的 84.2 元增长到 2015 年的 789.99 元，但所占比重从 2002 年的 14.25% 降低到 2015 年的 9.90%；医疗保健支出从 2002 年的

---

① 根据对山江镇老家寨村民于 2016 年 6 月 24 日访谈得出。

65.73 元增长到 728.57 元，所占比重从 2002 年的 11.12% 降低到 2015 年的 9.71%。这显示出农村教育两免一补政策和农村合作医疗政策对减轻农村家庭负担起到一定作用。住房和服务消费所占比重这一阶段有较快增长。农村居民的人均居住支出从 2002 年的 99.13 元增长到 2015 年的 1445.71 元，支出比重从 16.77% 增长到 19.26%。人均交通通信支出从 2002 年的 33.38 元增长到 2015 年的 773.8 元，支出比重从 2002 年的 5.65% 增长到 2015 年的 10.31%。

收入水平是家庭消费的经济基础，同时个体的社会阶层地位也型塑他们的消费方式、态度和行为。城镇居民从耐用品消费增长转变到服务消费增长，住房、汽车、旅游等服务消费为消费热点，较高的收入水平为这种消费结构的升级提供了经济基础。而农村居民则还处在耐用消费品增长向服务消费增长的初期，实际购买能力不足，再加上居住、教育、医疗负担较重，消费结构升级缓慢。从城乡居民收入和消费增长的轨迹可以看出城乡居民消费结构的分化，增加了城乡居民在消费上的不平等程度。

除了经济基础之外，提高消费结构的因素还有居民消费观念的变化和消费政策的调整，收入提高以后，城镇居民对生活质量的要求发生了变化，更加注重消费质量，衣食住行的标准提高，消费从重视满足生理需求转向重视满足心理需求和社会性需求，消费的标示性功能增强。其次，随着住房、教育和医疗领域逐渐市场化，它们作为服务消费所占比重快速增长，使得消费结构从温饱水平转到富裕水平，这种变化受国家政策调整和凤凰县物价水平上升的影响。

八　凤凰县社会结构变迁趋势

21 世纪以来，凤凰县社会结构变迁，无论社会流动机制的转变，还是社会阶层结构的分化，为我们深刻认识中国社会结构变迁的内涵与外延提供了更具象的社会生活图景。

凤凰县社会异质性增加。首先，凤凰县城镇化率逐年提高，城镇综合承载能力不断提升，以文化旅游产业为依托，吸引了大量外地游客、商户、务工人员以及本地农村居民等群体向旅游中心地聚集；其次，旅游业带动了服务业的发展，第一产业就业人口减少，第三产业就业人口快速增长，就业人口规模在产业和职业分布的变化增大了社会的异质性。群体数量的增加和劳动分工的细化，增进了不同群体偶然接触和社会交往的机会，加固了群体间的纽带关系。

城乡差距拉大，社会不平等程度增强。首先，农村户籍人口较高的总和出生率对农村居民的收入水平和消费水平产生消极影响；其次，城乡居民在转移性收入上的差异体现出再分配领域存在不合理倾向，并作为制度性因素加大了城乡居民的收入分配不平等程度；最后，城镇居民服务性消费增长较快，农村居民实际购买力不足，城乡居民消费结构分化。

凤凰县社会结构变动与其经济结构变动密切相关，在旅游经济发展的情境下，产业结构和就业结构的调整使得社会流动的开放性影响因素增强，城乡之间、不同阶层间社会流动速率加快，向上流动比向下流动更普遍，短距离流动比长距离流动更多，社会流动的规则和机制也在发生着变化，后致性因素作用增强，先赋性因素作用减弱，个人依靠自己后天的努力和能力获得向上流动的机会越来越多，一个个不屈不挠的奋斗故事向我们诠释着个人能动性与社会结构制约性的互构，由此可以判断凤凰县尚未出现阶层固化，社会阶层结构仍具有较大的变动弹性，这比较接近陆学艺和李培林对社会阶层结构变迁趋势的推断。凤凰县农业劳动者阶层规模减小，社会中间层规模扩大，社会阶层结构从倒"丁"字形向金字塔形转变，增加了社会的异质性，减少社会的不平等程度，为社会整合、秩序与和谐打造了新的结构整合基础。

第十三章

旅游开发背景下的凤凰文化

凤凰县地处湘西武陵山区，风景秀美。自明代始，就作为中央王朝镇守苗汉边界的重要前哨。作为苗汉交融的重要地带，凤凰文化多元交融，既有民族特点，又有深厚的历史文化底蕴，造就了凤凰自然与人文俱佳的迷人风情。作为全国知名的旅游目的地，凤凰旅游的兴起源于对于文学名著和名人的探访。凤凰也不失时机地抓住了当地独特的历史人文资源，确立了以"山、水、城、人"为主的旅游发展方向，明确了凤凰的旅游发展核心就是自然风光和历史遗迹及人文景观。如今凤凰的经济支柱就是旅游业，而凤凰旅游的核心就是文化。"文化，是凤凰旅游的灵魂。"[①] 本章节在旅游开发的背景下讨论凤凰的文化，首先介绍凤凰厚重多元的历史文化，以及独具浓郁风情的民族文化。其次，在旅游开发的背景下探讨凤凰的文化遗产保护与传统村落保护，指出整体性保护原则是凤凰文化遗产保护与传统村落保护要持守的首要原则，尤其是"文化空间"概念适用于凤凰的文化遗产保护与传统村落保护，这也是国际上文化遗产保护的思路与方向。最后探讨在全球化时代，以及旅游开发过程中，地方文化的全球化，以及全球文化的地方化问题，指出旅游对于地方文化是一把双刃剑。

一　凤凰旅游业发展的文化资源

湘西凤凰县，在人们的印象中，是一个具有浓郁苗疆风情的湘西古

---

① 参见《凤凰苗乡旅游》规划文本，第49页。

镇。神秘莫测的武陵山区、清澈悠长的沱江河水、独具风情的吊脚楼、纯情的苗族少女、充满浪漫情怀的对歌、铁血的土匪、骇人的巫蛊……这些都构成了人们对凤凰的初步印象，这样的印象更多地来自沈从文和其他湘西文人的笔下，世人从文学作品中初识凤凰。所谓的文化旅游寻访的就是"奇异的""神秘的""原始的""古朴的"，也就是与"我"文化迥然相异的不同的文化体验，文人笔下的湘西凤凰正好迎合了人们的这种口味。作为一座有历史厚度的古城，历史的厚重与异域风情的结合，就成为旅游开发的重要资源，形成了以文化为核心的凤凰旅游产业。

（一）厚重的历史文化

凤凰在历史上是"边陲重镇"，因其地理上"南衔楚尾，西接黔边"，是历代中央王朝与西南苗疆之间的重要通道，故而历代中央王朝均在这里驻守重兵。根据《大明一统志》记载，凤凰县在唐以前就有五峒之称，元代五峒改称五寨，五寨长官司的治所就设在现今凤凰县城。明嘉靖年间为进一步进逼苗疆，将麻阳参将即"镇竿参将"移驻五寨长官司，因此五寨司城也被称为"镇竿城"，沿袭至今，成为凤凰的另一名称。清代苗汉冲突加剧，湘西的重心逐渐由芷江移至凤凰，康熙四十三年（1704）辰沅永靖兵备道亦由沅州移驻镇竿城，从此凤凰逐渐演变成为五溪重镇，位于苗汉冲突的前沿。

明清以来，苗汉冲突日益加剧，凤凰一带武陵山区战事频仍。从明洪武元年（1368）到清咸丰十一年（1861），有案可查的战事就有62起。当地有民谣说苗疆是"十年一小乱，三十年一大乱"。如此频繁的战事，造就了凤凰一带独特的军事文化。曾有"无湘不成军"，"无竿不成湘"的说法，说的就是凤凰军人的骁勇善战，这也造就了一大批军事人才。此外，作为苗疆前哨，建造了以凤凰古城为中心的一系列古代军事建筑，至今都成为重要的历史文化财富。如今的凤凰古城始建于明嘉靖三十三年（1554），经过历代修缮、重建、扩建和改造，形成了一座城墙高大，城门宏伟的城池。今天遗留的一段城墙和升恒、璧辉等城门还能依稀看到古代城墙的雄伟。2006年，凤凰古城与其他几处军事城堡一起被列入国家级文物保护单位。苗疆边墙始建于明万历年间，清代也多有修复和改建，形成了一座长300多里的防御边卡。在这道边墙附近修筑了很多的碉卡、炮台、营哨、屯堡等作为驻守之用。至今边墙还有残余，往日的碉楼城垣残迹随处可见，很多村落也以哨、堡、卡、营、濠等为名，都表明了这种军事上的历史烙印。2000 年，苗疆边墙被古建筑专家罗哲文先生认定为中国南方长城，随即声名大噪。2012年 11 月以凤凰古城和苗疆边墙为核心的一系列的军事防御建筑作为"凤凰区域性防御体系"入选中国世界文化遗产预备名录，准备申报世界文化遗产。此外，在凤凰县境内，类似的军事遗迹也非常多，比如天星山苗民起义遗址等，这些遗址都是历史上苗疆战事的历史遗存，向人们诉说着曾经的苦难。

凡冲突剧烈之地，必然是多种文化交融的地带，凤凰也不例外。首先，由于凤凰地处苗汉边界，历代王朝注重凤凰的建制，不仅在凤凰派重兵驻守，也不断从外省调集官军到凤凰镇压苗民起义。仅以乾嘉苗民起义为例，乾隆六十年（1795）清廷集结湘、黔、川、鄂、滇、粤、桂等 7省 18 万官军前来镇压，历时两年，之后还驻留两万绿营兵近十年。这些驻守的将士很多因各种原因未能离开，带来外地文化与凤凰本地文化交融。其次，作为苗汉前沿的重镇，朝廷必派外籍官员前来镇守，这些外籍官员也带来各自家乡的文化，深刻影响着凤凰本地的文化。以乾隆年间治理苗疆的重要官员傅鼐为例，傅鼐为浙江山阴人，驻守凤凰 13 年，他的幕僚多为江浙人士，长时间在凤凰驻守，为凤凰带来了江浙文化的影响。再次，由于朝廷在凤凰多年用兵，凤凰的苗人为了生计，多有从军者，且不乏功绩卓著者，这种从军风气一直迁延至民国直至近现代。这些军人还乡时，也自然带来了外地文化。最后，作为苗疆与中央王朝的通道，商人客旅往来频繁，文化的交融随客商往来而产生。比较多的是江西商人和福建商人，甚至在凤凰城东的青龙山趾沙湾，建了一条街市聚居，被称为"江西街"。在凤凰古城有江西人的会馆——万寿宫，以及福建沿海特有的信仰妈祖信仰——天后宫。这些外来文化与凤凰本地的苗文化相互交融，形成凤凰多姿多彩的多元文化。作为苗汉交会之地，各种文化在这里冲突、摩擦、交融，从一个单一的军事重镇发展为一个多元文化汇聚之城，造就了繁华一时的边地名城，因而凤凰古城在民国时素有"小南京"之称。凤凰古城的建筑，虽有湘西风情的吊脚楼，城内更多的则是徽派风格的建筑，高耸的马头墙，和白墙青瓦，有一种置身江南的感觉。凤凰的宗教信仰交融繁杂，清道光四年（1824）的《凤凰厅志》所载的《厅城图》中就显示，凤凰城在那时就有 31 座寺庙类建筑，分别称为五寺、六阁、五宫、二殿、二亭、四祠、一台。至民国又增加到 40 多座，既有中国传统的儒、释、道，也有凤凰本地的各种信仰，以及来自全国各地的地方信仰，更有来自异域的基督教和天主教，显示了边城有容乃大的气度。① 凤凰的饮食也是汇聚了川、湘、江浙和苗族的特点于一体。因而有学者认为，凤凰是"南方文化的交汇点"。②

凤凰县地处苗疆，明清两朝为了达到同化苗民，便于统治，开办学校，不仅有义学，还有不少私塾，促进了凤凰教育的发展。为凤凰培养了不少人才。③ 同时，凤凰因军事建城，也因军事造就了一批军事人才，这些军人发达之后，认识到文化的重要性，回乡造福桑梓，热心地方文化建设。同治年间，凤凰苗人吴自发出资修建了"竹庐"和"三潭"两座书院，为苗疆培育人才。田兴恕回乡后出资修编厅志，刘士奇上书朝廷，出巨资为凤凰增加文武举人名额，等等，这些都为凤凰后来人才辈出奠定了基础。清光绪、宣统年间，凤凰就有 10 人到日本留学，对于一个边地小城，这不能不说是一个奇迹。后代更有著名的文人学士，如蜚声中外文坛的文学家沈从文，画家黄永玉、科学家肖继美、京剧名旦云艳霞等；政界要员，曾担任过民国内阁总理的熊希龄等。还有一些虽不及上述人物出名，但也非常重要的知名人物，都出自这一化外之地，边塞之城，这不能不令人对凤凰刮目相看。至今，在凤凰，名人故居、宗祠俯拾皆是，包括沈从文故居、熊希龄故居、陈宝箴世家等。古建筑、民居以及古街道，将这座边陲小城点缀得古色古香，其中所蕴含的深厚历史文化底蕴更使这座古城充满了人文气息。

（二）具有浓郁风情的民族文化

凤凰县是以苗族为多数的少数民族聚居县，境内主要少数民族为苗族和土家族，尤以苗族文化风情浓郁。分布在凤凰周边的苗族多为红苗，操湘西苗方言。④ 如果说凤凰古城及其周边的历史文化多是历史的遗迹，留

---

① 参见凤凰县宗教志编纂组编写《凤凰县宗教志》，2014 年，第 5 页。

② 这段内容主要参阅吴曦云《边城凤凰的历史文化》，载《民族论坛》1994 年第 3 期。

③ 参见凤凰县民族事务局组编，吴曦云、吴厚生、吴善淙编著《苗疆边墙——南方长城历史及民俗文化揭秘》，中央民族大学出版社 2009 年版，第 119—122 页。

④ 这一说法来自凤凰本土学者吴曦云，详细论述参看吴曦云《红苗风俗》，香港天马出版有限公司 2006 年版。

下的是静态的文物，那么凤凰苗族的文化则是鲜活的、动态的。如今凤凰的非物质文化遗产很多是苗族文化，比如银饰锻造技艺、蜡染、蓝印花布、苗族医药、苗族鼓舞等。

民居：凤凰苗族民居分为两种，一种为落地式黑瓦房，称吞口式，"吞口"正中设大门，正对堂屋，两侧为厢房；另一种就是干栏式的两层木板房，也就是独具湘西风情的"吊脚楼"。

服饰：凤凰苗族的服饰以银饰为最大的特点，种类繁多，可分为头饰、耳饰、颈饰、肩饰、胸饰、腰饰、肚饰、手饰和脚饰等十大类。一个盛装的苗族姑娘，从头到脚都被银子包裹，靓丽异常。此外，苗族服饰中的绣花也极具特色。

饮食：苗族饮食因地区和支系不同而呈现多样性，概括起来，大致为喜爱酸辣、喜食糯米、喜饮米酒。苗家酸汤是典型的苗族特色食品。

节日：苗族节日较多，而且特色鲜明。最有苗族特点的主要有苗年"三月三""四月八""六月六""吃新节"等。每个节日都有特定的内容，比如"三月三"是男女结交的节日，"六月六"是传统歌节，等等。这些节日目前都被作为旅游开发的重要内容，其中的苗族对歌、跳花等作为特色苗族文化向外推介。

宗教：苗族的宗教信仰多为原始的万物有灵及祖先崇拜，巫傩之风在武陵苗疆曾经极为风行。正因为如此，人们认为苗族是神秘的民族。

医药：武陵苗疆的苗族医药医治跌打损伤有特效，对于内科疾病也有意想不到的效果。被列入国家非物质文化遗产名录的苗族医药主要是医治癫痫。

此外，凤凰苗族的婚姻、丧葬，以及其他民风民俗，比如打猪、椎牛等都有浓郁的地方特色，这些都构成凤凰苗乡独特的人文景观。这些人文景观构成凤凰旅游开发的另一重要基础。

综上所述，凤凰的文化具有军事文化、历史名人文化与苗族民族风情文化融于一体的独特风貌，使凤凰的文化旅游资源在全国具有自己的特色，成为凤凰文化旅游的独特资源。依照"历史"与"民族"两种文化类型，凤凰的旅游划分为"古城"和"乡村"两大基础，① 古城旅游主要是名人故居、历史遗迹等；乡村旅游主要以自然风光、民族民间文化和

---

① 根据对铭城公司副总经理张顺心于 2016 年 7 月 4 日访谈得出。

历史遗迹为主。

二　旅游开发背景下的文化遗产及其保护与传承

(一)　文化遗产的概况与保护

凤凰县历史悠久，文化积淀深厚，留下了丰富的文化遗产。目前，凤凰有县级以上文物保护单位 105 处，其中全国重点文物保护单位 2 处 5 个点，省级文物保护单位 15 处，州级文物保护单位 2 处，县级文物保护单位 86 处。珍贵馆藏文物和各类珍稀化石 1 万多件，是西南地区现存文物古迹最多的县份。仅凤凰古城内就有古街区 5 处，古街弄 20 条，古民居 120 余栋。除此之外，分布在农村的 380 余里苗疆城墙遗存和 848 个城堡碉卡遗存，12 个历史文化名村及 116 处文物遗址，这些被纳入保护规划的文物古迹及其遗存环境总面积达 600 余平方公里。2006 年 12 月，凤凰古城入选中国世界文化遗产预备名录，2012 年 11 月 "凤凰区域性防御体系" 入选中国世界文化遗产预备名录。

凤凰的非物质文化遗产项目有 2644 项，涉及民间文学、传统技艺、传统音乐及戏曲、传统医药、传统美术等诸多方面。经过县非物质文化遗产中心的筛选、甄别、归纳统计后，共收录了 17 大类 808 项。其中民族语言 1 项，民间文学 557 项，传统音乐 52 项，传统舞蹈 10 项，传统戏剧 5 项，曲艺 5 项，杂技 9 项，传统美术 5 项，传统技艺 46 项，生产商贸习俗 11 项，消费习俗 15 项，礼俗 13 项，岁时节令 11 项，民间信仰 16 项，民间知识 8 项，传统体育、游艺与竞技 28 项，传统医药 16 项。包括国家级项目 5 个，分别是纸扎、蓝印花布、苗族银饰锻制技艺、苗族鼓舞、苗医药；省级项目 4 个，分别是湘西阳戏、文武茶灯、湘西苗绣、凤凰扎染；州级项目 19 个、县级项目 48 个。已列入四级传承人保护名录的有 116 人，其中，国家级代表性传承人 6 名（已经去世 2 人）：刘贡鑫（蓝印花布）、叶水云（土家织锦）、麻茂庭（苗族银饰锻制技艺）、龙玉年（苗医药——癫痫病治疗法）；省级传承人 4 名；州级传承人 26 名；县级传承人 80 名（已去世 1 名）；联合国教科文组织授予 "民间工艺大师" 称号的有 6 人。

由此可以看到，凤凰县的文化遗产相当丰富。这是凤凰宝贵的精神家园与财富资源，在凤凰发展旅游业的过程中，这些文化资源就成为旅游业发展的根基。凤凰县也充分认识到了这些文化资源的重要价值，采取了一系列措施保护这些文化资源，在保护的基础上加以开发和利用。

第一，制定相应的法律法规，保证文化遗产的保护有法可依。凤凰县在认真贯彻执行国务院《历史文化名城名镇名村保护条例》的基础上，编制完成了一系列的相关法规和条例，比如《凤凰历史文化名城保护规划》《凤凰历史文化名城保护条例》《凤凰古城涉旅行业转移转型升级的暂行规定》等。这些规则和条例对于凤凰古城的保护具有重要作用，从制度和法规层面上保证凤凰古城的古朴风貌，使其成为凤凰旅游经济可持续发展的基础。

第二，注重宣传和转变人们的意识，认识到文化遗产保护的重要性。针对城乡群众和游客宣传文化遗产保护知识及相关法律法规，使各级领导及广大干部群众把历史文化名城的保护意识从被动变为主动。从2007年至2016年，凤凰已成功举办了六届文化遗产日系列活动，广泛宣传凤凰的文化遗产，使人们充分认识到文化遗产保护的价值和重要性。

第三，保护古城的传统格局和历史风貌。首先搬迁了县委县政府，其次修缮了沈从文故居、熊希龄故居等一系列文物，也对古城内的特色民居提供维修费用。与此同时，县政府发布了《关于凤凰古城风貌整治管理的通告》。其一，解决古城内商业化和文化异化现象。其二，保证古城和沱江风光带视线范围内建筑物的古风古貌。其三，对凤凰历史文化名城中的古城堡，拉毫营盘、黄丝桥古城、舒家塘古城堡、王坡屯古城堡等进行修缮。

第四，在资料和文献整理方面，着手编写和出版凤凰县非物质文化遗产系列丛书。编辑了《凤凰苗族刺绣卷本》《凤凰苗族剪纸卷本》《凤凰傩堂戏原始资料汇编》《凤凰文武茶灯卷本》《凤凰阳戏志》《凤凰纸扎》等民间文学资料600余万字；出版发行了《凤凰茶灯与阳戏考略》《凤凰苗医药史考》等文本，为项目专题研究提供了宝贵的资料。同时，也采用了数字化手段保护非物质文化遗产，记录保存了省级非遗项目"湘西苗绣""凤凰扎染技艺"和国家级非遗项目"凤凰纸扎"等，还包括一些地方性戏曲，比如阳戏、傩堂戏和茶灯等。

第五，文物是物质的、固态的，但是文化是活态的、流动的，有活态的文化，才能使古城的历史风貌在固态的场景中生动和鲜活起来，也才能使文化得以传承和发扬。其一，成立了6个非遗传习所：纸扎传习所、蓝印花布传习所、土家织锦传习所、苗族银饰锻制技艺传习所、阳戏传习所、苗族服饰传习所。1个生产性保护基地：凤凰土家织锦生产性保护基地。9个文化艺术之乡，其中国家级文化艺术之乡2个：柳薄苗族银饰锻制之乡、山江苗族鼓舞艺术之乡；州级文化艺术之乡3个：落潮井苗族鼓舞艺术之乡、茶田傩文化艺术之乡、水打田茶灯艺术文化之乡；县级4个：官庄土家族霸王鞭艺术之乡、柳薄苗族唢呐艺术之乡、木里苗族绝技艺术之乡、山江镇苗歌艺术之乡。其二，凤凰近些年不仅发掘了传统的节日文化，比如苗族"四月八"跳花节、"六月六"苗歌节等，而且将这些节日赋予新的内容和艺术形式，形成了"中国·凤凰四月八民族艺术节"。另外还发展新的节日，成功举办"中国·凤凰苗族银饰节""非物质文化遗产展示会""龙舟节""群众文艺调演"等具有民间特色的群众演艺活动。这些活动不仅活跃了凤凰本地的社会文化生活，提升了民族的自信力和自豪感，也使凤凰的民族文化在这样的文化展演当中提升了知名度，使人们认识到凤凰文化的价值。其三，成立湘西民族文化生态保护区，保护民族生态文化，全县各乡镇也初步形成了"一乡一品"的格局。在2013年3月文化部批准的《武陵山区（湘西）土家族苗族文化生态保护区总体规划》中，山江苗族文化生态核心保护区被正式确定为该"总体规划"中"核心保护区"之一，该镇的黄毛坪村被确定为首批文化生态保护区示范村。

第六，依托"凤凰区域性防御体系"申遗，全面提升凤凰文化遗产的保护。首先，对凤凰全县的文物进行全面普查，共普查文物点635处，新发现120处，其中沱江战国汉代遗址、明清古村落、明代古城堡、明代龙窑群、乾嘉苗民起义遗址等为重大发现。其次，加强遗址地的保护维修等工作，确保文物遗址的安全，同时对基层文物保护人员进行业务培训。再次，深入挖掘凤凰防御体系的历史文化内涵，请吉首大学对苗疆边墙的历史、政治、军事、社会、地方文化、名人等进行全面研究。

（二）文化遗产的开发与利用

文化遗产的保护、传承和发展，不仅是文化项目所必需的，同时也是为旅游发展服务，带动凤凰经济的发展。凤凰县开展文物保护"四结合"的活动，即文物保护与文化遗产保护、新农村建设、农村文化建设、旅游发展相结合的模式，以期把文物保护地建设成有特色的文物保护示范点和农村文化旅游胜地。

第一，对于历史遗迹等进行保护性修复。如前面所提到的，对于凤凰古城遗迹周边的各古村落和城堡进行保护性修复，使这些湮没在历史风尘中的遗迹遗址重新展现在世人面前。

第二，凭借文物遗址的文化魅力，进行文化创新和开发。比如在沈从文故居和熊希龄故居，展示名人的遗物、照片、手稿等，提供人们缅怀名人的场所；重新修复准提庵黄永玉的壁画，开放给游客；等等。将沈从文的名著《边城》改编成为大型山水情景剧，一方面利用名人和文学作品的效应；另一方面也对文化作品进行重新的开发和利用，适应现代旅游的发展。

第三，注重民族文化的传承。凤凰县成立了一批民族文化传习所和传承基地（前文已述），成功地发展了一批新的传承人。除此之外，开展民族文化进校园活动，已经有15个非遗项目分别进入了全县的多个学校。鼓励青年人拜师学艺，这是非遗传承最重要的方式。

第四，鼓励非遗项目进入旅游市场和国际市场。凤凰旅游市场上的银饰和姜糖、蜡染、扎染、蓝印花布等项目的摊点和商铺就有1000多家。非遗项目能够转化成生产力，这是提高非遗传承生命力的关键因素之一。

案例1：苗族银饰锻制技艺传习所，这是凤凰县非物质文化遗产保护中心和传承民族工艺有限责任公司共同合作建立的，旨在对苗族银饰锻制技艺进行挖掘、传承和保护。该传习所成立于2011年6月，发展至今已成为集传承、制作、展示、销售、研究为一体的苗族银饰综合性保护机构。传习所创造的品牌"小红鼠"已经在国家商标局注册，成为湘西地区苗族银饰第一品牌。在生产、展示和销售银饰之外，传习所特别注重银饰技艺的传承，至今共招收徒弟20余人，学徒定期在所内学习技艺，学满艺成后优先录用到公司工作。2012—2013年先后培养和申报成功2名州级传承人。传习所还带动了凤凰县域内的银饰生产和销售，将订单转给县域内的匠人制作，使匠人在家可以制作银饰，由传习所统一销售。这使得散落在县域内的匠人能投入制作和传播这项技艺，促进了村寨苗族银饰的发展。

案例2：蜡染。蜡染州级传承人王曜自己创办蜡染工作室蜡魂，制作手工蜡染服饰和工艺品。一方面这个店传承蜡染的传统手工艺制作；另一方面，也对花色和产品进行创新和发展。无论是服装的样式还是印染的花色，既有传统的特色，又进行了大幅度的创新。蜡魂作为清华大学美术学院等学校的实习基地，每年都有美术专业的学生前来听课和实习。王曜本人也招收徒弟，学徒学成之后或者自己开店，或者从事与蜡染有关的行业。目前还在从事与蜡染相关行业的徒弟还有 6 人。

第五，民族节日的开发和利用。赋予传统节日新的内容和形式，把凤凰本地的节日文化进行开发和包装，如"四月八"跳花节和苗族"六月六"苗歌节。这些节日逐渐成为集中展示苗族舞蹈、服饰和宗教的平台。特别是"苗族银饰服饰节"规模宏大，在国内外有一定的影响。其所展示的不仅仅是凤凰一个地区的苗族服饰文化，而是将凤凰的苗族文化与全国其他地区的苗族文化相互联系，形成一个全国性的苗族文化展示节日。这也符合凤凰为自己的定位，即将凤凰县打造成"全国苗族文化中心"。

（三）整体性保护原则下的凤凰文化遗产保护的问题与思考

作为一个县级单位，从文物遗存和非物质文化遗产项目来说，凤凰县的资源相当丰富。加之旅游业在凤凰的成功发展，期望能把文物保护地建设成有特色的文物保护示范点和农村文化旅游胜地，这种思路实际上也与国际上文化遗产的整体性保护原则不谋而合。前述我们也看到，凤凰的文化遗产保护相对来讲处于比较良好的状态，整体性保护观念也还比较强。但是也存在着很多问题，这些问题既有其他地方普遍存在的问题，也有凤凰自身的问题。最突出的问题是凤凰文化遗产的整体性保护还相对比较欠缺。

1. 文化遗产的整体性保护原则

目前国际上对于文化遗产的保护特别强调整体性原则。1964 年通过的《威尼斯宪章》首次提出了文化遗产的保护要注重整体性的原则，强调对文物古迹的保护也要注重对其依存环境的保护，其对文物古迹的定义是，"历史古迹的概念不仅包括单个建筑作品，而且包括能够见证某种文明、意义重大的发展或某个历史事件的城市或乡村环境"。1994 年，在联合国教科文组织的专家会议上指出："艺术与建筑、考古、人类学与民族学的历史不再只是关注单一的孤立的纪念物，而是关注复杂及多维度的文化组合。这些文化组合以空间的形式展现了社会结构、生活方式、信仰、知识体系，以及展现整个世界历史与现今不同的文化。因此，任何一个证据都不应该被孤立地考量，而是应该被放置到整个背景中，充分理解它与其物质及非物质环境的多层面的相互关系。"① 在此基础上，1994 年的《奈良原真性文件》特别强调了文化遗产原真性的评价不能是单一和静态的，必须也要考虑时间的演进。这样就将物质文化遗产的保护不仅与非物质文化因素联系起来，也考虑到了文化的动态变化性。2001 年，在非物质文化遗产保护方面国际上提出了"文化空间"（cultural space）的概念，即"被理解为一个民间和传统文化活动集中发生的地方（或'物理空间'），也可以是以某一周期性（周期、季节、日程表等）或者事件为特点的一段时间。这个时间意义上以及物理意义上的空间，要靠按传统方式进行的文化活动的发生表明其存在"② 。也就是说，文化空间是一个文化活动以传统方式发生的地点，或者是一段时间，其中包含了人、地点、活动和时间的整合。2003 年《非物质文化遗产公约》特别强调了文化的多样性和特殊性，人在文化中的重要作用，其中包括了非物质文化遗产和物质文化遗产以及自然遗产之间的相互依存关系。在这个公约中，突出了文化实践者和传承者，也就是"人"的重要性。2011 年联合国教科文组织通过了《关于城市历史景观建议书》，明确提出了，历史遗产与环境、人、日常生活在现在以及今后的平衡与可持续发展。③ 之后，随着非物质文化遗产保护日益受到重视，文化遗产保护的整体观，即将物质与非物质文化遗产以及自然遗产之间有机结合的文化视角，以及使文化遗产的保护具有可持续性的观念，被人们接受并认可。④

　　国内比较早提出文化遗产整体性保护的是刘魁立先生，特别对非物质文化遗产的保护提出了要坚持整体性原则。刘先生比较全面地论述了非物质文化遗产整体性保护的原则，主要是对非物质文化遗产的保护应当注重其生存环境和背景，而不是对具体的文化事象进行碎片化和孤岛式的保

　　① UNESCO, Expert meeting on "Global Strategy" and thematic studies for a representative World Heritage List(Uneseo Headquarters, 20–22 June 1994, http://whc.unesco.org/archive/global94.htm).

　　② UNESCO, Report by the Director-General on the Precise Criteria for the Selection of Cultural Spaces or Forms of Cultural Expression that Deserve to be Proclaimed by UNESCO to be Masterpieces of the Oral Heritage of Humanity, http://unesdoc.unesco.org/images/0011/001131/113113e.pdf, 1998, Annex IV p.1.

　　③ UNESCO, Proposals concerning the Desirability of a Standard-setting Instrument on Historic Urban Landscapes, http://unesdoc.unesco.org/images/0021/002110/211094e.pdf.

　　④ 参见宋奕《"世界文化遗产" 40 年——由"物"到"人"再到"整合"的轨迹》，《西南民族大学学报》2012 年第 10 期。

护；以及非遗保护中还注意非物质文化遗产的发展和流变，注重非遗保护的可持续性；还有非遗创造者、拥有者和保护者之间的关系。① "不但要保护非物质文化遗产的自身及其有形外观，更要注意它们所依赖、所因应的结构性环境。不仅要重视这份遗产静态的成就，尤其要关注各种事象的存在方式和存在过程。"② 宋奕则从人类学的角度论述文化遗产保护的整体性原则，"人对物质的文化遗产的占有与控制转变为一种'在家感'，物质的、非物质的文化遗产以及其中的人都是相互联系着的、有着共同的'亲族血脉'的各元素所构成的一个生态总体。这些异质的元素之间彼此互为环境，保持一种和谐的共生关系。同时，在这个后现代视角下的'文化遗产空间'之中，对过去的尊敬与关切化生成一种朝向未来的积极推动力，使得这个空间也具有了时间的向度，呈现出一种与传统人类学有所区别的整体观"。③ 也就是一个人、环境、物质与非物质、时间有机统合在一起的，具有可持续发展的文化遗产保护原则。

我国早在1985年就加入了《世界自然遗产与文化遗产公约》，尤其是近些年在非物质文化遗产的保护上投入了大量的人力和物力，文化遗产保护在国内已经成为热门话题和研究的重点。

2. 整体性原则下凤凰文化遗产保护的问题与思考

第一，青壮年劳力大量外出务工，造成文化传承出现断裂。苗族文化生态区，以及民族文化艺术之乡的设立，在一定程度上是将苗族文化整体保护起来的思路，确实在促进凤凰苗族文化遗产的整体性保护与传承方面起到了积极作用。但是凤凰县15—65岁的青壮年男女大多到广东、浙江、福建等经济发达的东部沿海地区打工。④ 人员大量外流势必造成文化的剧烈变迁，文化遗产的保护与传承面临着后继无人的窘境，特别是非物质文化遗产的保护面临重大问题。

第二，随着时代的发展，传统文化必然要发生变迁。在旅游业的刺激下，凤凰的一部分非物质文化遗产保护和传承较好，但也有为数不少的非

---

① 参见刘魁立《非物质文化遗产及其保护的整体性原则》，《广西师范学院学报》2004年第4期。

② 同上。

③ 参见宋奕《"世界文化遗产" 40年——由"物"到"人"再到"整合"的轨迹》，《西南民族大学学报》2012年第10期。

④ 相关数据可在第四部分"旅游开发背景下的文化变迁"的第一节"凤凰文化的现状"查看。

遗项目后继乏人，面临消亡的危机。比如传统的戏剧阳戏和茶灯，尽管成立了传习所，但发展前景很不乐观，很多传统的唱腔和表演技艺也在逐渐消失。更有些经济效益比较低或者是没有什么经济效益的项目，如三棒鼓、渔鼓、纸扎、苗族凿花等技艺几乎处在消亡的边缘。这些都与非遗保护的碎片化有关，离开了文化的生发土壤，文化事象的保护与传承必然困难重重。文化必然是在发展中的文化，否则文化就只能消亡。因而非遗保护的整体性原则"不仅是就空间向度而言，也表现在时间向度上"①。

　　第三，整体来说，凤凰的文化遗产保护，尤其是非物质文化遗产保护还是延续文化项目的孤立保护。对于单独非遗项目的保护和传承，是将文化中的各个文化事象提取出来，进行孤立的保护，这样所保护的只是碎片化的文化。即使文化的形式能保存下来，文化的内涵也会逐渐消失。虽然伴随着旅游业的发展，有些非遗项目看起来保护、传承和发展的前景还比较好，但也面临着很大的危机和挑战。比如银饰和蜡染等，由于走入市场，与市场结合，有良好的市场经济，因而看起来很繁荣。但随着旅游的发展，原本传统的苗族银饰中有很多代表民族文化含义和特点的符号逐渐消解。在银饰市场上，人们更多的是关注银饰的外在审美艺术，由于离开了苗族文化的土壤，在发展与创新中，会有意无意地丢失原本的文化含义。同样，由于传统手工艺制作耗时耗力，远不如机器生产的快捷和精巧，这也极大地冲击着苗族银饰的手工技艺传承。非遗项目的传承普遍存在传承人"人亡技绝"的现象。因而，如何在非遗的保护、传承和发展过程中，不仅将文化的外在形式保留下来，而且也能将真正的文化内涵传承下来，在时代的发展中既有继承又有创新，这是我们要深入思考与探讨的，正如学者所言："非物质文化遗产的保护既不是将其封闭起来，或者凝固地、静止地加以保护，也不是让其承载者生活在与世隔绝、与时隔离的环境里，而是顺应时代或生活，向时代或生活开放，进行开放性的保护，以保持和延续其生命活力，维持其正常发展，这样才符合非物质文化遗产按自身逻辑演变的文化自在性。"②

　　第四，非遗项目的保护与旅游市场结合，一方面促进了传统技艺保

---

　　① 参见刘魁立《非物质文化遗产及其保护的整体性原则》，《广西师范学院学报》2004年第4期。

　　② 参见平锋《生态博物馆的文化遗产保护理念与基本原则——以贵州梭嘎生态博物馆为例》，《黑龙江民族丛刊》2009年第3期。

护、传承和发展；另一方面也不可避免地造成非遗项目的过度商业化，以及传统文化含义的削弱。比如鼓舞原本是全民性参与的活动，被开发为旅游表演项目之后，鼓舞成为一些演员的专职表演节目，民间的传承反而在削弱。而鼓舞原来也是苗族传统宗教中的一部分，并非只有娱乐功能，但是在旅游展演的舞台上，宗教的神圣性已经消解，完全成为文化商品。

首先，从以上所存在的问题来看，坚持整体性保护的原则是凤凰文化遗产保护的首要原则。这对于凤凰来讲，其古城堡和传统村落就是一个个天然的文化空间，具备整体性保护的良好基础。刘魁立先生说："非物质文化遗产的非常重要的特点就在于它的发生和构成中的混元性、现实存在的共生性以及和生活的不可分割的关系。"① 虽然文化遗产的整体性保护理念与现实情景之间相互冲突与矛盾，但这并不意味着就可放弃整体性保护原则，而是在文化遗产保护中将整体性原则作为思路和方法，减少或是避免文化遗产保护中因为碎片化和狭隘性对文化遗产造成的伤害。

其次，文化遗产保护是在发展中的保护。世界上任何文化都是发展中的文化，所谓的传统也是经过了长时间的发展而形成的，不存在绝世独立，永恒不变的文化，因而需要将凤凰文化遗产的保护与旅游市场结合。凤凰对于苗族节日的传承与发展，以及在传统村落中建立生产性保护基地等措施的前景应该还是良好的。同时还应当注意防范和意图避免文化遗产保护与旅游市场结合过程中所产生的文化的过度商品化与文化异化现象。

再次，文化遗产的保护需要将人与文化遗产结合起来。文化是由人创造的，尤其是非物质文化遗产，是由人代代传承和发展的。因而在文化遗产保护中，要积极培养传承人，除此之外，要注重文化传承的群体性基础。特别是非物质文化遗产，很多非物质文化遗产是群体性传承的，比如节庆、习俗等。有些项目虽然并非群体性传承，但也需要群体的基础才能更好地传承与发展，比如银饰等。离开了人的文化遗产保护所保护的只能是一个文化的外壳，是放在博物馆的陈列品，丢失了文化的生动性与鲜活性。而且至为重要的一点是，创造文化的人应当在文化遗产的保护中处于能动性的地位。当地人对自己文化的解释和理解与学者、精英和地方政府可能存在着差异，让当地人参与到文化遗产的保护中是文化遗产整体性保护的一个重要方面。这也是人类学在文化保护中特别强调的。

---

① 参见刘魁立《论全球化背景下的中国非物质文化遗产保护》，《河南社会科学》2007 年第 1 期。

最后，亟须加强宣传，使人们提升对本民族文化的自豪感和自信心，认识到自己的优秀文化。这些年由于旅游发展，已经极大地提升了凤凰人的文化自信心。而且凤凰旅游的发展所依托的就是这些与其他地方相异的文化遗产资源，在凤凰的旅游发展规划中，也已经明确地认识到了整体性保护凤凰文化遗产的重要性。

整体上来看，凤凰的文化遗产保护已经在有意无意地贯彻文化遗产的整体性保护原则。凤凰文化遗产资源的丰富，与独特的文化空间特征都为整体性保护提供了良好的基础。期待凤凰的文化遗产保护能将物质文化遗存和非物质文化遗产结合起来，并在古老的村落和城堡中有鲜活的人们的生活，以及在时代的发展背景下，文化遗产不仅继承传统的文化含义，而且在此基础上进一步创新和发展，形成一个时间和空间立体交叉，人、物与环境的整合的文化遗产保护体系。这正是凤凰县旅游发展的期望，将凤凰打造成为一个具有家的感觉，传统文化元素相互和谐共生的，具有整体感和时代感的文化旅游胜地。这种旅游发展的思路倒是符合文化遗产的整体性保护原则，虽然艰难，但却是今后的发展方向和原则。

三　旅游开发背景下的传统村落保护与发展

凤凰县有很多古城堡、聚落与传统村落，具有鲜明的武陵苗疆独特的地理特征，独特的军事风貌，以及湘西浓郁的苗族土家族和汉族相互交融的民族文化风貌。无论从建筑学、军事学，还是历史文化上，这些传统村落都有很高的研究价值。正因为这样的特点，也使这些村落具有较高的旅游资源价值，作为一个以旅游为支柱产业的县，凤凰县把保护传统村落作为保护该县的文化根源与文脉传承的方向，是凤凰可持续发展战略的一项重要工作。具体的实施方针是"将保护古村落[1]列入全县文化产业整体规划，全县旅游总体规划，列入乡村规划"。[2] 因而凤凰县的传统村落保护是在旅游开发的背景下全县统一规划，进行统一管理。

---

[1]　由于古村落的界定在学界有一定的质疑，在时间上很难界定，因而学界认为用"传统村落"比较合适。这里的"古村落"乃是引用凤凰县旅文局资料的表述。

[2]　参见凤凰县旅文局文件《凤凰县古村落保护情况汇报（2014 年 4 月 17 日）》。

（一）独具湘西风情的民族传统村寨

凤凰的传统村落主要有以下几种类型。一是山地自然风光型。这些村落以优美的自然山水为主要特点。二是民族文化特色型。这类传统村落主要以苗族村寨为主，具有浓郁的湘西苗族风情，历史文化积淀深厚，建筑特点明显，口承文学发达，是非物质文化主要的承载地。三是军事防御与古战场型。这类传统村落多建于明清时代，主要是过去的军事防御屯堡，后逐渐发展成为村落。建筑格局具有鲜明的军事防御特色，是民族摩擦冲突与交融的见证与产物，具有很高的军事研究价值，也是申报世界文化遗产的重要组成部分。这三类传统村落在全县大约有 43 个。近些年凤凰县已经投入了 6000 多万元，按照规划分步分层次进行开发和整治。其中黄毛坪村、早岗村、竹山村等 8 个村先后被列入中国传统村落名录；老家寨、早岗村、黄毛坪村、东就村、老洞村、勾良村、拉毫村、舒家塘村和菖蒲塘村等 9 个村被列入国家乡村旅游扶贫重点村；山江镇、腊尔山镇等被列为国家苗族文化生态保护试验区。山江镇、冬就村成功申报省级特色旅游名镇名村；老家寨村、冬就村顺利成为湖南省三星级乡村旅游景点；早岗被列入湖南省四星级乡村旅游景点名单。

（二）传统村落保护与开发的思路和理念

凤凰县的传统村落保护基本上是在凤凰乡村旅游开发的思路下进行的，通过对凤凰县乡村旅游资源进行分类统计，将乡村旅游资源划分为乡村自然景观、乡村遗址遗迹、乡村建筑景观、乡村旅游商品、乡村文化遗产等六大主类。[①] 除了乡村自然景观之外，其他五类都与地方文化密切相关，可以大致划分为历史文化、民族民俗文化两大类型，这也是凤凰文化的两大特征。历史文化主要表现为遗址遗迹、乡村建筑等，主要包括南方长城、古城堡村落，名人故居和坟墓等。民族民俗文化主要包括村寨住居及其生产生活、节日庆典、民俗活动、民族民间工艺及艺术，以及宗教信仰等。前者主要是固态的、静止的，后者则是活态的、生活的。两者结合，使凤凰的旅游不仅仅有历史积淀的厚重感，更有鲜活生动的生活感。乡村旅游的这种思路为凤凰古城旅游拓展了发展的方向，增加了凤凰旅游

---

① 参见凤凰县铭城公司规划《凤凰苗乡旅游》，第 29 页。

的鲜活生动的人文风貌。因而凤凰乡村游的主题是："天下凤凰，神秘苗乡。"所谓的苗乡就是苗族传统村落，主要集中在南北两条线路上。北部主要是古老的苗族村寨，以山江镇为集中地区，主要开发苗族民族文化，以提供全时空的体验旅游产品为主。南部主要是沿苗疆边墙，以明清时代遗留的兵营屯堡而形成的村落，利用黄丝桥古城、拉毫营盘、南长城等旅游品牌，挖掘军事文化，丰富军事娱乐体验活动。① 在这种思路的指导下，深入全面挖掘凤凰各村寨的文化和经济价值，根据每个村寨不同的特色，打造一村一品，一景一色，体现不同苗乡的特色，既丰富旅游资源，也避免资源同质化所造成的村落之间的相互竞争。

（三）传统村落的保护方式

1. 建立历史文化核心区

这个传统村落保护思路是由《武陵山区（湘西）土家族苗族文化生态保护实验区总体规划》而来的。这是湘西州结合土家族苗族文化的存续现状，根据文化遗产整体性保护的需要，在全州8县市分别选择了一个非遗资源比较丰富、文化空间相对完好、文化特色非常鲜明的村寨作为试点，通过以点带面，全面推进文化生态保护区建设。这正是凤凰县乡村旅游的开发思路，将传统村落的开发和保护与自然风光景区结合在一起进行综合保护开发，打造重点景区景点。这也是与国际上的文化遗产整体性保护原则相一致的一种模式。传统村落就是一个个天然的文化空间，其中包括人对村落营造形成的村落建筑空间布局，村落周围的田地山林等构成了村落的自然景观，人在村落及其周边空间发生的各种民俗民间活动等构成了整个村落的文化空间。而且村落文化空间并非完全孤立和封闭，节庆、庙会、集市等文化空间是将村落文化空间勾连起来，形成不同文化空间之间的叠加，形成更大范围的区域文化空间。沿着这条思路可以拓宽对传统村落保护的思路，不仅关注到传统文化的整体性保护，而且也关注在保护中的传承、发展和创新。

案例：山江镇苗族文化风情小镇。山江镇是武陵山区土家族苗族文化生态核心保护区之一。依托山江镇，凤凰县期望塑造一个大山江苗族民俗文化游，借助建设山江—老家寨—雄龙—凉灯苗族风情游线路，将周边三

---

① 参见《凤凰苗乡旅游规划》，第58页。

个苗族聚居乡镇及腊尔山片区共 40 个村联合为一个苗族文化生态博览区。在这样一个区域中，注入赶"边边场"、苗族婚俗、苗族"四月八""六月六"民俗活动，引入体验式博物馆理念。一方面带动旅游业的发展，吸引游客参与体验苗族特色风情；另一方面借以保护全县传统村落建设实施文化生态工程，也让村落中的非遗项目得到保护与传承，让传统村落文化、习俗得以延续和发展。目前山江苗族博物馆主要展示静态的苗族生产生活资料等，已逐渐开展了苗绣、纸扎等的制作与展示，同时也进一步在山江博物馆注入活化的民族文化特色。2015 年 4 月 30 日，大型苗族风情剧《苗寨故事》于山江苗族博物馆精彩上演，丰富了凤凰县乡村旅游文化内涵。老家寨按照"古典化、特色化、民族化"的原则，整修了村内石板路、排污系统、山寨大门、沿水库长廊水榭、环湖游步道、亲水码头、停车场等，并对整体环境进行了绿化美化。开启了特色民居保护、居民搬迁、传统农耕园等整修项目。2015 年 5 月 1 日，老家寨景区正式对外开放。周边乡镇的苗族村寨保护也在同步进行，展开了相应的苗族服饰、苗绣、苗族花带等生产性保护项目建设。山江镇正依照民族文化生态核心区的规划和旅游开发的规划进行发展，把山江建设成为以民族文化为核心的风情小镇。目的在于保护古苗族村落，以及其中的活态文化，在发展旅游的同时，使文化得以延续和发展。

2. 整体搬迁集中保护

通常情况下，社会经济的发展对传统文化，传统住居模式会造成巨大的冲击。人们愿意追求更为舒适的居住环境，在经济条件许可的情况下，人们会对居住的房屋进行翻建和重建。为了防止扶贫建房对传统村落保护造成不利影响，凤凰县对一些传统村落采取整体搬迁的方式进行扶贫帮扶和保护。已经整体收购、保护的有老洞苗寨、老家寨苗寨、舒家塘土家寨，下一步将收购拉毫村和黄丝桥古城民居。

案例：舒家塘古城堡是湘西明清时期苗疆边墙系列军事防御工程体系的一部分，也是其中保存最完整的建筑。其村落建筑具有典型的军事防御特征，为研究明清时期的军事、政治及职官制度提供了重要资料，也为研究我国民族传统文化和独特的建筑体系丰富了内容。2006 年舒家塘村被确立为全国重点文物保护单位，2012 年，被列为全国第一批传统村落。2014 年 7 月，凤凰县结合国家传统村落保护，文保单位修复及危房改造工程，组织实施了舒家塘传统村落暨危房改造示范工程。在原村落附近重新建设了舒家塘新村，为村民统一建设了安置房。2016 年 6 月 30 日实施了搬迁入住仪式，首批已全面搬迁入住。

3. 建设生产性保护基地

根据凤凰县旅游发展规划，凤凰的乡村旅游中的四大板块之一就是苗家民俗板块，主要以苗民俗全时空体验旅游产品为主，发挥苗寨服务功能，重点开发苗文化体验产品。因此，凤凰县对苗族的民族民间艺术与技艺等进行开发和打造，申报获批了 9 个文化艺术之乡，包括歌舞、银饰技艺、戏剧等。这些传统村落在旅游开发的规划下，通过对传统民族民间文化的开发和利用，一方面起到带领村寨及其周边村寨脱贫致富的作用；另一方面也保护和传承了民族民间文化。

案例：禾库镇德榜村是一个远近闻名的苗族银饰锻制之乡，其银饰传承历史悠久，可追溯至清朝时期，村内银饰制作氛围十分浓厚。目前，全村约有 11 户 40 余人从事专业银饰加工生产，现有州级银饰技艺传承人 1 人，县级银饰技艺传承人 7 人。根据该村的特点，凤凰县对该村的保护和开发主要集中在银饰的加工展示与技艺传承方面。近些年与苗族银饰锻制技艺传习所合作，该村的银饰加工承接传习所的订单，对德榜村的银饰加工起到了促进作用。2016 年，凤凰县对德榜村的苗族银饰锻制技艺生产性保护基地进行进一步的打造，使其成为凤凰县银饰锻制技艺生产性保护展示和传承的重要窗口。此外，通过整合禾库镇德榜村及凤凰县内文化旅游、环境、人文等资源，扩大苗族银饰锻制技艺对外交流和影响力，致力将苗族银饰锻制打造成为带领禾库镇农民致富的龙头文化产业。

（四）传统村落保护与开发的前景与展望

上述三种凤凰传统村落的保护模式，在我国的传统村落保护中都是常见的模式，在各地已经有很多成功或者不成功的先例。

首先，建立文化生态保护区的保护方式，曾经被认为是对传统文化最好的保护方式。在 20 世纪末和 21 世纪初，在全国各地建设了不少文化生态村或者是生态博物馆。但是这种方式目前面临着重重困境。第一，由于时代的发展，传统的生计方式无法满足人们日益增长的生活需求，越来越多的青壮年离开家乡外出务工，造成村庄严重的"空心化"。比如亚洲第一座生态博物馆——贵州梭嘎生态博物馆，该馆建于 1997 年，1998 年正式对外开放，目的就是希望通过生态博物馆的建设，将梭嘎村进行整体性的保护。但是随着近些年年轻人离开家乡外出务工，传统文化无可避免地发生变迁，生态博物馆目前只是保留形式上的博物馆。① 凤凰县这种情况也非常突出，青壮年劳力大量流出到江浙等东南沿海务工。但是由于作为苗族文化生态核心区的山江镇距离凤凰县城不远，交通方便，在政府和当地人的共同努力下，如果乡村旅游发展得比较好，那么青壮年劳力的回流有望，村落的整体保护也将会延续，凤凰县早期从事乡村旅游建设的有识之士也都对此充满信心。国内这方面也有成功的案例，比如广东省河源市的苏家围村，当村落旅游发展起来，客家民俗村的名气越来越大，村民也从旅游中真正受益，原来外出务工的青壮年纷纷回流。②

其次，整体搬迁的保护模式是国内较早保护传统村落的方式。这种保护方式能比较好地保护传统村落的建筑，以及村落的布局。但是这种保护模式有诸多不利，第一是忽略了村落与人是一个整体，传统村落不仅仅包含建筑等物质文化遗产，更重要的是传统村落的核心是居民，他们是村落传统文化的创造者和所有者。离开了人，传统村落最多只是一个建筑博物馆。缺少了生动鲜活的人的生活，所谓的"文化风情"或者说"民族风情"也就荡然无存。这种传统村落保护实际上是将原本真实鲜活的文化遗产硬生生变成虚假和空洞的建筑物，失去了文化遗产本来的价值。作为旅游开发地，这种保护模式下的传统村落极易过度商业化，反而使传统村落失去了原真性。游客也无法体会民族文化的魅力，最终将影响旅游开发的成败。第二，这种保护模式需要大量外界资金的注入，一旦资金短缺，传统村落的保护就岌岌可危。第三，因为村民已经搬离，村民参与保护传统村落的意识会非常淡漠，这种保护模式基本要靠政府，或者是资金注入方。这种保护模式下，原来的居民从旅游中获得的收益也会非常有限，这与最初希望村民从旅游中获益的初衷相去甚远。第四，居民搬迁模式的传统村落保护，也造成村落文化的剧烈变迁，村落的文化空间会进行重新塑造和整合。这种案例在全国有很多，比如广东中山市翠亨村就是一个典型的案例，引起了村落居民的诸多不满。③ 当然村民易地搬迁的模式并不是

① 参见平锋《生态博物馆的文化遗产保护理念与基本原则——以贵州梭嘎生态博物馆为例》，《黑龙江民族丛刊》2009 年第 3 期。

② 参见魏成《路在何方——"空巢"古村落保护的困境与策略性方向》，《南方建筑》2009 年第 4 期。

③ 参见谢春红《对"居民迁出"式遗产保护路径的效果评价和反思——以中山市翠亨村为例》，《天津商业大学学报》2015 年第 3 期。

一无是处，可以在旅游区位资源不好的情况下进行。将传统村落作为静态的建筑博物馆保留下来，也是一种可以采纳的方式。总之，文化遗产整体性保护原则特别强调历史文化街区应该包括居住在其中的居民和居民的生活。人及其生活，与其创造的居住场所和周围的环境，是一个整体的文化遗产。整体搬迁的保护方式违背了这一原则，不到特定的时候，可以尽量不采用这种保护方式。

再次，建设生产性基地的传统村落保护方式目前是一种调动村民主动参与传统村落保护的方式。自从 20 世纪 80 年代墨菲（Peter·E. Murphy）提出旅游研究中社区参与的概念之后，[①] 目前学界已经基本达成共识，认为良好的旅游发展模式必须重视地方社区的利益，必须要使当地人真正成为旅游发展的受益者，地方参与是非常重要的模式。凤凰文化艺术之乡的设立，就是期望通过传承和发展传统民间技艺，发展旅游使村民受益。因而充分调动村民的积极性，参与到村落保护中，就是必不可少的。目前凤凰这三种传统村落的保护模式基本上是政府主导型的模式，即使有村民参与，也大多是象征性的，多是政府单方面的咨询或者是告知政府的计划，村民主动参与并有发言权的机会不多。但建设生产性保护基地，则必须调动村民的积极性，使其参与其中。2012 年，文化部出台了《关于加强非物质文化遗产生产性保护的指导意见》，特别指出，"非物质文化遗产生产性保护是指在具有生产性质的实践过程中，以保持非物质文化遗产的真实性、整体性和传承性为核心，以有效传承非物质文化遗产技艺为前提，借助生产、流通、销售等手段，将非物质文化遗产及其资源转化为文化产品的保护方式"。在前述德榜银饰村的例子中，我们已经看到，由于与旅游市场对接，村民在银饰锻造中已经获得了良好的收益，这吸引了村中以及其他村寨的村民加入银饰锻造行业。而且将非遗的保护置于村落的文化空间之内，有利于文化遗产的整体性保护。与其他 8 个文化艺术之乡类似，其原则就是在政府的主导下，村民积极参与，形成特色村寨，与旅游市场对接，使村民能够从中真正受益，这样才能保证传统村落的保护与发展。这种方式目前看来具有相对比较好的前景，村民主动参与其中，如果从中受益，那么村寨的活力以及特色能够继续传承，并在传承中创新和发展，实现村寨与人共生发展的可持续发展态势。只是目前还处于起步阶

---

① Peter E. Murphy, *Tourism：A community Approach*, New York and London：Methuen, 1985, pp. 155–176.

段，今后的发展如何，还需要假以时日。

　　村落所承载的是人们鲜活的生活，既包含物质文化遗产也包含非物质文化遗产。说到底，传统村落的保护是将一个完整的文化空间保护下来，使文化在这样的空间中继续生存、发展，它所延续的就是人们的生活，也就是人类学最终倡导的文化的整体性得以保持和延续。传统村落的产生是以人为基础的，因而其保护和发展也是以人为根本，从而使作为文化空间的传统村落具有生命力与活力，这样的保护才是最终可持续性的保护发展之道。

四　旅游开发背景下的文化传承与变迁

（一）凤凰县文化的现状

1. 繁荣的文化艺术活动

　　凤凰县在明清两代就在中央王朝同化政策之下开办义学，兴建私塾，加之地方精英重视文化建设，造就了凤凰县文人辈出的局面。清末至民国时期，凤凰县文人多在从政之余撰写诗文，虽刊行不多，但在凤凰县形成了浓厚的文化氛围。1949 年以后，凤凰县的文学艺术创作蔚然成风，出现了不少名人名家。在如今经济大潮席卷整个社会的时候，凤凰县依然保持着浓厚的文化艺术的传承氛围，文学、美术、书法、音乐方面人才辈出。在凤凰县有各类文化艺术团体 113 个，涉及文学、诗歌、戏剧、舞蹈、民间工艺美术、摄影和民族文化等多个领域，而且这些团体活动频繁，出版发行了不少凤凰县本土的报纸杂志和书籍。凤凰县的文学艺术创作在国内也属于比较引人注目的，最为突出的是凤凰本土作家刘潇的长篇小说《篁军之城》，该书由中国青年出版社于 2014 年 9 月出版，入围第九届茅盾文学奖。据县文联主席介绍，每年凤凰县都会举办文学艺术界的笔会，参与者甚众，这在当下经济主导社会的时代是十分少见的。

　　（1）文学艺术创作活跃，佳作频出。凤凰县活跃着一大批热爱文学艺术的人士，每年都要创作大量的文学艺术作品。据初步统计，2007—2011 年，共创作各类文艺作品 1281 件（幅），其中美术书法作品 606 幅，摄影作品 394 幅，音乐作品 63 首，舞蹈作品 54 个，诗歌散文 164 篇。在这一系列优秀作品中，获得国家、省级以上奖励或在同级刊物中发表的有

23 个，在州级以上获奖的有 100 多件（幅）。

（2）民族民间文化的研究。在凤凰县有一批致力于从事民族民间文化研究的本土学者，对凤凰县的历史文化、民族文化进行了深入的研究。比较突出的学术团体就是凤凰苗学会，该学会成立于 20 世纪 90 年代，专事研究凤凰苗族历史文化。学会成员都是凤凰各个行业中热爱凤凰历史文化的有志之士，目前有五六十人。该学会活动频繁，不定期开展学术讲座，发简报，和从事相关课题研究，出版了不少论文集。该学会广泛开展与外地苗学会的交流活动，比如贵州和云南等的苗学会，促进了凤凰县苗族历史文化的研究。凤凰县本土学者出版的本土学术书籍主要有：《苗族与凤凰》《红苗风俗》《铁血镇竿兵》《湘西苗族史俗钩沉》，搜集整理了《隐逸诗稿》《苗族老司》《东部苗族婚恋歌谣大全》《凤凰县民族志》等。这些书籍对凤凰县民族民间文化的研究，以及近些年的非物质文化遗产保护起到了重要作用。

（3）凤凰县的基层文化建设相对比较完善，群众性自发的文化活动活跃。乡镇综合文化站建设工程从 2007 年开始试点，至 2011 年全县 24 个乡镇已全部建成。这些文化站为乡镇开展文化活动提供了极大的便利。在凤凰城乡都有群众性的文化广场，由于旅游业的发展，有不少民间自发组织的民族民间活动。在凤凰古城的文化广场，每天都有群众自发组织的广场对歌，人们买菜、逛街，空闲时间都可以到这里一展歌喉。在文化旅游的思路下，充分发掘民族民间文化成为凤凰文化发展的重心。因而凤凰县开展了"欢乐潇湘·民俗凤凰"民族文化回家活动，组织凤凰本土民族民间文艺表演，带动民族民间文化的传承与发展。

（4）与旅游结合，产生了大量新的艺术形式，凤凰的演艺场所也大量增加。凤凰的各个酒吧都有不同形式的音乐会、歌唱演出等。比较有特色的如大型舞台剧表演《烟雨凤凰》《边城》《苗寨故事》等。2013 年 8 月 23—25 日在凤凰县体育中心举办首届"凤凰边城音乐节"，打造湖南首个根源音乐品牌，促使本次音乐节真正成为一个具有湘黔川渝民族特色的、有影响的文化品牌。作为凤凰古城旅游经营者的古城公司也举办了一系列大型的文化活动，为凤凰旅游促销，比较知名的有"从文文化节——凤凰古城有奖征文大赛""凤凰古城全国摄影大奖赛""南长城——中韩围棋邀请赛"等。在旅游发展的带动下，凤凰文化既有传承，也有创新和发展。

2. 外出务工造成凤凰乡村文化的衰落

随着时代的变迁，全球文化之间互动日益频繁，对地方传统文化造成了不小的冲击，一些地方传统文化处于衰退和萎缩状态。凤凰县民族文化也面临着同样的困境，加之近些年凤凰县苗族大多外出务工，对民族传统文化的冲击正以加速度的方式进行着。语言、服饰、民间习俗、苗族手工艺、民间艺术等传统文化面临巨大的挑战。

根据凤凰县民族研究所唐建福先生的研究，凤凰县 15—65 岁的青壮年男女大多往广东、浙江、福建等经济发达的东部沿海地区务工。年纪偏大或拖儿带女不便出去的人，有不少在农闲季节到附近的吉首、凤凰等周边县城打短工。2013—2014 年初，对凤凰县米良乡全乡、麻冲乡 4 个村、山江镇 5 个村、腊尔山镇 7 个村、两林乡 3 个村等进行调查，发现每个村的青壮劳力外出占 85% 以上，全家出去的占 10% 左右。[①]

大量苗族青壮年外出务工，对苗族传统文化的冲击极为剧烈。以苗语为例，40 岁以下的苗族使用汉语的情况比较普遍，外出务工之后，更是使用汉语。根据唐建福先生的调研，在凤凰除了山江镇苗语传承较好以外，其他乡镇的苗语使用情况都不乐观，相当一部分家庭的家庭语言已经转为汉语。一些在外地出生的打工者的后代基本不会讲苗语。苗语的衰落造成以苗语为载体的民族文化的衰落，比如苗族对歌，40 岁以下的人基本上不会唱苗歌。笔者在凤凰县文化广场看到的群众自发对歌活动基本上没有年轻人参与，参加者大多为 50 岁以上的人。苗族对歌由以往的大众化演变成现在的专业化，在民间的传承难以为继。苗族的传统宗教信仰也面临着失传的局面，很多苗族传统的民间艺术和习俗也在飞快流逝。

（二）文化创意与文化展演

1. 文化产业

凤凰县的旅游主要是文化旅游，民族文化是凤凰文化旅游产业带动战略的基础和灵魂，离开了凤凰独有的民族文化底蕴，文化旅游产业就成了空中楼阁。因而凤凰县与旅游相关的企业都离不开文化产业的发展，这些企业长期以来均从事特色文化旅游产品的开发和生产，既对凤凰传统的文化和特色产品进行开发和生产，也根据凤凰县的特点开发文化创意产品。

---

① 参见唐建福《城镇化与苗族文化》，凤凰县民宗局资料。

政府也在不断扶持凤凰县的文化产业，前文介绍的苗族银饰锻制技艺传习所，就是凤凰县非物质文化遗产保护中心和传承民族工艺有限责任公司共同合作建立的。

案例：湘西山谷居民文化传播有限公司。这是一家以苗族服饰为主营的企业，以苗族服饰的因素为创意元素，设计具有苗族绣花和服饰特点的服饰、箱包等。产品以苗族刺绣为主打，产品色彩艳丽，具有鲜明的苗族特点，所设计的手提包曾作为国家级礼品赠送国外友人。

类似这样的文化产业企业，一方面起到了传承和保护民族工艺的作用；另一方面，也促进了民族工艺的发展和创新。没有发展和创新的文化必将走入衰亡，因而文化的保护和传承是在发展和创新中的保护和传承。

凤凰县已经对文化产业的发展做出了进一步的规划，在"十三五"期间，会大力发展文化产业，将民族文化的保护与民族文化产业的发展结合起来。

第一，在山江镇建设了山江苗族手工艺产品一条街，主要出售苗族的手工艺品。

第二，建设凤凰县民族工艺产业园。由县工业集中区统一规划部署，在工业集中区规划100亩左右的民族工艺产业园，目前已经建成，即将投入使用。展示非遗产品，演艺苗族习俗，研究开发非遗项目，提高非遗商品附加值，扩大销售领域，走发展特色文化产业专业化生产路子。

第三，扶持50家民族工艺企业。每年培养10家民族工艺企业，争取得到县、州民委及相关系统的贷款、贴息政策，以及税费优惠，进行大力扶持和培育。

第四，成立以开发凤凰、繁荣凤凰、发展凤凰文化为宗旨的文化创意产业公司，把具有凤凰地域特色和民族风情的民族工艺品创意设计、文化旅游开发、演艺剧目制作、特色文化资源向现代文化产品转化。

第五，打造酒吧、非遗文化街。以苗族银饰、蜡染、印染、纸扎、草编、织锦和姜糖等非物质文化遗产为主打特色，扶持一批有名望、有技术、有条件的传承人和艺人开专卖店，进行现场展示、展演、展销，使民俗民间文化和非物质文化遗产保护工作得到扶持和发展。以富源小区到虹桥地带沿河两岸现有酒吧为基础，打造一条以游客休闲娱乐为主的酒吧、清吧、咖啡休闲屋为主的文化娱乐一条街。统一规划、统一布局、规范经营、环保安全，力求建成一条"四省边区"颇有名气的酒吧文化街。

第六，打造一批文化艺术之乡。即前面已经提到的 9 个文化艺术之乡，在此基础上，再建造一批具有民族特色村、民族生活习俗村、民族绝技表演村等为一体的民族特色艺术村。

2. 文化展演

所谓的文化旅游，其实就是将具有地方特色的文化拿来作为展示和表演的对象，使之成为文化商品，以此来获得经济效益。美国学者密尔顿·辛格（Militon Singer）将"文化展演"（cultural Performance）界定为既包括戏剧、音乐会、讲演，同时又包括祈祷、仪式中的宣读和朗诵内容，仪式与典礼、节庆，以及所有那些被我们通常归类为宗教和仪式而不是文化和艺术的事象。辛格认为文化展演中"封装"（encapsulate）着值得关注的文化信息，而且通过展演，人们也可以认识其中蕴含的观念内容。[①] 也就说作为展演的文化带有一定的文化信息、群体意识等。文化展演通常也被认为是被展示的交流行为（acts of communication that are put on display），通过展示者和参观者的互动，文化意义得到阐释和建构。[②]

凤凰县的旅游主要是文化旅游，也就是将凤凰的文化作为展演的对象，展示给国内外的游客。在凤凰的旅游规划中，从苗乡自然景观、苗乡人文风俗、社会时尚休闲三个方面入手，全方位展示凤凰的文化和风情。也就是将凤凰的自然风景、苗族节日、苗族风俗、苗族服饰、苗族饮食、苗族宗教、苗族歌舞等全部作为文化展演的对象。

第一，节日展演。前文已经提到，节日作为民族文化的全面体现，被凤凰充分利用。

第二，培植民族民间文艺表演与宣传队。凤凰打算每个乡镇建设一个民族文化广场，作为文化展演的场地。24 个乡镇每一个乡镇都要建设一支表演队，鼓励民族歌舞、绝技等非生产性非遗项目进入各种表演场地展示表演。打造综合性舞台综艺节目，全面集中地展示凤凰文化。

案例 1：大型实景情景剧《边城》。这是凤凰古城旅游有限责任公司斥巨资打造的一台情景剧，根据沈从文的小说《边城》改编而成。在整场演出中，分不同的场景展示了凤凰苗族的婚俗、端午节、银饰、蜡染、巫傩等文化，是将文学名著与凤凰本土文化融合的重要尝试和成功表现。

---

① Singer, Militon, *When a great tradition Modernizes*, New York, 1972, p. 71.

② Burner, Edward and Barbara Kirshenblatt-Gimblett, "Maasai On the Lawn: Tourist Realism in East Africa", *Cultural anthropology*, 1994, 9 (4): 435-470.

凤凰县的旅游展示始自历史文化和文学，近些年凤凰县的乡土文化开始成为凤凰向外展示的重点，这两者在这台舞剧中进行融合，成为凤凰县旅游文化集中在舞台上展示的一个综合性展演。

案例2：《苗寨故事》。这是由凤凰县铭城公司打造的一台情景剧，在山江镇苗族博物馆的苗族风情园演出。该剧通过讲述苗寨一对老人的生活故事，展示苗寨的民俗风情。整场演出分为宴、舞、火、酒、情五个篇章，充分展示凤凰苗族的歌舞、绝技、服饰、习俗等。表现凤凰境内7个区域8种苗族唱腔，展示17类1576套苗族服饰，用LED视频展现15个苗寨27类苗族生活习俗，同时也将观众纳入演出中与演员互动，让观众体验苗族风俗和文化。

这两部舞台剧是在舞台上全面展示凤凰文化，作为商业性演出，这样的尝试无疑是重要的，也是具有创意性的。

第三，积极向外宣传和展示凤凰文化。凤凰县积极组织凤凰的非遗项目参加国内重大节会，比如各级非遗博览会等。近年来，中央电视台、湖南卫视、湖南经视、《中国文化报》《湖南日报》等主流媒体对湘西州，尤其是凤凰县的非遗工作都做了专题宣传报道，凤凰的非遗项目受到了人们越来越多的关注。

第四，在旅游规划中进一步打造凤凰文化，全方位展示凤凰文化的魅力。凤凰初步打算在凤凰新城区，旅游交通枢纽区规划建设凤凰民族文化大厦，以招商引资方式进行建设。大厦建成后将集中展示凤凰各民族文化精髓，凤凰文化艺术界名人，凤凰优秀特色文化及产物、饮食，等等。

这样的旅游文化展演既是对传统文化的发掘和整合，也是对传统文化重新进行加工和创造。从积极方面来看，旅游文化展演是传统文化艺术的新型话语结构和表述方式，是濒临流失的民间传统艺术的一种被挽救、被再生方式；[①] 从消极方面来看，旅游文化展演如果过多注重文化的表演性，而使文化原本的真实性丢失，就会形成粗略的伪民俗文化，对文化造成伤害和异化。旅游人类学的研究就对此提出过尖锐的批评，格林伍德（Davydd J. Greenwood）曾经批判西班牙富恩特拉比亚把"阿拉德"（Alarde）仪式的商品化，他说："把文化当作商品展示，这对政府来说只

---

① 参见吴晓《旅游景观展演与民间艺术的消费——湘西德夯个案的文化阐释》，《艺术地理》2010年第6期。

需花几分钟的时间，而这一做法却把具有 350 年历史的传统仪式毁于一旦。"①

3. 博物馆

凤凰县尽管文化遗产丰富，却没有公立的博物馆，只有两家私立博物馆，即古城博物馆和山江苗族博物馆。

（1）古城博物馆：又名陈宝箴世家。位于凤凰古城入口，由凤凰籍艺术家雷雨田于 2003 年创办。博物馆的特点是一院三馆，即陈宝箴世家、古城博物馆和雷雨田艺术馆三者结合。陈宝箴世家和古城博物馆主要收藏凤凰本土文物，主要是各种木雕、石刻等，雷雨田艺术馆主要收藏雷雨田的作品。整个博物馆的建筑体现了凤凰传统建筑的模式，建筑古色古香，与古城的整体建筑和谐统一。文物的收藏和展示是对凤凰历史文化的发掘和保护，雷雨田艺术馆是对文化的传承。目前古城博物馆被纳入凤凰古城公司的旅游景点之中，承接国内外游客。通过古城博物馆，向游客展示凤凰的历史文化，及其在现代的发展与传承。

（2）山江苗族博物馆：位于凤凰县山江镇，博物馆创办人为龙文玉，原湘西州副州长，著名歌唱家宋祖英任名誉馆长。博物馆于 2002 年创办，馆址占地 1864 平方米，藏品一万多件，主要藏品为凤凰苗族的日常生活生产、服饰、家居、宗教信仰等物品。2004 年，博物馆认识到只有静态的展示不能满足游客的需要，于是增加了苗族文艺的演出，包括鼓舞等，后来又增加了苗族传统技艺的作坊，比如苗绣和纸扎等，博物馆的员工在作坊中进行现场制作，游客不仅参观这些工艺品，而且看到了整个苗族工艺品的生产流程。博物馆的展品包括静态展览—动态展演—流程展示，使博物馆对于苗族文化的展示成为一个全方位的动态的展示，既满足游客的需要，也充分展示了苗族文化。博物馆在促进凤凰苗族文化的保护与传承方面起到了重要作用，促成了全国地区一级第一个非物质文化遗产保护条例的产生。博物馆选址在山江镇，期望能够与村寨结合，带动周围苗族村寨，形成一个大的村寨博物馆，促进苗族文化的保护与发展。博物馆不仅在促进民族文化的保护与传承方面作用明显，而且也肩负着培养人才的责任。其员工平常在博物馆内负责接待、讲解等工作，同时也作为创意演出

---

① 参见戴维·J. 格林伍德《文化能用金钱来衡量吗——从人类学的角度探讨旅游作为文化商品化问题》，载瓦伦·L. 史密斯（Valene L. Smith）主编《东道主与游客：旅游人类学研究》，张晓萍、何昌邑等译，云南大学出版社 2002 年版，第 193 页。

《苗寨故事》的演员。博物馆不仅为当地苗族提供了就业机会，而且，这些员工在山江苗族博物馆接受培训，了解苗族的历史文化，也成为苗族历史文化的传播者。

4. 民俗体验

文化旅游所提供的就是"神秘""奇异""异域""原始""古朴"等口味，满足人们的猎奇和想象。所谓的神秘与原始古朴，是人们对于异文化的想象，对于未知地方的好奇。武陵山区历代就是中央王朝的化外之地，人们对于这片土地有着种种传奇的想象和传说。这些就成为旅游文化的卖点。凤凰县的文化旅游正是着力将湘西的地方文化打造展示，成为文化商品，以供游客消费。凤凰县的乡村旅游规划也明确体现了这样的思路。"整合凤凰的山水观光资源，将文化与观光资源相结合，将文化展示、欣赏向文化体验、文化消费提升，激活苗文化，增加凤凰苗文化的体验、消费功能，让游客亲自参与其中。"① 尽管目前这一民俗体验活动的开发还远未到位，但这是凤凰文化旅游发展的思路，目前也正在沿着这个方向努力，而且已经初见成效。目前凤凰的乡村游已经开展了苗族鼓舞活动、苗族传统婚嫁活动等，也组建了苗族银饰队、苗歌队、木叶队。

（三）全球化与地方文化

全球化所带来的并非全球文化的同质化，文化异质化也在同时进行。人类学的研究也指出，全球化的另一面则是文化的"克里奥化"（creolization），也就是在全球化进程中，地方也在对传统文化进行重新的创造和发明。罗兰·罗伯逊（Roland Robertson）指出，全球化使文化特殊主义成为可能，他提出了全球地方化（globalization）和地方全球化（lobalization）的概念。这是全球化与地方文化相遇时两者的互动变化，前者指的是全球化的文化在遭遇地方社会时，可以被地方化，而具有地方特征；后者指的是，本土文化融入全球化进程中，也能获得全球化的普遍意义。② 在以民族文化发展旅游业的地区，这种情况表现得更为突出。一方面外来文化进入地方文化之中，而具有地方特色；另一方面旅游业得以发展依靠的就是异质性的文化，因而对地方特色的强调也就尤为突出，甚至

① 参见《凤凰苗乡旅游》，第 90 页。

② 参见［美］罗兰·罗伯逊《全球化：社会理论和全球文化》，梁光严译，上海人民出版社 2000 年版，第 99—101 页。

促使了当地人的族群意识的强化。博根乎（Pierre L. Van den Berghe）和凯斯（Charles F. Keyes）就认为，民族旅游可能导致族群意识的再创造。

1. 旅游业的发展促进了凤凰历史文化的发掘

随着凤凰旅游业的兴起，凤凰民族民间文化以一种新的方式在复苏。以文化为载体的旅游是将一个地区外在的文化符号强化，成为一个地区的外在标志性符号。这些外在的文化符号最容易拿来展示，成为异域风情的标志。比如苗族服饰节近些年得到了高度重视和发展。这个节日极大地促进了苗族服饰的发展，现在几乎所有凤凰苗族妇女都有一套苗族服饰。在重大活动、节日期间，苗族妇女身着苗族服饰，成为凤凰一道亮丽的风景。苗族服饰的需求量大大增加，使苗族服饰生产也大为增加。银饰的生产也因为苗族服饰的需求量而增加，这也促进了苗族银饰技艺的传承发展。当然苗族银饰的发展与游客的需求量也有密切关系。在旅游业发展的规划下，苗族的传统节日得到强化和发展，也促进了民族文化的传承与发展，"文化搭台，经济唱戏"的效果非常突出。近些年，由于非物质文化遗产保护的力度大大提高，一些非遗项目得到了很好的发展。特别是一些具有使用价值能够与市场很好结合的项目，比如蜡染、蓝印花布、银饰、苗绣、鼓舞等。这些技艺在继承传统的基础上，都有了很好的创新与发展。

随着城镇化的发展，凤凰传统村落也逐渐走向衰落，人们愿意追求更舒适的居住条件，选择建造新形式的建筑模式。目前在凤凰县为了旅游的发展，当地政府花相当大的人力资源、物力和财力保护传统村落，已经开始初见成效。

从整体来看，随着城镇化的发展，凤凰传统文化出现了急剧的变化，这在时代的发展中是必然的。但是随着旅游业的发展，凤凰提出以有文化内涵的旅游促进凤凰传统文化复兴。这种传统文化的复兴在更大程度上是将文化作为展演的对象，使文化成为可以供游客消费的文化商品。

2. 外来文化与凤凰文化的互动

凤凰县原本就是一个文化融会的地区，在历史上就吸引了来自各地的客商，形成凤凰独特的多元文化。如今在旅游发展的时代，以及全球化时代的到来，凤凰更吸引了来自五湖四海的客商，无论是来旅游还是经商，在新时代，这种频繁的人员流动造就了新一代的文化融合，也促使凤凰文化进一步的变迁。

第一，促使地方文化之间的交流。毕竟文化旅游是以地方文化的独特性来吸引游客的。来到凤凰的客商也会打起凤凰文化的牌，从事具有凤凰文化特征的商业活动。比如从事银饰、蜡染、苗绣、土家织锦、腊肉等的销售。笔者发现很多销售这些凤凰县传统特色商品的商人并非凤凰本地人，而且这些人大多原本就是其他地方具有这些技艺的专业人员。比如，在凤凰从事银饰锻造和销售的人员有一部分就是来自贵州等地的苗族。这些贵州的苗族带来贵州银饰锻造的技艺和纹饰，促进了凤凰苗族银饰与贵州苗族银饰技艺交流。这些客商带来本地的手工技艺，也与凤凰本土的技艺相互交融，促进了文化之间的交流与交融。

第二，全球化与凤凰文化。在当今全球化的时代，凤凰作为著名的旅游地，无可避免地受到全球化的影响。在沱江两岸，遍布着各色酒吧。酒吧经营的与都市酒吧并无差别，酒吧中的音乐也都是流行歌曲。作为原本来自西方的一种文化，如今在凤凰古城的酒吧与凤凰本地文化的关系并不密切。但是由于酒吧提供了一种休闲小憩的场所，因而也深受游客欢迎。凤凰古城的旅游更多是参观名人故居，浏览古民居和古街道。对于游客来讲可能还需要一个地方可以停下来，暂时休息和思考所看过的历史遗迹，体味凤凰古城所谓的慢节奏生活。酒吧尤其是一些安静的酒吧，正好提供了这样的场所。在一篇对于凤凰酒吧的研究文章中，认为凤凰古城的酒吧通过游客的实践活动，使酒吧与凤凰的地方性结合，满足了游客对于古镇生活的想象，使酒吧这种全球化的文化融入古镇的地方性中。[1] 凤凰在发展旅游业的过程中，也看到了酒吧所营造的小资、舒适的环境，因而也愿意采纳这样的形式。在凤凰的旅游规划中，就设计有打造沿江两岸的酒吧一条街，把酒吧引入凤凰，成为凤凰旅游文化中的一部分的设想。但是目前凤凰的酒吧经营与凤凰本地的氛围还不完全契合，有些酒吧过于喧闹，可能还需要时间进行磨合与调适。

第三，向外推介凤凰文化，促进凤凰文化与世界的接轨。凤凰的"四月八""六月六"等都是凤凰本土苗族的传统节日，这些节日活动在凤凰旅游发展中成为旅游营销的龙头。这些节日尽管冠以原生态的节日来吸引游客，但在新时代，必然要注入现代化的因素，和采纳新科技。比如"六月六"苗歌节，就不仅仅演出苗族传统歌舞，而是邀请国内外的艺人

---

① 参见陈宵《酒吧与旅游古镇地方性的建构——以湖南凤凰古城为例》，《热带地理》2014年第1期。

和乐队，同台表演，形成现代演出与传统苗歌同台，国际与地方的强烈对比。新创设的节日，如苗族银饰节，在展示传统苗族银饰的同时，吸纳国际先进技术。邀请国际巨星及名模，运用科技手段打造水上舞台走秀、LED 实时直播、苗族银饰服饰工艺再现等活动，推进电视等传统媒体、微博微电影等新媒体的全过程营销。国际化的节日赛事活动，进一步促使凤凰文化与国际的接轨，比如南方长城围棋赛，中国凤凰摄影双年展，等等。这些节日赛事活动一方面向外推介凤凰；一方面也促使凤凰文化的全球化。全球化与地方化是文化发展的一体两面，更是凤凰文化在新时代的一大特点。

　　总体来讲，作为文化交融代表的凤凰文化，在新的时代，必然又一次走向文化的交融与多元。但就目前情况来看，游客到凤凰的停留时间并不长，平均时间是 2.1 天。[①] 由于凤凰乡村的深度旅游业还在起步阶段，游客与凤凰本地人的接触并不多，对凤凰文化的影响还未见深入。客商更多的是经商和赚钱，与本地文化的交集虽然正在产生当中，只是目前的影响也不深。因而旅游与凤凰本土文化之间还在两条轨道上。这是笔者在凤凰的直观感受，并得到凤凰本地一些人士的印证。在笔者的访谈中，有些凤凰本地人就直接说，旅游对凤凰本地的文化影响不大。[②] 但从长远来看，作为旅游城市，凤凰的文化必然要受到全球化的强烈影响；同时为了保持凤凰旅游的可持续发展，凤凰对于地方文化的发掘、创造和发明也必然会造成凤凰文化在传承基础上的发展和变迁。

　　处在当下全球化与大力发展旅游业的双重冲击下，凤凰文化处在剧烈变化的过程中，旅游一方面促进了凤凰传统文化的保护、发扬和创新；另一方面也造成了文化的剧烈变迁，传统文化成为文化展演对象时，被过度商品化，以至于对文化造成无法弥补的伤害。因此，旅游对于凤凰文化是一把双刃剑。

---

① 参见《凤凰县"十二五"旅游工作总结》。
② 笔者与文联的座谈，以及与民宗部门的访谈中均得到了这样的信息。

参考文献

一 专著

［英］安东尼·吉登斯：《社会的构成》，李康、李猛译，生活·读书·新知三联书店 1988 年版。

［美］彼得·布劳：《不平等和异质性》，王春光、谢圣赞译，中国社会科学出版社 1991 年版。

费孝通，《乡土中国》，上海人民出版社 2010 年版。

费孝通：《兄弟民族在贵州》，三联书店 1951 年版。

凤凰县民族事务局组编，吴曦云、吴厚生、吴善淙编著：《苗疆边墙——南方长城历史及民俗文化揭秘》，中央民族大学出版社 2009 年版。

贵州苗学研究会编：《苗学研究》，贵州民族出版社 1989 年版。

贺福凌：《湖南省凤凰县汉语方言与苗语的调查和比较》，湖南师范大学出版社 2009 年版。

康晓光：《中国贫困与反贫困理论》，广西人民出版社 1995 年版。

［英］拉德克利夫·布朗：《原始社会的结构与功能》，潘蛟等译，中央民族大学出版社 1999 年版。

雷洁琼：《改革以来中国农村婚姻家庭的新变化》，北京大学出版社 1994 年版。

李廷贵、张山、周光大主编：《苗族历史与文化》，中央民族大学出版社 1996 年版。

梁聚五：《苗夷民族发展史》，贵州省民族研究所，1982 年。

林清江：《文化发展与教育革新》，台湾五南图书公司 1979 年版。

凌纯声、芮逸夫：《湘西苗族调查报告》，民族出版社 2003 年版。

陆学艺主编：《当代中国社会阶层研究报告》，社会科学文献出版社 2002 年版。

陆学艺主编：《当代中国社会结构》，社会科学文献出版社 2010 年版。

［美］罗兰·罗伯逊：《全球化：社会理论和全球文化》，梁光严译，上海人民出版社 2000 年版。

《苗族简史》编写组：《苗族简史》，贵州民族出版社 1985 年版。

沈崇麟、杨善华：《当代中国城市家庭研究》，中国社会科学出版社 1995 年版。

沈红：《石门坎文化百年兴衰——中国西南一个山村的现代性经历》，辽宁出版集团万卷出版社 2006 年版。

石茂明：《跨国苗族研究——民族与国家的边界》，民族出版社 2004 年版。

石启贵：《湘西苗族实地调查报告》，湖南人民出版社 1986 年版。

王浦劬、莱斯特·M. 萨拉蒙等：《政府向社会组织购买公共服务研究：中国与全球经验分析》，北京大学出版社 2010 年版。

王延中主编：《社会保障绿皮书：中国社会保障发展报告（2017）》，社会科学文献出版社 2017 年版。

王颖等：《社会中间层》，中国发展出版社 1993 年版。

吴荣臻主编：《苗族通史》，民族出版社 2008 年版。

吴彦承主编：《凤凰县民族志》，中国城市出版社 1997 年版。

《湘西土家族苗族自治州概况》编写组、《湘西土家族苗族自治州概况》修订本编写组编：《湘西土家族苗族自治州概况》，民族出版社 2007 年版。

徐晓光、吴大华、韦宗林、李廷贵：《苗族习惯法》，贵州人民出版社 2000 年版。

阎云翔：《私人生活的变革：中国村庄里的爱情、家庭与亲密关系》，上海书店出版社 2006 年版。

尹绍亭：《人与森林——生态人类学视野中的刀耕火种》，云南教育出版社 2000 年版。

张协堂、郑亦巧：《凤凰县经济发展模式研究》，湖南人民出版社 1989 年版。

张珣：《疾病与文化——台湾民间医疗人类学研究论集》，台湾稻乡出版社 1989 年版。

章晓懿主编：《社会保障概论》，上海交通大学出版社 2010 年版。

郑功成主编：《社会保障学》，中国劳动社会保障出版社 2005 年版。

《中国少数民族社会历史调查资料丛刊》修订编辑委员会编辑：《苗族社会历史调查二》，民族出版社 2009 年版。

《中国少数民族社会历史调查资料丛刊》修订编辑委员会编辑：《苗族社会历史调查三》，民族出版社 2009 年版。

《中国少数民族社会历史调查资料丛刊》修订编辑委员会编辑：《苗族社会历史调查一》，民族出版社 2009 年版。

二　论文

边馥琴、约翰·罗根：《中美家庭代际关系比较研究》，《社会学研究》2001 年第 2 期。

陈柏峰、董磊明：《治理论还是法治论——当代中国乡村司法的理论建构》，《法学研究》2010 年第 5 期。

陈为雷：《从关系研究到行动策略研究——近年来我国非营利组织研究述评》，《社会学研究》2013 年第 1 期。

陈宵：《酒吧与旅游古镇地方性的建构——以湖南凤凰古城为例》，《热带地理》2014 年第 1 期。

邓莉雅、王金红：《中国 NGO 生存与发展的制约因素——以广东番禺打工族文书处理服务部为例》，《社会学研究》2004 年第 2 期。

邓宁华：《"寄居蟹的艺术"：体制内社会组织的环境适应策略——对天津市两个省级组织的个案研究》，《公共管理学报》2011 年第 3 期。

段忠玉、李东红：《多元医疗模式共存的医学人类学分析——以西双版纳傣族村寨为例》，《学术探索》2014 年第 9 期。

范方志：《"增长极"理论的国际实践及其对贵州经济发展的启示》，《贵州财经学院学报》2008 年第 8 期。

符正平：《论企业集群的产生条件与形成机制》，《中国工业经济》2002 年第 10 期。

桂华、余练：《婚姻市场要价：理解农村婚姻交换现象的一个框架》，《青年研究》2010 年第 3 期。

郭于华：《代际关系中的公平逻辑及其变迁——对河北农村养老模式的分析》，《中国学术》2001 年第 4 期。

和柳：《历史、文化与行动中的医学多元——对一个纳西族村落疾病与治疗的人类学考察》，《广西民族大学学报》（哲学社会科学版）2011 年第 4 期。

洪银兴：《城市功能意义的城市化及其产业支持》，《经济学家》2003 年第 2 期。

胡邦栋：《对湘西扶贫开发工作的调查与思考》，《当代农村财经》2015 年第 8 期。

黄锡富：《增长极理论与广西北部湾经济区建设的思考》，《广西师范学院学报》（哲学社会科学版）2009 年第 1 期。

姜彩楼、徐康宁：《创新集群的内涵与形成路径研究》，《现代管理科学》2008 年第 11 期。

金东海：《少数民族地区教育经费投入不足问题及对策研究》，《西北师大学报》（社会科学版）2002 年第 6 期。

康晓光、韩恒：《分类控制：当前大陆国家与社会关系研究》，《社会学研究》2005 年第 6 期。

李路路：《社会结构阶层化和利益关系市场化——中国社会管理面临的新挑战》，《社会学研究》2012 年第 2 期。

李涛：《"文字"何以"上移"——对乡村教育发展的社会学观察》，《人文杂志》2015 年第 6 期。

李廷贵：《再论苗族的迁徙》，《贵州民族学院学报》（哲学社会科学版）2000 年第 4 期。

李银河：《婚礼的变迁》，《江苏社会科学》2002 年第 5 期。

李迎生：《现代社会中的离婚问题：成因与影响》，《人口研究》2007 年第 1 期。

廖丹清：《论城市化的丰富内涵和外延》，《计划与市场》2001 年第 4 期。

刘剑虹、舒志定、杨宇等：《民办教育与社会结构的转型——浙江省温州市民办教育分析》，《教育研究与实验》2003 年第 3 期。

刘魁立：《非物质文化遗产及其保护的整体性原则》，《广西师范学院学报》2004 年第 4 期。

陆明远：《中国非营利组织的"官民二重性"分析》，《社团理论研究》2004 年第 6 期。

罗康隆：《论苗族族群文化的同一性与相异性》，《贵州民族研究》1999 年第 3 期。

罗云丹：《苗族研究概况与特征之数据分析：以 2000—2006 年刊载的学术论文为例》，《西南民族大学学报》2008 年第 9 期。

麻国庆：《分家：分中有继也有合——中国分家制度研究》，《中国社会科学》1999 年第 1 期。

马春华、石金群、李银河等：《中国城市家庭变迁的趋势和最新发现》，《社会学研究》2011 年第 2 期。

马继静：《农民婚姻支付及其仪式化行为研究》，博士学位论文，南京航空航天大学，2012 年。

马健：《产业融合理论研究评述》，《经济学动态》2002 年第 5 期。

倪鹏飞：《新型城镇化的基本模式、具体路径与推进对策》，《江海学刊》2013 年第 1 期。

牛晓春、杜忠潮、李同昇：《基于新型城镇化视角的区域城镇化水平评价——以陕西省 10 个省辖市为例》，《干旱区地理》2013 年第 2 期。

彭红碧、杨峰：《新型城镇化道路的科学内涵》，《理论探索》2010 年第 4 期。

平锋：《生态博物馆的文化遗产保护理念与基本原则———以贵州梭嘎生态博物馆为例》，《黑龙江民族丛刊》2009 年第 3 期。

秦中应：《当代湘西苗族传统文化的教育传承研究——以湘西州凤凰县苗族为例》，博士学位论文，中央民族大学，2010 年。

任军：《增长极理论的演进及其对我国区域经济协调发展的启示》，《内蒙古民族大学学报》（社会科学版）2005 年第 2 期。

尚会鹏、何祥武：《乡村社会离婚现象分析——以西村为个案》，《青年研究》2000 年第 12 期。

宋奕：《"世界文化遗产" 40 年——由"物"到"人"再到"整合"的轨迹》，《西南民族大学学报》2012 年第 10 期。

苏君阳：《社会结构转型与教育公共性的建构》，《教育研究》2007 年第 8 期。

孙炳耀：《中国社会团体官民二重性问题》，《中国社会科学季刊》

1994 年第 6 期。

孙立平：《社会结构定型与精英寡头统治的初步凸现》，《新远见》2008 年第 11 期。

孙立平：《我们在开始面对一个断裂的社会?》，《出版参考》2003 年第 17 期。

孙淑敏：《对甘肃东部赵村彩礼现象的研究》，《社会学》2005 年第 3 期。

谭必友：《19 世纪湘西"苗疆"屯政与乡村社区新阶层的兴起》，《民族研究》2007 年第 4 期。

汤茂林：《注重城市化的"质"》，《城乡建设》2001 年第 4 期。

唐灿：《家庭现代化理论及其发展的回顾与评述》，《社会学研究》2010 年第 3 期。

唐钧：《城乡低保制度：历史、现状与前瞻》，《红旗文稿》2005 年第 18 期。

童星、林闽钢：《我国农村贫困标准线研究》，《中国社会科学》1993 年第 3 期。

汪淳玉、潘璐：《"文字上移"之后——基于三地农村小学寄宿学生学习生活现状的研究》，《中国农业大学学报》（社会科学版）2012 年第 4 期。

王丰、安德鲁·梅森：《中国经济转型过程中的人口因素》，《中国人口科学》2006 年第 3 期。

王会、欧阳静：《农村青年"闪婚闪离"现象及其原因探析》，《中国农村观察》2012 年第 3 期。

王素斋：《新型城镇化科学发展的内涵、目标与路径》，《理论月刊》2013 年第 4 期。

王新越、秦素贞、吴宁宁：《新型城镇化的内涵、测度及其区域差异研究》，《地域研究与开发》2014 年第 4 期。

王旭、朱广德：《文旅融合创新——凤凰古城经验》，《城市旅游规划》2014 年 1 月下半月刊。

王谊：《农村初中留守儿童心理健康状况比较研究》，《电子科技大学学报》（社会科学版）2011 年第 3 期。

王有升：《论学校教育实践的生成与变革逻辑———一种社会学分析》，

《教育研究》2008 年第 2 期。

王跃生：《当代中国家庭结构变动分析》，《中国社会科学》2006 年第 1 期。

王兆峰、龙丽羽：《民族地区旅游业发展驱动城镇化建设的动力机制研究——以湖南凤凰县为例》，《中央民族大学学报》（哲学社会科学版）2016 年第 5 期。

王仲智、王富喜、林炳耀：《增长极理论的困境：基于产业集群视角的思考》，《现代经济探讨》2005 年第 5 期。

卫道治、沈煜峰：《教育与社会变迁》，《武汉大学学报》（社会科学版）1988 年第 4 期。

尉俊东等：《非营利组织人力资源构成、特点与管理——对我国非营利事业单位人事改革的启示》，《科学学与科学技术管理》2005 年第 12 期。

魏成：《路在何方——"空巢"古村落保护的困境与策略性方向》，《南方建筑》2009 年第 4 期。

魏桂娟：《高等教育的不平等与社会阶层再生产——基于布迪厄的文化资本理论》，《教育论丛》2016 年第 22 期。

吴曦云：《边城凤凰的历史文化》，《民族论坛》1994 年第 3 期。

吴晓：《旅游景观展演与民间艺术的消费——湘西德夯个案的文化阐释》，《艺术地理》2010 年第 6 期。

吴愈晓：《社会关系、初职获得方式与职业流动》，《社会学研究》2011 年第 5 期。

向轼：《当代湘西苗族婚恋习俗的变迁及其原因探析》，《长江师范学院学报》2014 年第 1 期。

肖人夫、唐莉霞：《从"当地人"利益群体看民族地区旅游开发——以湖南省凤凰县为个案》，《贵州民族研究》2015 年第 10 期。

谢春红：《对"居民迁出"式遗产保护路径的效果评价和反思——以中山市翠亨村为例》，《天津商业大学学报》2015 年第 3 期。

谢贞发：《产业集群理论研究述评》，《经济评论》2005 年第 5 期。

熊春文：《"文字上移"：20 世纪 90 年代末以来中国乡村教育的新趋向》，《社会学研究》2009 年第 5 期。

熊春文：《再论"文字上移"：对农村学校布局调整的近期观察》，

《中国农业大学学报》（社会科学版）2012 年第 4 期。

徐安琪：《青年夫妇离婚增多原因分析》，《上海青少年研究》1986 年第 11 期。

徐君、李沛蓉：《医学人类学视野下的民族地区医疗体系》，《西南民族大学学报》（人文社科版）2008 年第 4 期。

徐义强：《近四十年来台湾医疗人类学研究回顾与反思》，《世界民族》2014 年第 4 期。

薛亚利：《婚姻礼仪：一个多学科的分析框架》，《社会科学》2009 年第 8 期。

杨善华、梁晨：《农民眼中疾病的分类及其"仪式性治疗"》，《社会科学》2009 年第 3 期。

杨文华、谢晓曼：《对凤凰古城旅游发展现状及发展对策的思考》，《城市旅游规划》2015 年 1 月下半月刊。

杨孝海：《从增长极理论看洪雅经济现象》，《乡镇经济》2008 年第 3 期。

叶文振、林擎国：《当代中国离婚态势和原因分析》，《人口与经济》1998 年第 3 期。

曾绍玮：《职业教育与区域经济的互动关系研究》，《教育与职业》2014 年第 17 期。

张广利等：《社会资本：渊源·理论·局限》，《河北学刊》2003 年 5 月第 23 卷第 5 期。

张红霞：《转型期生育的性别偏好与农村传统性别秩序》，《武汉冶金管理干部学院学报》2014 年第 1 期。

张济州：《"离农"？"为农"——农村教育发展中的悖论》，《当代教育科学》2005 年第 19 期。

张继涛：《乡村旅游社区的社会变迁》，博士学位论文，华中师范大学，2009 年。

张紧跟、庄文嘉：《非正式政治：一个草根 NGO 的行动策略——以广州业主委员会联谊会筹备委员会为例》，《社会学研究》2008 年第 6 期。

张力跃：《困境和突围：从国际经验认知和解决我国农村职教的路向问题》，《职教论坛》2010 年第 1 期。

张实、郑艳姬：《治疗的整体性：多元医疗的再思考——基于一个彝族村落的考察》，《中央民族大学学报》（哲学社会科学版）2015 年第 4 期。

张有春：《一个乡村治病过程的人类学解读》，《广西民族大学学报》（哲学社会科学版）2011 年第 4 期。

周怡：《社会结构：由"形构"到"解构"——结构功能主义、结构主义和后结构主义理论之走向》，《社会学研究》2000 年第 3 期。

三　外文文献

Burner, Edward and Barbara Kirshenblatt – Gimblett, "Maasai On the Lawn: Tourist Realism in East Africa", *Cultural anthropology* 9, 1994 (4): 435–470.

J. Coleman, A Rational Choice Perspective on Economic Sociology, in N. Smelser and R. Swedberg (eds), The Handbook of Economic Sociology, Princeton University Press, 1994.

P. Bourdieu, The Forms of Capital, In J.G. Richardson (eds), *Handbook of Theory and Research in the Sociology of Education*. Greenwood Press, 1986.

R. Putnam, *Making Democracy Work: Civil Tradition in Modern Italy*. Princeton University Press, 1993.

四　其他

凤凰县统计局：《凤凰县国民经济统计资料（2000 年）》。
凤凰县统计局：《凤凰统计年鉴（2001—2005）》。
凤凰县统计局：《凤凰统计年鉴（2005—2010）》。
凤凰县统计局：《凤凰统计年鉴（2010—2016）》。

关键词索引

后　记

本书为"湘西土家族苗族自治州凤凰县经济社会发展综合调查"的最终成果。课题组长为刘小珉、副组长为石金群（中国社会科学院社会学研究所）。课题组成员为中国社会科学院民族学与人类学研究所艾菊红、刘海涛、张姗，云南社会科学院孙瑞，青海社会科学院杜青华，北京农学院文法学院孙贝贝，中国社会科学院研究生院刘诗瑶、臧小聪、金鑫、龙彦亦，中国人民大学张帅。课题组全体人员参加了在凤凰县的调研，并基于调研撰写完成本书。刘小珉设计全书整体框架和写作大纲，并对全书进行了统稿和审定，石金群对部分章节进行了修订和统稿。全书各章具体写作分工如下：

导言：刘小珉

第一章：刘海涛

第二章：金鑫、刘小珉

第三章：孙瑞

第四章：龙彦亦

第五章：张姗

第六章：刘小珉、杜青华

第七、第八章：刘诗瑶

第九章：张帅

第十章：石金群

第十一章：臧小聪

第十二章：孙贝贝

第十三章：艾菊红

本次调研得到了湖南省办公厅、民委以及凤凰县县委、县政府的大力支持与配合，特别是凤凰县政府办、人大办、宣传部、民宗局、政府研究室、司法局、公安局、财政局、经信局、教育局、旅游文化局、林业局、环保局、畜牧局、农业局、扶贫办等部门的大力支持和配合，所有这些部门的领导和工作同志，都对我们的调研工作给予了热情的接待和大力的支持，为我们提供相关资料，并就相关问题和我们座谈、讨论。对于他们的支持和帮助，我们在此表示诚挚的谢意。

作者

2017 年 12 月 3 日